"十三五"普通高等教育本科规划教材

管理学——理论与案例

（第二版）

主　编　纪娇云

副主编　朝　霞　张秋月

编　写　陶　瑞　张文瑞

主　审　张满银

中国电力出版社

CHINA ELECTRIC POWER PRESS

内 容 提 要

本书为"十三五"普通高等教育本科规划教材。全书共七章，主要内容包括管理概述、管理环境及组织文化、决策与计划、组织、领导、控制、管理理论的新发展等内容。本书在编写过程中，以管理的四大职能（计划、组织、领导、控制）为线索，系统地介绍了管理学的核心理论，并通过案例把管理理论与管理实践紧密结合起来。同时尽可能就当今社会管理实践中的热点问题及管理理论的最新发展给予更多的关注。

本书可作为普通高等院校工商管理、商务管理、市场营销、财务会计、国际贸易等相关专业教材用书，也可作为远程、函授等成人教育或高职高专用书，还可作为从事企业管理工作的在职人员的参考用书。

图书在版编目（CIP）数据

管理学：理论与案例／纪娇云主编. —2 版. —北京：中国电力出版社，2015.8（2020.7 重印）

"十三五"普通高等教育本科规划教材

ISBN 978-7-5123-8555-9

Ⅰ. ①管… Ⅱ. ①纪… Ⅲ. ①管理学－高等学校－教材 Ⅳ. ①C93

中国版本图书馆 CIP 数据核字（2015）第 277031 号

中国电力出版社出版、发行

（北京市东城区北京站西街 19 号　100005　http://www.cepp.sgcc.com.cn）

北京雁林吉兆印刷有限公司印刷

各地新华书店经售

*

2011 年 9 月第一版

2015 年 8 月第二版　　2020 年 7 月北京第六次印刷

787 毫米×1092 毫米　16 开本　15.5 印张　372 千字

定价 **31.00** 元

前　言

　　管理学是适应现代社会化大生产的需要而产生的，它是系统研究社会中各类组织管理活动的基本规律和一般方法的科学，也是一门综合性的交叉学科。

　　管理学既是一门科学，也是一门艺术。首先，管理具有科学性是指它是在人们总结管理工作客观规律的基础上形成的，有它的基本理论、原则和方法，已形成了一套较系统的知识体系，可以用来指导人们从事管理实践。其次，管理又具有艺术性是指一切管理活动都应当具有创造性。管理的艺术性是由以下两方面因素决定的：第一，管理总是在一定的环境中进行的，而管理环境是不断变化的，因此，不可能有一成不变的管理模式，不可能有适应一切环境的、医治百病的管理良方。第二，管理的主要对象是人，人是有主观能动性和感情的，而人们的需要是多种多样的，一个人感情变化受多种因素的影响，因此，要调动人的积极性和创造性，就要具体情况具体分析，采用不同的管理方式、方法。由于管理工作所处的环境和要处理的许多问题常常是复杂多变的，管理科学不可能为管理者提供解决一切问题的标准答案，仅凭书本上的管理理论和公式进行管理活动是不可能成功的。管理的艺术性强调了管理的实践性，管理者应用管理理论、原则、方法必须与具体的管理环境和管理对象相结合，发挥创造性，灵活运用，才能进行有效的管理。无视实践经验的积累，无视对理论知识的灵活运用，管理工作必定要失败。

　　管理学是一门应用实践性很强的科学。理论来自于实践，又对实践只有指导作用。只有掌握了管理活动之间的内在联系和规律，才能在实践管理工作中较自觉地运用科学的思想和方法。因此，在学习管理学的过程中，关注社会实践，高度重视参加社会实践活动，具有非常重要的现实意义。

　　正是这样，我们在总结多年管理学教学实践与科研活动的基础上，编写成了本书。在编写的过程中我们运用理论与实践相结合的方法，汲取了古今中外的管理思想和管理理论的精华，同时吸收了管理学研究的最新成果，反映了管理学发展趋势。

　　本书第一版在形式上，每一章开篇设计有本章要点、案例导读，并由案例导读引出本章管理理论，在每一章的结束，还设计有本章小结、案例导读分析总结、复习与思考题及与本章内容相关的管理案例分析讨论等，使得学生可以更加深入地去思考与探索所学的管理理论与方法。为了紧跟时代步伐把本教材编写成为精品教材，也为了能够使读者对管理学的原理、方法等，有更深入的了解，第二版教材在原来第一版的基础上，从结构形式，到内容、文字及图表等都进行修订和完善，并增加几个全新的栏目，如专业期刊和权威网站链接、名人名言、在每一章还穿插了当今社会组织中的管理实践资料链接等。对第七章管理理论的新发展做出修订补充，如增加流程再造等内容。为了保证给读者提供最新案例，我们还对相关的导读案例、本章案例分析与讨论等进行了修改或更换。

　　总之，本书在理论内容上力求精练；结构及形式上力求新颖；案例分析、管理实践及学习辅助材料等尽可能最新、丰富与多元。全书共有七个部分，主要包括管理概述、管理环境及组织文化、决策与计划、组织、领导、控制、管理理论的新发展等内容。

本书第一版是北京科技大学校级"十一五"规划教材，并于 2012 年 12 月荣获了北京科技大学第 25 届教学成果二等奖，第二版已被列入北京科技大学校级"十二五"规划教材，并得到北京科技大学教材建设基金资助。

本书由北京科技大学一线教师编写，其中纪娇云担任主编，朝霞、张秋月副主编。本书第一章、第二章、第三章由纪娇云编写，第四章由张秋月编写，第五章、第六章由朝霞编写，第七章由朝霞、陶瑞编写，期间张文瑞也参加了部分编写工作，全书由纪娇云统稿、定稿，北京科技大学继续教育学院张满银主审。

本书是在对国内外大量的管理学文献资料进行认真研究的基础上撰写而成的，在撰写的过程中借鉴了众多管理学者的成果，其中大多在参考文献中列出，但由于种种原因，也可能有少数文献资料未能一一列出，谨在此向这些已经列出的和未能列出的作品作者、译者都深表感谢和敬意。同时本书在编写过程中，得到了许多同行和学校领导的大力支持，在此也表示衷心的感谢。

限于编者水平，加之时间仓促，书中疏漏和不足之处在所难免，恳请广大读者批评指正。

编　者
2015 年 7 月

目　录

第一章 管 理 概 述

名人名言

管理就是通过他人来完成工作的艺术。

——玛丽·伯克·福莱特

本章要点

（1）管理的概念与管理的职能。
（2）管理者在组织中应扮演的角色及应掌握的技能。
（3）管理活动、管理思想和管理理论之间的关系及管理理论的形成与发展。
（4）组织的管理道德与组织应如何承担社会责任。

案例导读

当备受推崇的萨克斯第五大道百货（Saks Fifth Avenue）总裁罗斯·玛丽·布拉沃在1997年宣布她将改投境况不佳的英国时装店巴宝莉任CEO时，人们认为她一定疯了。因设计标志性的格子衬里雨衣而闻名的巴宝莉，被描述成"几乎没有任何时尚味道的老套企业"。七年之后，布拉沃在英国和美国都被誉为世界上最好的管理者之一。任职期间，她一手策划了巴宝莉的惊天大逆转，领导了被评论家称为"时尚极了"的一个高端时尚品牌的变革，巴宝莉的风衣、时装、手袋及其他饰品已经成为富有的时尚顾客们的必备之物。当被问到是如何完成这样的变革时，布拉沃解释说是因为品牌中的潜藏价值被持续的创造力与创新释放了出来。尽管也雇用好的设计师重新激活品牌，她认为"创造力不仅仅来自于设计师……信不信由你，主意可以来自零售店面、营销部门，甚至还可以来自会计人员。任何员工都有想法和值得聆听的一些话要说。"布拉沃也强调团队工作的重要性，"我想人们所忽略的是团队质量。它不是一个人，也不是两个人，它是一整群人——朝着一个目标团结工作的一个团队——这就决定了某些事发生还是不发生。"她特别指出自己的工作就是构建团队并激励他们，"与他们保持联系，保证他们追随愿景。"

从各个方面来看，罗斯·玛丽·布拉沃都是一个出类拔萃的管理者。她的故事例证了管理者在组织中能够扮演的重要角色。她没有重新设计巴宝莉陈旧的产品线；没有亲自制作广告、邀请超级模特凯特·摩斯帮助重新定位品牌；协调巴宝莉全球生产系统以确保供应商严格遵守巴宝莉的质量标准不是她的工作；她也不直接参与巴宝莉零售店面的重新设计；但是，她确实在帮助招聘、激励、领导和奖励从事这些工作的人们。布拉沃看到了巴宝莉品牌中的潜藏价值，强烈要求建立新的时尚愿景，向组织的各级员工征求意见，并构建、管理和改革巴宝莉的团队。布拉沃身上体现了伟大管理者们的所作所为：促使事情发生；制订战略；组织人员、规划和过程；激励组织中的其他人；实施领导等。

资料来源：查尔斯 W. L. 希尔，史蒂文 L. 麦克沙恩，李维安，周建. 管理学. 北京：机械工业出版社，2009.

什么是管理？管理包含哪些职能？通过以上罗斯·玛丽·布拉沃成功变革巴宝丽的案例，我们不难理解福莱特曾经对于管理给出的经典定义——管理是"通过其他人来完成工作的艺术"。学习管理学我们必须首先要理解管理的概念及其基本职能、管理工作的性质、管理者在组织中的位置、管理者的类型及在组织中需要扮演的角色、成为一名优秀管理者需要具备的素质和技能等。

第一节　管理与管理的职能

一、管理的概念

管理是人类各种活动中最重要的活动之一，可以说人类的很多活动都离不开管理活动。管理活动的历史与人类历史一样久远。在人类历史上，自从有了有组织的活动，就有了管理活动。所谓组织，是指由两个或两个以上的个人为了实现共同的目标组合而成的有机整体。组织是一群人的集合，但是组织的成员必须按照一定的方式相互合作，共同努力去实现既定的组织目标。这样，组织才能够形成一种整体的力量，以完成单独个人力量的简单总和所不能完成的各项活动，实现不同于个人目标的组织总体目标。例如，国家、军队、学校、医院以及企业等，它们都是属于组织的具体表现形式。几乎所有的组织都离不开管理。尽管管理活动可以追溯到遥远的古代，而管理作为一门学科，却仅仅只有 100 多年的历史。随着管理学的产生和发展，许许多多的学者从不同的角度对管理的定义做过不同的描述。

1911 年，古典管理学家、科学管理理论的奠基人泰勒（Frederick W. Taylor，1856—1915）认为"管理就是确切地了解你希望工人干些什么，然后设法使他们用最好、最节约的方法完成它"。

1916 年，法国古典管理学家、一般管理理论的先驱亨利·法约尔（Henri Fayol，1841—1925）在他的著作《工业管理与一般管理》中认为"管理，就是实行计划、组织、指挥、协调和控制"，这一表述强调管理就是实行管理职能，他第一次提出了计划、组织、指挥、协调和控制等管理的五项职能。

1942 年，美国的管理学家和政治哲学家玛丽·帕克·福莱特（Mary P. Follett，1868—1933）在她 1942 年出版的《动态管理：芙丽特论文集》中，对于管理曾给出一个经典的定义，她把管理描述为"通过其他人来完成工作的艺术"。这一表述强调了人的因素在管理中的重要性，而且把管理视作艺术。

1955 年，管理过程理论的美国代表人物孔茨（Harold Koontz，1908—1984）在与奥唐纳（Cyril O. Donnell）合著的《管理学》中认为"管理就是设计并保持一种良好的环境，使人在群体里高效率地完成既定目标的过程。这个定义需要展开为：作为管理人员，需完成计划、组织、人事、领导、控制等管理职能；管理适合于任何一个组织机构；管理适合于各级组织的管理人员"。这一表述强调的是管理的任务。

1960 年，著名管理学家、诺贝尔经济学奖获得者西蒙（Herbert A. Simon）在他的著作《管理决策的新科学》中认为"管理就是决策"。这一表述强调了决策的作用。因为任何组织、任何层次的管理者在进行管理时都要进行决策，都存在决策的过程，所以从这一角度来说管理就是决策。

1996年，罗宾斯和库尔塔（Robbins and Coultar）对管理给出的定义是，"管理这一术语指的是和其他人一起并且通过其他人来切实有效完成活动的过程"。这一定义把管理视作过程，它既强调了人的因素，又强调了管理的双重目标；既要完成活动，又要讲究效率，即以最低的投入换取既定的产出。

1997年，普伦基特和阿特纳（Plunkett and Attner）把管理者定义为"对资源的使用进行分配和监督的人员"。在此基础上，他们把管理定义为"一个或多个管理者单独或集体通过行使相关职能（计划、组织、人员配备、领导和控制）和利用各种资源（信息、原材料、货币和人员）来制订并达到目标的活动"。

1998年，路易斯、吉德曼和范特（Lewis，Goodman，Fandt）对管理给出的定义是，"管理被定义为切实有效地支配和协调资源，并努力达到组织目标的过程"。这一定义与前一定义大同小异，所不同的是它立足于组织资源，且原材料、人员、资本、土地、设备、顾客和信息等都属于组织资源。

综上所述，所谓管理，就是指在特定的环境条件下，组织中的管理者对组织所拥有的资源（包括人力、物力、财力及信息等各项资源）进行有效地计划、组织、领导和控制，以便实现既定的组织目标的过程。这一定义包括如下几层含义：

（1）管理的载体是组织。组织中的活动包括作业活动和管理活动两大部分，组织是直接通过作业活动来达到组织目标的，但组织为了确保这一基本过程顺利而有效地进行，还需要开展管理活动，因为管理是促成作业活动顺利实现组织目标的手段和保证。管理是伴随着组织的出现而产生的，它不仅是保证实现组织目标的手段，而且是协作劳动的必然产物。管理不能脱离组织而存在，同样，组织中必定存在管理。

（2）管理工作是在一定的环境条件下进行的，有效管理必须充分考虑组织内外的特定环境。通过分析组织的特定环境，明确组织的优势、劣势、机会及威胁，从而能够做到审时度势、因势利导、灵活应变。因为任何组织都是生存在特定的环境之中，而环境又是在不断地变化着的，所以有效的管理必须要随着环境的变化而不断创新。

（3）管理的对象是组织中的各种资源，即包括人力资源在内的一切可以调用的资源。在所有的可以调用的资源中，人力资源是最重要的资源，任何资源的分配、协调实际上都是以人为中心的。

（4）管理的职能是计划、组织、领导、控制。管理工作的过程是一系列相互关联、连续进行的活动所构成的。这些活动包括计划、组织、领导、控制等，它们成为管理的基本职能。

（5）管理是为高效率地实现组织目标服务的。管理是要使资源成本最小化，因此，效率（正确地做事）是管理的极其重要的组成部分；而仅仅有效率是不够的，管理还必须使活动实现其预定的目标，即追求活动的效果。高效率只是正确地做事，好效果则是做正确的事。通常，效率和效果是相互联系的，但在现实生活中，有效率却无效果的组织和以低效率来取得效果的组织并不少见。使活动达到目标，而且做得尽可能有效率，这就是学习管理的最终使命。只有"正确地做正确的事"，组织才具有最大的有效性，才能把"效率"和"效果"结合起来。

（6）管理的主体是管理者。虽然管理者在行使管理职能时要受诸多因素的影响，但管理者的素质和组织的运行绩效有着密切的关系。

🔍 **管理实践资料链接一** ▌

子 贱 当 官

　　孔子的学生子贱有一次奉命担任某地方的官吏，当他到任以后，却时常弹琴自娱，不管政事，可是他所管辖的地方却治理得井井有条，民兴业旺。这使那位卸任的官吏百思不得其解，因为他即使起早摸黑，从早忙到晚，也没有把地方治理好。于是他请教子贱："为什么你能治理得这么好？"子贱回答说："你只靠自己的力量去进行，所以十分辛苦；而我却是借助别人的力量来完成任务。"

二、管理的性质

1. 管理的二重性

管理的二重性，就是管理既有同生产力、社会化大生产相联系的自然属性，又有同生产关系、社会制度相联系的社会属性。

管理的自然属性也称为管理的生产力属性，它是由一定的生产力状况决定的。任何社会，只要有共同劳动，就需要管理。所谓共同劳动，就是许多劳动者通过一定的组织形式结合在一起而进行的劳动。凡是共同劳动的结果必然要产生分工协作，而有了分工协作，要保证劳动过程的顺利进行，就必须在各个分工环节合理配置人、财、物等资源，协调各个环节之间的关系，使各个环节之间在工作上保持均衡性和连续性。这种由共同劳动、分工协作而引起的管理职能，体现了不同社会制度下管理的共同性，即为自然属性。

管理的社会属性也称为管理的生产关系属性，它是指管理与生产关系、社会制度相联系，反映一定生产关系的性质和要求，表现为维护和发展生产关系的特殊职能，体现了不同社会制度下管理的个性。

管理的自然属性和社会属性是有机统一于管理过程中的。

2. 管理的科学性和艺术性

首先，管理具有科学性。管理学是在人们总结管理工作客观规律的基础上形成的，有基本理论、原则和方法，已形成一套较系统的知识体系，可以用来指导人们从事管理实践。所谓管理的科学性，是指它以反映客观规律的管理理论和方法为指导，有一套分析问题、解决问题的科学的方法论。管理者如果掌握了系统的管理知识与方法，就有可能对管理中存在的问题提出正确的、切实可行的解决方案；反之，则只能是碰运气、凭直觉，或者照老经验办事，不能很好地解决管理中的问题，甚至导致决策失误，给组织带来损失。

其次，管理又具有艺术性。所谓管理的艺术性，指一切管理活动都应当具有创造性。管理的艺术性是由以下两方面因素决定的：第一，管理总是在一定的环境中进行的，而管理环境是不断变化的，因此，不可能有一成不变的管理模式，不可能有适应一切环境的、医治百病的管理良方；第二，管理的主要对象是人，人是有主观能动性和感情的，而人们的需要是多种多样的，一个人感情变化受多种因素的影响，因此，要调动人的积极性和创造性，就要具体情况具体分析，采用不同的管理方式、方法。由于管理工作所处的环境和要处理的许多问题常常是复杂多变的，管理科学不可能为管理者提供解决一切问题的标准答案，仅凭书本上的管理理论和公式进行管理活动是不可能成功的。管理的艺术性强调了管理的实践性，管理者应用管理理论、原则及方法必须与具体的管理环境和管理对象相结合，发挥创造性，灵活运用，才能进行有效的管理。无视实践经验的积累，无视对理论知识的灵活运用，管理工作必定要失败。

管理艺术必须建立在管理科学的基础上，不按科学办事的管理，就不可能有真正的艺术性。管理的艺术性是对管理的科学理论的合理发挥，而管理艺术性的结果在普遍适用之后就必然会成为科学的理论。显然，管理的科学性和艺术性并不相互排斥，它们是相互补充、相互影响的。不注重管理的科学性只强调管理工作的艺术性，就会使管理工作表现为随意性；不注重管理工作的艺术性只强调管理的科学性，就会使管理科学变成僵硬的教条。管理的科学性来自于管理实践，管理的艺术性要结合具体情况并在管理实践中体现出来，二者是统一的。

三、管理的职能

管理的职能，即管理的功能和作用，在20世纪初由法国古典管理理论代表人物亨利·法约尔（Henri Fayol）第一次提出。1916年，亨利·法约尔（Henri Fayol）在他的著作《工业管理与一般管理》中认为"管理，就是实行计划、组织、指挥、协调和控制"。这一表述强调管理就是实行管理职能，他提出了管理活动有五种职能，即计划、组织、指挥、协调和控制。

自法约尔之后，许多学者对管理职能进行了探讨，众说不一。其中另一个比较有影响和代表性的观点是美国加州大学洛杉矶分校两位教授孔茨与奥唐纳在20世纪50年代提出的，他们认为管理的职能包括计划、组织、人员配备、指导和领导、控制五项职能；美国学者希克斯于1966年把管理职能划分为计划、组织、控制、激励、沟通和创新六个职能；美国管理学者特里于1972年把管理职能划分为计划、组织、激励和控制四项职能；在我国的管理学教材或专著中，对管理的职能划分也各有不同，有人赞同孔茨与奥唐纳的五职能说；有人主张管理职能可划分为决策与计划、组织、领导、控制、创新五职能；还有人认为是计划、组织、控制三职能。不过目前常见的划分是计划、组织、领导、控制四项职能。

不同的学者对管理的职能有不同的划分，从管理的理论演变和发展来看，计划、组织、控制是各个管理学派公认的管理职能。后来，鉴于在管理中领导和协调的作用日益突出，领导和协调也被列为两个管理职能。20世纪30年代以后，由于出现了人际关系学说，人们在管理中从重视技术转向重视人的因素，因而有人将人事、激励、沟通等作为单独的管理职能。后来，由于决策理论的创立，有的学者为了强调决策在管理中的作用，又把决策从计划职能中分出并作为一个管理职能。以后伴随着新经济的发展，为了突出创新在管理中的作用，有的学者又将创新作为一个管理职能。值得一提的是，尽管以上对管理职能的划分不尽相同，但是它们并没有实质的差异，只是由于人们认识和理解不同，在管理职能的划分上出现了基于粗细、角度和侧重点不同的多种划分。本书以下将按照管理的四个基本职能，即计划、组织、领导、控制等展开讲解。

1. 计划职能

计划是管理的首要职能，管理活动从计划工作开始。计划职能的主要任务是在收集大量基本资料的基础上，对组织未来环境的发展趋势作出预测，根据预测的结果和组织拥有的可支配资源建立组织目标，然后制订出各种实施目标的方案、措施和具体步骤，为组织目标的实现作出完整的策划。毫无疑问，计划在管理的几个职能中具有首位性，它是组织进行管理的前提，这个职能发挥的好坏直接关系到组织的努力方向、生存和发展。计划职能的核心是决策。

2. 组织职能

再好的计划方案也只有落实到行动中才有意义。要把计划落实到行动中，就必须要有组织工作。组织职能是指将实现组织目标所必须进行的各项业务活动加以分类组合，划分出不同的管理层次和部门，并配备人员，将监督各类活动所必需的职权授予各层次、各部门的管理者，以及规定这些层次和部门之间的相互配合关系。此外，组织职能还包括塑造组织文化的职能，在管理过程中，管理者必须建立有利于组织发展的组织文化，形成清晰明确的价值观，以规范组织整体的行为和成员个体的行为。

3. 领导职能

管理的领导职能是指组织的各级管理者利用各自的职位权力和个人影响力去指挥、带领、引导和激励下属为实现组织目标而努力的过程。职位权力是指由于管理者所处的位置而由上级和组织赋予的权力，个人影响力是指由管理者自身素质和威信所产生的影响力。由此可见，领导职能主要涉及组织中人的问题，往往是通过指挥职能、激励职能和协调职能一起发挥作用的。在管理的四大职能中，领导职能最能体现管理的艺术性。

4. 控制职能

管理的控制职能是指对组织内部的各项活动及其效果进行衡量，检查组织活动是否按既定的计划、标准和方法进行，及时发现偏差、分析原因并进行纠正，以确保组织目标的实现。由此可见，控制职能与计划职能具有密切的关系，计划是控制的标准和前提，控制的目的是为了计划的实现，有时控制也会导致计划或组织的调整。

管理是一个围绕实现组织目标而展开的复杂过程。计划、组织、领导、控制四个职能构成了管理过程，如图 1-1 所示。

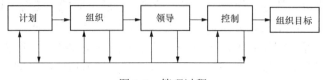

图 1-1　管理过程

在这个过程中，管理的各项职能不是截然分开的独立活动，它们相互渗透并融为一体。从管理职能在时间上的关系来看，它们通常按照一定的先后顺序发生，即先有计划，继而组织，然后领导，最后控制。在空间上管理人员同时执行这些职能，管理职能是错综复杂的，计划职能中包含组织工作，控制职能中又包含修订计划。计划职能必须要贯穿到组织、领导、控制三个职能中去，每个管理职能活动的本身，包括其他职能的活动。管理过程是一个各项职能活动周而复始的循环过程，而且在大循环中往往套着小循环。

第二节　管理者的角色与技能

一、管理者的类型

普伦基特和阿特纳（Plunkett and Attner）把管理者定义为"对资源的使用进行分配和监

督的人员"。简单来说，管理者是管理活动的主体，组织中从事管理工作的人就是管理者。一个组织中从事管理工作的人可能有很多，我们可以按照不同的角度来进行划分。

1. 管理者的层次分类

组织的管理者可以按其所处的管理层次不同分为高层管理者、中层管理者和基础管理者。同时，整个组织层次还包括一层作业人员，如图 1-2 所示。

高层管理者是指对整个组织的管理负有全面责任的人。他们的主要职责是制订组织的总目标、总战略，掌握组织的大政方针并对组织的资源拥有分配权，需要对整个组织的绩效负责。他们在与外界交往中，往往代表组织以"官方"的身份出现。如公司董事会主席、首席执行官、总裁或总经理及其他高级管理人员、学校的校长、副校长或其他处于或接近组织最高层位置的管理人员。

图 1-2　组织中的管理层次

中层管理者通常是指处于高层管理者与基层管理者之间的管理人员。他们的主要职责是贯彻执行高层管理者所制订的重大决策，监督和协调基层管理者的工作。如部门或办事处主管、科室主管、地区经理、产品事业部经理或分公司经理、学校教务处主任、人事处长等。与高层管理者相比，中层管理者更注意日常的管理事务，在组织中起承上启下的作用。

基层管理者也称第一线管理人员，是组织中处于最低层次的管理者，是直接监察实际作业人员的管理者。他们的主要职责是给下属作业人员分派具体工作，保证各项任务的有效完成。如在制造业，基层管理者可能被称为领班、工头或工段长；而在学校中则由研究室主任来担任。

作为管理者，不论他在组织中的哪一层次上承担管理职责，其工作的性质和内容应该基本上是一样的，都包括计划、组织、领导和控制几个方面。不同层次管理者工作上的差别，不是职能本身不同，而是各项管理职能履行的程度和重点不同，如图 1-3 所示。

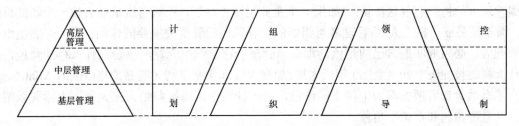

图 1-3　管理者的层次分类与管理职能

高层管理者花在计划、组织和控制职能上的时间要比基层管理者多，而基层管理者花在领导职能上的时间要比高层管理者多。即便是就同一管理职能来说，不同层次管理者所从事的具体管理工作的内涵也并不完全相同。例如，就计划工作而言，高层管理者关心的是组织整体的长期战略规划，中层管理者偏重的是中期、内部的管理性计划，基层管理者则更侧重于短期的业务和作业计划。

作业人员与管理者，即使是基层管理者也有本质区别。这种区别就在于管理者要促成他人努力工作并对他人工作的结果负责。当然，如前面所述，管理人员有时也可能参与作业工作。另外，在鼓励民主管理或参与管理的组织中，作业者也可能参与自己工作或他人工作的管理。

2. 管理者的领域分类

管理人员还可以按其所从事管理工作的领域宽度及专业性质的不同，划分为综合管理人员与专业管理人员两大类，如图 1-4 所示。

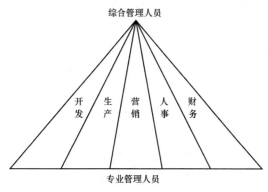

图 1-4　管理者的领域分类

综合管理人员是指负责管理整个组织或组织中某个事业部全部活动的管理者。例如，对于小型企业来说，可能只有一个综合管理者——总经理，他要统管该企业内包括生产、营销、人事、财务等在内的全部活动。而对于大型企业来说，可能会按产品类别设立几个产品分部，或按地区设立若干地区分部，此时，该公司的综合管理人员就包括总经理和每个产品或地区分部的经理，每个分部经理都要统管该分部包括生产、营销、人事、财务等在内的全部活动。

专业管理人员是指负责管理组织中某一类活动（或职能）的管理者。根据这些管理者管理专业领域性质的不同，可以具体划分为生产部门管理者、营销部门管理者、人事部门管理者、财务部门管理者及研究开发部门管理者等。对于这些部门的管理者，可以泛称为生产经理、营销经理、人事经理、财务经理和研究开发经理等。对于现代组织来说，随着其规模的不断扩大和环境的日益复杂多变，不仅需要越来越多的专业管理人员，而且专业管理人员的重要性也在不断增加。

二、管理者的角色

管理者是组织中最重要的资源，其工作绩效的好坏直接关系着组织的成败兴衰。所以，美国管理大师德鲁克曾这样说："如果一个企业运转不动了，我们当然是要去找一个新的总经理，而不是另雇一批工人。"管理者对组织的生存发展起着至关重要的作用。作为一名组织中的管理者，必须要明确自己的角色。那么，管理者在组织中究竟应该扮演什么样的角色，具备什么样的技能呢？20 世纪 60 年代末期，加拿大管理学家亨利·明兹伯格（Henry Mintzberg）提出了有效管理者所扮演的十种不同角色，这十种角色可以被归纳为三大类：人际关系型角色、信息型角色和决策型角色。

1. 人际关系型角色

人际关系型角色直接产生于管理者的正式权力，管理者在处理与组织成员和其他利益相关者的关系时，他们就在扮演人际关系型角色。人际关系型角色是涉及与组织内外其他人互动的角色。管理者所扮演的三种人际关系型角色是代表人角色、领导者角色和联络者角色。

（1）代表人角色。作为所在单位的领导，管理者必须行使一些具有礼仪性质的职责。例如，管理者有时必须参加社会活动，出现在社区的集会上或宴请重要客户等。

（2）领导者角色。由于管理者对所在单位的成败负重要责任，他们必须在工作小组内扮演领导者角色。对这种角色而言，管理者和员工一起工作并通过员工的努力来确保组织目标的实现。

（3）联络者角色。管理者无论是在与组织内的个人和工作小组一起工作时，还是在与外部利益相关者建立良好关系时，都起着联络者的作用。管理者必须对重要的组织问题有敏锐的洞察力，从而能够在组织内外建立关系和网络。

2. 信息型角色

管理者负责确保和其一起工作的人具有足够的信息，从而能够顺利完成工作，这时他们就扮演着信息型角色。信息型角色包括信息的收集、处理和传播。管理者们从组织内外各种渠道收集信息，对信息进行处理，并传播给需要这些信息的人们。管理者既是所在单位的信息传递中心，也是组织内其他工作小组的信息传递渠道。整个组织的人依赖于管理结构和管理者以获取或传递必要的信息，以便完成工作。管理者扮演的三种信息型角色是监督者角色、传播人角色和发言人角色。

（1）监督者角色。作为监督者，管理者持续关注组织内外环境的变化以获取对组织有用的信息。管理者通过接触下属来搜集信息，并且从个人关系网中获取对方主动提供的信息。根据这种信息，管理者可以识别工作小组和组织的潜在机会和威胁。

（2）传播人角色。在作为传播者的角色中，管理者把他们作为信息监督者所获取的大量信息传递出去。作为传播者，管理者把重要信息传递给工作小组成员，管理者有时也向工作小组隐藏特定的信息，更重要的是，管理者必须保证员工具有必要的信息以便切实有效完成工作。

（3）发言人角色。管理者必须把信息传递给单位或组织以外的个人。如管理者必须向董事或股东说明组织的财务状况和战略方向，必须向消费者保证组织在切实履行社会义务，必须让政府官员对组织的遵守法律感到满意等。

3. 决策型角色

管理大师彼得·德鲁克曾经写到，无论管理者们做什么，他们都是通过做决策行事。管理者在处理信息并得出结论的过程中即扮演着决策型角色。如果信息不用于组织的决策，这种信息就丧失其应有的价值。管理者负责作出组织的决策，让工作小组按照既定的路线行事，并分配资源以保证小组计划的实施。管理者扮演的四种决策型角色是企业家角色、干扰对付者角色、资源分配者角色和谈判者角色。

（1）企业家角色。在前述的监督者角色中，管理者密切关注组织内外环境的变化和事态的发展，以便发现机会。作为企业家，管理者对所发现的机会进行投资以利用这种机会，如开发新产品、提供新服务或发明新工艺等。

（2）干扰对付者角色。一个组织不管被管理得多么好，它在运行的过程中总会遇到或多或少的冲突或问题。管理者必须善于处理冲突或解决问题，如平息客户的怒气、同不合作的供应商进行谈判或者对员工之间的争端进行调解等。

（3）资源分配者角色。作为资源分配者，管理者决定组织资源用于哪些项目。例如对于管理者的时间来说，当管理者选择把时间花在这个项目而不是那个项目上时，他（或她）实际上是在分配一种资源。除时间以外，信息也是一种重要资源。管理者是否在信息获取上为他人提供便利，通常决定着项目的成败。

（4）谈判者角色。对所有层次管理工作的研究表明，管理者把大量的时间花费在谈判上。

管理者的谈判对象包括员工、供应商、客户和其他组织。无论是何种类型的组织，其管理者都要进行必要的谈判工作以确保组织目标的实现。

三、管理者的技能

由于管理工作的复杂性和管理者角色的多样性，这就要求管理者应该具备多种技能。然而要把承担管理工作要求的全部技能都列出来是不大可能的。根据罗伯特·卡茨（Katz）在1974年的研究，作为一名管理者应该具备三类技能，即技术技能、人际技能和概念技能。

1. 技术技能

技术技能是指使用某一专业领域内有关的工作程序、技术和知识完成组织任务的能力。对于管理者来说，虽然没有必要使自己成为精通某一领域技能的专家，他可以依靠有关专业技术人员来解决专业的技术问题，但也需要掌握一定的技术技能，否则将很难与他所主管的组织内的专业技术人员进行有效的沟通，从而也就无法对他所管辖的业务范围内的各项管理工作进行具体的指导。毋庸置疑，医院的院长不应该是对医疗过程一窍不通的人，学校的校长也不应该是对教学科研工作一无所知的人，工厂的生产经理更不应该是对生产工艺毫无了解的人。当然，不同层次的管理者，对于技术技能要求的程度是不相同的。

2. 人际技能

人际技能是指与处理人与人之间关系的技能或者说是与组织内外的各类人员打交道的能力，即理解、激励他人并与他人沟通和共事的能力。管理者必须学会同下属人员沟通并影响下属人员的行为，激励下属去积极主动地完成任务。管理者还必须与上级、与同事、与组织外部的有关人员打交道，还需要学会说服上级，学会同其他部门同事沟通、合作，还要与相关的外界人员沟通，传播组织的有关信息，与外部环境协调。具有高超人际技能的管理者，更容易取得人们的信任和支持，也容易有效地实施管理。对于不同层次的管理者，人际技能都是同等重要的。

3. 概念技能

概念技能是指能够洞察组织与环境相互影响的复杂性，并在此基础上加以分析、判断、抽象、概括，迅速做出正确决断并驾驭全局的能力。具体地说，概念技能包括理解事物的相互关系从而找出关键影响因素的能力、确定和协调各方面关系的能力及权衡不同方案优劣和内在风险的能力等。显然，任何管理者都会面临一些混乱而复杂的环境，管理者应能看到组织的全貌和整体，并认清各种因素之间的相互联系，以便抓住问题的实质，根据形势和问题果断地作出正确的决策。也就是说，透过现象看到事物的本质，通过对组织与环境中存在的日常零散的事物进行分析判断、抽象概括、归纳总结、找到事物内在的联系，从而做出正确决策的能力。

上述三种技能是各个层次管理者都需要具备的，只是不同层次的管理者对这三种技能的要求程度不同，如图 1-5 所示。

一般来说，对于技术技能，基层管理者所需要的程度较深，他们必须全面而系统地掌握与本单位工作内容相关的各种技术技能。而高层管理者则只需要对技术技能有基本的了解。当然，基层管理

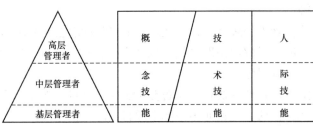

图 1-5　管理层次与管理技能要求

人员也可能面临一些例外的、复杂的问题，也要协调所管辖工作人员的工作，制订本部门的整体计划。为了做好这些工作，他们也需要掌握一定的概念技能。人际关系技能，对于高、中、低层管理者有效地开展管理工作都是非常重要的。因为各层次的管理者都必须在与上下左右之间进行有效沟通的基础上，相互合作，共同完成组织的目标。管理者所处的层次越高，其面临的问题就越复杂、越具有多变性、越无先例可循，也就越需要概念技能。因此，高层管理者需要更多地掌握概念技能，进而把全局意识、系统观念和创新精神渗透到决策过程中。

🔎 **管理实践资料链接二**

林征会成为一名合格的厂长吗

某钢铁公司领导班子会议正在研究一项重大的人事任免案。总经理提议免去公司所属的、有2000名职工的主力厂——炼钢一厂厂长姚成的厂长职务，改任公司副总工程师，主抓公司的节能降耗工作；提名炼钢二厂党委书记林征为炼钢一厂厂长。姚、林二人都是公司的老同志了，从年轻时就在厂里工作，大家对他们的情况可以说是了如指掌。

姚成，男，48岁，中共党员，高级工程师。20世纪60年代从南方某冶金学院毕业后分配到炼钢厂工作，一直搞设备管理和节能技术工作，勤于钻研，曾参与主持了几项较大的节能技术改造，成绩卓越，在公司内引起了较大轰动。1983年他晋升为工程师，先被任命为一厂副总工程师，后又任生产副厂长，1986年起任厂长至今，去年被聘为高级工程师。该同志属技术专家型领导，对炼钢长的生产情况极为熟悉，上任后对促使炼钢一厂能源消耗指标降低起了重大的推进作用。他工作勤勤恳恳，炼钢转炉的每次大修理他都亲临督阵，有时半夜入厂抽查夜班工人的劳动纪律，白天花很多时间到生产现场巡视，看到有工人在工作时间闲聊或乱扔烟头总是当面提出批评，事后通知违纪人所在单位按规定扣发奖金。但群众普遍反应，姚厂长一贯不苟言笑，没听姚厂长和他们谈过工作以外的任何事情，更不用说和下属开玩笑了。他到哪个科室谈工作，进办公室大家的神情便都严肃起来，犹如"一鸟入林，百鸟压音"，大家都不愿意和他接近。对他自己特别在行的业务，有时甚至不事先征求该厂总工程师的意见，就直接找下属布置工作，总工对此已习以为常了。姚厂长手下几位很能干的"大将"却都没有发挥多大的作用。根据他们私下说，在姚手下工作，从来没受过什么激励，特别是当他们个人生活困难需要厂里帮助时，姚厂长一般不予过问。用工人的话说是"缺少人情味"。久而久之，姚厂长手下的骨干都没有什么积极性了，只是推推动动，维持现有局面而已。

林征，男，50岁，中共党员，高中毕业。在基层工作多年，前几年才转为正式干部，任车间党支部书记。该同志脑子灵活，点子多，宣传、鼓动能力强，具有较突出的工作协调能力。1984年出任炼钢二厂厂办主任，1986年调任公司行政处副处长，主抓生活服务，局面很快被打开。1988年炼钢二厂党委书记离休，林征又回到炼钢二厂任党委书记。林征长于做人的工作，善于激励部下，据说对行为科学很有研究。他对属下非常关心，周围的同志遇到了什么难处都愿意和他说，只要是厂里该办的，他总是很痛快地给予解决。民主作风好，工作也讲究方式方法，该他做主的事从不推三阻四。由于他会团结人（用周围同志的说法是"会笼络人"），工作能力强，因此在群众中享有一定的威望。他的不足之处是学历低，工作性质几经变化，没有什么专业技术职称（有人说他是"万金油"），对工程技术理论知之不多，也没有独立指挥生产的经历。

姚、林二人的任免事关一厂的全局工作，这怎么能不引起公司领导们的关注？公司领导们心里在反复掂量，考虑着对炼钢一厂厂长这一重大人事变动提议应如何表态。

第三节　管理理论的形成与发展

管理是人类各种活动中最重要的活动之一，可以说人类的很多活动都离不开管理活动。在人类历史上，自从有了有组织的活动，就有了管理活动，管理活动的历史与人类历史一样久远，几乎所有的组织都离不开管理活动。从古今中外的管理实践来看，堪称世界奇迹的埃及金字塔、巴比伦古城、中国万里长城，其宏伟的建筑规模生动地证明了人类的管理和组织能力。无论是埃及的金字塔，还是中国的万里长城，如此浩大的工程，一定需要对众多的人力、物力、财力进行组织协调。如果没有管理活动参与其中，很难想象它们将如何被完成，这的确是劳动人民勤劳智慧的结晶，同时也是历史上伟大的管理实践。管理活动的出现促使人们对这种活动加以研究和探索，经过长时期的积累和总结，人们对管理活动有了初步的认识和见解，从而开始形成一些朴素的、零散的管理思想。随着社会的发展和技术的进步，人们又对管理思想加以提炼和概括，从中找出带有规律性的、属于管理活动普遍原理的东西，这些原理经过抽象和综合就形成了管理理论。这些管理理论被应用到管理活动中，指导管理活动的进行，同时又对这些理论进行实践检验。这就是管理理论的形成过程。尽管管理活动可以追溯到遥远的古代，而最早的管理理论系统形成于19世纪末和20世纪初的欧美，也就是说管理作为一门学科，却仅仅只有100多年的历史。

一、中外早期管理思想

中外早期的管理实践和思想主要体现在治国施政、指挥军队作战及管理教会等方面。中国作为四大文明古国之一，有着丰富的管理思想。如在管理国家、巩固政权、统率军队、发展生产、安定社会等方面积累了大量经验，留下了许多至今仍闪烁着智慧光芒的管理思想。

早在2000多年前的春秋时代，由杰出的军事家孙武所著的我国古代典籍《孙子兵法》一书，至今仍吸引着大量的中外读者。书中关于战争中的节制、谨慎、速度、灵活性和适应性战略的运用等思想是与现代企业的战略管理思想息息相通的。《周礼》、《墨子》、《老子》、《管子》、《齐民要术》、《天工开物》等著作也体现有大量的中国古代优秀的管理思想。

外国的管理实践和思想也有着悠久的历史，古巴比伦人、古埃及人及古罗马人在这些方面都有过重要贡献。18世纪60年代开始的工业革命，加速了资本主义生产的发展，随着资本主义工厂制度的建立和发展，许多管理实践和管理思想应运而生。如近代亚当·斯密的劳动分工观点和经济人观点、小瓦特和博尔顿的科学管理制度、马萨诸塞车祸与所有权和管理权的分离、罗伯特·欧文的人事管理、巴贝奇的作业研究和报酬制度、亨利·汤的收益分享制度、哈尔西的奖金方案等都为管理理论的形成奠定了基础。

二、管理理论的形成与发展

管理理论系统形成于19世纪末和20世纪初的欧美。在第二次世界大战后，管理理论得到了迅速发展，许多管理学者从不同角度提出了不同的管理理论，此处主要介绍古典管理理论、行为管理理论和现代管理理论。

1. 古典管理理论

随着资本主义经济的发展和科学技术的进步，生产社会化程度越来越高，企业规模也越来越大，仅仅凭借个人经验来管理企业是无法适应社会化大生产要求的。这时迫切需要科学的、规范的管理来代替传统的经验管理，这就为系统地形成正式的管理理论创造了条件。19世纪末20世纪初，在西方欧美国家形成了比较系统的管理理论，即古典管理理论，它主要分为科学管理理论和组织管理理论。

（1）科学管理理论。科学管理理论着重研究如何最大限度地提高单个工人的劳动生产率。其代表人物主要有泰罗（Frederick W. Taylor，1856—1915）、吉尔布雷斯夫妇（Frank B. Gilbreth，1868—1924；Lillian M. Gilbreth，1878—1972）及甘特（Henry L. Gantt，1861—1919）等。

弗雷德里克·温斯洛·泰罗是科学管理理论的主要创始人，他出生于美国费城一个富有的律师家庭，中学毕业后考上哈佛大学法律系，但不幸因眼疾而被迫辍学。1875年，泰罗进入费城的一家机械厂当学徒工。1878年，转入费城的米德维尔钢铁公司当技工，后来被迅速提升为工长、总技师。1883年，通过业余学习，获得史蒂文斯技术学院的机械工程学位。1884年，升任总工程师。1898—1901年，泰罗受雇于宾夕法尼亚的伯利恒钢铁公司。1901年以后，他把大部分时间用在写作和演讲上。1906年，泰罗担任美国机械工程师学会会长。1915年，泰罗因肺炎逝世。由于他生前在科学管理方面做出了特殊贡献，人们在他的墓碑上刻上了"科学管理之父"以表示纪念。

泰罗的科学管理理论主要包括以下几方面：

1）工作定额原理。泰罗认为，科学管理的中心问题是提高劳动生产率。要制订出有科学依据的工人的"合理的日工作量"，就必须进行时间和动作研究。方法是把工人的操作分解为基本动作，再对尽可能多的工人测定完成这些基本动作所需的时间。同时选择最适用的工具、机器，确定最适当的操作程序，消除错误的和不必要的动作，将最后得出的最有效的操作方法作为标准。最后，将完成这些基本动作的时间汇总，加上必要的休息时间和其他延误时间，就可以得到完成这些操作的标准时间，据此制订一个工人的"合理的日工作量"，这就是所谓的工作定额原理。

泰罗在伯利恒钢铁公司进行了有名的搬运生铁块试验。该公司有75名工人负责把92磅重的生铁块搬运到30米远的铁路货车上，他们每人每天平均搬运12.5吨，日工资1.15美元。泰罗找了一名工人进行试验，试验搬运的姿势、行走的速度、持握的位置及休息时间的长短对其搬运量的影响。结果表明存在一个合理的搬运生铁块的方法，在这种方法下，57%的时间用于休息。按照这样的方法搬运，每个工人的日搬运量将达到47～48吨，工人的日工资将提升至1.85美元。

2）标准化原理。制订并使工人掌握标准化的操作方法，使用标准化的工具、机器和材料，并使作业环境标准化，这就是所谓的标准化原理。泰罗认为，必须用科学的方法对工人的操作方法、工具、劳动和休息时间的搭配、机器的安排和作业环境的布置等进行分析，消除各种不合理的因素，把各种最好的因素结合起来，形成一种最好的方法。他把这一工作叫做管理当局的首要职责。

泰罗在伯利恒钢铁公司做过有名的铁锹试验。当时公司的铲运工人拿着自家的铁锹上班，这些铁锹各式各样、大小不等。堆料场中的物料有铁矿石、煤粉、焦炭等，每个工人的日工作量为 16 吨。泰罗经过观察发现，由于物料的比重不一样，一铁锹的负载大不一样。如果是铁矿石，一铁锹有 38 磅；如果是煤粉，一铁锹只有 3.5 磅。那么，一铁锹到底负载多大才合适呢？经过试验，最后确定一铁锹 21 磅对于工人是最适合的。根据试验的结果，泰罗针对不同的物料设计不同形状和规格的铁锹。此后工人上班时都不自带铁锹，而是根据物料情况从公司领取特制的标准铁锹，工作效率大大提高。堆料场的工人从 400～600 名降为 140 名，平均每人每天的操作量提高到 59 吨，工人的日工资从 1.15 美元提高到 1.88 美元。

3）能力与工作相适应的原理。为了提高劳动生产率，必须为工作挑选"第一流的工人"。所谓第一流的工人是指能力最适合做这种工作而且也愿意去做这种工作的人。泰罗认为，管理当局的职责在于为工人安排最合适的工作岗位，并培训他们，使他们掌握科学的工作方法，鼓励他们努力工作，使他们成为第一流的工人。

4）差别计件工资制。泰罗认为，工人磨洋工，生产效率低下的一个重要原因就是报酬制度不合理。计时工资不能体现劳动的数量。

泰罗于 1895 年提出了一种新的刺激性的报酬制度——差别计件工资制，其内容包括：

通过时间和动作研究来制订有科学依据的工作定额或标准。

实行差别计件工资制来鼓励工人完成或超额完成工作定额。所谓"差别计件工资制"，是指计件工资率随完成定额的程度而上下浮动。如果工人完成或超额完成定额，则定额内的部分连同超额部分都按比正常单价高 25% 计酬；如果工人完不成定额，则按比正常单价低 20% 计酬。

工资支付的对象是工人而不是职位，即根据工人的实际工作表现而不是根据工作类别来支付工资。泰罗认为这样做，不仅能克服消极怠工的现象，更重要的是能调动工人的积极性，从而大大提高劳动生产率。

5）计划职能与执行职能相分离。泰罗认为，计划职能应该与执行职能相分离，变经验工作方法为科学工作方法。经验工作方法是指每个工人采用什么操作方法、使用什么工具等，都根据个人经验来决定。科学工作方法是指每个工人采用什么操作方法、使用什么工具等，都根据试验和研究的结果来决定。为了采用科学的工作方法，泰罗主张把计划职能同执行职能分开，由专门的计划部门承担计划职能，由所有的工人和部分工长承担执行职能。计划部门的具体工作包括：①进行时间和动作研究；②制订科学的工作定额和标准化的操作方法，选用标准化的工具；③拟定计划，发布指示和命令；④对照标准，对实际的执行情况进行控制等。

6）实行"职能工长制"。泰罗主张实行"职能管理"，即将管理工作予以细分，使所有的管理者只承担一种管理职能。他设计出八个职能工长，代替原来的一个工长，其中四个在计划部门，四个在车间。每个职能工长负责某一方面的工作。在其职能范围内，可以直接向工人发出命令。泰罗认为这种"职能工长制"有三个优点：①对管理者培训花费的时间较少；②管理者的职责明确，因而可以提高效率；③由于专业计划已由计划部门拟定，工具与操作方法也已标准化，车间现场的职能工长只需进行指挥监督，因此非熟练技术的个人也可以从事较复杂的工作，从而降低整个企业的生产费用。

由于一个工人同时接受几个职能工长的多头领导，容易引起混乱。所以，"职能工长制"

没有得到推广。但泰罗的这种职能管理思想为以后职能部门的建立和管理的专业化提供了参考。

7）实行例外原则。泰罗等人认为，企业的高级管理人员应把例行的一般日常事务授权给下级管理人员去处理，自己只保留对例外事项即重大事项的决策权和控制权。这种以例外原则为依据的管理控制原理，以后发展成为管理上的分权化原则和实行事业部制的管理体制。

泰罗的科学管理理论在 20 世纪初得到了广泛的传播和应用，影响很大。在与他同时代及以后的年代中，还有许多人也为科学管理理论做出了贡献，如吉尔布雷斯夫妇和甘特等。

美国工程师弗兰克·吉尔布雷斯及其夫人心理学博士莉莲·吉尔布雷斯在动作研究和工作简化方面做出了突出贡献。他们采用两种手段进行时间与动作研究：①把工人操作时手的动作分解为 17 种基本动作；②通过拍摄相片来记录工人的操作动作，通过分析寻找最佳的动作，制订标准的操作程序。与泰罗相比，吉尔布雷斯夫妇的动作研究更加细致、广泛。

美国管理学家、机械工程师甘特是泰罗在米德维尔钢铁公司和伯利恒钢铁公司的重要合作者。他最重要的贡献是创造了"甘特图"，这是一种用线条表示的计划图，这种图现在常被用来编制进度计划。甘特的另一贡献是提出了"计件奖励工资制"，即对于超额完成定额的工人，除了支付给他日工资，超额部分还以计件方式发给他奖金；对于完不成定额的工人，工厂只支付给他日工资。这种制度优于泰罗的"差别计件工资制"，因为这种工资制可使工人感到收入有保证，劳动积极性因而提高。

（2）组织管理理论。组织管理理论着重研究管理职能和整个组织结构。其代表人物主要有亨利·法约尔（Henri Fayol，1841—1925）、马克斯·韦伯（Max Weber，1864—1920）和切斯特·巴纳德（Chester Lrving Barnard，1886—1961）等。

亨利·法约尔，法国人，1860 年从圣艾帝安国立矿业学院毕业后进入康门塔里—福尔香堡采矿冶金公司，并成为一名采矿工程师，不久他被提升为该公司一个矿井的经理。1888 年他出任该公司总经理，并由一名工程技术人员逐渐成为专业管理者，他在实践中逐渐形成了自己的管理思想和管理理论，对管理学的形成和发展做出了巨大的贡献。1916 年法国矿业协会的年报公开发表了他的著作《工业管理与一般管理》，这本著作是他一生管理经验和管理思想的总结。他认为，他的管理理论虽然是以大企业为研究对象，但除了可应用于工商企业外，还可应用于政府、教会、慈善机构、军事组织及其他各种事业等。所以，法约尔被公认为是第一位概括和阐述一般管理理论的管理学家。他的理论贡献主要体现在他对管理职能的划分和管理原则的归纳上。

1）企业的基本活动与管理的五项职能。法约尔指出，任何企业都存在着六种基本活动，管理只是其中的一种。这六种基本活动是：①技术活动，指生产、制造和加工等；②商业活动，指采购、销售和交换等；③财务活动，指资金的筹措和运用等；④安全活动，指设备的维护和人员的保护等；⑤会计活动，指货物盘点、成本统计和核算等；⑥管理活动，指计划、组织、指挥、协调和控制五项职能。

2）法约尔的管理 14 条原则。法约尔根据自己的工作经验提出了一般管理的 14 条原则。

①分工。在技术工作和管理工作中进行专业化分工可以提高效率。

②权力与责任。权力是指"指挥他人的权以及促使他人服从的力。"法约尔区分了管理者的职位权力和个人权力，前者来自个人的职位高低，后者是由个人的品德、智慧和能力等个人特性形成的。一个优秀的领导人必须两者兼备。在行使权力的同时，必须承担相应的责

任，权力和责任是相互的。

③纪律。纪律是企业同员工之间在服从、勤勉、积极、举止和尊敬等方面所达成的一种协议。组织内所有成员都要根据各方达成的协议对自己在组织内的行为进行控制，必须接受纪律的约束。

④统一指挥。组织内每一个人只能服从一个上级并接受他的命令。

⑤统一领导。对于目标相同的活动，只能有一个领导、一个计划。

⑥个人利益服从集体利益。个人和小集体的利益不能超越组织的利益。当出现矛盾时，主管人员必须想办法使其一致。

⑦报酬合理。报酬制度应当公平，并尽可能使员工与企业都得到满意。

⑧集权与分权。主要指权力的集中或分散的程度问题。集权与分权本身无所谓好坏，集中的程度应根据企业的性质、规模、人员素质和环境等具体情况而定。

⑨等级链与跳板。等级链是指"从最高的权威者到最低层管理人员的等级系列"。它表明权力等级的顺序和信息传递的途径。为了保证命令的统一，一般情况下不能违背等级链。但在特殊情况下这样做会延误信息，因此，法约尔设计了一种"跳板"，便于同级之间的横向沟通。但在横向沟通前要征求各自上级的意见，并且事后要立即向各自上级汇报，从而维护统一指挥的原则。

⑩秩序。即"有地方放置每件东西，且每件东西都放在该放置的地方；有职位安排每个人，且每个人都安排在应安排的职位上"。

⑪公平。公平是由善意与公道结合而产生的。管理者应对下属仁慈、公平。

⑫保持人员稳定。培养一个人胜任目前的工作需要花费时间和金钱。所以，人员特别是管理人员的经常变动对企业很不利。

⑬首创精神。领导者不仅本人要有首创精神，还要有勇气激发和支持全体成员发挥他们的首创精神。

⑭团结精神。在组织内部必须注意保持和维护团结、和谐和协作的气氛。

法约尔认为这14条原则并不是死板和绝对的，关键是尺度问题，应当注意各种可变因素的影响。这些原则是灵活的，是可以适用于一切需要的，但其真正的本质在于懂得如何运用它们。

马克斯·韦伯是德国著名的社会学家，他对法学、经济学、组织学、历史学和宗教学都有广泛的兴趣。在管理理论上的主要贡献是提出了"理想的行政组织体系"理论。韦伯认为等级、权威和行政制是一切社会组织的基础。对于权力，他认为有三种类型：个人崇拜式权力、传统式权力和理性—合法的权力。其中，个人崇拜式权力的基础是"对个人的明确而特殊的尊严、英雄主义或典范的品格的信仰……"；传统式权力的基础是先例和惯例；理性—合法的权力的基础是"法律"或"处于掌权地位的那些人……发布命令的权力"。韦伯认为，在三种权威中只有理性—合法的权威才是理想组织形式的基础。韦伯的"理想的行政组织体系"或理想组织形式具有以下一些特点。

1）明确分工。把组织内的工作分解，按职业专业化对成员进行分工，明确规定每个成员的权力和责任。

2）职权等级。按等级原则对组织内各个职位进行法定安排，形成一个自上而下的指挥链或等级体系。

3）正式选拔。根据经过正式考试或教育培训而获得的技术资格来选拔员工，并完全根据职务的要求来任用。

4）职业管理。行政管理人员是"专职的"管理人员，领取固定的"薪金"，有明文规定的升迁制度。

5）行政管理人员必须严格遵守组织中的规则、纪律和办事程序。

6）非人格化。组织中成员之间的关系以理性准则为指导，不受个人情感的影响，只是一种职位的关系，组织与外界的关系也是这样。

韦伯认为，这种高度结构化的、正式的、非人格化的理想行政组织体系是强制控制的合理手段，是达到目标、提高效率的最有效形式，适用于各种大型组织。这种组织形式在精确性、稳定性、纪律性和可靠性等方面都优于其他形式。韦伯的这一理论，是对泰罗、法约尔理论的补充，对后来的管理学家，特别是组织理论家产生很大影响。

切斯特·巴纳德是美国的高级经理和管理学家，长期担任美国新泽西州贝尔电话公司总经理一职。他在管理理论的研究方面做出了很大贡献。巴纳德认为，组织是两人或更多人经过有意识地协调而形成的系统，其中经理人员是最为重要的因素。巴纳德把组织分为正式组织和非正式组织。对正式组织来说，不论级别高低和规模大小，其存在和发展都必须具备三个条件：明确的目标、协作的意愿和良好的沟通。在正式组织中还存在着一种因为工作上的联系而形成的有一定看法、习惯和准则的无形组织，即非正式组织。巴纳德的这一理论为后来的"社会系统学派"奠定了理论基础。

2. 行为管理理论

古典管理理论的广泛流传和实际运用，大大提高了组织的效率。但古典管理理论多侧重于生产过程、组织控制方面的研究，较多地强调科学性、精密性、纪律性，对人的因素注意较少，把工人当做机器的附属品，激起了工人强烈的不满。行为管理理论形成于 20 世纪 20 年代前后，一方面工人日益觉醒，另一方面经济的发展和周期性危机的加剧，使得资产阶级认识到传统的管理方法已不可能有效地控制工人来提高生产率。一些管理学家和心理学家也意识到，社会化大生产的发展需要有与之相适应的新的管理理论。于是，一些学者开始从生理学、心理学、社会学等方面出发研究企业中有关人的一些问题，如人的工作动机、情绪、行为与工作之间的关系等，研究如何按照人的心理发展规律去激发积极性和创造性，因此行为科学就应运而生。行为科学早期被称为人际关系学说，随后发展为行为科学，即组织行为理论。

（1）梅奥（George E. Mayo，1880—1949）及其领导的霍桑试验。梅奥原籍澳大利亚，后移居美国，是人际关系学说的创始人，美国艺术与科学院院士，行为科学家。他的主要著作有《工业文明中人的问题》。作为一位心理学家和管理学家，他领导了 1924—1932 年在芝加哥西方电气公司霍桑工厂进行的一系列试验（即霍桑试验）中后期的重要工作。该试验分四个阶段。

第一阶段：工作场所照明试验（1924—1927 年）。研究人员选择一批工人，并把他们分成两组：一组为"试验组"，变换工作场所的照明强度，使工人在不同照明强度下工作；另一组为"对照组"，工人在照明强度保持不变的条件下工作。研究人员希望通过试验得出照明强度对生产率的影响，但试验结果却发现，照明强度的变化对生产率几乎没有影响。这说明：①工作场所的照明只是影响工人生产率的微不足道的因素；②由于牵涉因素较多，难以控制，且其中任何一个因素都可能影响试验的结果，所以照明对产量的影响无法准确衡量。

第二阶段：继电器装配室试验（1927 年 8 月—1928 年 4 月）。从这一阶段起，梅奥加入试验。为了能够更有效地控制影响工作效果的因素，研究人员选择了 5 名女装配工和 1 名女画线工在单独的一间工作室内工作，同时 1 名观察员被指派加入这个小组，专门记录室内发生的一切，并与工人保持友好气氛。在试验中分期改善工作条件，如改进材料供应方式、增加工间休息、供应午餐和茶点、缩短工作时间、实行集体计件工资制等，这些条件的变化使女工们的产量上升。但一年半后，在取消工间休息和供应午餐和茶点并恢复每周工作六天后，她们的产量仍维持在高水平上。看来其他因素对产量无多大影响，而监督和指导方式的改善能促使工人改变工作态度并增加产量，于是决定进一步研究工人的工作态度和可能影响工人工作态度的其他因素成为霍桑试验的一个转折点。

第三阶段：大规模访谈（1928—1931 年）。研究人员在上述试验的基础上进一步在全公司范围内进行访问和调查，调查了 2 万多人次。结果发现，影响生产力的最重要因素是工作中发展起来的人际关系，而不是待遇和工作环境。每个工人的工作效率不仅取决于他们自身的情况，还与其所在小组中的同事有关。任何一个人的工作效率都要受同事们的影响。

第四阶段：接线板接线工作室试验（1931—1932 年）。试验选了 14 名男工，其中有 9 名接线工、3 名焊接工和 2 名检查员。在这一阶段有许多重要发现：①大部分成员都自行限制产量。公司规定的工作定额为每天焊接 7312 个接点，但工人们只完成 6000～6600 个接点，原因是怕公司再提高工作定额，也怕因此造成一部分工作速度较慢的同事失业。②工人对不同级别的上级持不同态度。他们把小组长看作小组的成员。对于小组长以上的上级，级别越高，工人对他越尊敬，但同时工人对他的顾忌心理也越强。③成员中存在小派系。工作室里存在派系，每个派系都有自己的行为规范。谁要加入这个派系，就必须遵守这些规范。派系中的成员如果违反这些规范，就要受到惩罚。

梅奥对其领导的历时近 8 年的四阶段霍桑试验进行了总结，写成了《工业文明中人的问题》一书。在书中，梅奥阐述了与古典管理理论不同的观点——人际关系学说，主要有以下一些内容。

1）工人是"社会人"，而不是"经济人"。科学管理学派认为金钱是刺激人们工作积极性的唯一动力。梅奥认为，人的行为并不单纯出自追求金钱的动机，除了物质需求外，还有社会、心理等方面的需求，社会和心理因素对工人工作积极性的影响更大。

2）企业中存在着非正式组织。企业成员在共同工作的过程中，相互间必然产生共同的感情、态度和倾向，形成共同的行为准则和惯例。这就构成一个体系，称为"非正式组织"。非正式组织以它独特的感情、规范和倾向，左右着其成员的行为。古典管理理论仅注重正式组织的作用是很不够的。非正式组织不仅存在，而且同正式组织相互依存，对生产率有重大影响。

3）生产率主要取决于工人的工作态度及他和周围人的关系。梅奥认为新型的领导在于通过工人的满足度的增加，来提高工人的士气，即提高劳动生产率的主要途径是提高工人对社会因素，特别是人际关系的满足程度。如果满足度高，工作的积极性、主动性和协作精神就高，生产率则随之提高。

梅奥等人的人际关系学说的提出，弥补了古典管理理论的不足，为以后行为科学的发展奠定了基础。

（2）行为科学。人际关系学说建立以后，1949 年在美国芝加哥大学召开了一次有哲学家、精神病学家、心理学家、生物学家和社会学家等参加的跨学科的科学会议，讨论了应用现代科学知识来研究人类行为的一般理论。会议给这门综合性的学科定名为"行为科学"。行为科学蓬勃发展，产生了一大批影响力很大的行为科学家及其理论，主要有马斯洛（Abraham Maslow，1908—1970）及其需要层次理论、麦格雷戈（Douglas Mcgregor，1906—1964）的 XY 理论、麦克利兰（David McClelland，1917—1998）的成就需要理论、赫茨伯格（Frederick Herzber.g，1923—2000）的双因素理论、弗鲁姆（Victor Vroom）的期望理论等。有关这些学者及其理论的内容将在后续内容中介绍。

3. 现代管理理论

第二次世界大战结束后，科学技术快速发展，企业规模进一步扩大，生产社会化程度日益提高，市场竞争越来越激烈，这就使得人们对管理理论普遍重视。众多学者包括管理学家、心理学家、社会学家、经济学家、哲学家、数学家等都从不同的背景、不同的角度，用不同的方法对现代管理问题进行研究，出现了许多新的管理理论和方法，形成了各种各样的学术派别。美国著名管理学家哈罗德·孔茨（Harold Koontz，1908—1984）将这种管理理论林立的现象形象地描述为"管理理论丛林"。下面介绍几个主要的管理理论学派。

（1）社会系统学派。这一学派把组织视为一个人们可以有意识地加以协调和影响的社会协作系统，其代表人物是美国的管理学家巴纳德（Chester L.Barnard）。巴纳德出生于 1886 年，是近代对管理思想有卓越贡献的学者之一，他曾就读于哈佛大学，并在美国的电话电报公司和新泽西贝尔公司等著名大公司担任过高级管理职务。他将社会学用于管理的研究，在组织理论方面做出了杰出的贡献，其代表作是《经理职能》。巴纳德认为，组织是由人组成的，而人的活动是相互协调的，因而组织是一种由人的行为和活动相互作用的社会协作系统。管理人员的作用就是在协作系统中对组织成员的协作进行协调，使组织正常运转，实现组织目标。组织要存在必须具有明确的目标，组织成员要有协作的意愿，组织要有良好的沟通。这些思想构成了社会系统学派的理论基础。

（2）系统管理理论学派。系统管理理论学派是用系统科学的思想和方法来研究组织管理活动及管理职能。系统管理理论学派的代表人物为美国的卡斯特（Fremont E. Kast）、罗森茨韦克（Jmes E. Rosenzweig）和约翰逊（Richard A. Johnson），1963 年他们合写了《系统理论与管理》。该学派认为，组织是一个由相互联系、相互依存的若干子系统所组成的开放系统。组织系统中任何子系统的变化都会影响其他子系统的变化，为了更好地把握组织的运行过程，管理人员就要研究这些子系统及其相互关系，确保组织中子系统得到相互协调和有机整合，实现组织整体目标。组织又是更为广阔的社会系统中的一个分系统，在特定的环境中生存，而且不断与环境进行物质、能量和信息的交换。系统管理理论学派的贡献在于使得系统理论和系统分析方法在管理中得到广泛应用，极大地拓展了管理人员的思想和视野，使管理人员认识到组织与其生存环境中各种相关因素关系的重要性。

（3）权变管理理论学派。权变管理理论学派是 20 世纪 70 年代在美国形成的一种较新的管理理论学派，其主要代表人物是美国管理学家卢桑斯（Fred Luthans），他在 1973 年发表了《权变管理理论：走出丛林的道路》的文章，1976 年他又出版了《管理导论：一种权变学说》，系统地介绍了权变管理理论，提出了用权变理论可以统一各种管理理论的观点。在卢桑斯之前，英国女学者琼·伍德沃德（Joam Wood ward）已经在权变管理方面取得了令人瞩目的成就。他的代表作是《工业组织：理论和实践》。该学派认为，在组织管理中没有一成不变、普遍适用于一切组织的最好的管理理论和方法。因为组织的生存环境是复杂多变的，管理方式或方法应该随着情况的不同而改变，要根据组织所处的内外部条件随机应变，针对不同的具体条件来选择最适合的管理方法。

（4）决策理论学派。决策理论学派是在社会系统学派的基础上发展起来的，吸收了行为科学、系统科学的思想，并广泛结合现代数学及计算机等科学知识，形成了对管理实践进行科学的定量与定性分析相结合的崭新的、独特的管理体系，在西方管理理论界具有很大影响。决策理论学派的代表人物是美国卡内基梅隆大学教授赫伯特·西蒙（H.A.Simon），他的代表作为《管理决策新科学》。他因为在决策理论方面的杰出贡献，曾获得1978年的诺贝尔经济学奖。该学派认为管理就是决策，决策贯穿着整个管理过程。西蒙对于决策的程序、准则、类型及其决策技术作了分析，提出了决策的"满意原则"，并强调了决策者的作用。

（5）管理科学理论学派。管理科学学派又称数理学派或运筹学派，是二战之后在泰罗"科学管理理论"的基础上发展起来的，其代表人物是美国的学者伯法（E.S.Buffa）。伯法的代表作为《现代生产管理》。管理科学学派主要是运用有关数学工具，以运筹学、系统工程、电子技术等科技手段对管理问题进行定量分析。管理的计划、组织、控制和决策等几个方面都可以用数学符号和公式进行合乎逻辑的计算和分析，求出最优的解决方案。该理论提倡使用计算机来处理组织中大量数据和信息，这样可以提高管理的效率。

（6）经验主义学派。经验主义学派又称案例学派，主要从管理者的实际管理经验方面来研究管理，认为成功管理者的经验是最值得借鉴的。他们通过对大量管理的实例研究，来分析管理者的成功及失败的管理经验与教训，从中提炼和总结出带有共性和规律性的结论，然后使其系统化、理论化。管理不仅是科学，而且还是实践性很强的科学，成功的管理不仅要靠科学，还要靠经验。经验主义学派的代表人物主要有欧内斯特·戴尔（Ernest Dale），其代表作有《伟大的组织者》、《企业管理：理论和实践》；还有彼得·德鲁克（Peter Drucker），其代表作有《有效的管理者》、《管理：任务、责任和实践》等。

第四节　管理道德与组织的社会责任

管理道德与组织的社会责任作为管理学中的两个主要范畴，近些年来引起了人们强烈的关注。随着社会经济的发展，实际生活中出现了关于管理的许多新问题，组织的管理道德沦丧事件屡屡被媒体曝光，比如企业造假、推销员贿赂客户、广告夸大其词、不恰当地获取和使用其他公司的信息等，这都是企业经营过程中的不道德行为和缺乏诚信的事例。这些组织管理者道德标准滑坡现象不仅仅在中国有，在西方国家如美国也会常常出现。例如，"中国山西黑砖窑事件"、"三鹿奶粉事件"、"安达信会计事务所做假账事件"、"安然公司做假账事件"及引发全球金融风暴的"次贷危机"和"麦道夫诈骗案"等无数事例，都无可辩驳地证明，任凭人性的自利和贪婪无节制发展，将会造成严重的后果。约翰·科特曾说过："当更多的行动缺乏道德约束时，也将伤害更多对象，而且这种短视近利的手段将伤害一个人的长期领导能力。"任何社会任何组织要想长期生存，不仅要遵守法律，同时还必须遵守一定的道德规范。如企业在追求利润的同时，必须遵守管理道德和承担必要的社会责任。那么，在现代社会中，什么是管理道德？组织应当如何承担社会责任？对这些问题的研究已成为当前管理界最紧迫、最重要的课题。

一、管理道德

1. 管理道德的定义

道德通常是指那些用来明辨是非的规则或原则。管理道德是指人们在管理决策过程中所依赖和坚持的道德准则。这些道德准则旨在帮助决策者判断某种行为是正确的或错误的，或这种行为是否为组织所接受。不同组织或同一个组织不同的时期可能会有不同的道德标准，但它们的道德标准必须要与社会的道德标准兼容，否则这一组织很难为社会所容纳。比如，盖洛普（Gallup Poll）民意测验曾经表明，65%的美国人认为在20世纪70年代中期到80年代中期，社会道德总体水平下降了。其实道德水平下降不完全是绝对意义的下降，而是随着社会发展人们对道德有了更高的要求。如20世纪50年代，克利夫兰钢铁公司污染伊利湖尚可接受，但在今天却是不能容忍的。这种演进对管理者有着潜在的影响，由于社会对其各种组织的期望正在有规律地变化，管理者必须不断地把握这些期望。今天可以接受的道德标准对未来可能就是一种拙劣的指南。

2. 四种常见的道德观

在管理道德标准认识方面，有四种不同的常见的道德观，具体如下。

（1）道德的功利观。道德的功利观是一种完全根据行为结果即所获得的功利来评价人类行为善恶的道德观。这种观点认为能够为绝大多数人提供最大利益的行为才是善的。按照功利观点，一个管理者也许认为，解雇30%的工人是正当的，因为这将增加工厂的利润，提高留下的70%雇员的工作保障，并使股东获得最好的收益。一方面，功利主义鼓励效率和生产力，并符合利润最大化目标。但另一方面，它能造成资源浪费、不合理配置。尤其当那些受影响的部门缺少代表或没有发言权时更是如此。功利主义还会造成一些利害攸关者的权利被忽视的问题。

（2）道德的权利观。这种观点认为，能尊重和保护个人基本权利的行为才是善的。所谓基本权利就是人权，只要是人就应平等地享有人的基本权利（如生存权、言论自由权、受教育权和法律规定的各种权利）。权利观的积极一面是保护个人自由和隐私，但它在组织中也有消极的一面，往往把个人权利的保护看得比工作的完成更加重要，从而在这种道德观中会产生一种阻碍生产效率提高的不利影响。

（3）道德的公正观。这种观点认为，管理者不能因种族、肤色、性别、个性等因素对员工歧视，而是要求管理者按同工同酬的原则和公平公正标准给新员工支付薪金。实行公平公正的标准也会有得有失，它保护了那些其利益可能未被充分体现或无权的利害攸关者，但它会助长降低风险承诺、创新和生产率的权利意识。

（4）社会契约道德观。这种观点认为，只要按照组织所在地区政府和员工都能接受的社会契约所进行的管理行为就是善的。它综合了两种契约：一是适用于社会公众的一般契约，二是适用于社区成员之间的一种更具体的特殊契约。这种道德观提倡管理者观察当前各行各业以及各个公司的道德准则，从而决定是什么构成了正确的和错误的决策和行动，因而它与其他三种道德观是不同的。

大部分管理者对道德行为持功利态度不足为奇，因为这一观点与效率、生产力和高利润等目标是相一致的。例如，通过使利润最大化，一位总经理可以为自己辩解，他正在为绝大多数人谋取最大的利益。但由于管理领域正在发生变化，因此观点也需要改变。功利主义为大多数人的利益牺牲了少数人的利益。强调个人权力和社会公正的新趋势，意味着管理者需要以非功利标准为基础的道德准则。这对当今的管理者是一个实实在在的挑战，因为依据个人权力和社会公正等标准来制定决策，要比依据效率和利润的效果等功利标准制定决策，含有更多的模糊性。于是，管理者日益发现自己正面临着道德的困境。

3. 管理道德的作用

研究管理道德可以使管理理论更好地服务于管理实践。事实也证明，管理道德能提升管理的有效性。

首先，管理道德是调节管理领域各种重叠交叉复杂的利益关系的基本杠杆，管理道德是组织内部各部门之间，组织与组织之间，社会之间，特别是组织利益、国家利益与个人利益之间关系的调节器。通过管理道德的调节保证国家利益和广大群众的根本利益不受损失，保证管理领域各部门工作正常运行，限制和约束规范管理者不符合组织发展的行为发生，保证组织与社会相协调的发展。特别当国家利益、集体利益与个人利益发生冲突和矛盾时，就要求管理者在管理中除运用经济方法外，还要拿起管理道德来加以调节，以国家利益为重，又不忽视组织和职工个人的利益，从而把三者利益有机地结合和协调起来。只有这样，才能保证整个社会经济健康地、快速高质量地发展。其次，管理道德是促使组织发展、获得组织利益与全社会利益相统一的重要保证。如企业能否健康发展，能否赢得顾客的信誉和社会的信任，是最终能否获得经济效益和社会效益的关键。而要塑造企业的信誉形象，就要进行科学的管理，其中很重要的一环是管理道德的作用。具有高尚的管理道德的管理者在整个经济运行中，就能做到在本职岗位上忠于职守、维护企业的信誉、讲究竞争道德、遵守公平原则。这就最终给企业健康发展并赢得经济效益和社会效益以坚强有力的保证。另外，经济的健康高速发展是多种因素协调并积极作用的结果，而组织中管理人员的管理道德素质则是直接影响经济发展的重要因素。

4. 改善组织道德行为的途径

（1）挑选具有高道德水准的员工。由于人们在道德发展阶段、个人价值取向和个性上存在着差异，管理者可以通过严格的招聘过程将不符合组织道德要求的求职者淘汰掉。

（2）建立恰当的道德准则。道德准则是表明一个组织基本价值观和它希望员工遵守的道德规则的正式文件。一方面，道德准则应尽量具体，以向员工表明他们应以什么精神来从事工作、以什么样的态度来对待工作。另一方面，道德准则应当足够宽松，从而允许员工有判断的自由。当管理者认为这些准则很重要，经常重复和强调其内容，并当众训斥违反准则的员工时，那么道德准则就能为道德计划提供强有力的基础。

（3）提高管理者的素质和职业道德修养。管理者的道德发展阶段、自信心、自控能力等都是影响管理道德的重要因素，而这些因素其实是管理者素质高低的体现。要改善管理道德，首先要提高管理者素质。每一种职业活动不仅贯穿着专门的业务要求而且贯穿着与职业活动相关的道德行为准则，这是个人道德行为特征的最具体、最重要的表现。要提高管理者的道德修养，必须加强管理者的职业道德建设。职业道德建设一般有相关的两个方向：一个方向是职工道德，另一个方向则是组织领导者、管理者的道德。两者相互联结、相互作用，构成一个完整的职业道德模式。

道德准则要求管理者尤其是高层管理者应以身作则。高层管理者通过他们的言行和奖惩建立了某种文化基调，这种文化基调向员工传递和暗示了某些信息。例如，如果高层管理者公车私用，无度挥霍，这等于向员工暗示，这些行为是被允许的。再如，如果领导选择关系密切者作为提升或奖赏的对象，则表明靠拉关系这种不正当的方法获得好处不仅是可能的，而且是有效的，于是"关系文化"就可能盛行，人们的注意力就可能不集中在工作实绩的创造上，而是转向人际方面的钻营。而如果领导当众惩罚投机者，员工就会得出这样的结论，投机是不受欢迎的，是要付出代价的。所以，不良的纪律来自不良的领导。组织领导人如果不能严于律己、以身作则，则势必会在组织内部形成管理松弛、制度涣散、风气败坏、上行下效的局面。

（4）设定合理的工作目标。员工应该有明确的和现实的目标。如果目标对员工的要求不现实，即使目标是明确的，也会引起道德问题。在不现实的目标压力下，即使道德素质较高的员工也会感到迷惑，很难在道德和目标之间作出选择，有时为了达到目标而不得不牺牲道德。而明确的和现实的目标可以减少员工的迷惑，并更能激励员工努力工作。

（5）培植符合道德要求的组织文化。伦理道德与组织文化具有互动作用，加强道德建设可以促进和稳定组织文化的形成；而组织在培植组织文化过程中，可以潜移默化地对职工进行职业道德教育，可以分辨、控制、支持及影响个体的道德行为。所以，要提高管理道德，必须加强组织文化的建设。通过组织文化的熏陶和潜移默化的影响，塑造出高素质的员工，进而为组织的发展做出卓越贡献。

（6）综合评价绩效。如果仅以经济成果来衡量绩效，人们为了取得结果，就会不择手段，从而有可能产生不道德行为。如果组织想让其管理者坚持高的道德标准，在评价过程中就必须把道德方面的要求包括进去。例如，在对管理者的年度评价中，不仅要考察其决策带来的经济成果，还要考察其决策带来的道德后果。

（7）进行严格而独立的社会审计与监察。斯蒂芬指出，"一种重要的制止非道德行为的因素是害怕被抓的心理"。被抓住的可能性越大，产生不道德行为的可能性越小。根据组织的道德守则来对决策和管理行为进行评价的独立审计，是发现不道德行为的有效手段。例如，英美国家靠发挥注册会计师的"警察"作用，来保证管理者披露的财务会计信息的真实可靠。西方发达国家普遍设有组织伦理顾问。因此，加强社会的各项各类型的检查和监督，进行独立的社会审计与社会监察，是改善和提高管理道德的重要手段。

（8）提供正式的保护机制。正式的保护机制可以使那些面临道德困境的员工及时得到指导，在不用担心受斥责的情况下自主行事。例如，组织可以任命道德顾问，当员工面临道德困境时，可以从道德顾问那里得到指导。道德顾问首先要成为那些遇到道德问题的员工的诉说对象，倾听他们陈述道德问题、产生这一问题的原因及自己的解决方法。在各种解决方法变得清晰之后，道德顾问应该积极引导员工选择正确的方法。另外，组织也可以建立专门的渠道，使员工能放心地举报道德问题或告发践踏道德准则的人。

二、组织的社会责任

关于"组织是否应该承担社会责任、如何承担社会责任"的问题，在20世纪60年代日益引起了学者们的关注和兴趣，尤其在企业社会责任问题上有着显著的分歧。

1. 社会责任的定义

社会责任是与管理道德紧密联系的一个概念，组织管理者在管理实践中经常会碰到与社会责任有关的决策，如慈善事业、与雇员关系、环境保护、产品质量保障等。那么什么是社会责任？

社会责任是指组织在追逐自身利益的同时，对社会所需要承担的相应义务。它是指组织所应尽的一种实现社会长远目标的义务，这种义务与法律和经济效益的要求无关，但与组织的道德伦理有密切联系。例如，一个企业在承担法律和经济上的义务的前提下，还承担追求对社会有利的长期目标的义务，那么，我们就说这个企业是有社会责任的。法律上的义务是指企业要遵守有关法律；经济上的义务是指企业要追求经济利益；追求对社会有利的长期目标的义务是指比如为慈善事业出力、如何确定产品价格、怎样处理好和员工的关系、是否保护自然环境、如何保证产品质量和安全等。

正如斯蒂芬指出，"社会责任加入了一种道德规则，促使人们从事使社会变得更美好的事情，而不做那些有损于社会的事情"。

2. 两种典型的社会责任观

（1）古典社会责任观（纯经济观）。古典观的代表人物首推诺贝尔经济学奖获得者米尔顿·费里德曼（Milton Friedman）。他认为，当今企业的大部分经理大多是职业经理，他们并不拥有自己所经营的企业，他们是雇员，他们要对股东负责，因此他们的主要责任就是按股东的利益来经营业务。那么股东的利益是什么呢？费里德曼认为股东只关心企业的"财务收益率"。

在费里德曼看来，当管理者自行决定将公司的资源用于社会目的时，他们是在削弱市场机制的作用，有人必然为此付出代价。具体来说，社会责任会增加经营成本，如果社会责任行动使企业利润和股利下降，则必然损害股东利益；如果社会行为使工资和福利下降，则必然损害员工利益；如果社会行为使价格上升，则必然将损害顾客的利益，而如果顾客不愿意支付或支付不起较高的价格，销售额就会下降，那么企业将难以维持。费里德曼强调，"企业的社会责任只有一个：在遵守竞争规则的前提下，企业可以大力推行能增加利润的各种活动；也就是说，大家公开自由竞争，而没有任何欺骗"。

（2）社会经济观。这种观点的典型看法是：时代发生了变化，社会对企业的预期也发生了变化，公司的法律形式可以最好地说明这一点。公司要经政府许可方能成立和经营，同样，政府也可以解散或撤销它们，因此公司不再是只对股东负责的独立实体。在社会经济观下，利润最大化只是企业的第二位目标，企业的第一位目标是保证自身的生存。因为企业日益依赖于社会而生存，所以企业还要对产生和支持它的社会负责。

社会经济观的支持者们认为，古典观的主要缺陷在于受到时间框架的束缚。管理人员应该关心企业长期财务收益的最大化，为此，他们必须承担社会责任及由此产生的成本。他们必须以不污染、不歧视、不从事欺骗性的广告宣传等行为来保护社会福利，并积极融入自己所在的社区及资助各种慈善事业，在增进社会利益方面发挥积极的作用。

社会责任行为会降低企业的经济效益吗？这是一个挑战性问题。许多人担心企业承担社会责任会有损于其经营业绩，乍听起来似乎是对的，因为社会责任活动（捐资助学、维护自然环境等）要使企业支付额外的成本，损害短期利益。但从长期来看，企业如果尽到应尽的社会责任，不仅可以赢得社会公众的尊敬、改善企业形象、建立良好口碑、吸引大量人才等，由此所带来的收益完全可以抵补企业当初的额外投资，更重要的是一个有社会责任感的企业所激发起员工的道德力量将成为企业最宝贵的财富。所以企业尽社会责任对社会有利的同时也会对自己有利。

3. 社会责任的具体体现

组织具体应承担什么样的社会责任，因各种组织的性质、组织的任务、组织的实际能力及组织的职权等不同而不同。以企业为例，企业的社会责任，其内涵十分丰富和广泛，除去法律规定的企业行为规范以外，企业必须做强、做大，不断进取、不断创新，向社会提供更好的产品与服务，提高人民的物质文化生活水平，同时还要为社会提供更多的就业机会等。总之，所有可能影响社会福利的企业行为都应纳入企业的社会责任范畴。具体体现在以下几个方面。

（1）企业对环境的责任。企业对环境的责任主要体现在：在保护环境方面发挥主导作用，应主动节约能源和降低其他不可再生资源的消耗，尽可能减少对生态环境的破坏；要积极参与节能产品的研究和开发；要采取切实有效的措施来治理被污染、被破坏的环境。

（2）企业对员工的责任。企业对员工的责任主要体现在：对待员工要公平、公正，一视同仁；为员工提供定期或不定期培训，使员工的工作能力与素质不断提高；为员工营造良好的工作环境等。

（3）企业对顾客的责任。企业对顾客的责任主要体现在：为顾客提供安全可靠的产品、防止不合格的产品对顾客造成伤害；提供正确的产品信息，不做虚假广告宣传；使用正当的营销手段、提供良好的售后服务；为顾客提供必要的指导、赋予顾客自主选择的权利。

（4）企业对竞争对手的责任。在市场经济条件下，竞争是一种有序竞争。企业不能压制竞争，也不能搞恶意竞争。企业要处理好与竞争对手的关系，在竞争中合作，在合作中竞争。有社会责任的企业不会为了暂时之利，通过不正当手段挤垮对手。

（5）企业对投资者的责任。企业首先要为投资者带来有吸引力的投资报酬。那种只想从投资者手中获取资金，却不愿或无力给投资者以合理报酬的企业是对投资者极不负责的企业，这种企业注定被投资者抛弃。此外，企业还要将其财务状况及时、准确地报告给投资者，不能欺骗投资者。

（6）企业对所在社区的责任。企业不仅要为所在社区提供就业机会和创造财富，还要尽可能为所在社区做出贡献。例如，为企业所在社区进行福利投资，如建立学校、医院、公共娱乐设施、图书馆等各类不以盈利为目的的一切福利设施。有社会责任的企业意识到通过适当的方式把利润中的一部分回报给所在社区是其应尽的义务。它们积极寻找途径参与各种社会行动，通过此类活动，不仅回报了社区和社会，还为企业树立了良好的公众形象。

（7）企业对社会慈善事业的责任。企业应对社会教育、医疗卫生、疾病防治、福利设施及对特殊的天灾人祸所引起的一切需要帮助的人，及时伸出援助之手，尤其对那些突发性的社会灾难事件，如地震、海啸、飓风、洪水与恐怖袭击等造成的巨大灾难，企业应给予特别帮助。

本章小结

管理是人类各种活动中最重要的活动之一，可以说人类的很多活动都离不开管理活动，管理活动的历史与人类历史一样久远。所谓管理是指在特定的环境条件下，组织中的管理者对组织所拥有的资源（包括人力、物力、财力及信息等各项资源）进行有效地计划、组织、领导和控制，以便实现既定的组织目标的过程。

管理的四个基本职能，即计划、组织、领导、控制。管理的各项职能不是截然分开的独立活动，它们相互渗透并融为一体。

亨利·明兹伯格提出了有效管理者所扮演的十种不同角色，这十种角色可以被归纳为三大类：人际关系型角色、信息型角色和决策型角色。根据罗伯特·卡茨的研究，作为一名管理者应该具备三类技能，即技术技能、人际技能、概念技能。

管理理论系统形成于 19 世纪末和 20 世纪初的美欧，之后许多管理学者从不同角度提出了不同的管理理论，如古典管理理论、行为管理理论和现代管理理论等。

道德通常是指那些用来明辨是非的规则或原则。管理道德是指人们在管理决策过程中所依赖和坚持的道德准则。在管理道德标准认识方面，常见的有四种不同的道德观：道德的功利观、道德的权利观、道德的公正观和社会契约道德观。事实也证明，管理道德能提升管理的有效性。

社会责任是与管理道德紧密联系的一个概念，组织管理者在管理实践中经常会碰到与社会责任有关的决策，如慈善事业、与雇员关系、环境保护、产品质量保障等。社会责任是指组织在追逐自身利益的同时，对社会所需要承担的相应义务。目前两种典型的社会责任观是古典社会责任观（纯经济观）和社会经济观。从长期来看，企业承担社会责任不仅可以赢得社会公众的尊敬、改善企业形象、建立良好口碑、吸引大量人才等，由此所带来的收益完全可以抵补企业当初的额外投资。

案例导读分析总结

通过以上罗斯·玛丽·布拉沃成功变革巴宝丽的案例，我们不难理解什么是管理，管理包含哪些职能。正如福莱特曾经对于管理给出的经典定义——管理是"通过其他人来完成工作的艺术"。所谓管理是指在特定的环境条件下，组织中的管理者对组织所拥有的资源（包括人力、物力、财力以及信息等各项资源）进行有效地计划、组织、领导和控制，以便实现既定的组织目标的过程。管理的四个基本职能，即计划、组织、领导、控制。

复习与思考题

（1）简述管理的定义及管理的职能。

（2）简述管理者的角色与技能，不同层次的管理人员在技能上要求有哪些侧重？

（3）简述古典管理理论、行为管理理论的核心内容及其代表人物、称号、主要著作及成就。

（4）何谓管理道德？何谓组织的社会责任？

（5）改善组织道德行为的途径是什么？

（6）简述两种典型的社会责任观，你主张哪一种？为什么？

（7）在当今社会中，企业应如何尽社会责任？企业的社会责任具体体现在哪些方面？

本章案例分析与讨论

三鹿奶粉事件实录

2008 年 9 月 11 日晚，卫生部指出，近期甘肃等地报告多例婴幼儿泌尿系统结石病例，调查发现患儿多有食用三鹿牌婴幼儿配方奶粉的历史。经相关部门调查，高度怀疑石家庄三鹿集团股份有限公司生产的三鹿牌婴幼儿配方奶粉受到三聚氰胺污染。卫生部专家指出，三聚氰胺是一种化工原料，可导致人体泌尿系统产生结石。

石家庄三鹿集团股份有限公司 11 日晚发布产品召回声明称，经公司自检发现 2008 年 8 月 6 日前出厂的部分批次三鹿婴幼儿奶粉受到三聚氰胺污染，市场上大约有 700 吨。

9 月 12 日，河北省石家庄市政府公布，石家庄三鹿集团股份有限公司所生产的婴幼儿"问题奶粉"是由不法分子在原奶收购过程中添加了三聚氰胺所致。

9 月 13 日，国务院启动国家重大食品安全事故 I 级响应机制，成立应急处置领导小组，由卫生部牵头，国家质检总局、工商总局、农业部、公安部、食品药品监管局等部门和河北省人民政府参加，共同做好三鹿牌婴幼儿配方奶粉重大安全事故处理工作。

自 2008 年 3 月以来，三鹿集团先后接到消费者反映，有婴幼儿食用三鹿婴幼儿奶粉后，出现尿液变色或尿液中有颗粒现象。6 月中旬以后，三鹿集团又陆续接到婴幼儿患肾结石等病状去医院治疗的消息。事发前，已有多家媒体进行过相关报道。

有关部门领导指出：三鹿集团在相当长的时间内没有向政府报告，在这个问题上，三鹿集团应该承担很大的责任；从政府接到相关信息到做出反应是迅速的，三鹿事件拖延与奥运会的召开无必然联系。

9 月 14 日，河北省公安部门对三鹿牌婴幼儿配方奶粉重大安全事故进行调查，已传唤了 78 名有关人员，其中 19 人因涉嫌生产、销售有毒、有害食品罪被刑事拘留。这 19 人中有 18 人是牧场、奶牛养殖小区、奶厅的经营人员，有 1 人涉嫌非法出售添加剂。

9 月 15 日，截至当日 8 时，全国医疗机构共接诊、筛查食用三鹿牌婴幼儿配方奶粉的婴幼儿近万名，临床诊断患儿 1253 名（其中 2 名已死亡）。

9 月 16 日，初步调查"三鹿奶粉事件"所获得的证据表明，"三鹿奶粉事件"目前主要发生在奶源生产、收购和销售环节。中共石家庄市委向河北省委报告，建议免去石家庄市分管农业生产的副市长、石家庄市畜牧水产局局长的职务，石家庄市食品药品监督管理局局长、党组书记，石家庄市质量技术监督局局长、党组书记也被上级主管机关免去了党内外职务。责成中共石家庄市新华区委免去三鹿集团股份有限责任公司党委书记的职务。

国务院公布奶粉检验结果：全国共有 175 家婴幼儿奶粉生产企业，对除在之前已经停止生产婴幼儿奶粉的 66 家企业外的 109 家企业生产的 491 批次婴幼儿奶粉进行了检验，其中包括伊利、蒙牛在内的 22 家企业 69 批次被检出含量不同的三聚氰胺，占这些企业的 20.18%，占总批次的 14.05%。

9 月 17 日，国家处理三鹿牌婴幼儿奶粉事件领导小组组长透露，从 2008 年 9 月 12 日～17 日 8 时，各地报告临床诊断患儿一共有 6244 例。

国家处理三鹿牌婴幼儿奶粉事件领导小组副组长称，已动用了全国 160 多个国家检测中心，检测其他的奶制品，将会实时公布检测结果；并表态，对质检系统的人员是否存在失职、渎职行为也进行认真调查。不管是谁，凡是渎职、失职，凡是官商勾结，凡是违法违纪的，一律依照法律法规进行严肃处理。

中国国家工商行政管理总局发出紧急通知，要求各地认真开展含三聚氰胺婴幼儿配方奶粉市场清查工作，对市场上含三聚氰胺的婴幼儿配方奶粉，立即责令经营者停止销售、下架退市。

根据海关总署发布的最新统计数据显示，2008 年 1～10 月我国出口乳制品 11 万吨，价值 2.8 亿美元，分别比 2007 年同期增长 2.4% 和 50.4%；但受"三鹿奶粉事件"影响，我国 10 月出口乳制品 1036 吨，同比下降 91.8%。

海关总署分析，"三鹿奶粉事件"不仅使国内消费者对国产乳制品的信心受到严重打击，也使许多国家和地区开始限制进口我国乳制品。例如，9 月 11 日，美国食品药物管理局（FDA）食品安全与应用营养学中心副主任贾尼斯·奥利弗（Janice Oliver）向媒体表示，尽管在美国市场展开调查后，未发现从中国进口的配方奶粉或原料，但是他怀疑，在纽约、旧金山、洛杉矶、波士顿这样一些中国移民密集的城市的食品杂货店里，可能有通过非法渠道流入的中国产配方奶粉。他表示，一经发现来自中国的配方奶粉，一律要求下架；并警告消费者，不得购买和使用来自中国的配方奶粉喂养婴儿。

在出口下降的同时，进口乳制品则呈现快速增长态势。10 月当月我国进口乳制品 3.3 万吨，同比增长 73.2%，远高于平均水平。

资料来源：查尔斯 W. L. 希尔，史蒂文 L. 麦克沙恩，李维安，周建. 管理学. 北京：机械工业出版社，2009.

讨论题

（1）"三鹿奶粉事件"说明三鹿集团存在哪些管理道德问题？

（2）你认为依靠什么样的方式能够有效抑制三鹿毒奶粉这样的事件重复发生？企业应该如何承担社会责任？

第二章　管理环境及组织文化

名人名言

危机不仅带来麻烦，也蕴藏着无限商机。

——美国大陆航空公司总裁格雷格·布伦尼曼

本章要点

（1）组织管理环境的含义及环境分析的意义。
（2）组织的一般外部环境构成及分析。
（3）组织的特殊外部环境构成及分析。
（4）组织的内部环境构成及分析。
（5）组织文化的结构、内容及类型。
（6）组织文化的构建与变革重组。

案例导读

浙江吉利控股集团是中国汽车行业十强企业之一，始建于 1986 年，在汽车、摩托车、汽车发动机、变速器、汽车电子电器及汽车零部件方面取得了辉煌业绩。特别是 1997 年进入轿车领域以来，其凭借灵活的经营机制和持续的自主创新，取得了快速的发展，现资产总值超过 340 亿元，连续八年进入中国企业 500 强，连续六年进入中国汽车行业十强，被评为首批国家"创新型企业"和"国家汽车整车出口基地企业"。

吉利总部设在杭州，在浙江临海、宁波、路桥和上海、兰州、湘潭、济南等地建有汽车整车和动力总成制造基地，在澳大利亚拥有 DSI 自动变速器研发中心和生产厂，已形成年产 60 万辆整车、60 万台发动机、60 万台变速器的生产能力。

吉利现有帝豪、全球鹰、英伦等三大品牌 30 多款整车产品，拥有 1.0～1.8L 全系列发动机及相匹配的手动/自动变速器。

吉利在国内建立了完善的营销网络，拥有近千家品牌 4S 店和近千个服务网点；在海外建有近 200 个销售服务网点；投资数千万元建立国内一流的呼叫中心，为用户提供 24 小时全天候快捷服务。截至 2010 年底，吉利汽车累计社会保有量超过 180 万辆，吉利商标被认定为中国驰名商标。

吉利在浙江杭州、临海建有吉利汽车技术中心和吉利汽车研究院，已经形成较强的整车、发动机、变速器和汽车电子电器的开发能力，每年可推出 4～6 款全新车型和机型。

吉利现有员工 17 000 余人，其中工程技术人员 2000 余人。拥有院士三名、外国专家数十名、博士数十名、硕士数百名，高级工程师及研究员级高级工程师数百名，在吉利各条战线发挥了重大作用，成为吉利汽车后来居上的重要保障。

本着"总体跟随、局部超越、重点突破、招贤纳士、合纵连横、后来居上"的发展战略，浙江吉利控股集团有限公司制订了中长期发展规划：到 2015 年，吉利汽车将在五大技术平台、15 个整车产品平台上衍生出以左、右舵兼顾，满足各国法规和消费习惯的 40 余款车型；将拥有满足国内外法规要求的汽、柴油兼顾的六大发动机平台、10 余款发动机和全系列手动、自动的变速器；将在海内外建成 15 个生产基地，实现产销 200 万辆的目标。

为实现上述战略目标，吉利集团已经在品牌营销规划、业务流程再造、经营管理创新、人力资源整合、企业文化建设、全面实施信息化等方面展开卓有成效的工作。

2010 年 8 月 2 日，吉利与福特正式交割世界豪华汽车品牌之一的沃尔沃轿车，吉利 100%控股，创造了中国汽车工业并购史上的一个奇迹。吉利收购沃尔沃轿车 100%的股权，得到了非常宝贵的资产，包括沃尔沃商标的全球所有权和使用权、10 个可持续发展的产品及产品平台、4 个整车厂、1 家发动机公司、3 家零部件公司、3800 名高素质研发人才的研发体系、分布于 100 多个国家 2 千多个网点的销售、服务体系及 1 万多项专利和专用知识产权等。

吉利集团董事长李书福表示："中国这一全球最大的汽车市场将成为沃尔沃轿车的第二个本土市场。作为国际知名的顶级豪华汽车品牌，沃尔沃轿车将在发展迅速的中国释放出巨大的市场潜力。""吉利集团将保留沃尔沃轿车在瑞典和比利时现有的工厂，同时也将适时在中国建设新的工厂，使得生产更贴近中国市场"。

李书福董事长另外表示："我们为和福特达成最终协议感到高兴，作为新股东，吉利将继续巩固和加强沃尔沃在安全、环保领域的全球领先地位。沃尔沃轿车的用户可以放心，这个著名的瑞典豪华汽车品牌将继续保持其安全、高品质、环保以及现代北欧设计的核心价值。"

作为此交易的组成部分，吉利集团将继续保持沃尔沃与其员工、工会、供应商、经销商，特别是与用户建立的良好关系。交易完成后，沃尔沃轿车的总部仍然设在瑞典哥德堡，在新的董事会指导下，沃尔沃轿车的管理团队将全权负责沃尔沃轿车的日常运营，继续保持沃尔沃轿车在安全环保技术上的领先地位，拓展沃尔沃轿车作为顶级豪华品牌在全球 100 多个市场的业务，并推动沃尔沃轿车在高速增长的中国市场的发展。

资料来源：吉利控股集团企业网站，2011.7.

针对以上案例，不难看出吉利集团的这几次重大举措是成功的，这巨大的成功离不开管理层对企业内、外环境的研究。那么，我们应该如何分析吉利集团目前所处的内、外环境，并根据其所面临的机会、威胁、优势及劣势，为吉利集团制订下一步应采取的经营策略呢？管理对于任何一个组织而言都具有极其重要的意义。因此，管理者对于组织生存和发展通常具有决定性的影响力，但管理者也并非无所不能，许多存在于管理部门控制力之外的约束力量也同样影响着组织生存和发展。外部的约束力量来源于组织所处的外部环境，而内部的约束力量来源于组织的人力、物力、财力及组织文化等内部环境。

围绕以上管理问题，本章将详尽地探讨组织外部环境的构成及其对组织的影响，同时，也将对组织内部环境的构成及组织文化对管理的影响进行探讨。另外，组织文化的形成受到环境因素的影响，任何一个管理者都无法摆脱特定文化来进行管理。

第一节 管理环境的含义

在研究组织管理环境之前，必须首先了解组织管理环境的概念及对其分析的意义，这将有助于我们更好地对组织管理环境进行分析。

一、组织管理环境的含义

组织管理环境是指所有和组织的生存与发展有关的外部环境和内部环境因素的总和。所谓外部环境，是指组织进行各种活动所处的外部条件或面临的周围情况。外部环境因素包括组织一般外部环境和组织特殊外部环境。所谓内部环境，是指组织在一定的技术经济条件下，从事各种活动所具备的内在客观物质环境和文化环境。任何组织的生存与发展都必须以外部环境为条件，以内部环境为基础，都不可能脱离组织的管理环境去安排各种活动。

组织外部环境与内部环境是相互联系、相互制约的。外部环境因素一般是不可控因素。组织管理者只能收集和利用这些因素，并采取适应性措施。而在采取适应性措施过程中，还要与自身内部环境因素相结合进行考虑，充分发挥其自身优势来影响环境，使组织管理活动得以顺利进行。

组织管理环境是动态联系的有机组合。组织内部环境因素能推动、促进外部环境因素向着有利于组织发展的方向变化。当外部环境因素给组织带来不利影响时，组织就应调整内部条件因素来克服和改变这种不利因素的影响。作为组织管理者，应通过对组织管理环境的分析，努力谋求组织外部环境因素、内部环境因素与组织目标三者之间的动态平衡。

二、组织管理环境分析的意义

1. 环境分析是组织活动的基本前提

任何组织都是社会的细胞，它的生存与发展离不开其所处的社会环境和其自身的内部条件。外部环境是组织生存的土壤，它既为组织活动提供条件，同时也必然因此对组织活动起制约作用。如企业生产经营活动必须遵守国家的有关法规、政策；所需的人、财、物必须通过市场获取，离开外部的这些市场，生产经营活动便会成为无源之水、无本之木。与此同时，企业生产的产品或劳务也必须通过外部市场以满足社会。没有外部市场，企业就无法销售产品、得到销售收入，生产经营活动就无法继续。而企业内部的物资环境和文化环境又是企业从事生产经营活动的基础，要充分有效地利用企业的内部资源，就必须研究企业在客观上对资源的占有情况以及在主观上对资源的利用情况。因此，企业经营者必须认真分析企业内外部环境因素，根据外部环境的变化来调整企业内部环境的状况，为企业顺利开展经营活动创造良好的条件。

2. 环境分析是组织制定决策的基础

组织是一个与内外部环境密切相关的开放系统，需要与社会环境中的人力、物力、财力、信息等资源的进行交换。如企业生产经营需要从环境中获取人力、物力、财力、信息等各种资源，经过企业内部生产过程，将其转换成产品或劳务以满足社会需要。在整个过程中，受到社会政治、经济、文化、技术、市场、资源等因素的影响，而经营决策又始终贯穿于生产经营活动的全过程，经营者只有对上述各种因素作出及时、客观、全面、科学的分析与判断，才能保证经营决策的科学性、正确性与及时性。

3. 环境分析有助于组织及时发现机会、避开威胁，扬长避短、趋利避害

组织的环境是客观存在的，并不断发生变化。如对于企业组织来说，技术在发展，消费者收入在提高，教育在不断普及，就连执政者也在经常更换。这些既可能是企业生产经营活动过程中的威胁，又可能是机会。企业必须根据外部环境所提供的各种信息，以及内部环境所提供的各种保障，进行认真地对比分析，及时发现由于外部环境变化给企业生产经营带来的有利因素，积极地采取措施利用机会、避开威胁，有效地实现经营目标，不断提高企业经济效益。例如，20 世纪 70 年代以来，日本的许多轿车生产厂家分析企业外部环境，发现世界能源供应日趋紧张和人们环保意识的日益提高，于是及时调整了经营决策，大量开发系列新型节能和低污染轿车，并大力向国际市场推广，几年下来就迅速抢占了美、德等国的高能耗、高污染轿车的市场。

第二节　组织的外部环境

组织的活动日益受到外部环境的作用和影响。外部环境作为一种组织的客观制约力量，在企业组织的相互作用和影响中形成了自己的特点，这就是组织外部环境的唯一性和变化性。外部环境的唯一性特点，要求组织的外部环境分析必须要具体情况具体分析，不但要把握组织所处环境的共性，也要抓住其个性。同时，要求组织的决策及战略选择不能套用现成的模式，要突出自己的特点，形成自己的风格。外部环境的变化性特点，要求组织的外部环境分析应该是一个与组织环境变化相适应的动态分析过程，而非一劳永逸的一次性工作。管理策略也应依据外部环境的变化做出修正或调整。组织要不断分析外部环境并预测未来环境的变化趋势，找到影响组织未来发展的机会与威胁。当环境发生变化时，为了适应这种变化，组织必须改变或调整管理策略，从而实现组织外部环境、内部环境与组织目标三者之间的动态平衡。

由于企业是一种最具有代表性并大量存在于社会之中的组织，所以这里就以从事生产经营活动的企业组织为例来进行研究。

企业组织的外部环境可分为两个层次：第一个层次是一般外部环境，也称为宏观环境。它是指给企业造成市场机会和环境影响的社会力量，包括政治法律环境、经济环境、自然环境、技术环境及社会文化环境等。这些都是企业不可控制的社会因素，但它们通过微观环境对企业产生巨大的影响。第二个层次是特殊外部经营环境，也称微观环境。它是指与企业经营过程和经营要素直接发生关系的客观环境，是决定企业生存和发展的基本环境。例如，微观环境包括企业竞争者、供应商和顾客等，如图 2-1 所示。

需要注意，企业组织还有其内部环境，它是由那些处于企业内部的要素所构成的。如人力资源、财力资源、物力资源，特别是企业文化，因为企

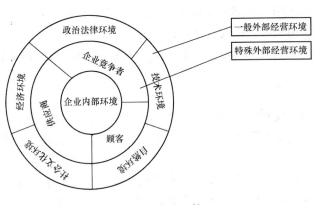

图 2-1　企业环境

业文化决定了企业内部员工的行为方式和企业对外部环境适应能力的高低。

一、一般外部环境

组织的一般外部环境即组织的宏观环境，它处于组织的外层，是组织不可控制的外部力量，对所有组织都具有长期性的影响和不容忽视的作用。组织的宏观环境内容庞杂，大致可归纳为政治法律、经济、科学技术、社会文化、自然等五个方面。

1. 政治法律环境

政治法律环境是指对组织活动具有现存的和潜在的作用与影响的政治力量，同时也包括对组织活动加以限制和要求的法律和法规等。

具体到企业来讲，政治环境包括国家和企业所在地区的政局稳定状况，执政党所要推行的基本政策及这些政策的连续性和稳定性。这些基本政策包括人口政策、产业政策、税收政策、能源政策、物价政策、财政金融货币政策、政府订货及补贴政策、国际关系等。就产业政策来说，国家确定的重点产业总是处于一种大发展的趋势。因此，处于重点行业的企业增长机会就多，发展余力就大。那些非重点发展的行业，发展速度就较缓慢，甚至停滞不前。另外，政府的税收政策会影响到企业的财务结构和投资决策，资本持有者总是愿意将资金投向那些具有较高需求且税率较低的产业部门。所以，企业要留意政府关于经济发展的方针及我国的各类政策，留意我国与主要贸易伙伴的政治关系的变动与发展。例如，世界贸易组织（WTO），这是一个国际性的多边协定，它对整个世界贸易影响极大，具有权威性。我国"入世"后，许多国内企业正面临着千载难逢的机遇和前所未有的挑战。

任何国家的政府都要对企业的经营活动施加影响，通过制订经济政策和立法进行鼓励、限制或禁止。市场经济是法制经济，随着我国市场经济的发展，我国经济立法工作进一步加快，诸如消费者权益保护法、反不正当竞争法、广告法、企业法、商标法、专利法等。每部新法令的颁布实施，都可能给企业经营带来机会和威胁，为此应及时加以关注。从经营角度分析政治法律环境主要是培养企业对政治法律的敏感性，从而把握机会或避开威胁。

另外要注意企业对法律，特别是对政策的能动性，使国家及地方政策、法规有利于企业的发展。最后还要注意政府执法机构及人员的变动和消费者组织（如消费者协会）对企业经营活动的影响。

2. 经济环境

经济环境主要是指整个世界经济及国民经济的发展状况，包括国民经济增长速度、经济结构、生产力布局、银行信贷和市场发育程度等。这些宏观经济环境因素的变化，通过改变企业组织的资源投入和市场环境来影响生产经营和战略决策。

一般说来，在宏观经济大发展的情况下，市场扩大，需求增加，企业往往面临更多的发展时机，可以增加投资，扩大生产或经营规模。例如，当国民经济处于繁荣时期，建筑业企业、汽车制造、机械制造及轮船制造业等都会有较大的发展。而上述行业的增长必然带动钢铁业的繁荣，增加对各种钢材的需求量。反之，在宏观经济低速发展或停滞的情况下，市场需求增长很小甚至不增加，企业环境将变得较为严峻，企业之间竞争的激烈程度交替加剧，这样企业发展机会也就少。为了使企业取得成功，企业的经营者必须识别出那些最能影响战略决策的关键的经济力量，作为优秀企业家要更善于在经济低谷时期抓住机会快速发展企业。经济结构的调整，将使顺应调整方向的企业兴旺发达，背离发展趋势的企业趋向衰败和被淘汰；国家重点工程、重点项目的实施、投产，将使相关企业得到发展机会；市场发育程度和市场体系是否完善，都将直接影响企业生产经营活动的顺利进行。

3. 技术环境

技术环境不但指那些引起时代革命性变化的发明，而且还包括与企业组织生产有关的新技术、新工艺、新材料的出现和发展趋势及应用前景。技术的变革在为企业提供机遇的同时，也对它形成了威胁。因此，技术力量主要从两个方面影响企业的经营活动。一方面技术革新为企业创造了机遇。它表现在：第一，新技术的出现使得社会和新兴行业增加对本行业产品的需要，从而使得企业可以开辟新的市场和新的经营范围；第二，技术进步可能使得企业通过利用新的生产方法、新的生产工艺过程或新材料等各种途径，生产出高质量、高性能的产品，同时也可能会使得产品成本大大降低。另外，新技术的出现也使得企业面临着挑战。技术进步会使社会对企业产品和服务的需求发生重大变化。技术进步对某个产业形成机遇的同时，可能会对另一个产业形成威胁。如塑料制品业的发展就在一定程度上对钢铁业形成了威胁，许多塑料制品成为钢铁产品的代用品。此外，竞争对手的技术进步可能会使得本企业的产品或服务陈旧过时，也可能使得本企业的产品价格过高，从而失去竞争力。在国际贸易中，某个国家在产品生产中采用先进技术，就会导致另一个国家的同类产品价格偏高。因此，要认真分析技术环境给企业带来的影响，认清本企业和竞争对手在技术上的优势和劣势。

4. 社会文化环境

社会文化是人们的价值观、思想、态度、道德规范、风俗习惯及社会行为等的综合体，它是人们在某种社会中生活，久而久之必然会形成的某种特定文化。社会文化环境强烈地影响着人们的购买决策和企业的经营行为。不同的国家、不同的民族，由于其文化背景各异，有着不同的风俗习惯和道德观念，从而人们的消费方式和购买偏好就不相同。因此企业组织必须了解社会行为准则、社会习俗、社会道德观念等文化因素的变化对企业的影响。

社会文化环境因素主要包括三大方面：一是社会结构；二是社会风尚；三是社会文化与教育。社会结构一般包括人口构成、职业构成、民族构成及家庭构成等。其中人口构成影响最大，例如，人口总数直接影响着社会生产总规模；人口的地理分布影响着企业的厂址、店址的选择；人口的性别比例和年龄结构，在一定程度上决定了社会需求结构，进而影响到社会供给结构和企业产品结构等。据统计，由于我国实行计划生育政策，人口结构上发生了变化。人口结构将趋于老龄化，青壮年劳动力供应则相对紧张，从而影响企业劳动力的补充。但是，人口结构老龄化又出现了一个有关老年人的市场，这就为生产老年人用品和提供老年人服务的企业提供了一个发展的机会。

5. 自然环境

自然环境是指能够影响社会生产过程的各种自然因素。自然环境对企业生产经营的影响，主要表现为：自然资源日益短缺、能源成本趋于提高、环境污染日益严重、政府对自然资源管理的干预不断加强、气候变动趋势、地理环境特点等，所有这些都直接或间接地给企业带来威胁或机会。

面对资源短缺，企业应重点发展节约能源、降低原材料消耗的产品，如节能、节电、节时、节空间的产品；寻找替代品开发新材料，如太阳能、核能、地热等新能源代替煤炭、石油等传统能源；加强"三废"的综合利用，大力发展人工合成材料，使产品轻型化、小型化、多功能化。

从经营角度分析，对资源依赖性较大的企业或产品品质明显受地理和气候条件影响的企业，要注意树立资源战略意识和环境保护意识。国外企业和政府对不可再生资源都实施了战略性保护政策，我国政府也及时制订了注重环境保护的可持续发展战略。

二、特殊外部环境

组织不仅在一般外部经营环境中生存，而且在特殊的领域或行业中从事活动。一般环境对不同类型的组织都会产生一定程度的影响，而与组织所在的具体领域或行业有关的特殊外部经营环境则直接、具体地影响着组织的活动。下面仍然以企业为例来讨论具体组织的特殊外部环境。

企业是在一定行业中从事生产经营活动的。行业环境的特点直接影响着企业的竞争能力。美国学者迈克尔·波特认为，影响行业内竞争结构及其强度的主要有现有厂商、潜在的参加竞争者、替代品制造商、原材料供应商及产品用户等五种环境因素，如图 2-2 所示。

1. 潜在竞争对手研究

一种产品的开发成功，会引来许多企业的加入。这些新进入者既可给行业注入新的活力，促进市场竞争，也会给现有厂家造成压力，威胁它们的市场地位。同时，新进入者加入该行业，会带来生产能力的扩大，带来对市场占有率的要求，这必然引起与现有企业的激烈竞争，使产品价格下跌；另外，新加入者要获得资源进行生产，从而可能使得行业生产成本升高。这两方面都会导致行业的获利能力下降。

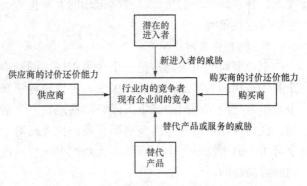

图 2-2　影响行业竞争的五种力量

新厂家进入行业的可能性大小，既取决于由行业特点决定的进入难易程度，又取决于现有厂商的反击程度。如果进入障碍高，现有企业激烈反击，潜在的加入者难以进入该行业，已加入者的威胁就小。决定进入障碍大小的主要因素有以下几个方面：

（1）规模经济。这是指生产单位产品的成本随生产规模的增加而降低。规模经济的作用是迫使行业新加入者必须以大的生产规模进入，并冒着现有企业强烈反击的风险；或者以小的规模进入，但要长期忍受产品成本高的劣势。这两种情况都会使加入者望而却步。例如，在钢铁行业中就存在规模经济。大企业的生产成本要低于小企业的生产成本，这就有了进入障碍的客观条件。实际上，不仅产品的生产，而且新产品的研发、物质的采购、资金的筹措、产品的销售、营销渠道的建立等，都存在着最低规模。产品的性质不同，技术的先进程度不同，生产和经营的最低规模也会不一样。

（2）产品差别优势。这是指原有企业所具有的产品商标信誉和用户的忠诚性。造成这种现象是由于企业过去所做的广告、用户的服务、产品差异或者仅仅因为企业在该行业历史悠久。产品差异化形成的障碍，迫使新加入者要用很大代价来树立自己的信誉和克服现有用户对原有产品的忠诚。这种努力通常是以亏损作为代价的，而且要花费很长时间才能达到目的。如果新加入者进入失败，那么在广告商标上的投资是收不回任何残值的。因此这种投资具有特殊的风险。

（3）资金需求。资金需求所形成的进入障碍，是指在行业中经营不仅需要大量资金，而且风险性大。加入者要在持有大量资金、冒很大风险的情况下才敢进入。形成需要大量资金的原因是多方面的，如购买生产设备、提供用户信贷、存货经营等。

（4）转换成本。这是指购买者将购买一个供应商的产品转到购买另一个供应商的产品所支付的一次性成本。它包括重新训练业务人员、增加新设备、检测新资源的费用及产品的再设计等。如果这些转换成本高，那么新加入者必须为购买商在成本或服务上做出重大的改进，以便购买者可以接受。

（5）销售渠道。一个行业的正常销售渠道，已经为原有企业服务，新加入者必须通过广告合作、广告津贴等来说服这些销售渠道接受他的产品，这样就会减少新加入者的利润。产品的销售渠道越有限，它与现有企业的联系越密切，新加入者要进入该行业就越困难。

（6）与规模经济无关的成本优势。原有的企业常常在其他方面还具有独立于规模经济以外的成本优势，新加入者无论取得什么样的规模经济，都不可能与之相比。它们是专利产品技术、独占最优惠的资源、占据市场的有利位置、政府补贴、具有学习或经验曲线及政府的某些限制政策等。

2. 现有竞争对手研究

企业面对的市场通常是一个竞争市场。同种产品的制造和销售通常不止一家企业。多家企业生产相同的产品，必然会采取各种措施竞争来争夺用户，从而形成市场竞争。如现有竞争对手之间经常采用的竞争手段有价格战、广告战、引进产品及增加对消费者的服务和保修等。任何组织，即使是寡头垄断厂商，也会有着一家以上的竞争对手，就好似可口可乐与百事可乐，通用汽车与丰田汽车、大众汽车一样。没有任何企业能够忽略竞争，否则其代价将是非常昂贵的。

现有竞争对手的研究主要包括以下内容。

（1）基本情况的研究。竞争对手的数量有多少？分布在什么地方？它们在哪些市场活动？各自的规模、资金、技术力量如何？其中哪些对自己的威胁特别大？基本情况研究的目的是要找到主要竞争对手。

为了在众多的同种产品的生产厂家中找出主要竞争对手，必须对它的竞争实力及其变化情况进行分析和判断。反映企业竞争实力的指标主要有三类。

1）销售增长率。销售增长率指企业当年销售额与上年相比的增长幅度。销售增长率为正且大，说明企业的用户在增加，反映了相关企业的竞争能力在提高；反之，则表明企业竞争能力的衰退。这个指标往往只有与行业发展速度和国民经济的发展速度进行对比分析才有意义。如果企业当年销售额比上年有所增加，但增加的幅度小于行业或国民经济的发展速度，则表明经济背景是有利的，市场总容量在不断扩大，但扩大的部分被企业占领的比重则相对减少，大部分新市场被其他企业占领了，因此该企业的竞争能力相对地下降了。

2）市场占有率。市场占有率是指市场总容量中企业所占的份额，或指在已被满足的市场需求中有多大比例是由本企业占领的。市场占有率的高低可以反映不同企业竞争能力的强弱。这是一个横向比较的指标。某企业占领的市场份额大，说明购买该企业产品的消费者数量多；消费者之所以购买该企业而非其他企业的产品，说明该企业产品在价格、质量、售后服务等各方面的综合竞争能力比较强。同样，市场占有率的变化可以反映企业竞争能力的变动。如果一家企业的市场占有率本身虽然不高，但与上年相比有了进步，则表明该企业的竞争实力有所增强。

3）产品的获利能力。产品的获利能力是反映企业竞争能力能否持续的支持性指标，可用销售利润率表示。市场占有率只反映了企业目前与竞争对手相比的竞争实力，并未告诉我们这种实力能否维持下去；只表明企业在市场上销售产品的数量相对较多还是相对较少，并未反映销售这些数量的产品是否给企业带来了足够的利润。如果市场占有率高，销售利润也高，那么表明销售大量产品可给企业带来高额利润，从而可以使企业有足够的财力去维持和改善生产条件，因此较高的竞争能力是有条件坚持下去的；相反，如果市场占有率很高，而销售利润率很低，那么则表明，企业卖出去的产品数量很多，得到的收入却很少，补偿了生产消耗后很少，甚至没有剩余，较高的市场占有率是以较少的利润为代价换取的，长此以往，企业的市场竞争能力是无法维持的。

（2）主要竞争对手的研究。比较不同企业的竞争实力，找出了主要竞争对手后，还要研究其所以能对本企业构成威胁的主要原因，是技术力量雄厚、资金多、规模大，还是其他原因？主要竞争对手研究的目的是找出主要对手的竞争实力的决定因素，以帮助企业制订相应的竞争策略。

（3）竞争对手的发展动向。包括市场发展或转移动向和产品发展动向。要收集有关资料，密切注视竞争对手的发展方向，分析竞争对手可能开辟哪些新产品、哪些新市场，从而帮助企业先走一步，争取时间优势，使企业在竞争中争取主动地位。

根据波特的观点，在判断竞争对手的发展动向时，要分析退出某一产品生产的难易程度。下列因素可能妨碍企业退出某种产品的生产：

1）资产的专用性。如果厂房、机器设备等资产具有较强的专用性，则其清算价值很低，企业既难以用现有资产转向其他产品生产，也难以通过资产转让收回投资。

2）退出成本的高低。某种产品的停止生产，意味着原来生产线工人的重新安置。这种重新安置需要付出一定的费用（比如新技能的培训）。此外，企业即使停止了某种产品的生产，但对在此之前已经销售的产品在相当长的时间内仍有负责维修的义务。职工安置、售后维修服务的维持等费用如果较高，也会影响企业的产品转移决策。

3）心理因素。特定产品可能是由企业的某位现任领导人组织开发成功的，曾在历史上对该领导的升迁起过重要影响，因此该领导可能对其有深厚的感情，即使已无市场前景，可能也难以割舍。考虑到这种因素，具体部门在对该产品的对策上也可能顾虑重重。那些曾经作为企业成功标志的产品生产的中止，对全体员工可能带来更大的心理影响，影响他们对企业的忠诚，使他们对个人事业前途充满畏惧等。因此人们在决定此类产品"退役"时必然会犹豫不决。

4）政府和社会的限制。某种产品的生产中止，某种经营业务的不再进行，不仅对企业有直接影响，可能还会引起失业，影响所在地区的经济发展，因而可能遭到来自社区、政府或群众团体的反对或限制。

此外，对于竞争不能片面理解。竞争是多方面的，不仅限于争取顾客，在取得原材料、贷款上也有竞争，在技术发展、改进产品上更是竞争激烈，而这些竞争最终又将是管理的竞争、人才的竞争。因此，企业的经营管理人员必须保持清醒的头脑，仔细分析研究本企业的竞争状况及竞争对手的实力和发展动向，并及时采取适宜的竞争策略。

3. 替代品生产厂家分析

替代产品是指那些与本行业的产品有同样使用价值和功能的其他产品。产品的使用价值或功能相同，能够满足的消费者需求相同，在使用过程中就可以相互替代，生产这些产品的企业之间就可能形成竞争。因此，行业环境分析还应包括对生产替代品企业的分析。

替代品生产厂家的分析主要包括两个内容：第一，确定哪些产品可以替代本企业提供的产品。这实际上是确认具有同类功能产品的过程。第二，判断哪些类型的替代品可能对本企业经营造成威胁。为此，需要比较这些产品的功能实现能够给使用者带来的满足程度与获取这种满足所需付出的费用。如果两种相互可以替代的产品，其功能实现可以带来大致相当的满足程度，但价格却相差悬殊，则低价格产品可能对高价产品的生产和销售造成很大威胁。相反，如果这两类产品的功能/价格比大致相当，则相互间不会造成实际的威胁。

4. 购买商的研究

购买商在两个方面影响着行业内企业的经营。其一，购买商对产品的总需求决定着行业的市场潜力，从而影响行业内所有企业的发展边界；其二，不同用户的讨价还价能力会诱发企业之间的价格竞争，从而影响企业的获利能力。购买商研究也因此而包括两个方面的内容：购买商的需求（潜力）研究以及购买商的讨价还价能力研究。

（1）需求研究。一般包括以下内容：

1）总需求研究。需要分析市场容量有多大？总需求中有支付能力的需求有多大？暂时没有支付能力的潜在需求有多少？

2）需求结构研究。需要回答的问题是需求的类别和构成情况如何？用户属于何种类型，机关团体，还是个人？主要分布在哪些地区？各地区比重如何？

3）购买商购买力研究。需要分析购买商的购买力水平如何？购买力是怎样变化的？有哪些因素影响购买力的变化？这些因素本身是如何变化的？通过分析影响因素的变化，可以预测购买力及市场需求的变化。

（2）购买商的价格谈判能力研究。购买商的价格谈判能力是众多因素综合作用的结果。这些因素主要如下：

1）购买量的大小。如果购买商的购买量与企业销售量比较相对较大，是企业的主要顾客，则该购买商会意识到其购买对企业销售的重要性，因而拥有较强的价格谈判能力。同时，如果购买商对这种产品的购买量在自己的总采购量及总采购成本中占有较大比重，必然会积极利用这种谈判能力，努力以较优惠的价格采购货物。

2）企业产品的性质。如果企业提供的是一种无差异产品或标准产品，则购买商坚信可以很方便地找到其他供货渠道，因此也会在购买中要求价格尽可能优惠。

3）购买商后向一体化的可能性。后向一体化实际指企业将其经营范围扩展到原材料、半成品或零部件的生产。如果购买商是生产性的企业，购买企业产品的目的在于再加工或与其他零部件组合，又具备自制的能力，则会经常以此为手段迫使供应者压价。

4）企业产品在购买商产品形成中的重要性。如果企业产品是购买商自己加工制造的产品的主要构成部分，或对自己产品的质量或功能形成有重大影响，则可能对价格不甚敏感，这时他关注的首先是企业产品的质量及其可靠性。相反，如企业产品在购买商产品形成中没有重要影响，购买商在采购时则会努力寻求价格优惠。

5. 供应商研究

企业生产所需的许多生产要素是从外部获取的。提供这些生产要素的经济组织，也在两个方面制约着企业的经营：第一，这些经济组织能否根据企业的要求按时、按量、按质地提供所需生产要素，影响着企业生产规模的维持和扩大；第二，这些组织提供货物时所要求的价格决定着企业的生产成本，影响着企业的利润水平。所以，供应商的研究也包括两个方面的内容：供应商的供货能力或企业寻找其他供货渠道的可能性，以及供应商的价格谈判能力。这两个方面是相互联系的，综合起来看，需要分析以下因素：

（1）是否存在其他货源。企业如果长期仅从单一渠道进货，则其生产和发展必然在很大的程度上受制于后者。因此，应分析与其他供应商建立关系的可能性，以分散进货，或在必要时启用后备进货渠道。这样便可在一定程度上遏制供应商提高价格的倾向。

（2）供应商所处行业的集中程度。如果该行业集中度较高，由一家或少数几家集中控制，而与此对应，购买此种货物的客户数量众多，力量分散，则该行业供应商将拥有较强的价格谈判（甚至是决定）能力。

（3）寻找替代品的可能性。如果行业集中程度较高，分散进货的可能性也较小，则应寻找替代品。如果替代品不易找到，那么供应商较强的价格谈判能力将是无疑的。

（4）企业后向一体化的可能性。如果供应商垄断控制了供货渠道，替代品又不存在，而企业对这种货物的需求量又很大，则应考虑自己掌握或自己加工制作的可能性。这种可能性如果不存在，或者企业对这种货物的需求量不大，那么这时企业只能对价格谈判能力较强的供应商俯首称臣。

第三节 组织的内部环境

内部环境由组织内部的物质环境和文化环境构成。内部物质环境研究是要分析组织内部各种资源的拥有状况和利用能力，内部文化环境研究是考察组织文化的构成要素及其特点。通过对组织内部环境分析找到影响组织未来发展的优势与劣势。本节仍以企业组织为例来讨论组织的内部环境。

一、内部物质环境

任何企业的经营活动都需要借助一定的资源来进行。这些资源的拥有情况和利用情况影响，甚至决定着企业经营活动的效率和规模。企业经营活动的内容和特点不同，需要利用的资源类型也有区别。但一般来说，任何企业的经营活动都离不开人力资源、物力资源及财力资源。它们是构成企业生产经营活动过程的各种要素的组合。

1. 人力资源研究

根据不同的标准可以将人力资源划分成不同类型。例如，企业人力资源根据他们所从事的工作性质的不同，可分为生产工人、技术人员和管理人员三类。人力资源研究就是要分析这些不同类型的人员数量、素质和使用状况。例如，企业生产工人研究，就是要了解他们的数量，分析其技术、文化水平是否符合企业生产现状和发展的要求，近期内有无增减的可能，能否对他们组织技术培训，企业是否根据生产工人的特点，分配了适当的工作，进行了合理的利用等。对技术人员的研究，就是要弄清企业有多少技术骨干，他们的技术水平、知识结构如何，是否做到了人尽其才，使他们充分发挥了作用等。对管理人员的研究，就是要分析企业管理干部的配备情况，这支队伍的素质如何，能力结构、知识结构、年龄结构、专业结构是否合理，是否具有足够的管理现代工业生产的经验和能力，能否通过培训提高他们的管理素质等。

2. 物力资源研究

这是狭义的内部物质环境的构成内容。物力资源研究，就是要分析在企业的经营活动过程中需要运用的物质条件的拥有数量和利用程度。例如，要分析企业拥有多少设备和厂房，它们与目前的技术发展水于是否相适应，企业是否应对其进行更新改造，机器设备和厂房的利用状况如何，企业能否采取措施提高其利用率等。

3. 财力资源研究

财力资源是一种能够获取和改善企业其他资源的资源，因此可以认为是反映企业经营活动条件的一项综合因素。财力资源研究就是要分析企业的资金拥有情况（各类资金数量），构成情况（自有资金与债务资金的比重），筹措渠道（金融市场或商业银行），利用情况（组织是否把有限的资金使用在最需要的地方），分析组织是否有足够的财力资源去组织新业务的拓展、原有活动条件和手段的改造，在资金利用上是否还有潜力可挖等。

二、文化环境

任何企业的经营活动都离不开内部物质环境（包括人力资源、物力资源及财力资源）和内部文化环境，它们是构成企业生产经营活动过程的各种要素的组合。企业文化是企业在长期的实践活动中所形成的并且被企业成员普遍认可和遵循的具有本企业特色的价值观念、思维方式、工作作风、行为准则等群体意识的总称。它是随着企业的存在和发展而逐渐形成的。在企业生产经营活动过程的各种要素中，企业文化毫无疑问是决定一个企业竞争力的最重要的要素。

对企业内部文化进行分析时，首先要认清目前企业文化的现状及企业文化的形成机制，以便从中找到企业文化的优势和劣势，并在此基础上制订出与企业文化相容的企业战略，企业内部的文化必须与外部环境和企业的总体发展战略相互协调。如果能做到这一点，员工的绩效将是惊人的，这样的企业也是难以战胜的。

管理实践资料链接三

星巴克在中国的 SWOT 分析

1971 年，星巴克在西雅图派克市场成立第一家店，开始经营咖啡豆业务。1982 年，霍华德·舒尔兹先生加入星巴克，担任市场和零售营运总监。1987 年，舒尔兹先生收购星巴克，并开了第一家销售滴滤咖啡和浓缩咖啡饮料的门店。1992 年，星巴克在纽约纳斯达克成功上市，从此进入了新的发展阶段。1999 年 1 月，星巴克在北京中国国际贸易中心开设中国大陆第一家门店。目前，星巴克在大陆 60 多个城市运营超过 1001 家门店，中国成了星巴克的"第二大市场"，星巴克的愿景是：2015 年在中国大陆运营 1500 家门店，并将不断致力于加强在中国的发展。目前，星巴克在全世界 62 个国家已拥有超过 18 000 家门店，200 000 多名伙伴（员工）。

一个企业之所以能够发展壮大离不开它所处的内外部环境，所以一个良好的内外部环境对于一个企业的发展来说是至关重要的。那么，星巴克的在中国的发展当然也离不开其在中国的所处的环境。以下是星巴克在中国的 SWOT 分析。

一、优势（Strength）

（1）品牌优势。过去的 14 年，星巴克已经在中国成功地确立了优质咖啡行业的领袖地位，取得了很高的品牌知名度。2011年世界权威机构发表第六届"全球最具品牌100强"星巴克居72位，品牌价值119.01亿美元，比2010年上涨了40%。其积极进取、高雅时尚及具有人文精神的品牌形象，广受中国各类消费者的认同和欢迎。对于许多中国人来说，星巴克的绿色美人鱼标识不仅代表最好的咖啡，更是高质量和现代生活方式的代名词。

（2）咖啡技术的优势。星巴克每年都会投入巨大的资金进行咖啡技术的研究，使其成为咖啡技术的专家。在中国，星巴克是当之无愧的咖啡知识和咖啡专业技能方面的领头羊，并始终坚持着自己的传统和特色，为顾客献上一流的咖啡产品，以及其他优质的饮料与食品。

（3）门店位置的优势。星巴克在中国大中城市的繁华地段已经占据了较有利的地点。好的位置不仅给星巴克带来了较大的客流量，而且还带来了很好的广告效应。

（4）财务优势。企业的发展离不开财务资源，星巴克目前在全球62个国家拥有1.8万家连锁店，2011年的前3个季度的销售额为86.678亿美元。

二、劣势（Weakness）

（1）产品线不稳定。星巴克不断推出新的产品，进入中国市场以来，先后推出了多种具有中国特色的饮料、食品和商品，还专为春节和中秋节设计制作生肖储蓄罐和随行杯。另外星巴克计划在超市销售即饮咖啡，而且会在自己的店里面卖CD和书等。

（2）星巴克在中国管理连锁店的问题。对中国的连锁门店进行整齐划一的管理，本身对于任何企业都是一种挑战，更何况星巴克在中国的股权相当的复杂，这种股权的复杂性增加了美方管理人和中方管理人之间的冲突，而且来自美国的管理团队对于中国的法律与经济环境还不太熟悉，仍需要时间来适应本土化。

（3）体验淡化、服务水平下降。本来星巴克全球如一的独特星巴克体验、优质人性化的服务及其"第三空间"理念，引起了中国消费者的广泛共鸣。但近几年由于星巴克快速扩张，导致了其核心的星巴克体验淡化以及服务水平下降。

（4）价格偏高。星巴克实行的是高价定位的策略，主要针对白领阶层。

三、机会（Opportunity）

（1）中国经济发展良好。中国经济发展迅速，创造了巨大的消费市场，并培育形成了一个庞大的目标市场。

（2）2005年以后中国法律放宽了对外资零售业直营的管制。以前，星巴克在中国的发展采取的是合作的方式，而此法规出台之后，客观上为星巴克的直营管理铺平了道路，为星巴克在经营模式的选择方面提供了更大的自由度。

（3）城市化进程。中国的发达城市主要集中在沿海地区，这也是星巴克首选的开店城市，但是随着中国的城市化进程的较快，越来越多的地方成为星巴克的潜在目标市场。

（4）中国咖啡市场潜力巨大。据专家分析，中国咖啡市场将成为世界上最大的咖啡市场，并且将以每年30%的速度增长，同时中国的咖啡市场割据混乱，属于不完全竞争市场，这种市场的机构给星巴克的发展带来了巨大的盈利预期。

四、威胁（Threat）

（1）竞争对手增加。随着咖啡市场在中国的打开，越来越多的专业咖啡企业也加入到了中国这个市场，抢占星巴克的市场份额，与星巴克进行了比较激烈的竞争。

（2）中美文化冲突。星巴克代表的是美国的文化，如何在传统文化强大的中国更好地降低文化的冲突对星巴克形成了挑战。

（3）原材料成本、人工成本的上升。中国的 CPI 指数上升，尤其是食品价格的上升对星巴克的成本控制和利润空间造成了压力。

（4）地区发展不平衡。中国各个地区发展存在着明显的差异性，这种差异性造成了各地区人们收入的差异性，这对星巴克的高定位的价格策略形成了很大的挑战。

第四节　组　织　文　化

一、组织文化的概念及其特征

1. 组织文化的概念

不同组织都有自己特殊的环境条件和历史传统，形成了自己独特的哲学信仰、意识形态、价值取向和行为方式，也就形成了自己特定的组织文化。就组织内涵而言，组织是按照一定的目的和形式建构起来的社会集合体，为了满足自身运作的要求，必须要有共同的目标、共同的理想、共同的追求、共同的行为准则及与此相适应的机构和制度，而组织文化的作用就是创造这些共同的价值观念体系和共同的行为准则。因此，组织文化是组织在长期的实践活动中所形成的并且被组织成员普遍认可和遵循的具有本组织特色的价值观念、思维方式、工作作风、行为准则等群体意识的总称。它是随着组织的存在和发展而逐渐形成的，在组织文化的形成过程中，组织缔造者及后来的管理者的价值观念及领导风格对其产生了重要的影响。

在一定社会背景下存在的组织，其文化必然要打上外部文化环境的烙印，整个社会的价值观念、宗教信仰必然要对其产生影响。例如，强调个人价值的传统西方文化背景使得西方社会经济组织通常比较注意个人奋斗、鼓励竞争，而倡导和谐人际关系的儒家文化则使得包括中国在内的东方社会经济组织往往强调群体内部以及群体之间的协作，鼓励共同发展。当然，两种社会文化的交融也使得东西方的社会经济组织试图从另一种文化中寻求精华以弥补自己的不足。但是，即便在相同的社会文化环境中，不同组织的文化特点亦是有区别的。例如，同是在西方经济中从事生产经营的企业，虽然可能同样强调个人的价值、个人的成功，但是不同企业对待个人成功的方式及其判断的标准也有可能是相异的。正是由于这种不同组织文化之间的差异，而且不同的组织文化都有其存在的理由和贡献，才决定了组织文化研究的必要。

2. 组织文化的特征

组织文化既是组织的自我意识所构成的精神文化体系，又是整个社会文化的重要组成部分，既具有社会文化和民族文化的共同属性，也具有自己的不同特征。它的基本特征可概括为以下四个方面：

（1）组织文化的核心是组织价值观。组织的价值观就是组织内部管理层和全体员工的价值取向，是指指导该组织的生产、经营、服务等活动的基本信念。任何一个组织总是要把自己认为最有价值的对象作为本组织追求的最高目标、最高理想或最高宗旨，一旦这种最高目标和基本信念成为统一本组织成员行为的共同价值观，就会构成组织内部强烈的凝聚力和整合力，成为统领组织成员共同遵守的行动指南。因此，组织价值观制约和支配着组织的宗旨、信念、行为规范和追求目的。在这个意义上来说，组织价值观是组织文化的核心。

（2）组织文化的中心是以人为主体的人本文化。人是整个组织中最宝贵的资源和财富，也是组织活动的中心和主旋律，因此组织只有充分重视人的价值，最大限度地尊重人、关心人、爱护人、理解人、凝聚人、培养人和造就人，充分调动人的积极性，发挥人的主观能动性，努力提高组织全体成员的责任感和使命感，使组织和成员成为真正的命运共同体和利益共同体，这样才能不断增强组织的内在活力和实现组织的既定目标。

（3）组织文化的管理方式是以柔性管理为主。组织文化的管理方式，是通过柔性的而非刚性的文化引导，建立起组织内部合作、友爱、奋进的文化心理环境，以及协调和谐的人群氛围，自动地调节组织成员的心态和行动，并通过对这种文化氛围的心理认同，逐渐地内化为组织成员的主体文化，使组织的共同目标转化为成员的自觉行动，使群体产生最大的协同力。事实证明，这种由软性管理所产生的协同力比组织的刚性管理制度有着更为强烈的控制力和持久力。

（4）组织文化的重要任务是增强群体凝聚力。组织中的成员来自于五湖四海，不同的风俗习惯、文化传统、工作态度、行为方式、目的愿望等都会导致成员之间的摩擦、排斥、对立、冲突乃至对抗，这就往往不利于组织目标的顺利实现。而组织文化通过建立共同的价值观和寻找观念共同点，不断强化组织成员之间的合作、信任和团结，使之产生亲近感、信任感和归属感，实现文化的认同和融合，在达成共识的基础上，使组织具有一种巨大的向心力和凝聚力，这样才有利于组织共同行动的齐心协力和整齐划一。

组织文化除了具有以上四大基本特征以外，还具有以下几个主要特性：

（1）超个体的独特性。每个组织都有其独特的组织文化，这是由不同的国家和民族、不同的地域、不同的时代背景及不同的行业特点所形成的。如美国文化强调能力主义、个人奋斗和不断进取；日本文化深受儒家文化的影响，强调团队合作、家族精神。

（2）相对稳定性。组织文化是组织在长期的发展中逐渐积累而成的，具有较强的稳定性，不会因组织结构的改变、战略的转移或产品与服务的调整而变化。一个组织中，精神文化又比物质文化具有更多的稳定性。

（3）融合继承性。每一个组织都是在特定的文化背景之下形成的，必然会接受和继承这个国家和民族的文化传统和价值体系。但是，组织文化在发展过程中，也必须注意吸收其他组织的优秀文化，融合世界上最新的文明成果，不断地充实和发展自我。也正是这种融合继承性使得组织文化能够更加适应时代的要求，并且形成历史性与时代性相统一的组织文化。

（4）发展性。组织文化随着历史的积累、社会的进步、环境的变迁及组织的变革逐步演进和发展。强势、健康的文化有助于组织适应外部环境和变革，而弱势、不健康的文化则可能导致组织的不良发展。改革现有的组织文化，重新设计和塑造健康的组织文化过程就是组织适应外部环境的过程。

二、组织文化的结构与类型

1. 组织文化的结构

在组织文化的结构方面，国内外学者提出了很多观点，其中最经典的是沙因的组织文化结构三层次论，即显层次、表层次、潜层次。也就是所谓的"睡莲模型"，如图2-3所示。

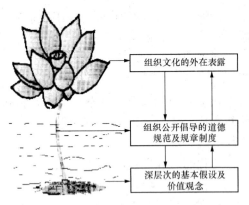

图2-3　组织文化结构的睡莲模型

第一个层次是显层次，如同睡莲浮在水面上的花朵和枝叶。显现层的组织文化载体又称物质层，是指凝聚着组织文化抽象内容的物质体的外在显现，它是组织文化的外在表露形式，是人们所能接触到和感知到的是组织文化最直观的部分，也是人们最易感知的部分。它通过组织成员的书面或口头表达的语言、公开的行为、物品摆放等直观的信息交流表现出来，人们可以通过它们形成对组织最直接的认识。例如，企业文化既包括了企业整个物质的和精神的活动过程、企业行为、企业产出等外在表现形式，也包括了企业实体性的文化设备、设施等，如带有本企业色彩的企业标志、工作环境、经营行为、活动方式、图书馆、俱乐部等。

第二个层次是表层次，是睡莲垂直生长在水中的枝和梗。表层的制度系统又称制度层，指体现某个具体组织的文化特色的各种规章制度、道德规范和员工行为准则的总和，也包括组织内的分工协作关系的组织结构。它体现的是组织成员的日常行为规范、组织价值观念与社会价值观念的相容性及独特的组织竞争优势。它是组织文化中显层次和潜层次的中间连接层次，是由意识形态向实体文化转化的中介。人们或许可以透过"水面"看见这一层次，但它始终是模糊的，也是容易被忽视的部分，它的健康程度直接关系到上一层次和下一层次之间的传递。

第三个层次是潜层次，是睡莲扎根在土壤中的根系。潜层次又称精神层，是指组织文化中的核心和主体，是广大员工共同而潜在的意识形态，包括管理哲学、敬业精神、人本主义的价值观念、道德观念等。它是最深层次的，是组织文化中最重要的基础。它包括各种被视为当然的、下意识的信念、观念和知觉，是对某一特定情境中适宜行为与反应的无意识的基本假设。这种潜在的、实际上对人的行为起指导作用的假设，告诉群体成员怎样观察、思考和感受事物。作为"根系"，它为组织文化提供了源源不断的营养和牢固的支持。

如同花、叶、枝、梗和根构成睡莲这一有机体一样，这三个层面的要素经过整合，形成了有机统一的组织文化。

2．组织文化的内容

从最能体现组织文化特征的内容来看，组织文化包括组织价值观、伦理规范、组织精神以及组织素养等。

（1）组织价值观。组织的价值观就是组织内部管理层和全体员工对该组织的所有活动及指导这些活动的一般看法或基本观点。它包括组织存在的意义和目的、组织中各项规章制度的价值与作用、组织中各层级和各部门的各种不同岗位上的人们的行为与组织利益之间的关系等。组织价值观是组织文化的核心，为组织的生存发展提供了基本的方法和行动指南，为组织成员形成共同的行为准则奠定了基础。它为组织成员指明了成功的方向，确立了成功的标准。每一个组织的价值观都会有不同的层次和内容，成功的组织总是会不断地创造和更新组织的信念，不断地追求新的、更高的目标。

（2）伦理规范。伦理规范是指从道德意义上考虑的、由社会向人们提出并应当遵守的行为准则，它通过社会公众舆论规范人们的行为。组织文化内容结构中的伦理规范是所有成员自觉遵守的行为准则和道德风气、习俗，它既体现组织自下而上环境中社会文化的一般性要求，又体现着本组织各项管理的特殊需求，包括是非界限、善恶标准和荣辱观念等。伦理规范的形式主要取决于价值观的作用，管理人员应通过树立优秀的组织价值观来引导组织形成良好的伦理规范。良好的伦理规范主要表现为尊重知识、尊重人才、友好相处、自觉工作、与组织共命运等。

由此可见，以道德规范为内容与基础的员工伦理行为准则是传统的组织管理规章制度的补充、完善和发展。正是这种补充、完善和发展，使组织的价值观融入了新的文化力量。

（3）组织精神。组织精神是指组织经过共同努力奋斗和长期培养所逐步形成的，认识和看待事物的共同心理定势、价值取向和主导意识，是价值观和伦理规范的综合体现和高度概括，它是一个组织的精神支柱，反映了组织成员对组织的特征、形象、地位等的理解和认同，也包含了对组织未来发展和命运所抱有的理想和希望。组织精神反映了一个组织的基本素养和精神风貌，成为凝聚组织成员共同奋斗的精神源泉。

（4）组织素养。组织的素养包括组织中各层级员工的基本思想素养、科技和文化教育水平、工作能力、精力及身体状况等。其中，基本思想素养的水平越高，组织中的管理哲学、敬业精神、价值观念、道德营养的基础就越深厚，组织文化的内容也就越充实丰富。可以想象，当一个行为或一项选择不容易被判定对与错时，基本思想素养水平较高的组织容易帮助管理者正确做出决策，组织文化必须包含组织运作成功所必要的组织素养。

3. 组织文化的类型

按照不同的分类标准，可以将组织文化划分为不同的类型，即主文化和亚文化、强文化和弱文化。

（1）主文化和亚文化。在组织中，整个组织是一个整体，组织的各种正式的、有着严格划分的子系统（如分设机构、部门、小组、工作单位和场所）或非正式的群体，相对于构成它们的部分来说，也是一个小的整体。在整个组织的文化背景下，不同子系统的文化是在整个组织内部产生的，但它和整个组织的主流文化不会完全相同。因此，组织文化在类型上就有主文化和亚文化的划分。

所谓组织的主文化，就是在一定时期内组织所形成的处于主导地位的组织文化。主文化是一个组织的核心价值观的体现，受到大多数组织成员的认可，构成了组织文化的主流。亚文化通常反映的是组织中的一部分成员所面临的共同问题、情境和经历，它可能是在组织内部的部门设计或地理分割的基础上形成的。一个组织的亚文化通常包含两个方面的内容：其一是相当于组织的副文化，即组织在一定时期内形成的非主体、非主流的组织文化；其二是相当于组织的亚群文化，即组织文化的次级文化，例如采购部有着本部门成员所特有的一些价值观，它既包含了组织主文化中的核心价值观，又包含了采购部成员所特有的价值观。

在组织中，主文化与亚文化是密切相关的，他们虽然有着各自产生和发展的轨迹，但二者之间相互依存又相互制约。组织内的亚文化本身就是主文化的一个部分，它在主文化中孕育和成长，在遗传主文化特质的同时又不断地变异，而主文化总是力图遏制亚文化的变异趋势，因此，主文化和亚文化的冲突就变得不可避免。

主文化和亚文化的特殊关系决定着组织必然要采取措施来控制和铲除那些与主文化相悖，并且会对主文化产生危害的亚文化。而对那些与主文化虽不一致但并不产生危害的亚文化，要采取宽容的态度，并加以适当的吸收、同化、激励和开发，将有益的亚文化汇集到主文化之中，或者进行文化交流。

（2）强文化和弱文化。虽然所有的组织都有自己的文化，但是并非所有的文化对组织成员都产生同等程度的影响。按照组织文化对其成员影响力的大小，可以将其分为强文化和弱文化。

自20世纪90年代初以来，把组织文化划分为强文化和弱文化的观点日趋流行。这种观点认为，强文化对组织成员行为的影响更大，并与降低组织成员的流动率有着更直接的联系，而且越来越多的证据表明强文化与组织的绩效是紧密关联的。

所谓强文化，是指为组织成员强烈认同并广泛共享的文化，是组织的核心价值观。组织成员的活动受核心价值观的指导并围绕它进行。一般来说，接受组织的核心价值观的成员越多，对核心价值观的信念越坚定，组织的文化就越强。相反，弱文化的一个明显特征就是处于这种文化中的组织成员分不清楚什么是重要的、什么是不重要的，因而也就不能对什么是核心价值观取得一致的意见。对于同一个组织来说，强文化和弱文化是可以并存的。

强文化会对员工的行为产生巨大影响，因为这种高度的认同感会在组织内部创造一种有力的行为控制气氛，使组织成员对组织目标及运作方式取得高度一致的看法，从而在组织中形成高度的内聚力、忠诚感和组织承诺。而如果一个组织表现出弱文化的特征，就无法达到行动上的一致。

管理实践资料链接四

海尔的企业文化

海尔创业于1984年，成长在改革开放的时代浪潮中。30年来，海尔始终以创造用户价值为目标，一路创业创新，历经名牌战略、多元化发展战略、国际化战略、全球化品牌战略四个发展阶段，2012年进入第五个发展阶段——网络化战略阶段，海尔目前已发展为全球白色家电第一品牌。

海尔的愿景和使命是致力于成为行业主导，用户首选的第一竞争力的美好住居生活解决方案服务商。海尔通过建立人单合一双赢的自主经营体模式，对内，打造节点闭环的动态网状组织，对外，构筑开放的平台，成为全球白电行业领先者和规则制定者，全流程用户体验驱动的虚实网融合领先者，创造互联网时代的世界级品牌。

"海尔之道"即创新之道，其内涵是：打造产生一流人才的机制和平台，由此持续不断地为客户创造价值，进而形成人单合一的双赢文化。同时，海尔以"没有成功的企业，只有时代的企业"的观念，致力于打造基业长青的百年企业，一个企业能走多远，取决于适合企业自己的价值观，这是企业战略落地，抵御诱惑的基石。

海尔的核心价值观是：

是非观——以用户为是，以自己为非

发展观——创业精神和创新精神

利益观——人单合一双赢

"永远以用户为是，以自己为非"的是非观是海尔创造用户的动力。海尔人永远以用户为是，不但要满足用户需求，还要创造用户需求；海尔人永远自以为非，只有自以为非才能不断否定自我，挑战自我，重塑自我——实现以变制变、变中求胜。这两者形成海尔可持续发展的内在基因特征：不因世界改变而改变，顺应时代发展而发展。这一基因加上每个海尔人的"两创"（创业和创新）精神，形成海尔在永远变化的市场上保持竞争优势的核心能力特征：世界变化愈烈，用户变化愈快，传承愈久。

创业创新的两创精神是海尔文化不变的基因。海尔不变的观念基因既是对员工个人发展观的指引，也是对员工价值观的约束。"永远以用户为是，以自己为非"的观念基因要求员工个人具备两创精神。创业精神即企业家精神，海尔鼓励每个员工都应具有企业家精神，从被经营变为自主经营，把不可能变为可能，成为自己的CEO；创新精神的本质是创造差异化的价值。差异化价值的创造来源于创造新的用户资源。两创精神的核心是强调锁定第一竞争力目标。目标坚持不变，但为实现目标应该以开放的视野，有效整合、运用各方资源。

人单合一双赢的利益观是海尔永续经营的保障。海尔是所有利益相关方的海尔，主要包括员工、用户、股东。网络化时代，海尔和分供方、合作方共同组成网络化的组织，形成一个个利益共同体，共赢共享共创价值。只有所有利益相关方持续共赢，海尔才有可能实现永续经营。为实现这一目标，海尔不断进行商业模式创新，逐渐形成和完善具有海尔特色的人单合一双赢模式，"人"即具有两创精神的员工；"单"即用户价值。每个员工都在不同的自主经营体中为用户创造价值，从而实现自身价值，企业价值和股东价值自然得到体现。

每个员工通过加入自主经营体与用户建立契约，从被管理到自主管理，从被经营到自主经营，实现"自主，自治，自推动"，这是对人性的充分释放。人单合一双赢模式为员工提供机会公平、结果公平的机制平台，为每个员工发挥两创精神提供资源和机制的保障，使每个员工都能以自组织的形式主动创新，以变制变，变中求胜。

海尔的精神是：

第一个十年，海尔精神：无私奉献，追求卓越

第二个十年，海尔精神：敬业报国，追求卓越

第三个十年，海尔精神：创造资源，美誉全球

海尔的作风是：人单合一速决速胜

第一个十年，创业，创出中国第一名牌；第二个十年，创新，走出国门，创国际化企业；第三个十年，创造资源，实施全球化品牌战略。海尔企业精神的创新之路，就是海尔的品牌之路。但无论怎样调整，海尔人都自始至终胸怀着一个崇高的指向：创世界顶级品牌！

资料来源：http://www.haier.net/cn/about_haier/culture/海尔集团官网.

三、组织文化的功能

由于组织文化具有独特的渗透功能，因而成为管理人员进行管理的依据，同时也是进行管理活动的限制因素。随着组织文化的形成和发展，它渗透到管理人员的一切活动中，并产生了重大的影响。可以说，组织文化是组织成功的坚强后盾。在任何一个特定的组织中，组织管理的各项职能，如计划、组织、领导、控制等本身就带有一定程度的文化色彩，脱离文化的管理活动是不存在的。

组织文化不仅强化了传统管理的一些功能，而且还有很多传统管理不能完全替代的功能。

1. 导向功能

组织文化作为团体共同价值观，与组织成员必须强行遵守的、以文字形式表述的明文规定不同，它只是一种软性的理智约束，通过组织的共同价值观不断地向个人价值观渗透和内化，使组织自动生成一套自我调控机制，以一种适应性文化引导着组织的行为和活动。组织文化的导向功能主要表现在组织价值观念对组织主体行为的引导上，即对组织领导人和广大职工的行为引导上。由于组织价值观是组织多数人的"共识"，因此，这种导向功能对多数人来讲是建立在自觉的基础之上的，他们能够自觉地把自己的一言一行经常对照组织的要求进行检查，纠正偏差，发扬优点，改正缺点，使自己的行为基本符合组织价值观的要求。对少数未取得"共识"的人来讲，这种导向功能就带有某种强制性质。组织的目标、规章制度、传统等迫使他们按照组织整体价值取向行事。

2. 凝聚功能

凝聚功能也叫整合功能。组织文化通过培育组织员工的认同感和归属感，建立起员工与组织之间的相互信任和依存关系，使个人的行为、思想、感情、信念、习惯及沟通方式与整个组织有机地整合在一起，形成相对稳固的文化氛围，凝聚成一种无形的合力，以此激发出组织员工的主观能动性，并为实现组织的共同目标而努力。由于组织文化体现了强烈的"群体意识"，可以改变原来那种从个人角度建立价值观念的一盘散沙状态。因此，组织文化比组织外在的硬性管理方法更具有一种内在凝聚力和感召力，使每个职工产生浓厚的归属感、荣誉感和目标服从感。美国西南航空公司以"爱心"文化著称，公司总裁赫伯·凯勒的名言是："以爱为凝聚力的公司比靠畏惧维系的公司要稳得多。"

3. 适应功能

组织文化能从根本上改变员工的旧有价值观念，建立起新的价值观念，使之适应组织外部环境的变化要求。一旦组织文化所提倡的价值观念和行为规范被成员接受和认同，成员就会自觉不自觉地做出符合组织要求的行为选择；倘若违反，则会感到内疚、不安或自责，从而自动修正自己的行为。因此，组织文化具有某种程度的强制性和改造性，其效用是帮助组织指导员工的日常活动，使其能快速地适应外部环境因素的变化。

4. 激励功能

组织文化的激励功能主要表现在组织文化强调信任、尊重和理解每一个人，能够最大限度地激发职工的积极性和首创精神。积极的组织文化强调尊重每一个人、相信每一个人，凡事都以员工的共同价值观念为尺度，而不是单纯地以领导者个人的意志为尺度；员工在组织中受到重视，参与愿望能够得到充分满足。因此，组织文化能够最大限度地激发员工的积极性和首创精神，使他们以主人翁的姿态去关心组织的发展，贡献自己的聪明才智。

5. 提高素质功能

组织文化的提高素质功能主要表现在组织文化能为组织营造一种追求卓越、成效和创新的氛围，这种氛围对提高人员素质极为有利。人的素质是组织素质的核心，人的素质能否提高，很大程度上取决于他所处的环境和所具备的条件。优秀的组织文化体现卓越、成效和创新。具有优秀文化的集体是一所"学校"，为人们积极进取创造良好的学习、实践环境和条件，具有提高人员素质的功能。

6. 塑造形象功能

组织文化的塑造形象功能主要体现在优秀的组织文化通过组织与外界的接触，起到向社会大众展示本组织成功的管理风格、积极的精神风貌等方面的作用，从而为组织塑造良好的组织形象服务。组织文化比较集中地概括了组织的基本宗旨、经营哲学和行为准则。优秀的组织文化通过组织与外界的每一次接触，包括业务洽谈、经济往来、新闻发布等，都能向社会大众集中展示本组织成功的管理风格、良好的经营状态和积极的精神风貌，从而为组织塑造良好的整体形象、树立信誉和扩大影响。

7. 发展功能

组织在不断的发展过程中所形成的文化沉淀，通过无数次的辐射、反馈和强化，会随着实践的发展而不断地更新和优化，推动组织文化从一个高度向另一个高度迈进。

8. 持续功能

组织文化的形成是一个复杂的过程，往往会受到政治的、社会的、人文的和自然的环境等诸多因素的影响，因此，它的形成需要经过长期的倡导和培育。正如任何文化都有历史继承性一样，组织文化一经形成，便会具有持续性，并不会因为组织战略或领导层的人事变动而立即消失。

四、组织文化的构建与变革重组

组织文化的构建与塑造是个长期的过程，同时也是组织发展过程中的一项艰巨、细致的系统工程。

1. 组织文化的构建

（1）组织文化的形成。日本学者河野丰弘认为，组织文化通常在一定的生产经营环境中，为适应和促进组织的生存和发展，由组织的创建者倡导与实践，经过较长时间的传播和规范整合而形成。

1）组织的创建者。组织文化是在主要管理者的倡导下形成的，同时又被广大员工认同和接受。组织的创建者对组织早期文化影响巨大，组织文化的形成，常常与他们的经营思想、工作风格和管理艺术，以及他们的个人品格、胆识和魄力直接相关。组织的创建者为组织规划了发展蓝图，并在组织发展之初，凭借其影响力将自己的愿景灌输给组织的所有成员。

组织的创建者影响组织文化的形成有以下三种途径：首先，聘用和留住那些与自己的想法和感受一致的人员；其次，对成员的思维方式和感受方式进行社会化；最后，把自己的行为作为角色榜样，鼓励成员认同这些信念、价值观和假设，并进一步内化为自己的想法和感受。通过这三种途径，组织的早期成员耳濡目染，认同并接纳了创建者的信念和想法，后来陆续进入组织的成员，或是迎合创建者的想法，或是因意见不合而相继离开，于是组织中处处可见创建者的个人影响力，他们的整个人格特点也就根植于组织文化之中。

2）组织文化的制度化。所谓组织文化的制度化，就是将组织倡导的价值观转变为具有可操作性的管理制度的过程。组织的制度化建设是组织文化形成的一个不可或缺的步骤，而且是较深层次的步骤。制度化是组织文化形成的前奏，这是因为一方面，组织在进行文化建设的过程中，必然会产生一系列的文化成果，如质量文化、服务文化等，这些成果需要以制度的方式才能巩固下来；另一方面，组织创始人的价值观和信念需要通过制度化的过程才能传承得更为久远，也才能够更易为组织成员所接受并内化。

3）组织文化从制度到习惯。制度是重要的，但组织文化的形成不能只停留在制度层面上，需要让组织成员接纳、认同并内化为日常的工作行为习惯。因此，组织文化形成的关键在于要让文化经历从理念到行动、从抽象到具体、从口头到书面的过程，要得到组织成员的理解和认同，转化为组织成员的日常工作行为，形成组织成员的习惯。要使组织文化转化为组织成员的习惯，使之自觉遵守，可以从以下几个方面着手：

对组织成员进行培训，使组织成员有系统地接受组织的价值观，让他们认识和接受组织文化，并强化员工的认同感。

组织高层领导者信守组织的价值信念，并身体力行，自觉表现出与自己倡导的价值观念和行为准则相应的行为选择，以求对身边的人，以及通过他们对组织中其他成员的行为产生潜移默化的影响。

树立榜样，进行典型引导。即把组织中那些最能体现组织文化核心价值理念的个人和集体树为典型，进行宣传并给予适当的激励。

（2）组织文化的传承。组织文化不是在某一时刻产生的，而是组织在长期的经营和管理中持续维系和传承的产物。在维系和传承过程中，组织文化的精髓得到沉淀，形成组织所独有的鲜明的文化传统；同时，原有文化中不合时宜的成分的遗弃，以及新的适应环境的文化成分的增加也使组织文化本身变得更加丰满。

组织可以通过下面几种途径来对文化进行传承：

1）组织对文化的灌输和强化。具体方式包括：树立模范或英雄人物，进行典型引导；对组织文化进行反复宣传和强化；通过组织领导者的示范进行强化；健全规章制度，规范组织行为；对组织成员进行教育和培训；设计仪式和组织群体活动。

2）成员对组织文化的学习。具体方式包括故事和仪式。其一，故事，如组织创始者讲述白手起家的创业过程和组织的应急事件等。故事是很重要的人为景观，不仅把文化人格化，而且产生帮助人们记住故事中的经验教训的情感。当故事被组织中的所有员工铭记时，故事对于传播组织文化有着非同寻常的影响。其二，仪式，如包括怎样接待来宾，高级执行经理约见下属的频率，人们怎样彼此沟通，员工花多长时间吃午饭等。这种方式即能够形象描述组织文化程序化的日常组织生活，又进而强化组织成员对组织文化的理解。

3）物质象征传承。公司的布局、高级管理者的额外津贴、怎样奖励员工、员工的衣着及办公室的大小等，这些都向组织的成员传递一家公司对团队合作、环境友好、灵活度或其他价值观的重视。如颇具创造性的 CCA 广告代理公司在纽约曼哈顿的办公区域没有隔间，书桌成群摆放，在书桌旁高级职员和那些一星期前加入公司的人共享同样的空间和承担相似的职责。这些人为景观表明 CCA 公司有一种平等主义的，甚至是很朴素的文化。

4）语言传承。随着时间的推移，很多组织和组织内部的工作部门往往会创造自己所特有的名词，用来描绘与工作有关的设备、办公用品、关键人物和产品等。比如，在惠而浦工作的咨询专家接连听到员工谈论这家公司的"PPT 文化"，这个以微软软件命名的短语，是对惠而浦公司从经理到员工单形式沟通的等级文化的批评。一旦这些术语为组织成员所掌握，它们就成了组织成员所共有的特征，并把这些语言当作识别该组织文化或组织亚文化的手段。通过对这些语言的学习，组织成员表达了自己对该文化的认可和接纳。同时，这样做也有利于文化的维系和传承。除了口头语言外，还可以通过一些书面语言，如组织的公开宣言、宗旨等表达组织的核心价值观的文字，来呈现、强化和传承组织的文化。如海尔电器的宣言"真诚到永远"等。

2. 组织文化的塑造途径

从途径上讲，组织文化的塑造需要经过以下几个过程：

（1）选择合适的组织价值观标准。组织价值观是整个企业文化的核心，选择正确的组织价值观是塑造良好组织文化的首要战略问题。选择组织价值观要立足于本组织的具体特点，根据自己的目的、环境要求和组成方式等特点选择适合自身发展的组织文化模式。其次要把握住组织价值观与组织文化各要素之间的相互协调，因为各要素只有经过科学的组合与匹配才能实现系统整体优化。在此基础上，选择正确的组织价值标准要注意以下四点：

1）组织价值标准要正确、明晰、科学，具有鲜明特点。

2）组织价值观和组织文化要体现组织的宗旨、管理战略和发展方向。

3）要切实调查本组织员工的认可程度和接纳程度，使之与本组织员工的基本素质相和谐，过高或过低的标准都很难奏效。

4）选择组织价值观要发挥员工的创造精神，认真听取员工的各种意见，并经过自上而下和自下而上的多次反复，审慎地筛选出既符合本组织特点又反映员工心态的组织价值观和组织文化模式。

（2）强化员工的认同感。在选择并确立了组织价值观和组织文化模式之后，就应把基本认可的方案通过一定的强化灌输方法使其深入人心。具体做法如下：

1）利用一切宣传媒体，宣传组织文化的内容和精要，使之家喻户晓，以创造浓厚的环境氛围。

2）培养和树立典型。榜样和英雄人物是组织精神和组织文化的人格化身与形象缩影，能够以其特有的感召力和影响力为组织成员提供可以仿效的具体榜样。

3）加强相关培训教育。有目的的培训与教育，能够使组织成员系统地接受组织的价值观并强化员工的认同感。

（3）提炼定格。组织价值观的形成不是一蹴而就的，必须经过分析、归纳和提炼方能定格。

1）精心分析。在经过群众性的初步认同实践之后，应当将反馈回来的意见加以剖析和评价，详细分析和比较实践结果与规划方案的差距，必要时可吸收有关专家和员工的合理意见。

2）全面归纳。在系统分析的基础上，进行综合化的整理、归纳、总结和反思，去除那些落后或不适宜的内容与形式，保留积极进步的形式与内容。

3）精练定格。把经过科学论证的和实践检验的组织精神、组织价值观、组织伦理与行为，予以条理化、完善化、格式化，再经过必要的理论加工和文字处理，用精练的语言表述出来。

（4）巩固落实。要巩固落实已提炼定格的组织文化首先要建立必要的制度保障。在组织文化演变为全体员工的习惯行为之前，要使每一位成员在一开始就能自觉主动地按照组织文化和组织精神的标准去行动比较困难。即使在组织文化业已成熟的组织中，个别成员背离组织宗旨的行为也是经常发生的。因此，建立某种奖优罚劣的规章制度十分必要。其次，领导者在塑造组织文化的过程中起着决定性的作用，应起到事先垂范的作用。领导者必须更新观念并能带领组织员工为建设优秀组织文化而共同努力。

（5）在发展中不断丰富和完善。任何一种组织文化都是特定历史的产物，当组织的内外条件发生变化时，组织必须不失时机地丰富、完善和发展组织文化。这既是一个不断淘汰旧文化和不断生成新文化的过程，也是一个认识与实践不断深化的过程。组织文化由此经过不断的循环往复以达到更高的层次。

3. 变革和重组组织文化

一个组织的文化不总是与组织的发展目标和外部环境相互一致。随着组织的不同时期、不同环境、面临的不同境遇，组织文化并不是一成不变的，它在一定程度上和形式上会有所变革。组织文化变革是指由组织文化特质的改变所引起的组织文化整体结构的变化。组织文化变革是组织生存发展的必然要求。但是组织文化具有相对的稳定性和持久性。一种文化需要相当长的时间才能形成，一旦形成，它又常常具有牢固的和难以变更的特点，尤其是在强文化的组织里，成员已经融入这种组织文化之中，这类组织文化的变革会遇到相当大的阻力。

（1）组织文化变革的前提条件。能够促进文化发生改变的"合适条件"是什么呢？据调查研究表明，在以下条件大部分或全部存在的情况下，企业文化最易于发生变更：

1）大规模危机的出现。突然发生的资金周转困难，失去某位主要客户，竞争对手有了惊人的技术突破等，这些危机可能对原有企业文化形成冲击，产生削弱作用。

2）组织高层领导更换。新的高层领导可能带来一些新的价值观，员工也会产生一种认为他们能够带领大家渡过难关的感觉。这里的领导班子可以指企业的总裁、总经理，也可能包括所有高级管理人员。

3）组织年轻，且规模较小。组织成立的时间越短，文化就越不稳固。同样，组织规模越小，管理层对于新事物、新的价值观就越容易交流沟通。

4）组织的文化力弱，文化尚未得到广泛认可。文化越被广泛接受，其价值观越能被企业成员所认可，改变文化就越困难；反之，若未能得到广泛认可，企业文化就越容易变更。

值得注意的是，即使上述这些条件都存在，也并不意味着组织文化一定会发生变化，而且任何较为显著的企业文化的变更都会需要很长的时间。因此，在中、短期，企业文化应被视为固定不变的限制因素。

（2）组织文化变革的步骤。组织文化的变革是一项系统的工程，因此，需要一个全面协调的战略来管理文化的变革。一般说来，推行组织文化变革需要经历以下几个步骤：

1）建立文化变革的指导机构。组织文化变革工程需要一个推进主体，即变革的指导机构，来负责组织文化变革的目标和方案的制订、实施和控制等工作。应让组织的高层领导者负责该机构的运转，以便使其具有权威来推行变革的实施。

2）调查组织的内外环境。要构建完整的组织文化变革战略，进行科学有效的组织文化变革，就必须对组织的内外环境因素做出客观、细致的分析，区别哪些因素是主要的、哪些因素是次要的、哪些是基本因素、哪些是一般因素，以此为基础，使组织文化变革既具有现实性，又有前瞻性。

3）对组织的现有文化进行诊断。对组织的文化现状要有正确分析和判断，辨别组织文化的类型，找出组织文化中存在的问题及需要变革的因素，从而为组织文化的变革提供依据。

4）制订并实施变革方案。这是一个非常重要的环节，制订组织文化的变革方案可以从以下三个方面着手。首先，需要在分析组织内外环境和诊断现有的组织文化的基础上，分析组织现有的文化状态与组织渴求的文化状态的差距，即进行组织文化需求评估；其次，在组织文化需求评估的基础上，制订组织文化变革的方案；最后，根据组织一致达成的文化变革方案，制订方案的实施计划，并根据计划具体执行。

5）巩固文化变革的结果。变革的目标是塑造一种新的符合组织发展需要的组织文化，因此，在变革后的一个相当长的时期内，必须采取一些措施，使新的组织文化中的价值观和信念得到组织成员的接纳和内化。组织可以通过对成员进行有关组织文化的教育和培训、树立典型进行强化及组织高层领导的身体力行带来的垂范效应等方式来实现这一目的。

（3）组织文化变革和重组的方式。为适应外部环境或内部流程的重新整合，管理人员可以采用形象示范的方法来修正价值准则和价值观，即组织可以利用标志、口号和仪式等来改变组织文化。组织文化修正过程中，组织精神领袖的作用很大。管理人员必须通过不懈的沟通，以言、行确保员工理解新的文化的含义，并利用以下几种方式对组织文化变革施加影响：

1）向员工阐明具有激励性和可信度的组织文化。这意味着精神领袖需要界定向员工传输组织的核心文化，使其博得员工信任并以此作为行动的准则。

2）通过关注日常活动来逐步明晰组织文化远景。精神领袖必须注意所选用的标记、仪式和口号应当与新的文化相互匹配，更重要的是，行动胜于空谈，精神领袖的身教作用远远大于言教。

精神领袖能够起作用的原因是管理人员的行为常常在员工的视野之中。通过对管理人员重视什么、鼓励什么、对组织危机他们是如何处理的，他们的行为与他们所宣扬的是否一致等一系列问题的观察，员工就可以清楚一个组织最重视的是什么，什么是组织的核心文化。即使是那些有着优秀组织文化的组织，也可以通过树立精神领袖的方法来达到变革组织文化的目的。精神领袖要善于捕捉机会，常常对整个组织发布口头或者文字形式的"声明"。一旦确定组织的发展远景，就要利用一切机会，如上百次小的活动、行为、"声明"及仪式，来促进组织文化的变革。

本章小结

组织管理环境是指所有和组织的生存与发展有关的外部环境和内部环境因素的总和。组织的外部环境可分为两个层次：第一个层次是组织的一般外部环境，也称为宏观环境，包括政治法律环境、经济环境、自然环境、技术环境及社会文化环境等。第二个层次是组织的特殊外部环境，也称微观环境。以企业为例，影响行业内竞争结构及其强度的因素主要有现有厂商、潜在的参加竞争者、替代品制造商、原材料供应商及产品用户等五种环境因素。组织的内部环境由组织内部的物质环境和文化环境构成。内部物质环境研究是要分析组织内部各种资源的拥有状况和利用能力，包括人力资源、财力资源、物力资源。内部文化环境研究是考察组织文化的构成要素及其特点。

组织文化是指组织在长期的实践活动中所形成并且为组织成员普遍认可和遵循的具有本组织特色的价值观念、团体意识、工作作风、行为规范和思维方式的总和。组织文化的主要特性为超个体的独特性、相对稳定性、融合继承性、发展性。在组织文化的结构方面，国内外学者提出了很多观点，最经典的是沙因的组织文化结构三层次论，即潜层次、表层次和显层次三层，其主要内容包括组织价值观、组织精神、伦理规范以及组织素养等。由于组织文化具有独特的渗透功能，因而成为管理人员进行管理的依据，同时也是进行管理活动的限制因素。随着组织文化的形成和发展，它渗透到管理人员的一切活动中，并产生了重大的影响。可以说，组织文化是组织成功的坚强后盾。组织文化有导向功能、凝聚功能、适应功能、激励功能、提高素质功能、塑造形象功能、发展功能和持续功能等。为了很好地完成工作，管理人员需要理解什么样的文化价值观和隐性假设在主导他们的公司，并想方设法构建和传承组织文化。

　　一个组织的文化并不总是与组织的发展目标和外部环境相互一致，组织文化所确定的价值准则也需要进行修正。为适应外部环境或内部流程的重新整合，管理人员可以采用形象示范的方法来修正价值准则和价值观，即组织可以利用标志、口号和仪式来改变组织文化。

案例导读分析总结

　　我们可以在本章所学理论的基础上来为吉利进行内外环境分析。就吉利目前所处的政治、经济、社会文化、技术及自然资源环境来看，既有机会又有威胁。随着全球金融危机的进一步演化，吉利在面临危机的同时也看到了机会。2010 年 8 月 2 日，吉利与福特正式交割世界豪华汽车品牌之一的沃尔沃轿车，吉利 100%控股，创造了中国汽车工业并购史上的一个奇迹。吉利收购沃尔沃轿车 100%的股权，得到了非常宝贵的资产，包括沃尔沃商标的全球所有权和使用权、10 个可持续发展的产品及产品平台、4 个整车厂、1 家发动机公司、3 家零部件公司、3800 名高素质研发人才的研发体系、分布于 100 多个国家 2 千多个网点的销售、服务体系及 1 万多项专利和专用知识产权等。因此，吉利收购沃尔沃可以快速获得先进的技术和吸引高端优秀人才，随着国内外需求的持续强劲增长趋势，吉利可以借机提升品牌、专利等无形资产的竞争力，再加上政策的支持，吉利将会有更大的发展空间和契机。当然这一次收购也会给吉利带来新的挑战，那就是人才关、文化关、经营关、品牌关等。另外吉利目前尽管具备一定的优势，如吉利汽车在低端轿车市场拥有一定的顾客忠实度、在制造过程中成本控制是其竞争的有力武器，但是与其他国内外大型汽车制造企业比较还存在许多劣势，如规模存在差距、品牌号召力不够、营销网络不齐全等。所以，面对新的机会和威胁，吉利如果想要单单依靠收购沃尔沃来实现其战略目标是远远不够的。准确地进行市场定位、坚持国际化的经营战略、注重文化的融合、坚持自主研发、打造国际化的复合型营销团队、提高国际化管理水平等，这些都是吉利在下一步发展过程中不可忽视的重点。

复习与思考题

　　（1）管理环境研究与组织的管理活动有何关系？

　　（2）如何分析企业经营的一般外部环境与特殊外部环境？

　　（3）企业内部经营环境包括哪些方面？

　　（4）什么是组织文化？它的核心内容是什么？它是如何对管理产生影响的？

　　（5）为什么要进行组织文化的变革与重组？需要注意些什么？企业应如何塑造优秀的企业文化？

　　（6）组织文化是怎样形成、维系和传承的？

本章案例分析与讨论

快乐的美国西南航空公司

西南航空（Southwest Airlines）是美国一家总部设在得克萨斯州达拉斯的航空公司，一般被称为美国西南航空公司。美国西南航空以"廉价航空公司"而闻名，是民航业"廉价航空公司"经营模式的鼻祖。在美国国内西南航空的通航城市最多，且根据美国民航业 2005 年的统计数据，以载客量计算，它是美国第二大航空公司。美国西南航空公司创建于 1971 年，当时只有少量顾客、几只包袋和一小群焦急不安的员工，而现在已成为美国第二大航空公司。

一、总裁用爱心管理公司

现任公司总裁和董事长的赫伯·凯勒，是一位传奇式的创办人，他用爱心（LUV）建立了这家公司。LUV 说明了公司总部设在达拉斯的友爱机场，LUV 也是他们在纽约上市股票的标志，又是西南航空公司的精神。这种精神从公司总部一直感染到公司的门卫、地勤人员。

当踏进西南航空公司总部大门时，你就会感受到一种特殊的气氛。一个巨大的、敞顶的三层楼高的门厅内，展示着公司历史上值得纪念的事件。当你穿越欢迎区域进入把办公室分列两侧的长走廊时，你就会沉浸在公司为员工举行庆祝活动的气氛中——这里布置着数百幅令人激动的、配有镜架的图案，镶嵌着成千上万张员工的照片，内容有公司主办的晚会和集体活动、垒球队、社区节目及万圣节、复活节，还有早期员工们的一些艺术品，连墙面到油画也巧妙地穿插在无数图案中。

二、公司处处是欢乐和奖品

你到处可以看到奖品。饰板上用签条标明"心中的英雄奖"、"基蒂霍克奖"、"精神胜利奖"、"总统奖"和"幽默奖"（这张奖状当然是倒挂的），并骄傲地写上了受奖人的名字。你甚至还可以看到"当月顾客奖"。

当员工们轻松地迈步穿越大厅过道，前往自己的工作岗位时，到处洋溢着微笑和欢乐，谈论着"好得不能再好的服务"、"男女英雄"和"爱心"等。公司制订的"三句话训示"挂满了整个建筑物。喜欢讲挖苦话的人也许会想：是不是走进了好莱坞摄影棚里？不！不！这是西南航空公司。

这里有西南航空公司保持热火朝天的爱心精神的具体事例：在总部办公室内，每月做一次 100% 的空气过滤；饮用水不断循环流动，纯净得和瓶装水一样。

节日比赛丰富多彩。情人节那天有最高级的服装，复活节有装饰考究的节日彩蛋，还有女帽竞赛，当然还有万圣节竞赛。每年一度的规模盛大的万圣节到来时，他们把总部大楼全部开放，让员工们的家属及附近小学生们都参加"恶作剧或给糖果"游戏。

公司专为后勤人员设立"心中的英雄"奖，其获得者可以把本部门的名称油漆在指定的飞机上作为荣誉，为期一年。

三、透明式的管理

如果你要见总裁，只要他在办公室，你可以直接进去，不用通报，也没有人会对你说："不，你不能见他。"

每年举行两次"新员工午餐会"，领导们和新员工们直接见面，保持公开联系。领导向新员工们提些问题，例如："你认为公司应该为你做的事情都做到了吗？""我们怎样做才能做得更好些？""我们怎样才能把西南航空公司办得更好些？"员工们的每项建议，在 30 天内必能得到答复。一些关键的数据，包括每月载客人数、公司季度财务报表等员工们都能知道。

"一线座谈会"是一个专为那些在公司里已工作了十年以上的员工而设的。会上副总裁们对自己管辖的部门先作概括介绍，然后公开讨论。题目有："你对西南航空公司感到怎样？""我们应该怎样使你不断前进并保持动力和热情？""我能回答你一些什么问题？"

四、领导是朋友又是亲人

当你看到一张赫伯和员工们一起拍的照片时，他从不站在主要地方，总是在群众当中。赫伯要每个员工知道他不过是众员工之一，是企业合伙人之一。

上层经理们每季度必须有一天参加第一线实际工作，担任订票员、售票员或行李搬运工等。"行走一英里计划"安排员工们每年有一天去其他营业区工作，以了解不同营业区的情况。旅游鼓励了所有员工参加这项活动。

为让员工们对学习公司财务情况更感兴趣，西南航空公司每 12 周给每位员工寄去一份"测验卡"，其中有一系列财务上的问句。答案可在同一周的员工手册上找到。凡填写测验卡并寄回全部答案的员工都登记在册，并有可能得到免费旅游。

这种爱心精神在西南航空公司内部闪闪发光，正是依靠这种爱心精神，当整个行业在赤字中跋涉时，他们连续 22 年有利润；创造了全行业个人生产率的最高纪录；1999 年有 16 万人前来申请工作，人员调动率低得令人难以置信；连续三年获得国家运输部的"三皇冠"奖，表彰他们在航行准时、处理行李无误和客户意见最少三方面取得的最佳成绩。

资料来源：黄雁芳，宋克勤. 管理学教程案例集. 上海：上海财经大学出版社，2001.

讨论题

（1）西南航空公司的企业文化是什么？采取了哪些手段去贯彻？
（2）赫伯在创建西南航空公司的企业文化中起到了什么作用？
（3）哪些事实说明了西南航空公司的"爱心管理"是成功的？

第三章 决 策 与 计 划

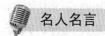

名人名言

一个成功的决策，等于90%的信息加上10%的直觉。

——美国企业家 S·M·沃尔森

本章要点

（1）决策的概念与决策类型。

（2）决策的过程与影响组织决策的因素。

（3）定性决策方法与定量决策方法。

（4）有关活动方向的经营单位组合分析法和政策指导矩阵的决策方法。

（5）计划的概念与计划类型。

（6）计划的过程与权变因素。

（7）战略的概念、战略的层次与战略管理的过程。

（8）计划的方法与组织实施。

（9）目标管理概念与目标管理的基本思想。

案例导读

如果你是一名认真的长跑者，那么在20世纪60年代或70年代初，你只有一种合适的鞋可供选择——阿迪达斯（Adidas）。阿迪达斯是德国的一家公司，是为竞技运动员生产轻型跑鞋的先驱。在1976年的蒙特利尔奥运会上，田径赛中有82%的获奖者穿的是阿迪达斯牌运动鞋。

阿迪达斯的优势在于试验。它试用新的材料和技术来生产更结实和更轻便的鞋；它采用袋鼠皮绷紧鞋边；四钉跑鞋和径赛鞋采用的是尼龙鞋底和可更换的鞋钉。高质量、创新性和产品多样化，使阿迪达斯在20世纪70年代中支配了这一领域的国际竞争。

20世纪70年代，蓬勃兴起的健康运动使阿迪达斯公司感到吃惊。一瞬间成百万以前不喜爱运动的人们对体育锻炼产生了兴趣。成长最快的健康运动细分市场是慢跑。据估计，到1980年已有2500万～3000万美国人加入了慢跑运动，还有1000万人是为了休闲而穿跑鞋。尽管如此，为了保护其在竞技市场中的统治地位，阿迪达斯并没有大规模地进入慢跑市场。

20世纪70年代出现了一大批竞争者，如美洲狮（Puma）、布鲁克斯（Brooks）、新布兰斯（NewBallance）和虎牌（Tiger）。但有一家公司比其余几家更富有进取性和创新性，那就是耐克（Nike）。由前俄勒冈大学的一位长跑运动员创办的耐克公司，在1972年俄勒冈的尤金举行的奥林匹克选拔赛中首次亮相。穿着新耐克鞋的马拉松运动员获得了第四至第七名，而穿阿迪达斯鞋的参赛者在那次比赛中占据了前三名。

耐克的大突破出自1975年的"夹心饼干鞋底"方案。这种鞋底上的橡胶钉使之比市场上出售的其他鞋更富有弹性。夹心饼干鞋底的流行及旅游鞋市场的快速膨胀，使耐克公司1976年的销售额达到1400万美元，而在1972年仅为200万美元，自此耐克公司的销售额飞速上升。到20世纪90年代耐克公司的年销售额超过了35亿美元，并成为行业的领导者，占有运动鞋市场26%的份额。

　　耐克公司的成功源于它强调的两点：①研究和技术改进；②风格式样的多样化。公司有将近100名雇员从事研究和开发工作。它的一些研究和开发活动包括人体运动高速摄影分析，对300个运动员进行的试穿测验，以及对新的和改进的鞋和材料所不断进行的试验和研究。

　　在营销中，耐克公司为消费者提供了最大范围的选择。它吸引了各种各样的运动员，并向消费者传递出最完美的旅游鞋制造商形象。

　　到20世纪80年代初慢跑运动达到高峰时，阿迪达斯已成了市场中的"落伍者"。竞争对手推出了更多的创新产品，更多的品种，并且成功地扩展到了其他运动市场。例如，耐克公司的产品已经统治了篮球和年轻人市场，运动鞋已进入了时装时代。到20世纪90年代初，阿迪达斯的市场份额降到了可怜的4%。

　　资料来源：斯蒂芬·P.罗宾斯.管理学.5版.北京：中国人民大学出版社，1997.

　　为什么在20世纪70年代中，曾经支配了竞技运动鞋这一领域国际竞争的阿迪达斯，到20世纪90年代初，其市场份额下降到了可怜的4%？而年轻的耐克公司却成为行业的领导者？显然，由于管理决策的不同使得两家企业形成了鲜明的对比。阿迪达斯在20世纪70年代所做的不良决策导致了20世纪90年代市场份额的极大减少，而耐克公司却因为及时而正确的决策获得了巨大成功。由此可知管理决策对组织生存和发展是极其重要的。

　　由于阿迪达斯新的管理层（法国商业家族的杰出后裔路易达福接管公司成为公司董事长）所做的及时而正确的决策，阿迪达斯得以生存下来，而且开始重新回升，但曾经让给耐克的地位却难以找回。组织的管理者需要不断提升他们的决策水平，因为这将直接影响到组织未来。可以说，决策水平决定了组织的发展、兴衰或成败。正如，世界著名的咨询公司美国兰德公司的名言，"世界上每100家破产倒闭的大企业中，85%是因为企业管理者的决策不慎造成的。"决策对管理者的每一方面工作来说都是非常重要的。决策渗透于管理的所有职能中，所以管理者在计划、组织、领导和控制时常被称为决策者，尤其是在计划职能中决策的重要性体现得更为突出。

第一节　决策与决策类型

一、决策的含义

　　决策是管理的核心，决策贯穿于整个管理过程的始终。在管理的计划、组织、领导和控制四项职能中，几乎都会遇到决策问题。的确，各项职能的开展都离不开决策，尤其是在计划职能中，决策的重要性会得到最好的体现，可以说计划职能的核心是决策。

　　1. 决策的概念

　　有关决策的概念，不同的管理学派从不同的角度进行了描述。一种简单的定义是，"从两个以上的备选方案中选择一个的过程就是决策"。一种较具体的定义是，"所谓决策，是指组织或个人为了实现某种目标而对未来一定时期内有关活动的方向、内容及方式的选择或调整过程"。另一种定义是，"管理者识别并解决问题以及利用机会的过程"。综合起来，决策就是决策者为了解决组织面临的问题，实现组织目标，在充分搜集并详细分析相关信息的基础上，提出解决问题和实现目标的各种可行方案，依据评定准则和标准，选定方案并加以实施的过程。这一概念包括以下两层含义：第一，决策是一种自觉的、有目标的活动。决策总是为了解决某个问题，达到某种目的而采取的行动。第二，决策必然伴随着某种行动，是决策者与外部环境、内部条件进行某种交互作用的过程。

科学的决策必须具备以下条件：目标合理；对系统要素的寻找及考虑深入而广泛，对各要素间的顺序排列合乎逻辑推理关系；决策结果满足预定目标的要求；决策本身符合效率性、满意性和经济性。企业的各项经营行为都会涉及决策活动，但简单地说，企业的决策可以分为两类：为企业未来发展、改进而进行的决策；为解决当前问题而进行的决策。这两类决策对企业的意义明显不同，通常从战略的角度来看，我们更强调对未来改进性决策的科学管理，因为这一决策的质量高低直接关系到企业制订、完成各项计划的正确和及时与否。

决策的主体是管理者，即可以是单个的管理者，也可以是多个管理者组成的集体或小组。决策在本质上是一个系统的过程，而不是一个瞬间做出的决定。理论上可以想象，所有可能的方案都被罗列出来，决策者的工作只是从中选取最优方案。但事实上，决策者需要做大量的调查、分析和预测工作，然后确定行动目标，找出可行方案，并进行判断、权衡，选择最终方案。在这个过程中，每一阶段都相互影响，外部环境的变化和信息的获取都会影响决策的过程，因此，良好的决策活动必须依赖整个管理系统的辅助才能完成。

决策是否准确及时，对组织计划和企业经营的成败有着重大影响。正因为如此，决策技术日益受到管理阶层的重视，大量企业采用决策分析技术作为其制定发展战略和管理政策的主要工具。在企业中，决策分析技术的运用范围，包括了有关产品开发、固定资产投资、工厂布局、产品定价、销售计划和其他各类财务及投资管理方面问题的解决。

2. 决策的满意性原则

决策要遵循满意原则，而不是最优原则。对决策者来说，要想使决策达到最优，必须满足以下条件：①容易获得与决策有关的全部信息；②真实了解全部信息的价值所在，并据此制订所有可能的方案；③准确预期到每个方案在未来的执行结果。

但在现实中，上述这些条件往往得不到满足。具体来说有以下原因：①组织内外存在的一切对组织的现在和未来都会直接或间接地产生某种程度的影响，但决策者很难收集到反映这一切情况的信息；②对于收集到的有限信息，决策者的利用能力也是有限的，从而决策者只能制订数量有限的方案；③任何方案都要在未来实施，而人们对未来的认识是不全面的，对未来的影响也是有限的，从而决策时所预测的未来状况可能与实际的未来状况有出入。

现实中的上述状况决定了决策者难以作出最优决策，只能作出相对满意的决策。

3. 决策的依据

管理者在决策时离不开信息，信息的数量和质量直接影响决策水平。这要求管理者在决策之前及决策过程中尽可能地通过多种渠道收集信息，作为决策的依据。但这并不是说管理者要不计成本地收集各方面的信息。管理者在决定收集什么样的信息、收集多少信息，以及从何处收集信息的同时，要进行成本—收益分析。只有在收集的信息所带来的收益（因决策水平提高而给组织带来的利益）超过因此而付出的成本时，才应该收集该信息。

所以我们说，适量的信息是决策的依据，信息量过大固然有助于决策水平的提高，但对组织而言可能不经济，而信息量过少则使管理者无从决策或导致决策收不到应有的效果。

二、决策的类型

对于企业而言，企业在生产经营过程中所要解决的问题是多种多样的，因而其相应的决策也是多种多样的，根据不同的标准可分为以下类型。

1. 战略决策、战术决策与业务决策

按决策的重要性程度，可把决策分为战略决策、战术决策与业务决策。

战略决策又称高层决策，是指事关企业生存和发展的全局性、长期性、决定性的大政方针决策。这种决策对企业最重要，通常包括组织目标、方针的确定，组织机构的调整，企业产品的更新换代，技术改造等，这些决策牵涉企业的方方面面。

战术决策又称管理决策或中层决策，是指战略决策执行过程中的具体决策。战术决策旨在实现企业内部各环节活动的高度协调和资源的合理利用，如企业生产计划和销售计划的制订、设备的更新、新产品的定价及资金的筹措等都属于战术决策的范畴。

业务决策又称执行性决策或基层决策。这是日常生产和业务活动中为提高生产效率、工作效率而作出的决策，牵涉范围较窄，只对企业产生局部影响。属于业务决策范畴的主要有生产方案决策、库存决策、成本决策、岗位责任制的制订和执行、材料的采购等。

2. 程序化决策与非程序化决策

按决策发生的重复性，可把决策分为程序化决策与非程序化决策。

企业中的问题可被分为两类：一类是例行问题，另一类是例外问题。例行问题是指那些重复出现的、日常的管理问题，如管理者日常遇到的产品质量、设备故障、现金短缺、供货单位未按时履行合同等问题；例外问题则是指那些偶然发生的、新颖的、性质和结构不明的、具有重大影响的问题，如组织结构变化、重大投资、开发新产品或开拓新市场、长期存在的产品质量隐患、重要的人事任免及重大政策的制订等问题。

赫伯特 A. 西蒙（Herbert A. Simon）根据问题的性质把决策分为程序化决策与非程序化决策。程序化决策涉及的是例行问题，而非程序化决策涉及的是例外问题。程序化决策与非程序化决策往往和管理层次及问题类型有一定的关系，例行问题是与程序化决策相对应的，而例外问题需要非程序化决策。低层管理者主要处理熟悉的、重复发生的问题，因此，他们主要依靠像标准操作程序那样的程序化决策。而越往上层的管理者，他们所面临的问题越可能是例外问题。因为低层管理者常常是自己处理日常决策，而把他们认为无前例可循的或困难的决策向上呈送。类似地，管理者将例行性决策授予下级，以便将自己的时间用于解决更棘手的问题，如图 3-1 所示。

3. 确定型决策、风险型决策与不确定型决策

按决策所处的条件可控程度，可把决策分为确定型决策、风险型决策与不确定型决策。

确定型决策是指在稳定（可控）条件

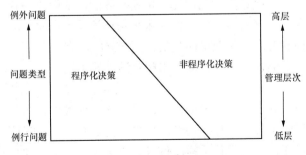

图 3-1　问题类型、决策类型与管理层次

下进行的决策。在确定型决策中，各个方案都是在事先已确定的状态下展开，并且每个方案

只有一个确定的结果,决策者最终选择哪个方案,取决于对各个方案结果的优劣直接比较。如库存决策、生产任务的最佳分配等。

风险型决策也称随机决策,在这类决策中,自然状态不止一种,决策者不能知道哪种自然状态会发生,但能知道有多少种自然状态以及每种自然状态发生的概率。这时选择方案有一定的风险,如产品决策、企业投资规模与投资方向决策等。

不确定型决策是指在不稳定条件下进行的决策。在不确定型决策中,决策者可能不知道有多少种自然状态,即便知道,也不能知道每种自然状态发生的概率,只能根据决策者的主观经验进行判断。

4. 集体决策与个人决策

按决策的主体不同来划分,可把决策分为集体决策与个人决策。集体决策是指多个人一起作出的决策,个人决策则是指单个人作出的决策。

相对于个人决策,集体决策的优点是:①能更大范围地汇总信息;②能拟订更多的备选方案;③能得到更多的认同;④能更好地沟通;⑤能作出更好的决策等。但集体决策也有一些缺点,如花费较多的时间、产生"从众现象"以及责任不明等。

此外,还有其他一些分类,如从决策影响的时间看,可把决策分为长期决策(如投资方向的选择、人力资源的开发和组织规模的确定等)与短期决策(如企业日常营销、物资储备及生产中资源配置等问题的决策);按决策的起点,可把决策分为初始决策与追踪决策;按决策方法的不同,可把决策分为定性决策与定量决策等。

第二节 决策过程与影响因素

一、决策过程

从决策的概念不难看出,管理决策是一个科学的过程,也可以说是一项系统工程,一般包括以下几大步骤:识别机会或诊断问题、确定目标、拟订备选方案、寻求相关或限制因素、评价备选方案、选择满意方案、方案实施、监督和评估实施结果。

1. 识别机会或诊断问题

识别机会或诊断问题是决策过程的起点。及时识别机会或发现问题,正确界定机会或问题的性质及其产生的根源是利用机会、解决问题、提出改进措施的关键,这就要求管理者具备正确的识别机会或诊断问题的能力,通常要密切关注与其责任范围有关的数据,这些数据包括外部的信息和报告及组织内的信息。实际状况和所想要状况的偏差提醒管理者潜在机会或问题的存在。识别机会和问题并不总是简单的,因为要考虑组织中人的行为。有些时候,问题可能根植于个人的过去经验、组织的复杂结构或个人和组织因素的某种混合。因此,管理者必须特别注意要尽可能精确地评估问题和机会。另一些时候,问题可能简单明了,只要稍加观察就能识别出来。

评估机会和问题的精确程度有赖于信息的精确程度,所以管理者要尽力获取精确的、可依赖的信息。低质量的或不精确的信息使时间白白浪费掉,并使管理者无从发现导致某种情况出现的潜在原因。

即使收集到的信息是高质量的,在解释的过程中,也可能发生扭曲。有时,随着信息持续地被误解或有问题的事件一直未被发现,信息的扭曲程度会加重。大多数重大灾难或事故都有一个较长的潜伏期，在这一时期，有关征兆被错误地理解或不被重视，从而未能及时采取行动，导致灾难或事故的发生。更糟的是，即使管理者拥有精确的信息并正确地解释它，处在他们控制之外的因素也会对机会和问题的识别产生影响。但是，管理者只要坚持获取高质量的信息并仔细地解释它，就会提高作出正确决策的可能性。

🔍 **管理实践资料链接五**

IBM 两次衰落的教训

IBM（国际商用机器公司）曾是美国四大工业公司之一，营业额高达六七百亿美元，职工人数多达 40 余万人。但 20 世纪 80 年代末，它逐渐陷入困境。

1964 年 IBM 向市场投放了与原有计算机都不兼容的 360 大型计算机，曾以 70% 的占有率垄断了美国大型计算机市场。到 1973 年，计算机行业面临着一个复杂多变的市场，但是，IBM 高层经理得意于公司的巨大成功，并没有意识到市场的潜在威胁。直到 1986 年，才开始研制出 AS/400 小型机参与竞争，但小型计算机市场的领先地位已被在 1965 年就先行开发了小型机的 IBM 的竞争对手数据设备公司（DEC）占据了。

1981 年 8 月，IBM 的第一代 PC 机开发成功后，接连在 XT 个人电脑和 AT 个人电脑上取得了巨大成功。到 1984 年，IBM 个人电脑营业额已达到 40 亿美元，1985 年占据了市场份额的 80%。在此期间，畅销一时的 IBM 的 AT 微机，采用英特尔生产的 80286 中央处理器芯片，1984 年，英特尔开始开发新一代 386CPU 芯片，在开发中英特尔就向 IBM 打招呼，并希望 IBM 首先使用 386CPU 芯片开发 386 微机，然而 IBM 表现极为冷淡。直到 1985 年末，386 芯片生产出来，IBM 仍然拒绝使用。当 IBM 把送上门来的新技术拒之门外时，康柏、宏基等公司却抓住了机遇，向 IBM 的霸主地位提出了激烈的挑战。面对严峻的挑战，IBM 公司逐渐丧失了竞争力和获利能力。1986 年净收益比上年下降 27%，到 1991 年第一季度，发生了 17 亿美元亏损，全年亏损 28.6 亿美元，1992 年出现 49.7 亿美元的罕见大亏空。

资料来源：徐国良. 企业管理案例. 经济管理出版社，2000.

2. 确定目标

目标体现的是组织想要获得的结果。所想要结果的数量和质量都要明确下来，因为目标的这两个方面都最终指导决策者选择合适的行动路线。决策的目标往往不止一个，而且多个目标之间有时还会有矛盾，这就给决策带来一定的困难。要处理好多目标的问题，一是尽量减少目标数量，把要解决的问题尽可能地集中起来处理；二是把目标依重要程度的不同进行排序，把重要程度高的目标先行安排决策，减少目标间的矛盾；三是进行目标协调，即以总目标为基准进行协调。

目标的衡量方法有很多种，例如，我们通常用货币单位来衡量利润或成本目标，用每人时的产出数量来衡量生产率目标，用次品率或废品率来衡量质量目标。

根据时间的长短，可把目标分为长期目标、中期目标和短期目标。长期目标通常用来指导组织的战略决策，中期目标通常用来指导组织的战术决策，短期目标通常用来指导组织的业务决策。无论时间的长短，目标总指导着随后的决策过程。

3. 拟订备选方案

一旦机会或问题被正确地识别出来，管理者就要提出达到目标和解决问题的各种方案。这一步骤需要创造力和想象力。在提出备选方案时，管理者必须把其试图达到的目标牢记在心，要提出尽可能多的方案，而且这些可能的备选方案之间，应互相具有替代作用。方案的数量越多、质量越好，选择的余地就越大。

寻求方案的方法主要可以分为两类：一是从过去的经验中找对策；二是从未来创造中找对策。管理者常常借助其个人经验、经历和对有关情况的把握来提出方案。为了提出更多、更好的方案，需要从多种角度审视问题，这意味着管理者要善于征询他人的意见。备选方案可以是标准的和明显的，也可以是独特的和富有创造性的。标准方案通常是指组织以前采用过的方案。通过头脑风暴法、名义小组技术和德尔菲技术等，可以提出富有创造性的方案。

4. 寻求相关或限制因素

寻求相关因素与限制因素，即列出各种对策所可能牵涉的有利或不利的考虑因素。

所谓备选方案的限制因素或相关因素，是指评价方案优劣后果时应考虑的对象。如采购问题的决策考虑因素有价格（成本）、品质、交货时间、交货持续性、售后服务、互惠条件、累计折扣等不同的决策问题，将有不同的考虑因素，决策者必须针对特定问题，思考可能的相关因素，以免遗漏。

例如，某电器公司的工厂位于西北部，但其产品行销西南地区，其业务经理建议在昆明设立一个装配厂，以利就近服务顾客。目前该公司仅有一个仓库及分公司在昆明，竞争力和售后服务均感不足。公司总部在决定此建议前，必须考虑以下相关限制因素：

（1）运送成品及零件到昆明的运输成本。

（2）在昆明设立装配厂的工资成本、管理费用、生产成本、固定资产投资及其资金来源。

（3）影响西南地区电器需求的季节性因素及企业适应季节性变化的能力。

（4）设装配厂对当地顾客服务水平的影响，如送货、修理及其他售后服务等。

（5）新厂管理的难度。

（6）当地政府对设厂的财税优惠。

（7）新厂设立对公司总销售和总利润的影响。

5. 评价备选方案

决策过程的第五步是确定所拟订的各种方案的价值或恰当性，即确定最优的方案。为此，管理者至少要具备评价每种方案的价值或相对优势及劣势的能力。

在评估过程中，要使用预定的决策标准（如所想要的质量）及每种方案的预期成本、收益、不确定性和风险等指标，最后对各种方案进行排序。例如，管理者会提出以下的问题：该方案会有助于我们质量目标的实现吗？该方案的预期成本是多少？与该方案有关的不确定性和风险有多大？

6. 选择满意方案

在决策过程中，管理者通常要做出最后选择。但作出决定仅是决策过程中的一个步骤。尽管选择一个方案看起来很简单——只需要考虑全部可行方案并从中挑选一个能解决问题的最好方案，但实际上，作出选择是很困难的。由于最好的决定通常建立在仔细判断的基础上，所以管理者要想作出一个好的决定，必须仔细考察全部事实、确定是否可以获取足够的信息并最终选择最好方案。

7. 方案实施

方案的实施是决策过程中至关重要的一步。在方案选定以后，管理者就要制订实施方案的具体措施和步骤。实施过程中通常要注意做好以下工作：

（1）制订相应的具体措施，保证方案的正确实施。

（2）确保与方案有关的各种指令能被所有有关人员充分接受和彻底了解。

（3）应用目标管理方法把决策目标层层分解，落实到每一个执行单位和个人。

（4）建立重要的工作报告制度，以便及时了解方案进展情况，及时进行调整。

8. 监督和评估实施结果

一个方案可能涉及较长的时间，在这段时间，形势可能发生变化，而初步分析建立在对问题或机会的初步估计上，因此，管理者要不断对方案进行修改和完善，以适应变化了的形势。同时，连续性活动因涉及多阶段控制而需要定期的分析。

由于组织内部条件和外部环境的不断变化，管理者要不断修正方案来减少或消除不确定性，定义新的情况，建立新的分析程序。具体来说，职能部门应对各层次、各岗位履行职责情况进行检查和监督，及时掌握执行进度，检查有无偏离目标，及时将信息反馈给决策者。决策者则根据职能部门反馈的信息，及时追踪方案实施情况，对与既定目标发生部分偏离的，应采取有效措施，以确保既定目标的顺利实现；对客观情况发生重大变化，原先目标确实无法实现的，需要重新寻找问题或机会，确定新的目标，重新拟订可行的方案，并进行评估、选择和实施。

二、决策的影响因素

决策是为组织的运行而服务的，而组织总是在一定的环境下运行的，所以决策首先受到环境的影响。在其他条件相同的情况下，环境的不同会导致不同的决策行为。决策作为一个过程，是在组织中完成的。决策所针对的是组织内部产生的问题或组织面临的机会，最终选择的行动方案是在组织内部实施的并且需要消耗组织的资源，所以决策还受到组织自身因素的影响。由于决策的对象是组织在运行过程中产生的问题，问题的性质成了环境与组织自身因素以外的第三个影响决策的因素。问题的重要性与紧迫性都会对决策产生影响。影响决策的最后一个因素是决策主体，无论是作为个体，还是作为群体，决策者的心理与行为特征均会左右决策。

1. 环境

（1）环境的稳定性。一般来说，在环境比较稳定的情况下，组织过去针对同类问题所作的决策具有较高的参考价值，因为过去决策时所面临的环境与现时差不多。有时，今天的决策仅是简单地重复昨天的决策。这种情况下的决策一般由组织的中低层管理者进行。

而在环境剧烈变化的情况下，组织所要作的决策通常是紧迫的，否则组织可能被环境淘汰；同时过去的决策的借鉴意义也不大，因为已经时过境迁。为了更快地适应环境，组织可能需要对经营活动的方向、内容与形式进行及时的调整。这种情况下的决策一般由组织的高层管理者进行。

（2）环境因素。组织在决策时必须要考虑各种环境因素中的机会和威胁，组织决策要与其面临的环境相适应。不同的环境会对组织选择决策方案时产生不同的影响。组织决策要面临的外部环境包括组织的宏观环境和微观环境。宏观环境即一般外部环境，是指对组织生存和发展创造机会和产生威胁的各种社会力量，包括经济环境、政治法律环境、社会文化环境、技术环境和自然环境。微观环境即特殊外部环境，是指与组织的活动和运行直接发生关系的客观环境，是决定组织生存和发展的基本环境，主要包括供应商、现有竞争对手、顾客、潜在的竞争对手、替代品生产商。

2. 组织自身的因素

（1）组织文化。组织文化是指组织在长期的实践活动中所形成的、并且被组织成员普遍认可和遵循的、具有本组织特色的价值观念、思维方式、工作作风、行为准则等群体意识的总称。组织文化既可以成为实施组织决策的动力，也可能成为阻力。特别是在实施一个新决策时或在进行管理决策时，组织内部的新旧文化必须相互适应，相互协调，这样才能为组织决策获得成功提供保证。在保守型组织文化中生存的人们受这种文化的影响倾向于维持现状，他们害怕变化，更害怕失败。对任何带来变化的行动方案会产生抵触情绪，并以实际行动抵制。在这种文化氛围中，如果决策者想坚持实施一项可能给组织成员带来较大变化的行动方案，就必须首先勇于破除旧有的文化，建立一种欢迎变化的文化，而这往往具有一定难度。在保守型文化中的人们不会轻易容忍失败，因而决策者就会产生顾虑，从而将有关行动方案从自己的视野中剔除出去。其结果是，那些旨在维持现状的行动方案被最终选出并付诸实施，进一步强化了文化的保守性。

而在进取型组织文化中生存的人们欢迎变化，勇于创新，宽容地对待失败。在这样的组织中，容易进入决策者视野的是给组织带来变革的行动方案。此外，组织文化是否具有伦理精神也会对决策产生影响。具有伦理精神的组织文化会引导决策者采取符合伦理的行动方案，而没有伦理精神的组织文化可能会导致决策者为了达到目的而不择手段。当然决策者的个人价值观也会影响决策，决策者有什么样的价值观，就会做出什么样的判断，个人价值观通过影响决策中的价值成分来影响决策。

（2）组织的信息化程度。信息化程度对决策的影响主要体现在其对决策效率的影响上。信息化程度较高的组织拥有较先进的信息技术，可以快速获取质量较高的信息；另外，在这样的组织中，决策者通常掌握着较先进的决策手段。高质量的信息与先进的决策手段便于决策者快速做出较高质量的决策。不仅如此，在高度信息化的组织中，决策者的意图易被人理解，决策者也较容易从他人那里获取反馈，使决策方案能根据组织的实际情况进行调整从而得到很好的实施。

因此，在信息时代，组织应致力于加强信息化建设，借此提高决策的效率。

3. 决策问题的性质

美国学者威廉·金和大卫·克里兰把决策分为时间敏感型决策和知识敏感型决策。如果决策涉及的问题对组织来说非常紧迫，急需处理，则这样的决策被称为时间敏感型决策。对于此类决策，快速行动要比如何行动更重要，也就是说，对决策速度的要求高于对决策质量的要求，战场上军事指挥官的决策多属于此类；组织在发生重大安全事故、面临稍纵即逝的重大机会及在生死存亡的紧急关头所面临的决策也属于此类。需要说明的是，时间敏感型决策在组织中不常出现，但每次出现都给组织带来重大影响。相反，如果决策涉及的问题对组织来说不紧迫，组织有足够的时间从容应对，则这样的决策可被称为知识敏感型决策，这类决策的效果主要取决于决策质量，而非决策速度。而高质量的决策依赖于决策者掌握足够的知识。组织中关于活动方向与内容的决策基本上是属于知识敏感型的决策。对决策者而言，为了争取足够的时间以便做出高质量的决策，需要未雨绸缪，尽可能在问题出现之前就将其列为决策的对象，而不是等问题出现后再匆忙作决策，也就是将时间敏感型决策转化为知识敏感型决策。

4. 决策者对待风险的态度

因为决策必然是为将来而作的，而未来的条件并不完全能够预料，总是包含着不确定的因素，所以许多决策常常要在风险条件下作出。在风险条件下进行决策时，决策者所持的对待风险的态度是一个关键因素。

人们对待风险的态度有三种类型：风险厌恶型、风险中立型和风险爱好型。下面可以通过举例来说明如何区分这三种类型。假如你面临两个方案：一个方案是，不管情况如何变化，你都会在 1 年后得到 100 元收入；另一个方案是，在情况朝好的一面发展时，你将得到 200 元收入，而在情况朝坏的一面发展时，你将得不到收入，情况朝好的一面发展和朝坏的一面发展的可能性各占一半。试问你更愿意采用哪个方案。如果选择第一个方案，那么你将得到 100 元确定性收入；而如果选择第二个方案，那么你将得到期望收入 $200 \times 0.5 + 0 \times 0.5 = 100$（元）。如果你宁愿选择第一个方案，你就属于风险厌恶型；如果你宁愿选择第二个方案，你就属于风险爱好型；如果你对选择哪个方案无所谓，你就属于风险中立型。可见，决策者对待风险的不同态度会影响行动方案的选择。一般来说，那些看上去越是可能获得高收益的方案，包含的风险因素往往也越大。因此对于决策者来说，一方面要求他们敢于冒险、敢于承担责任，要有胆识、有勇气；另一方面，管理决策不是赌博，敢于冒风险不等于蛮干，决策者需要充分收集信息、客观估计风险，以便对决策方案做出正确的判断。

第三节　决　策　方　法

决策是我们生活经验中的一个重要组成部分。在某些情况下，我们可以自动地作出决策或按程序作出决策，如我们从熟悉的地点到熟悉的目的地去，很少在可供选择的方案中进行有意识的比较，而代之以经验性决策。这类建立在经验基础上的决策，在管理活动中被大量运用。但是，在管理实践中，由于决策目标、可利用的资源及组织内外部环境的复杂多变，有的问题需要决策者借助决策模型和数学工具进行周密、全面的分析权衡，以实现对未来不确定性的管理，提高管理的正确性；也有的问题可以通过运用决策者的历史经验和主观判断来完成。通常决策有以下几种常用方法。

一、定性决策方法

1. 头脑风暴法

头脑风暴法是比较常用的专家论证决策方法，该方法便于与会者发表创造性意见，因此主要用于收集新设想。通常是将对解决某一问题有兴趣的人集合在一起，在完全不受约束的条件下，敞开思路，畅所欲言。头脑风暴法的创始人英国心理学家奥斯本（A. F. Osborn）为该决策方法的实施提出了四项原则：①对别人的建议不作任何评价，将相互讨论限制在最低限度内；②建议越多越好，在这个阶段，参与者不要考虑自己建议的质量，想到什么就应该说出来；③鼓励每个人独立思考，广开言路，想法越新颖、奇异越好；④可以补充和完善已有的建议以便使它更具说服力。

头脑风暴法的目的在于创造一种畅所欲言、自由思考的氛围，诱发创造性思维的共振和连锁反应，产生更多的创造性思维。这种方法的时间安排应在1~2小时，参加者以5~6人为宜。

2. 德尔菲法

德尔菲法是美国兰德公司在20世纪40年代提出的，是按照规定的程序，背靠背地征询专家对决策问题的意见，然后集中专家的意见作出决策的方法。该方法常常被用来听取有关专家对某一问题或机会的意见。

运用这种方法首先是要确定决策课题。通常是定性的、技术性的决策问题，如管理者面临着一个有关用煤发电的重大技术问题。其次是要设法取得有关专家的合作。物色专家是决策成败的关键，专家人数不宜过多，一般在10~20人。主要根据决策课题的需要，选择那些精通业务、真才实学的专家，如前例专家应包括大学教授、研究人员及能源方面有经验的管理者。再次是设计咨询和信息反馈。这是最重要的环节，一般要经过四轮征询和信息反馈：第一轮，组织者根据决策课题设计出反映决策主题、易于专家填写和整理归类的咨询表，连同有关的背景资料分别寄发给大家，征得专家的初次书面意见，并汇总归纳成决策时间表；第二轮，要求专家针对决策时间表的每一项写出自己的意见，由组织者整理汇总，列出几种不同的判断；第三轮，要求专家根据第二轮的统计材料，重新评价，修改自己的意见和判断，并陈述理由；第四轮，在第三轮的修正结果基础上，由专家作再一次的判断，意见就可以达到较为集中和比较固定的程度。最后，采用统计方法对所得数据进行处理，即可确定决策方案。比如前例，把煤变成电能的重大技术问题分别告诉专家们，请他们单独发表自己的意见并对实现新技术突破所需的时间作出估计；在此基础上，管理者收集并综合各位专家的意见，再把综合后的意见反馈给各位专家，让他们再次进行分析并发表意见；在此过程中，如遇到差别很大的意见，则把提供这些意见的专家集中起来进行讨论并综合他们的意见。如此反复多次，最终形成代表专家组意见的方案。

运用该方法的关键是：①选择好专家，这主要取决于决策所涉及的问题或机会的性质；②确定适当的专家人数，一般10~20人较好；③拟订好意见征询表，因为它的质量直接关系到决策的有效性。

这种方法由于采用背靠背分开征求专家意见的方式，能充分发挥各位专家的作用，同时有利于专家根据别人的意见修正自己的判断，不致碍于情面而固执己见。加上经过统计处理，可以对专家的意见进一步进行定量化，从而取得较为准确的决策结果。当然这种背靠背的方法也可能存在讨论不彻底、缺乏严格论证的缺点。

二、定量决策方法

定量决策方法是建立数学模型基础上的决策方法。它是根据决策目标，把决策问题的变量因素及变量因素与决策目标之间的关系，用数学模型表达出来，并通过数学模型的求解来确定决策方案。由于方案是在未来实施的，所以管理者在计算方案的经济效果时，要考虑到未来的情况。根据未来情况的可控程度，可把有关活动方案的决策方法分为三大类：确定型决策方法、风险型决策方法和不确定型决策方法。下面根据这一分类，分别介绍每种决策常用的基本定量方法。

1. 确定型决策方法在比较和选择活动方案时，如果未来情况只有一种并为管理者所知，则须采用确定型决策方法

常用的确定型决策方法有线性规划和量本利分析法等。

（1）线性规划。线性规划是在一些线性等式或不等式的约束条件下，求解线性目标函数的最大值或最小值的方法。运用线性规划建立数学模型的步骤是：首先，确定影响目标大小的变量；其次，列出目标函数方程；再次，找出实现目标的约束条件；最后，找出使目标函数达到最优的可行解，即为该线性规划的最优解。

【例 3-1】 某企业生产两种产品——桌子和椅子，它们都要经过制造和装配两道工序。有关资料如表 3-1 所示。假设市场状况良好，企业生产出来的产品都能卖出去，试问何种组合的产品使企业利润最大？

表 3-1　　　　　　　　　　　　　　某企业的有关资料

项　　　目	桌子	椅子	工序可利用时间（小时）
在制造工序上的时间（小时）	2	4	48
在装配工序上的时间（小时）	4	2	60
单位产品利润（元）	8	6	—

这是一个典型的线性规划问题。

第一步，确定影响目标大小的变量。在本例中，目标是利润 R，影响利润的变量是桌子数量 T 和椅子数量 C。

第二步，列出目标函数方程：$R = 8T + 6C$。

第三步，找出约束条件。在本例中，两种产品在一道工序上的总时间不能超过该道工序的可利用时间，即

制造工序　　　　　　　　　　　　　　$2T + 4C \leqslant 48$
装配工序　　　　　　　　　　　　　　$4T + 2C \leqslant 60$

除此之外，还有两个约束条件，即非负约束

$$T \geqslant 0$$
$$C \geqslant 0$$

从而线性规划问题成为，如何选取 T 和 C，使 R 在上述四个约束条件下达到最大。

第四步，求出最优解——最优产品组合。上述线性规划问题的解为 $T^* = 12$ 和 $C^* = 6$，即生产 12 张桌子和 6 把椅子使企业的利润最大。

（2）量本利分析法。量本利分析法又称保本分析法或盈亏平衡分析法，是通过考查产量（或销售量）、成本和利润的关系及盈亏变化的规律来为决策提供依据的方法。这种方法是简便有效、使用范围较广的定量决策方法，它广泛应用于生产方案的选择、目标成本预测、利润预测、价格制定等决策问题上。

量本利分析的基本原理是边际分析理论。量本利分析的具体方法，是把企业的总成本分为固定成本和可变成本后，观察产品销售单价与单位可变成本的差额，若单价大于单位可变成本，便存在"边际贡献"。当总的边际贡献与固定成本相等时，恰好盈亏平衡。这时每增加一个单位产品，就会增加一个边际贡献的利润。在应用量本利分析法时，关键是找出企业不

盈不亏时的产量（称为保本产量或盈亏平衡产量，此时企业的总收入等于总成本），如图 3-2 所示。

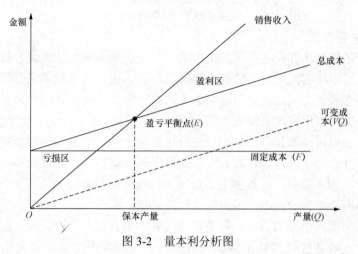

图 3-2　量本利分析图

从图 3-2 中可知，当销售收入与总成本相等时，这一点就称为盈亏平衡点，这一点所对应的产量（销量）就称为盈亏平衡点的产量（销量）。在盈亏平衡点上，企业即不盈利也不亏损，因此盈亏平衡点又称为保本点或盈亏临界点。企业的产量若低于平衡点的产量，则会发生亏损，而高于平衡点的产量，则会获得盈利。这一基本原理在企业的经营决策活动中运用相当广泛。企业的经营决策，几乎都与产量、成本、利润有关。许多问题都可以通过量本利分析加以解决。例如，企业是否应购置新设备，是否应进行技术改造，某种产品生产多少才能盈利，企业产品的定价水平是否合适等。

由上述可知，当产品的销售价格、固定成本、可变成本都已知的情况下，就可以找出盈亏平衡点。

假设 p 代表单位产品价格，Q 代表产量或销售量，F 代表总固定成本，v 代表单位变动成本，R 代表总利润，M 代表边际贡献。

因为当企业不盈不亏时　　　　　　$pQ=F+vQ$

所以保本产量为　　　　　　　　　$Q=F/(p-v)$

设目标利润为 R，则　　　　　　$pQ=F+vQ+R$

所以保目标利润的产量为　$Q=(F+R)/(p-v)=(F+R)/M$

利润为　　　　　　　　　　　　$R=pQ-F-vQ$

【例 3-2】　某企业生产某种产品，销售单价为 10 元，生产该产品的固定成本为 5000 元，单位产品可变成本 5 元，要求：

1）求企业经营的盈亏平衡产量。

2）若企业目标利润为 5000 元，求企业经营该种商品的目标利润销售量和销售额。

解　根据题意，盈亏平衡点产量为

$$Q_0=F/(p-v)=5000/(10-5)=1000（件）$$

目标利润销售量　　　　$Q=(F+R)/(p-v)$

$$=(5000+5000)/(10-5)$$

$$=2000（件）$$

目标利润销售额　　　　　$pQ=p(F+R)/(p-v)$
　　　　　　　　　　　　$=10(5000+5000)/(10-5)$
　　　　　　　　　　　　$=20\,000$（元）

2. 风险型决策方法

风险型决策是指由于存在着不可控的因素，一个决策方案可能出现几种不同的结果，但对各种可能结果可以用客观概率为依据来进行的决策。由于客观概率只是代表可能性大小，与未来实际还存在着差距，这就使得任何方案的执行都要承担一定的风险，所以称为风险型决策。风险型决策的常用方法是决策树法。

简单地说，决策树法就是利用树型图进行决策的方法。它是通过图解的方式将决策方案的相关因素分解开，确定并逐项计算其发生的概率和期望值，进而比较和选优的方法。

（1）决策树的构成要素。决策树主要有以下几个构成要素：

决策点：即所要决策的问题，用方框"□"表示。

方案枝：由决策点引出的直线，每条直线代表一个方案，并由它与状态结点相连。

状态结点：反映各种自然状态所能获得的机会，在各个方案枝的末端，用圆圈"○"表示。

概率枝：从状态结点引出的若干条直线，反映各种自然状态可能出现的概率，每条直线代表一种自然状态。

损益值点：反映在各种自然状态下可能的收益值或损失值用三角形"△"表示。图 3-3 即为决策树形图。

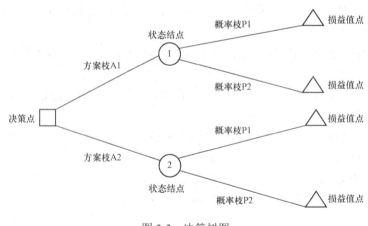

图 3-3　决策树图

（2）决策树法的步骤。应用决策树法进行决策，主要有三个步骤：

第一步是绘制决策树形图。从左至右，首先绘出决策点，引出方案枝，再在方案枝的末端绘出状态结点，引出概率枝，然后将有关部门参数（包括概率、不同自然状态、损益值等）注明于图上。

第二步是计算各方案的期望值。期望值的计算要从右向左依次进行。首先将各种自然状态的收益值分别乘以各自概率枝上的概率，再乘以计算期限，然后将各概率枝的值相加，标于状态结点上。

第三步，剪枝决策。比较各方案的期望值（如方案实施有费用发生，应将状态结点值减去方案的费用后再进行比较）。剪掉期望值小的方案（在落选的方案枝上画上"//"表示舍弃不用），最终只剩下一条贯穿始终的方案枝，它是最佳方案，其期望值最大，将此最大值标于决策点上。

【例3-3】 某企业准备投产一种新产品，现在有新建和改建两个方案，分别需要投资140万元和80万元。未来五年的销售情况预测是：畅销的概率为0.4，销售一般的概率为0.4，滞销的概率为0.2。各种自然状态下的年度销售利润，如表3-2所示。问企业应选择哪个方案？试用决策树法进行决策。

表3-2　　　　　　　　　　决 策 方 案 损 益 值 表　　　　　　　　单位：万元

方案	畅销	一般	滞销
新建	120	50	−30
改建	100	30	10

解　步骤1：先绘制决策树形图并计算期望值E，如图3-4所示。

结点①的期望值　　　$E_1 = [120×0.4 + 50×0.4 + （−30）×0.2]×5$
　　　　　　　　　　$= 310$（万元）

结点②的期望值　　　$E_2 = （100×0.4 + 30×0.4 + 10×0.2）×5$
　　　　　　　　　　$= 270$（万元）

步骤2：比较两个方案的净收益的大小。

新建方案的净收益 = 310−140 = 170（万元）
改建方案的净收益 = 270−80 = 190（万元）

步骤3：剪枝决策。

经过比较，应选择改建方案，故应将新建方案除去。

3. 不确定型决策方法

不确定型决策是指由于存在不可控的因素，一个方案可能出现几种不同的结果，而对

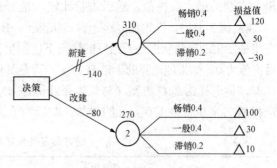

图3-4　决策树计算图

各种可能结果没有客观概率作为依据的决策。对于不确定型决策来说，有一些常用的决策方法，如小中取大法、大中取大法和最小最大后悔值法等。下面通过举例来介绍这些方法。

【例3-4】 某企业打算生产某产品。据市场预测，产品销路有三种情况：销路好、销路一般和销路差。生产该产品有三种方案：A 改进生产线；B 新建生产线；C 与其他企业协作。据估计，各方案在不同情况下的收益见表3-3。问企业选择哪个方案？

表3-3　　　　　　　　　　各方案在不同情况下的收益　　　　　　　　单位：万元

方案　　　　　收益　　　　　自然状态	销路好	销路一般	销路差
A 改进生产线	180	120	−40
B 新建生产线	240	100	−80
C 与其他企业协作	100	70	16

（1）小中取大法。采用这种方法的管理者对未来持悲观的看法，认为未来会出现最差的自然状态，因此不论采取哪种方案，都只能获取该方案的最小收益。采用小中取大法进行决策时，首先计算各方案在不同自然状态下的收益，并找出各方案所带来的最小收益，即在最差自然状态下的收益，然后进行比较，选择在最差自然状态下收益最大或损失最小的方案作为所要的方案。

在[例 3-4]中，A 方案的最小收益为－40 万元，B 方案的最小收益为－80 万元，C 方案的最小收益为 16 万元，经过比较，C 方案的最小收益最大，所以选择 C 方案。

（2）大中取大法。采用这种方法的管理者对未来持乐观的看法，认为未来会出现最好的自然状态，因此不论采取哪种方案，都能获取该方案的最大收益。采用大中取大法进行决策时，首先计算各方案在不同自然状态下的收益，并找出各方案所带来的最大收益，即在最好自然状态下的收益，然后进行比较，选择在最好自然状态下收益最大的方案作为所要的方案。

在[例 3-4]中，A 方案的最大收益 180 万元，B 方案的最大收益为 240 万元，C 方案的最大收益为 100 万元。经过比较 B 方案的最大收益最大，所以选择 B 方案。

（3）最小最大后悔值法。管理者在选择了某方案后，如果将来发生的自然状态表明其他方案的收益更大，那么他（或她）会为自己的选择而后悔。最小最大后悔值法就是使后悔值最小的方法，采用这种方法进行决策时，首先计算各方案在各自然状态下的后悔值（某方案在某自然状态下的后悔值＝该自然状态下的最大收益－该方案在该自然状态下的收益），并找出各方案的最大后悔值，然后进行比较，选择最大后悔值最小的方案作为所要的方案。

在[例 3-4]中，在销路好这一自然状态下，B 方案（新建生产线）的收益最大，为 240 万元。在将来发生的自然状态是销路好的情况下，如果管理者恰好选择了这一方案，他就不会后悔，即后悔值为 0。如果他选择的不是 B 方案，而是其他方案，他会后悔（后悔没有选择 B 方案）。比如，他选择的是 C 方案（与其他企业协作），该方案在销路好时带来的收益是 100 万元，比选择 B 方案少带来 140 万元的收益，即后悔值为 140 万元。各个后悔值的计算结果见表 3-4。

表 3-4　　　　各方案在各自然状态下的后悔值　　　　单位：万元

后悔值　　自然状态　方案	销路好	销路一般	销路差
A 改进生产线	60	0	56
B 新建生产线	0	20	96
C 与其他企业协作	140	50	0

由表 3-4 中看出，A 方案的最大后悔值为 60 万元，B 方案的最大后悔值为 96 万元，C 方案的最大后悔值为 140 万元，经过比较，A 方案的最大后悔值最小，所以选择 A 方案。

三、有关活动方向的决策方法

管理者有时需要对企业或企业某一部门的活动方向进行选择，可以采用的方法主要有经营单位组合分析法和政策指导矩阵等。

1. 经营单位组合分析法

该法由美国波士顿咨询公司建立，其基本思想是，大部分企业都有两个以上的经营单位，每个经营单位都有相互区别的产品——市场片，企业应该为每个经营单位确定其活动方向。

该法主张，在确定每个经营单位的活动方向时，应综合考虑企业或该经营单位在市场上的相对竞争地位和业务增长情况。相对竞争地位往往体现在企业的市场占有率上，它决定了企业获取现金的能力和速度，因为较高的市场占有率可以为企业带来较高的销售量和销售利润，从而给企业带来较多的现金流量。

业务增长率对活动方向的选择有两方面的影响：①它有利于市场占有率的扩大，因为在稳定的行业中，企业产品销售量的增加往往来自竞争对手市场份额的下降；②它决定着投资机会的大小，因为业务增长迅速可以使企业迅速收回投资，并取得可观的投资报酬。

根据上述两个标准——相对竞争地位和业务增长率，可把企业的经营单位分成四大类，如图3-5所示。企业应根据各类经营单位的特征，选择合适的活动方向。

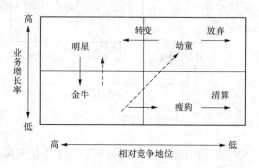

图 3-5　企业经营单位组合图

"金牛"经营单位的特征是市场占有率较高，而业务增长率较低。较高的市场占有率为企业带来较多的利润和现金，而较低的业务增长率需要较少的投资。"金牛"经营单位所产生的大量现金可以满足企业的经营需要。

"明星"经营单位的市场占有率和业务增长率都较高，因而所需要的和所产生的现金都很多。"明星"经营单位代表着最高利润增长率和最佳投资机会，因此企业应投入必要的资金，增加它的生产规模。

"幼童"经营单位的业务增长率较高，而目前的市场占有率较低，这可能是企业刚刚开发的很有前途的领域。由于高增长速度需要大量投资，而较低的市场占有率只能提供少量的现金，企业面临的选择是投入必要的资金，以提高市场份额，扩大销售量，使"幼童"转变为"明星"。或者如果认为刚刚开发的领域不能转变成"明星"，则应及时放弃该领域。

"瘦狗"经营单位的特征是市场份额和业务增长率都较低。由于市场份额和销售量都较低，甚至出现负增长，"瘦狗"经营单位只能带来较少的现金和利润，而维持生产能力和竞争地位所需的资金甚至可能超过其所提供的现金，从而可能成为资金的陷阱。因此，对这种不景气的经营单位，企业应采取收缩成放弃的战略。

经营单位组合分析法的步骤通常如下：

（1）把企业分成不同的经营单位。

（2）计算各个经营单位的市场占有率和业务增长率。

（3）根据其在企业中占有资产的比例来衡量各个经营单位的相对规模。

（4）绘制企业的经营单位组合图。

（5）根据每个经营单位在图中的位置，确定应选择的活动方向。

经营单位组合分析法以"企业的目标是追求增长和利润"这一假设为前提的。对拥有多个经营单位的企业来说，它可以将获利较多而潜在增长率不高的经营单位所产生的利润投向那些增长率和潜在获利能力都较高的经营单位，从而使资金在企业内部得到有效利用。

2. 政策指导矩阵

该法由荷兰皇家壳牌公司创立。顾名思义，政策指导矩阵即用矩阵来指导决策。具体来说，从市场前景和相对竞争能力两个角度来分析企业各个经营单位的现状和特征，并把它们

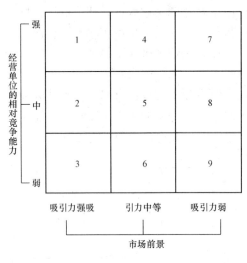

图 3-6　政策指导矩阵

标示在矩阵上，据此指导企业活动方向的选择。市场前景取决于盈利能力、市场增长率、市场质量和法规限制等因素，分为吸引力强、中等、弱三种。相对竞争能力取决于经营单位在市场上的地位、生产能力、产品研究和开发等因素，分为强、中、弱三种。根据上述对市场前景和相对竞争能力的划分，可把企业的经营单位分成九大类，如图 3-6 所示。管理者可根据经营单位在矩阵中所处的位置来选择企业的活动方向。

处于区域 1 和区域 4 的经营单位竞争能力较强，市场前景也较好。应优先发展这些经营单位，确保它们获取足够的资源，以维持自身的有利市场地位。

处于区域 2 的经营单位虽然市场前景较好，但企业利用不够——这些经营单位的竞争能力不够强。应分配给这些经营单位更多的资源以提高其竞争能力。

处于区域 3 的经营单位市场前景虽好，但竞争能力弱。要根据不同的情况来区别对待这些经营单位：最有前途的应得到迅速发展，其余的则需逐步淘汰，这是由企业资源的有限性决定的。

处于区域 5 的经营单位一般在市场上有 2～4 个强有力的竞争对手。应分配给这些经营单位足够的资源以使它们随着市场的发展而发展。

处于区域 6 和区域 8 的经营单位市场吸引力不强且竞争能力较弱，或虽有一定的竞争能力（企业对这些经营单位进行了投资并形成了一定的生产能力）但市场吸引力较弱。应缓慢放弃这些经营单位，以便把收回的资金投入到盈利能力更强的经营单位中。

处于区域 7 的经营单位竞争能力较强但市场前景不容乐观。这些经营单位本身不应得到发展，但可利用它们的较强竞争能力为其他快速发展的经营单位提供资金支持。

处于区域 9 的经营单位市场前景暗淡且竞争能力较弱。应尽快放弃这些经营单位，把资金抽出来并转移到更有利的经营单位中。

第四节　计划与计划的类型

在管理的几大职能中，计划被认为是最重要的基础。其他所有工作的实施都以计划为基础。然而，计划也被认为是最有争议的管理职能。计划不能识别捉摸不定的未来，计划不能克服动乱的环境。

接下来，我们将探讨计划的含义，分析组织为了达到目标所采取的计划的类型，探讨计划的制订方法、过程与组织实施，深入研究战略计划的制订与战略管理过程的不同阶段。

一、计划的概念

什么是计划？计划是指对通过决策所确定的组织在未来一段时间内的行动目标及其实现途径的策划和安排。也就是对未来行动的事先安排，或者说是组织在未来一定时期内的行动目标和方式在时间和空间的进一步展开，同时又是组织、领导、控制等管理活动的基础。从名词方面来解释，计划是指用文字和指标等形式所表述的，组织及组织内不同部门和不同成员在未来一定时期内关于行动方向、内容和方式安排的管理文件。从动词方面来解释，计划是指为了实现所确定的组织目标，预先进行的行动安排。这项行动安排工作包括：在时间和空间两个维度上进一步分解任务和目标、选择任务和目标实现方式、进度规定、行动结果的检查与控制等，通常称为计划工作。因此，计划工作是对组织所确定的任务和目标提供一种合理的实现方法。

计划工作起着承上启下的作用，它给组织提供了通向未来目标的明确道路，给组织、领导和控制等一系列管理工作提供了基础。计划包括定义组织目标；制订全局战略以实现这些目标；开发一个全面的分层计划体系以综合和协调各种活动。因此，计划涉及"5W1H"，即计划必须清楚地确定和描述下述内容：

What——做什么？目标与内容。

Why——为什么做？原因。

Who——谁去做？人员。

Where——何地做？地点。

When——何时做？时间。

How——怎样做？方式、手段。

二、计划工作的性质

根据孔茨和奥·唐奈尔的观点，计划工作的性质可表现在四个方面：目的性、首位性、普遍性和效率性。

（1）计划工作的目的性。如在企业中，每一个计划及其派生计划的制订其最终目的都是为了促使企业总体目标和各个阶段目标的实现。计划的有效制订能对企业行为的执行产生积极的指导作用，从而确保企业的生存与发展沿着既定的方向和目标前进。这正如高茨（Goetz）所强调的："管理的计划工作是针对所要实现的目标去设法取得一种始终如一的、协调的经营结构。如果没有计划，行动就必然成为纯粹杂乱无章的行动，只能产生混乱。"所以，计划工作具有强烈的目的性，它以行动为载体，引导着组织的生产与发展。

（2）计划工作的首位性。虽然，在实践中管理的各项职能是作为一个系统而交织在一起的，但计划由于其具有确认组织目标的独特作用，因此成为其他各项职能执行的基础，具有优先性。任何组织都只有把实现目标的计划制订出来后，才能确切地知道需要什么样的组织层次与结构，配备怎么样的合格人选，按照什么方针、政策来实行有效的领导，以及采取什么样的控制方法等。尤其是计划与控制之间是密不可分的，没有计划指导的控制是毫无意义的，因为人们如果事先不了解自己要到哪里去（这是计划工作的任务），那么也就无法知道自己是否正在走向要去的地方（这是控制工作的任务），所以，计划是为控制提供标准的。

（3）计划工作的普遍性。计划工作的普遍性表明计划工作应涉及组织管理区域内的每一个层级，从高层管理人员到基层管理人员都需根据自己的工作内容和职责范围制订计划。通常有一种片面的理解认为计划工作仅仅是高层决策者的工作内容，这种想法是非常狭隘的。例如，在一个高效的企业中，每一个管理人员都需从事计划工作：高层管理人员制订企业的总体计划，把握全局方向和目标；中层管理人员制订部门计划，诸如财务计划、市场计划、人事计划等，确定在整体目标实现过程中，各部门自身的具体目标；而基层管理人员则要制订具体的作业计划，以配合生产计划的最终实现。在企业中，计划可以直接由上而下，层层分解地制订，也可以先自下而上地层层草拟，然后再由高层整合后制订出企业的总体目标，自上而下地最后确认。但无论采用哪种形式，计划工作总是建立在组织的各个不同管理层面上的。

（4）计划工作的效率性。例如在企业中，计划工作的效率是以实现企业总目标和一定时期内目标所得到的利益，扣除为制订和执行计划所需要的费用和其他预计不到的后果之后的总额来测定的。某一计划虽然有助于企业目标的实现，但它所消耗的费用可能太高，或无此必要，这就意味着该计划工作是低效的，甚至可能是无效的。效率这个概念是指投入和产出之间的正常比率，但在这个概念中，并不仅仅局限于人们通常理解的按资金、人时或产品单位表示的投入产出量，而是还应包括诸如个人和群体的满意程度等一类的评价标准。

因此，在一个高效组织中，管理者最重要的任务就是确保每个人都明白组织的宗旨和目标，以及实现宗旨和目标的方法。如果期望群体的努力有效，则每个人都必须明白他应该做什么。这就是计划职能，它是所有管理职能中最基本的职能。

三、计划工作的作用

任何组织的活动都需要在计划的指导下有条不紊地进行。没有计划，活动就是盲目的，就会出现混乱和低效率，因此计划是组织中一项不可或缺的管理职能。计划工作明确了组织方向，减少了变化带来的影响，尽可能避免了重复、遗漏和浪费，并制订了利于组织控制的标准。

（1）计划工作明确了组织方向、协调了组织成员所作的各种努力。无论是管理人员或非管理人员，它都为他们指明了方向，使所有有关人员知道组织正走向何方，为了达到目标，他们必须做何贡献，并能互相合作，协调各自的活动；避免了组织忽左忽右的摇摆，从而有效地达到目标。

（2）计划工作通过预计变化来降低不确定性。计划工作迫使管理人员预计变化，考虑变化带来的影响，并事先对变化做出应变准备。计划工作有助于提高组织的应变能力，由此降低有关风险。

（3）计划工作能够促使管理者改善组织运行效率。因为计划说明并确定了组织中每一部门应做些什么，为什么要做这些事，应在什么时候去做。它减少了重复与浪费的活动，并协调各项活动，使之与其他有关活动相配合。

（4）计划工作建立了目标与标准，从而为组织必要的控制工作提供了依据。如果我们不确定究竟要达成什么目标，也就无法确定是否实现了目标。正是由于在计划工作中提出了目标，在控制职能中才能将实际的业绩与目标相对照，一旦出现重大的偏差，就能及时地采取纠偏行动。没有计划工作也就无所谓控制。

但是，在实践中仍有不少人对计划工作有许多误解，因此有必要对以下几点加以澄清：

（1）计划工作不是策划未来。换言之，计划工作并不是"预测"。人类是无法预言和控制未来的，试图指挥和策划未来是幼稚的。我们仅能决定为了实现将来的目标应当采取什么样的行动。

（2）计划工作不是作未来的决策，它涉及的是当前决策对将来事件的影响。所以计划工作涉及未来，但是，计划工作的决策是现在就做出的。

（3）计划工作并不能消除变化。管理人员不管做什么，变化是客观存在的。管理部门之所以要从事计划工作是为了预估各种变化和风险,并对它们做出最为有效的反应。

(4) 计划工作并不是一种约束,不会减少组织的灵活性。计划工作意味着承诺,但只有当管理部门把计划工作看成是一次性行为时,它才是一种限制。计划工作应是一种持续的活动。应该根据实际情况的变化做灵活的调整。

四、计划的类型

按照不同的标准可以将计划划分成多种类型,例如,可以依据计划涉及范围的广度来划分,有战略计划和战术计划;按时间长短来划分,有长期计划与短期计划;按职能的不同来划分,有业务计划、财务计划、人事计划等;按明确性来划分,有指令性计划和指导性计划;按程序化程度来划分,有程序性计划和非程序性计划等。表 3-5 列出按不同分类方法划分的计划类型。值得指出的是,这些分类方法所划分出的计划类型很难相互独立。另外,虽然理论研究将计划按一定标准进行分类,但现实中的计划往往是综合的,如长期财务计划与短期财务计划、指导性人事计划与具体性人事计划等。

表 3-5 计 划 的 类 型

分 类 标 准	类 型	分 类 标 准	类 型
涉及的范围广度	战略性计划 战术性计划	明确性	指令性计划 指导性计划
时间的长短	长期计划 短期计划	程序化程度	程序性计划 非程序性计划
职能空间	业务计划 财务计划 人事计划		

1. 战略性计划与战术性计划

根据涉及时间长短及其范围广狭的综合性程度,可以将计划分为战略性计划与战术性计划。战略性计划是指应用于整体组织的,为组织未来较长时期(通常为 5 年及以上)设立总体目标以寻求组织在环境中的地位的计划。战术性计划是指规定总体目标如何实现的细节的计划,其需要解决的是组织的具体部门或具体职能在未来各个较短时期内的行动方案。战略性计划显著的特点是长期性与整体性。长期性是指战略性计划涉及未来较长时期,整体性是指战略性计划是基于组织整体而制订的,强调组织整体的协调。战略性计划是战术性计划的依据,战术性计划是在战略性计划指导下制订的,是战略性计划的落实。战略性计划的重要任务是设立组织的自标,而战术性计划则是在组织目标已经存在的情况下提供一种实现目标的方案。

2. 长期计划和短期计划

长期计划描述了组织在较长时期(通常为 5 年及以上)的发展方向和方针,规定了组织的各个部门在较长时期内从事某种活动应达到的目标和要求,绘制了组织长期发展的蓝图。短期计划具体地规定了组织的各个部门在目前到未来的各个较短的时期(通常为 1 年及以内),特别是最近的时段中,应该从事何种活动,从事该种活动应达到何种要求,因而为各组织成员在近期内的行动提供了依据。

3. 业务计划、财务计划和人事计划

从组织的横向层面看,组织内有着不同的职能分工,所以按组织职能空间分类,可以将计划分为业务计划、财务计划及人事计划。如作为经济组织的企业,业务计划是企业的主要计划，业务计划包括产品开发、物资采购、仓储后勤、生产作业及销售促进等内容。业务计划也有长短期之分，长期业务计划主要涉及业务方面的调整或业务规模的发展，短期业务计划则主要涉及业务活动的具体安排。

财务计划与人事计划是为业务计划服务的，也是围绕着业务计划而展开的。财务计划研究如何从资本的提供和利用上促进业务活动的有效进行，人事计划则分析如何为业务规模的维持或扩大提供人力资源的保证。例如，长期财务计划要决定的是，为了满足业务规模发展从而资本增大的需要，如何建立新的融资渠道或选择不同的融资方式。而短期财务计划则研究如何保证资本的供应或如何监督这些资本的利用效率。长期人事计划要研究为保证组织的发展如何提高成员的素质、准备必要的干部力量。短期人事计划则要研究如何将具备不同素质特点的员工安排在不同的岗位上，使他们的能力和积极性得到充分的发挥。

4. 指令性计划与指导性计划

根据计划内容的明确性标准，可以将计划分为指令性计划（即具体计划）和指导性计划。指令性计划是由上级主管部门向下级下达的具有明确规定的目标，有很强的可操作性。比如，企业销售部经理打算使企业销售额在未来 6 个月中增长 15%，他会制订明确的程序、预算方案及日程进度表，这便是指令性计划。指导性计划只规定某些一般的方针和行动原则，给予行动者较大的自由处置权，它指出重点但不把行动者限定在具体的目标上或特定的行动方案上，是一种参考性计划。比如，一个增加销售额的指令性计划可能规定未来 6 个月内销售额要增加 15%，而指导性计划则可能只规定未来 6 个月内销售额要增加 12%～16%。相对于指导性计划而言，指令性计划虽然更易于执行、考核及控制，但是缺少灵活性，它要求的明确性和可预见性条件往往很难满足。

5. 程序性计划与非程序性计划

西蒙把企业经营活动分为两类：

（1）例行活动，指一些重复出现的工作，如订货、材料的出入库等。有关这类活动的决策是经常反复的，而且具有一定的结构，因此可以建立一定的决策程序。每当遇到这类工作或问题时，就利用既定的程序来解决，而不需要重新研究。这类决策叫程序化决策，与此对应的计划是程序性计划。

（2）非例行活动，不重复出现，如新产品的开发、生产规模的扩大、品种结构的调整、工资制度的改变等。处理这类问题没有一成不变的方法和程序，因为这类问题或在过去尚未发生过，或因为其确切的性质和结构捉摸不定而极为复杂，或因为其十分重要而需用个别方法加以处理等。解决这类问题的决策叫做非程序化决策，与此对应的计划是非程序性计划。

W．H．纽曼指出："管理部门在指导完成既定目标的活动上基本用的是两种计划：常规计划和专用计划。"常规计划包括政策、标准方法和作业程序。所有这些都是准备用来处理常发性问题的。每当一种具体常见的问题发生时，常规计划就能提供一种现成的行动指导。专用计划包括为独特的情况专门设计的方案、进程表和一些特殊的方法等，它用来处理一次性而非重复性的问题。

第五节　计划的过程与权变因素

计划不是一次性的活动，而是一个持续的过程。随着条件的改变、目标的更新及新方法的出现，计划过程一直在进行。因为组织面临的环境在持续不断地变化，所以这就需要对计划不断地更新和修改。

一、计划过程

计划过程包含以下八个步骤，如图 3-7 所示。

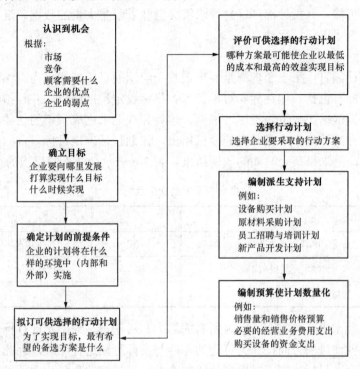

图 3-7　企业编制计划的步骤

1. 认识到机会

对机会进行估量，要在实际的计划工作开始之前去做，但尽管如此，它还是计划工作内的真正起点。对未来可能的机会进行初步的了解并进行清楚地、全面地掌握是很重要的。所有的管理人员都应该根据自己的优势和不足清楚自己所处的地位，明白希望解决什么问题及为什么要解决这些问题，并且应当了解希望获得什么。制订切合实际的目标取决于对所有这些内容的估计。组织计划要求对机会及组织环境作出切合实际的分析诊断。

在计划过程中一个组织必须实事求是地评估自己的优势和劣势。若计划建立在错误的评估上，那么将会导致灾难性的打击。当一个组织集中注意自己弱点的时候，同时也应当看到自己的优势，根据自己的优势制订适宜的战略。对自己拥有的资源如财务状况、现有技术、有形设备、原材料等进行评估将是一个很好的起点。这些项目的现状将表明组织实现其目标的能力。

例如，就企业而言，评估外部环境的第一步是界定企业的市场。在界定市场时，通常进行市场研究和历史分析，分析市场的历史可以了解顾客购买产品的原因，研究市场可以分辨潜在的顾客及他们的需求。接下来是考虑行业状况，确定竞争性质及战胜竞争对手的战略。企业应当了解主要的竞争对手及他们的优势和劣势。无论是长期计划还是短期计划都必须考虑技术的发展。企业如果忽略了环境中技术的发展而生产产品，最终可能会发现该产品已经过时，因为在市场上可能已出现了一种应用现代技术的新产品。

经济状况也是一个重要的方面。如果由于经济状况恶化而引起货币市场银根紧缩，那么在市场上投放一种产品可能会使销售和利润下降。多数计划人员通常都进行经济趋势分析。在进行外部环境分析时，根据企业和行业的性质及其他相关方面进行共同估算。

分析外部环境的一个重要目的是寻求和分辨新的机会。抓住新机会将会产生使企业扩张和多样化经营的可能。分析外部环境及寻求机会意味着收集大量的数据，没有这些数据和可靠的信息，就不能采取任何行动。

2. 确立目标

在制订重大计划时，第二个步骤是要确定整个组织的目标，然后为组织所属的下级单位确定计划工作目标，包括长期目标和短期目标。目标设定预期结果，并且指明要达到的终点和重点，以及依据战略、政策、程序、规则、预算和规划来完成预期的任务。目标是计划的主要组成部分，在给计划下定义时我们就已指出，计划包括确定目标。目标指明个体或组织想要前进的方向，是未来某个时期的预期结果。表 3-6 表示企业不同层次的目标。

表 3-6　　　　　　　　　　　企业中不同层次的目标

层　　次	目　　标	层　　次	目　　标
公司管理层	获得 10%或更高的净利润	班组	六个月内将本部门的次品率降低 5%
生产部门	未来将轴承产量提高 5%	销售人员	一年内将销量从 10%提高到 15%
市场营销部门	保持目前 12%的市场份额		

目标对于企业来讲至关重要，因为所有的努力和活动都是为了实现目标。目标有许多作用，它指明了企业前进的方向，作为行为的标准与实际行动进行比较，因此，它也是控制过程的一个重要方面。目标决定了在既定环境中企业应当扮演的角色。由于目标的存在，可以很好地协调和激励企业员工努力工作。通过为企业员工制定目标可以使他们保持高度的积极性，去为实现这些目标而努力。

总目标规定了企业在今后几年的基本宗旨。具体目标应与总目标一致，并且不能与总目标相冲突。在一个企业中通常会由高层决策者首先制订出企业在一定时间内的总体目标，然后再在总体目标被确认的基础上，确定各项具体目标，具体量化指标。当具体目标全部被确认完毕后，接着就需对其优先顺序进行排列，形成具体目标间一定的层次性。例如，管理层必须决定"提高 6%的投资回报率"和"提高 10%的市场占有率"究竟哪个更重要。

3. 确定计划的前提条件

计划工作的第三步是确定一些关键性的计划前提条件，并加以宣传和取得一致意见。这些前提条件可以是说明事实性的预测资料，也可以是使用的基本政策或者组织现行的计划等。计划工作的前提条件就是计划工作的假设条件，换言之，即计划实施时的预期环境。但组织的外部环境是非常复杂的，即使是对组织的内部环境，有时在草拟计划时也需慎重考虑。所以，在计划工作中有这样一个重要的原理：负责计划工作的人员对计划前提了解得越细越透彻，并能始终如一地运用它，那么，组织的计划工作将做得越协调。

在制订计划时，预测是非常重要的，而且内容很多。例如，企业所需预测的内容包括：未来市场的情况如何？销售量多大？价格会如何？产品怎样？技术开发如何？成本多高？什么样的工资率？税率及税收政策如何？新建工厂情况会如何？采取什么样的股息政策？政治和社会环境会如何？长期趋势将怎样等。

由于计划的未来环境是如此复杂，所以要想对未来环境的每一个细节都进行假设是不现实的，也是不经济的。因此，我们所要确定的计划前提实际上是指那些对计划来说是关键性的、有战略意义的要素，也就是对计划的贯彻落实具有最大影响的那些因素。

此外，由于全体管理人员对计划前提的一致性认同对于计划工作的有效进行尤为重要，所以，使下级主管人员了解什么是他们作计划所依据的前提，就成为组织中自上而下各级主管人员的重要职责。

4. 拟订可供选择的行动计划

计划工作的第四步是寻找和检验可供选择的行动计划，特别是那些不是一下子就能明显识别的方案。很少有计划只存在唯一的选择方案，通常那些最初并不起眼的备选方案最终被证明是真正最好的。

更加常见的难题并不是寻找可供选择的备选方案，而是减少可供选择方案的数量，以便能够着重分析最有希望的方案。即使我们可以采用数学方法和电子计算机，但由于成本和时间等因素的影响，实际上真正能够分析的备选方案数量仍是极有限的。计划人员通常必须作一次初选，以便发现最有利的方案。

正确的行动方案必须建立在对内部和外部条件估量的基础上，并与其目标保持一致。这意味着要将机会转化为所选择的行动方案。设计行动方案就是为计划形成一个正式的框架。为了进行行动方案的选择，首先必须提出各种可供选择的方案，而且这些方案必须是在给定条件下可行的且能够实现的。

5. 评价可供选择的行动计划

在拟订出备选计划方案并权衡了各个方案的优缺点之后，下一步就是按照前提条件和目标对方案进行评估和比较。例如，对于企业而言，或许一个方案表明获利程度最大，但需要大量现金支出而且投资回收期较长；而另一个方案获利较小但风险也较小；可是第三个方案似乎更适合企业的长期目标，这就需要对各个方案进行评价。

如果企业唯一的目标是在某一行业迅速实现最大利润，假如未来情况是确定的，现金状况和资金的可获得性无须担心，多数因素能被归纳成一些确定的数据，那么这种评价就会变得非常容易。但是计划人员通常面临着许多不确定性，如资金短缺问题及各种无形的因素，评价工作往往非常困难，甚至对一些简单的问题也是如此。例如，一家公司希望引进一条新生产线来扩大生产规模，从而提高声誉，但是预测表明这将导致资金损失，那么，公司在选择方案时所需考虑的问题也就是所提高的声誉是否能完全弥补资金方面的损失。在评价方案时可以运用成本效益分析法，即用所选方案的成本与所得收益进行比较。

6. 选择行动计划

选择行动计划就是在备选方案中作出选择，选择最优的或最令人满意的方案。例如，对于企业来说，在选择最优方案时应以企业的资源、优势、弱点和环境的不确定因素作为指南。选择方案就是确定计划，即进行实质性决策。可能遇到的情况是，在分析和评价方案时会发现两个或多个适合方案。在这种情况下，管理人员可能会决定采取几个方案，而不仅仅是一个最优方案。

7. 编制派生支持计划

在作出决策之后，计划工作还没有完成。通常来说，一个基本计划的执行总是毫无例外地需要一系列派生计划的支持。例如，某航空公司在作出购买一个新式飞机的计划决策后，就会自然而然地产生一系列派生支持计划，如拟订招聘和培训各类人员、购买各种配件、扩建维修设施、编制飞机时刻表等。

8. 编制预算使计划数量化

一旦选择了最优的或最令人满意的方案，计划工作的下一步就是制订具体任务、定额及分配资源。资源的分配必须以量化的方式表示。这一阶段的计划可称之为预算。如果预算编制得好，预算就成为汇总各种计划的一种手段，并且也制订了可以衡量计划过程的重要标准。

预算是用收益和费用来表示的计划，是对资金分配的描述。预算是对支出的许可，当发生偏差时，预算为采取纠偏措施提供信息。从这方面来讲，预算是计划和控制有效的工具。当既定的目标和方案发生偏差时，必须采取纠正措施，此时预算则被用作控制工具。

预算有多种类型，如生产预算、销售预算、材料预算、现金预算、人工预算、管理费用预算、资金预算和总预算等。在编制预算时，如果组织中各个层次人员能广泛参与，将会提高编制和执行预算的有效性。关于管理控制与预算将在后面章节中详细探讨。

二、计划的权变因素

在有些情况下，长期计划可能更重要，而在其他情况下可能正相反。类似地，在有些情况下指导性计划比指令性计划更有效，而换一种情况就未必如此。那么决定不同类型计划有效性的都是些什么情况呢？下面我们将识别几种影响计划有效性的权变因素。

1. 组织中的管理层次

在大多数情况下，基层管理者的计划活动主要是制订作业计划，当管理者在组织中的管理等级上升时，他的计划角色就更具战略导向。例如，对于一个大型企业的最高管理层，他的计划任务基本上都是战略性的；而在小企业中，所有者兼管理者的计划角色则兼有这两方面的性质。

2. 组织的生命周期

任何组织都要经历一个生命周期，开始于形成阶段，然后是成长、成熟，最后是衰退。在组织生命周期的各个阶段上，计划的类型并非都具有相同的性质，正如图 3-8 所描绘的，计划的时间长度和明确性应当在不同的阶段上作相应调整。

例如，对于企业而言，在企业的形成阶段，管理者应当更多地依赖指导性计划，因为这一阶段要求企业具有更高的灵活性。在这个阶段上，目标是尝试性的，资源的获取具有很大的不确定性，辨认谁是顾客很难，而指导性计划使管理者可以随时按需要进行调整。在成长阶段，随着目标更确定、资源更容易获取和顾客忠诚度的提高，计划也更具有明确性。

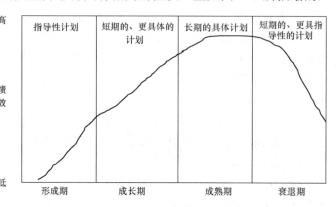

图 3-8　组织生命周期中适用的不同计划

当企业进入成熟期，可预见性最大，从而也最适用于指令性计划。而当企业从成熟期进入衰退期，计划模式也随之逆向变化，计划从指令性转为指导性，这时目标要重新考虑，资源要重新分配。

计划的期限也应当与企业的生命周期联系在一起。短期计划具有最大的灵活性，故应更多地用于企业的形成期与衰退期；成熟期是一个相对稳定的时期，因此，更适合指定长期计划。

3. 环境的不确定性

环境的不确定性越大，计划就更应是导向性的，计划期的长度也应更短。假如环境要素诸如技术、社会、经济、政法或其他方面发生了迅速或重大的变化，限定的、精确的行动路线反而会成为组织取得绩效的障碍。当环境不确定性很高时，指令性计划就不得不改变，以适应这种变化，但是这样常常会降低效率和增加成本。

同样，在环境高度不确定的时期，组织变化的发生也异常频繁，且变化越大，计划的精确性也就越差。例如，一项研究发现，一年期的收益计划其精确性能高达99%，而五年期的计划其精确性只能达到84%。因此，当一个组织面临快速变化的环境时，管理部门就应寻求灵活性。在计划中的灵活性越大，则由意外事件引起损失的危险就越小；但必须对增加灵活性的成本和未来承诺任务中的风险做出权衡。一般而言，组织所处的环境相对稳定，则可以制订相对复杂综合的长期计划；如果组织面对的是相对动态的环境，则计划几乎都集中于短期。

4. 未来承诺的时间长度

最后一个权变因素也和计划的时间期限有关。当前计划对未来承诺的影响越大，其计划期限也应越长。这里涉及应用计划工作中的一项基本原则——承诺原则，即合乎逻辑的计划工作包含的期限，应是尽最大可能地预见未来足以完成今日决策中作的承诺所需的那段时间。计划期过长或过短都是低效率的。

值得注意的是，管理人员并非是为将来的决策作计划，而是正在为当前决策的未来影响作安排。今日的决策即承诺，指在资金、行动路线、信誉等方面承担责任。所以，明智的管理人员一定会承认把长远的考虑结合到今日的决策之中是必要的，否则就是无视计划工作和决策的基本性质。

🔍 **管理实践资料链接六**

艺泰克公司的计划体系

艺泰克系统有限公司（Etec Systems，Inc.）几乎拥有模板生产设备的全部市场，其所生产的价格高昂的设备采用激光和电光在硅晶片上印制复杂模板。然而，当斯蒂芬·库泊（Stephen Cooper）新接任为艺泰克公司总裁时，公司每月的赤字达100万美元。更为糟糕的是，政客和媒体都视艺泰克公司为衰退的美国工业的象征。当库泊宣布2000年底的目标收入设定为5亿美元时，每个人都认为是痴人说梦。4年以后，艺泰克被盛赞为硅谷重现生机最为成功的公司之一。收入以75%的速度递增，而且大有持续增长之势，利润保持持续稳定增长。高科技行业瞬息万变，许多人认为难以谋划未来。以前，艺泰克管理人员花费大量时间处理短期危机，但库泊通过恢复基础计划制订工作却使艺泰克公司转危为安。他说："当一个公司有了明确的使命，人们知道如何把个人的使命融入一个大的远景时，每个人都会朝着同一个方向迈进。"现在艺泰克公司正沿着库泊新创的目标健康前进。由于计划具体，阶段明确，员工面对快速多变的环境，有条不紊。库泊认为：要想获得成功，需要理解两个基本问题："我需要做什么？我如何去实现它？"在过去，计划工作几乎总是全部由高层管理者、顾问或计划中心部门完成，而现在采用的方法是分权型员工计划模式，或由直线经理参与的跨部门作业团队模式。今天的学习型组织把分权计划方式深化，让各个层次的员工都参与计划制定。在本章开篇介绍的艺泰克系统公司，所有 800 名雇员密切参与计划制订过程。在艺泰克公司，总裁兼首席执行官斯蒂芬·库泊要求每一个人都了解公司使命，知道怎样把他或她的工作融入公司的远景中。他制定了延伸目标，鼓励员工不断追求，成为明星员工。每个员工都要制定一套与部门和组织保持一致的自我目标和计划。

从车间工人到公司首席执行官，公司中每一个人都识别出 5～7 个主要目标，建立衡量进步的标准，然后再将每个目标按其重要性排序。然而，艺泰克公司知道计划不可能是静态的，所以每周每个员工与直接主管短暂会晤，共同审查计划，制定改进方案。艺泰克计划体系的最终结果是，组织中的每个人知道自己应该干什么、自己的工作相对于他人的工作的重要性，明白如何使自己的工作目标与他人相结合。所以艺泰克体系能使公司 800 名员工进行自我管理。经理菲尔·阿诺德（Phil Arnold）说，像艺泰克这样快速发展的公司，这种体系会帮助你"密切关注目标"。

资料来源：理查德·达夫特. 管理学. 北京：机械工业出版社，2003.

第六节　战略计划与战略管理

一、战略的含义与特征

1. 战略的含义

战略一词最初源于军事术语，是指导战争全局的方略。在 20 世纪 60 年代初，美国著名管理学家钱德勒（Alfred D Chandler Jr）发表了著名的《战略与结构》一书，首次对战略的定义及其与环境、组织结构之间的关系进行了开拓性的分析与阐述，把战略引用到了工商企业的领域。然而迄今为止，许多专家学者对战略的概念的阐述仍然不尽相同。综合各专家学者的概念，战略可以理解为是组织的总体目标和保证总体目标得以实现的一系列方针、政策、活动的集合体。而应用于整体组织的，为组织未来较长时期（通常为 5 年及以上）设立总体目标和寻求组织在环境中地位的计划称之为战略计划，它是规定组织发展方向的长远计划。

战略管理顾名思义就是指针对战略所进行的管理。它是围绕着战略的分析、选择、实施和评估而采取的一系列手段与措施的全过程。换句话说，它是指为实现组织目标，使组织和其所处的环境之间高度协调，而在制订和实施战略的过程中所采取的一系列决策和行动的总和。这种管理被认为是计划的一种特殊形式，它对组织的发展方向将有着长远的、全局性的影响。美国管理学家乔尔·罗斯曾说过："没有战略的企业就像一艘没有舵的船，只会在原地转圈。"

2. 战略的基本特征

企业战略一般具有以下几个方面的特征：

（1）全局性。企业战略是以企业全局的发展规律为研究对象，是指导整个企业生产经营活动的总谋划。虽然企业战略必然包括企业的局部活动，但这些局部活动都是作为总体行动的有机组成部分出现的。

（2）长远性。战略的考虑着眼未来，着眼长远。企业战略既是企业谋求长远发展意愿的反映，也是企业规划未来较长时期生存与发展的设想。而它的制订与执行，也必然影响企业的长远发展。

（3）纲领性。企业战略是企业长时期生产经营活动的纲领，是企业经营管理综合思想的体现。经营战略研究的是诸如确定企业发展目标、经营方向、经营重点及对应该采取的基本行动方针、重大措施等做出原则性、概括性的规定，从而为企业经营的基本发展指明方向，它具有很强的指导性。

（4）竞争性。企业战略主要研究在激烈的市场竞争中如何强化本企业的竞争力量，如何与竞争对手抗衡以使得本企业立于不败之地。同时，在对未来进行预测的基础上，为避开和减轻来自各方面的环境威胁，迎接未来的挑战制订各种行动方案。

（5）稳定性。企业发展战略的全局性和长远性决定了经营战略的相对稳定性。经营战略必须具有相对稳定性，才会对企业的生产经营活动有指导作用。如果经营战略朝令夕改、变化无常，不仅难以保证战略目标和战略方案的具体落实，而且也失掉了战略的意义，还可能引起企业经营的混乱，给企业带来不应有的损失。

二、战略的层次

战略管理一般将战略层次分为：公司层战略、业务层战略、职能层战略，如图 3-9 所示。

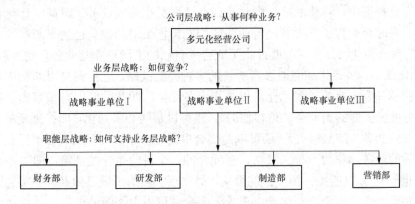

图 3-9 战略的层次

1. 公司层战略

如果一个企业拥有一种以上的业务，那么它将需要一种公司层战略。这种战略寻求回答这样的问题：我们应当拥有什么样的业务组合？公司层战略应当决定每一种业务在企业中的地位，它适用于公司整体及构成公司实体的全部业务部门和产品线。公司层战略行动通常涉及：拓展新的业务；增加或裁减经营单位、生产厂或产品线；在新领域与其他公司合资等。

公司战略也称为组织总体发展战略，或主体战略，是组织高层管理部门为实现组织目标而为整个组织制订的方向和计划。它主要用于确定组织的业务类型，解决组织中各种资源在各种业务中的分配。值得注意的是，若某一组织它所拥有的业务种类较单一，那么对它而言，其公司战略也可能就是其业务战略。由此可见，公司战略一般适用于多业务的组织。公司战略可以从不同的角度来分类，其中比较重要的一种分类是按战略态势来划分，有维持战略、发展战略、榨取战略、退出战略。

（1）维持战略。维持战略，也称稳定战略。这一战略的主要特征是没有什么重大的变化，或者维持一种温和程度的增长，或者干脆维持现状。当一个组织处于以下几种情况时，可能会采取该种战略：①组织的市场地位很稳定，已经达到了规模效应的最大化，而市场也正趋于饱和；②组织内部缺乏足够的支持性发展资源；③组织现有的战略方案与环境仍非常吻合；④组织未来的发展方向暂时不明。

（2）发展战略。发展战略，亦称扩张战略。它指的是增加组织的经营层次，如扩大企业规模、扩大市场份额、增加雇员、提高收益等。发展战略可分为集中战略、一体化战略、多元化战略。

1）集中战略。大多数组织在建立之初都会选择集中战略的道路，以提高产品知名度，增加销量，取得一定的市场份额，建立自己的独特品牌和顾客忠诚度。采取集中战略的组织将会以某一产品、某一市场或某一技术为自己的目标，投入所有资源进行优势发挥。但随着企业产品和市场的变化，有时也需要适时进行战略调整和演化，通常会从原有的市场渗透战略延伸为市场开发战略、产品开发战略、创新战略等。市场渗透战略是以扩大现有产品在现有市场上的销售量为目的；市场开发战略是以新市场挖掘为着眼点，在新市场上销售现有的产品；产品开发战略则是以产品的不断调整为立足，在现有的市场上销售新的产品；而创新战略则是全新产品生命周期的开创。

2）一体化战略。一体化战略又有横向一体化和纵向一体化之分。如果战略目标是扩大市场份额，则应选择横向一体化战略，即收买或合并同类企业或业务。纵向一体化包括前向和后向一体化。有时企业为了扩大其经营业务或控制销售渠道，把自己的下游产业加以收购与合并，即为前向一体化。公司也可通过收买或合并自己的上游产业与业务，则为后向一体化。

3）多元化战略。多元化战略即通常所说的多种经营战略，它主要是以增加生产和销售的产品或服务的品种为主旨的。多元化可以是横向多元化，即开发向现有顾客提供新的、与本组织原有业务并无关联的新业务（顾客相关）；也可以是同心多元化，即扩展新的、与本行业原有业务相关的业务（产品相关）；还可以是混合多元化，即扩展新的、与本行业原有业务和市场都不相关的业务。作为一种大战略，多元化的一个目的是分散风险，即"不把所有的鸡蛋放在一个篮子中"，以避免一损俱损的弊病。另一目的是为了提高效益，如实施同心多元化战略的汽车制造商生产冰箱，把生产汽车外壳多余的钢板做冰箱的外壳，从而达到综合利用原材料的目的。然而，关于多元化的利弊众说纷纭，企业界、学术界观点各异，成功案例和失败案例比比皆是。

（3）榨取战略。榨取战略，包括紧缩、撤资战略。随着市场的变化，技术的进步，销售渠道的拓展，替代品的出现，组织所经营的各种业务也不可能在市场中长久不衰，必将随着生命周期的趋势渐渐退出。而在业务完全退出之前，必然会有一个利润高峰期，组织此时就应收缩投资，集中榨取利润。榨取战略是建立在对产品生命周期的充分考察和分析的基础上的，需谨慎使用。由于判断偏差而导致的过早榨取，会使组织的产品生命周期无端缩短，减少了组织的实际可得利润，并可能使该业务半途夭折；但若由于判断偏差而迟缓榨取，又会使组织错过利润高峰，而无法实现最大化的利润榨取。

紧缩、撤资战略通常是在危急情况下使用的一种战略。多数管理人员并不太愿意公开承认他们在使用这一战略，因为它似乎是和组织的增长目标背道而驰的。但是在过去的一二十年中，如何管理衰退也成了管理领域中相当突出的一个问题。出现这种现象的原因是多方面的，咄咄逼人的国际竞争、体制的失调、产业结构的调整、企业间的收购兼并、新技术的突破等，常常会威胁一个企业的生存。

（4）退出战略。退出战略，或称清算战略。这是一种最不受欢迎的战略类型。任何一个组织都不会钟情于该种战略，一般都是不得已而为之的。如果一组织原本是单业务经营的，那么清算战略的实行也就意味着该组织生存的终止，所以，清算战略一般只在其他战略都无计可施的情况下才使用。然而，如果该业务的继续维持已肯定无望，那么尽早清算却要比拖延、宣告破产来得好一些。

2. 业务层战略

业务层战略寻求回答这样的问题：在我们的每一项业务领域里应当如何进行竞争？对于只经营一种业务的小企业，或是不从事多元化经营的大型组织，业务层战略与公司层战略是一回事。对于拥有多种业务的组织，每一个经营部门会有自己的战略，这种战略规定该经营单位提供什么样的产品或服务，以及向哪些顾客提供产品或服务等。

当一个企业从事多种不同的业务时，建立战略事业单位更便于计划和控制。战略事业单位代表一种单一的业务或相关的业务组合。每一个战略事业单位应当有自己独特的使命和竞争对手，这使得每一个战略事业单位有自己独立于企业中其他事业单位的战略。像在通用电气这样的公司中，因为经营多种多样的事业，故管理当局可能建立十几个或更多的战略事业单位。企业的经营可以看做是一种事业组合，每一个事业单位服务于一种明确定义的产品——细分市场，并具有明确定义的战略。事业组合中的每一个事业单位按照自身的能力和竞争需要开发自己的战略，同时必须与整体组织的能力和需要保持一致。业务层的战略内容包括：广告投放量、研发的方向和深度、产品更新、仪器设备及产品线的扩张和收缩等。

业务战略是为组织中特定业务单位制订的发展方向和计划。组织的总体战略是确定组织所从事的业务，而业务战略则是用于确定如何在特定的市场或产业中最好地进行竞争。因此，它也是对某项业务竞争方式进行选择的过程，通常是各业务部门、分部或子单位的战略。在业务层战略中最常见的是适应战略与竞争战略。

（1）适应战略。适应战略框架是雷蒙德·迈尔斯（Raymond Miles）和查尔斯·斯诺（Charles Snow）在研究经营战略的过程中提出的。首先，迈尔斯和斯诺辨认出四种战略类型，防御者战略、探索者战略、分析者战略和反应者战略。然后，他们论证了只要所采取的战略与经营单位所处环境的内部结构和管理过程相吻合，采用前三种战略中的任何一种都能够取得成功。但是，迈尔斯和斯诺发现，反应者战略常常导致失败。下面，我们概述每一种战略类型，并且探讨组织如何利用它们获取竞争优势。

1）防御者战略。防御者战略（Defender）寻求向整体市场中的一个狭窄的细分市场稳定地提供有限的产品。在这个有限的细分市场中，防御者拼命奋斗以防止竞争者进入自己的地盘。这种战略倾向于采用标准的经济行为，如以竞争性价格和高质量的产品或服务作为竞争手段。防御者倾向于不受其细分市场以外的发展和变化趋势的诱惑，而是通过市场渗透和有限的产品开发获得成长。经过长期的努力，真正的防御者能够开拓和保持小范围的细分市场，使竞争者难于渗透。麦当劳公司就是在快餐业中奉行防御者战略的典型。

2）探索者战略。与防御者战略形成对照，探索者战略（Prospector）追求创新，其实力在于发现和发掘新产品和新市场机会。探索者战略取决于开发和把握环境条件、变化趋势和实践的能力，灵活性对于探索者战略的成功来说是非常关键的。

3）分析者战略。分析者战略（Analyzer）靠模仿生存，分析者复制探索者的成功思想，紧跟具有创新精神的竞争对手，而且是在竞争对手已经证实了市场的存在之后才投入战斗，推出具有更优越性能的同类产品。

分析者必须具有快速响应那些领先一步的竞争者的能力，与此同时，还要保持其稳定产品和细分市场的经营效率。而探索者必须有很高的边际利润率以平衡风险和补偿他们生产上的低效率。一般来说，分析者的边际利润低于探索者，但分析者有更高的效率。

4）反应者战略。最后一种战略类型是反应者战略（Reactor），这是当其他三种战略实施不当时所采取的一种不一致和不稳定的战略模式。它实际上是战略的失败。一般地，反应者总是对环境变化和竞争做出不适当的反应，绩效不佳，并且在承诺某种特定战略时表现得犹豫不决。

（2）竞争战略。竞争战略模型是由迈克尔·波特所提出，包括通用的三种竞争战略：总成本领先战略、差别化战略、目标集聚战略。管理者可以通过分析自身的长处和竞争对手的短处，寻找一种适合组织发展的战略，以维系自身强有力的市场地位，从而避免与产业中所有竞争对手的硬拼硬杀。

1）总成本领先战略。这种战略是在20世纪70年代得到普遍应用的，通过运用一系列针对本战略的举措来取得自身在产业中总成本领先的地位，试图以最低的单位成本和因之产生的低价来取得最大的销量。成本领先要求积极地建立起达到有效规模的生产设施，全力以赴降低成本，抓紧成本与管理费用的控制，以及最大限度地减小研究开发、服务、推销、广告等方面的成本费用。尽管质量、服务及其他方面也不容忽视，但贯穿于整个战略中的主题是使成本低于竞争对手。

2）差别化战略。这种战略是将组织提供的产品或服务标新立异，形成一些在全行业范围内与众不同的特征。它的方式、方法有很多种，可以是体现于产品或服务自身的，也可以是实体以外延伸形态所体现出的独到之处：特殊的功能、高超的质量、优质的服务、独特的品牌等。这些竞争者无法比拟的特征，能使组织以较高的定价来获取更高的单位利润。差别化战略利用客户对品牌的忠诚及由此产生的对价格敏感性的下降，使组织能尽可能地避开竞争，同时能使组织在追求高利润时不必追求低成本。当然，差别化战略也并不是意味着组织可一味地忽视成本，但此时成本已不再是首要考虑的战略目标。

3）目标集聚战略。这种战略是主攻某个特定的顾客群、某产品系列的一个细分区段或某一个地区市场。该战略的前提是组织能够以更高的效率、更好的效果为某一狭窄的战略对象服务，从而超过在更广阔范围内的竞争对手。结果是组织或者通过较好地满足特定对象的需要实现了标新立异，或者在为这一对象服务时实现了低成本，或者二者兼得。目标集聚战略对小企业最为有效。

此外，在最新的业务战略研究中，又有学者提出了用户一体化、系统一体化等较为新颖的竞争战略概念。用户一体化是指组织通过对其用户进行投资让利，从而使用户产生较大的转移成本，促使用户更愿意与组织保持良好的合作关系，形成共赢圈，而组织也就实现了对其用户的前向锁定。系统一体化则指不仅要对其用户实行投资锁定，而且要对其供应商，甚至贷款者、竞争者等与组织业务方方面面有关的其他组织实行锁定联合，形成一个互利系统。随着经济全球化的到来，竞争必将愈演愈烈，用户一体化也好，系统一体化也好，都将成为大势所趋的竞争战略模式之一。

3. 职能层战略

这一层战略寻求回答问题是：我们怎样支持业务层战略？职能层战略从属于战略事业单

位内部的主要职能部门。职能部门如财务、研究与开发、制造、市场营销、人力资源部门等，应当与业务层战略保持一致。

职能战略也可称为职能支持战略，是对组织中的各主要职能部门制订的发展方向和计划。职能战略是为业务战略服务的，所以它的内容要比业务战略更具体、更细致。通常包括这样六个职能领域：市场营销、财务、生产、研究与开发、人力资源及组织设计。

（1）市场营销战略。对多数组织而言，市场营销战略是最为重要的战略，它通常反映了公司的总体战略。市场营销战略通常要处理组织面临的许多主要问题：

1）产品组合问题。例如，通用汽车公司的雪佛莱分部，其产品组合包括许多不同型号的产品系列。

2）市场地位。如百事可乐和可口可乐争夺软饮料市场的领导地位。

3）分销渠道。例如，在美国加州护理院工作的舒曼挨门挨户去销售眼镜架，运用她的想象力为普通产品创造了一个新的销售渠道。

4）销售推广。如广告预算和销售人员的规模。

5）定价政策。例如，一开始对新产品在被期望的价格范围中给产品定个高价即"撇脂法"，并随后准备逐步降低价格。

6）公共政策。如处理有关法律、文化和规章管制等限制。

（2）财务战略。对一组织而言，提出正确的财务战略也是十分关键的。这一战略主要关注的问题有：

1）资本构成。财务战略中一个很重要的部分即确定最适宜的资本构成，包括各种股票（法人股、公众股等）及长期债务（诸如债券等）的组合，从而使企业能以最低的资本成本提供其所需的资本。

2）借贷政策。财务战略的另一个要素是债务政策（如允许借入多少，以何种形式举债）。

3）资产管理。资产管理强调对流动资产和长期资产的处置（如应该怎样对剩余的现金进行投资，才能使其收益和流动性得以最佳结合）。

4）分红政策。有关分红政策将决定收益中分配给股东的比例，以及企业留存用于成长发展的收益比例。

（3）生产战略。从某种意义上讲，组织的生产战略取决于它的营销战略。例如，假定营销战略要求推广优质、高价的产品，则生产部门自然需强调质量优先，至于成本只是属于第二位考虑的问题。但是，生产战略自身也有以下若干重要的问题需解决。

1）生产率的提高。需要提出改进生产率的方法。

2）生产计划工作。对制造商而言，生产计划工作（什么时候生产、生产多少及如何生产等）特别重要。

3）厂址的定位。生产战略也包括决定厂址的定位。

4）生产过程中生产工艺的选择（投资新的自动化技术，还是使用传统的技术）。

5）政府管制。生产战略必须考虑政府主管部门的有关规章条例（如环境保护法规等）。

（4）研究与开发战略。在市场经济中，绝大多数大组织和许多较小的组织都需要有一个研究与开发战略。这一领域主要涉及有关产品开发的决策。例如，对企业而言，究竟是应集中精力于开发新的产品，还是对现存的产品作改进？应如何利用技术预测，诸如技术发展趋势、新的发现与突破等？此外，研究与开发战略还包括专利和技术授权的政策。例如，企业开发了某一新的产品或程序并申请了专利，则其他企业就不能随意仿冒它，但企业也可通过技术授权来获利，即牺牲一些竞争优势，允许被授权方使用其专利，以换取一定的转让费。

（5）人力资源战略。许多现代组织认为有必要提出一种人力资源战略，人力资源战略是根据组织的战略和目标定出组织的人力资源管理目标，进而通过各种人力资源管理职能活动实现人力资源管理目标和组织目标的过程。企业人力资源战略可以定义为适应企业内外环境的、基于提升人力资源核心竞争力的、企业人力资源管理的策略和规划。从根本上来说就是组织如何从人力资源方面支持和保证组织总体战略、经营战略和其他职能战略的实现。一些人力资源政策事项（如确定薪酬、挑选人员和绩效评估等）、劳资关系、政府的劳动人事法规等都涉及人力资源战略，管理人员的发展也需提到战略高度加以关注。

（6）组织设计战略。组织设计战略是有关组织如何构造其自身的战略，包括职工的定岗，部门的划分，分公司、子公司或分部的安排等。组织设计恰当是企业成功贯彻其战略计划的保证。

三、战略管理过程

战略管理就是指针对战略所进行的管理，涉及对战略从分析、制订、实施到评价的全过程，主要包括四个相互关联的阶段：战略分析阶段、战略制订阶段、战略实施阶段、战略评价阶段。这四个阶段又分为九个步骤，如图 3-10 所示。

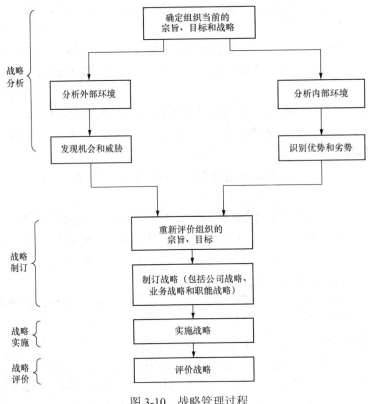

图 3-10　战略管理过程

1. 战略分析阶段

战略分析是整个战略管理过程的起点和首要环节，为战略的正确选择提供决策依据，因此，它在战略管理全过程中有着举足轻重的地位。在这个阶段，组织的战略管理人员将在明确组织宗旨与使命的基础上，通过对外部环境的分析，挖掘市场机会，明辨市场威胁，领悟关键成功要素，并通过对内部资源的评估，理性认识组织自身的优势和劣势，从而确定组织的核心竞争力。

（1）确定组织当前的宗旨和目标。组织的宗旨与使命是指组织中最基本的，使自己区别于其他组织的经营目的，也是组织经营哲学的一种体现。组织的宗旨与使命使处于相同环境的组织在经营活动上具有不同的出发点和目的，也使在目前看来地位相同的组织，在若干年后具有不同的变化和结局。它确定了一个组织从事的是什么业务或事业和应该从事什么事业。作为战略制订的依据，并为组织明确究竟从事哪一方面的业务或事业，所以经营目的的确定是一个不可缺少的步骤。只有在此基础上，组织的全体成员才能树立共同的理想，增进相互理解，达成共识，从而促进团队合作，同时也能使组织外各类与组织有利益关系的集团和个人获得对组织的基本了解。组织的宗旨与使命具体体现了组织的未来目标、业务性质，以及其内、外部价值观，因此在确定组织的宗旨和目标时，应注意以下几个方面：①善于整合不同观点，宗旨与使命的确定是一项重大的决策，所以需以各种分歧的观点为依据；②关于组织的业务类型，要从组织的外部，从顾客、市场出发寻找答案；③明确组织的真正顾客及其需求；④宗旨与使命的适时调整；⑤发掘市场空间。

诚然，组织宗旨与使命的确定具有一定的难度和风险，但作为战略管理的基础，却又是关键性的第一步。

（2）分析组织外部环境。在前面章节中我们已经作过深入探讨，组织的外部环境主要是指存在于组织边界之外的对组织有潜在影响的因素，一般分为两类：一般外部环境与特殊外部环境。一般外部环境通常是指政治、法律、经济、社会文化、自然及技术环境等；而特殊外部环境则是指与组织本身联系密切，相关性较强的那些外部组织，如供应商、竞争对手、顾客等。

环境分析是战略管理过程的关键要素，这是因为组织的环境在很大程度上规定了管理者可能的选择。每个组织的管理者都必须分析其所处的环境，准确把握环境的变化和发展趋势及其对组织的重要影响，成功的战略大多是那些与环境相适应的战略。

（3）发现机会和威胁。威胁是指外部环境中那些可能阻碍组织战略目标实现的特征因素。机会是指那些有潜力帮助组织实现或超越其战略目标的外部环境特征因素。通过分析组织的外部环境发现环境中存在的威胁，寻找组织发展的机会。

需要注意的是，即使处于同样的环境中，由于组织控制资源不同，可能对某个组织来说是机会，而对另一个组织却是威胁。例如，1992年，长期的萧条使美国经济不景气，企业破产数量达到战后的最高峰，家具零售业便是受到严重损害的行业之一。但是，几家大型的、管理很好的家具零售连锁店公司却把这种情况看做机会。他们以极其便宜的价格大量购买竞争对手的存货，并有选择地收购竞争对手有利的经营场所，结果是这些大型家具零售商通过收购和兼并进一步扩展了自己的规模。可见，环境变化对一个组织来说，究竟是机会还是威胁，取决于该组织所控制的资源。

（4）分析组织内部环境。通过对组织内部文化、人员、财务、物质等因素的分析以了解：①组织能用于创造或维持竞争优势的强势；②组织的核心竞争力，即对未来成功有关键作用的那些少数的强势，如资产、技术等；③所需改进的劣势和进行战略变革的阻力。其中，一些重要的内部分析要素包括：核心竞争力、所需竞争能力、目前的战略评估、目前的业绩、评价和管理体系、潜在资源和实际资源、内部工作流程和系统的分析、组织和结构、人员、财务等。

（5）识别优势和劣势。优势是指组织可借以实现其战略绩效目标的内部有利特征因素；劣势是指那些阻碍或限制组织绩效取得的内部特征因素。在识别组织优势和劣势时，首先要获得与组织文化、营销、财务、生产和研发等具体职能有关的信息。通过对内部环境进行以上详细分析，管理者可以判断出自身相对于其他公司的一些优势和劣势，识别出什么是组织自身的、与众不同的能力，即决定作为组织的竞争武器的独特技能和资源。

（6）重新评价组织的宗旨和目标。通过对内、外环境的分析，发现了环境中的机会与威胁和组织的优势与劣势，接着就要把组织的优势与劣势和环境中的机会与威胁相配合，进行再评价，通常称为 SWOT 分析。这一过程的目的是使组织与环境相适应，发现组织可能发掘的细分市场。

按照 SWOT 分析和识别组织机会的要求，管理者要重新评价公司的宗旨和目标，评价它们是否实事求是？是否需要修正？如果需要改变组织的整体方向，则战略管理过程可能要从头开始。如果不需要改变组织的大方向，管理者则应着手制订战略。

2. 战略制订阶段

通过对以上各个步骤的分析后，战略管理就进入到战略制订和选择阶段。在这一阶段需要分别制订并选择出一组符合三个层次要求的公司层战略、业务层战略和职能层战略，这些战略能够最佳地利用组织的资源和充分利用市场的机会。

3. 战略实施阶段

再好的战略计划，如果不恰当地贯彻实施，那么也只是一项完备的计划，而并不会自行取得成功。战略计划工作能否提供成果的突出标志是使关键人员去从事特定的任务。所以战略实施的首要问题是组织落实，组织是实现目标和战略的手段。"战略决定组织结构"，如果一个组织的公司层战略有重大的改变，那么就有必要对该组织的总体结构重新加以设计。

高层管理人员的领导能力是战略计划取得成功的一个必要因素，但是中层和基层管理人员执行高层管理部门计划的主动性也十分关键。根据确定的战略计划制订战术计划和作业计划，然后把组织中最好的人员投入实施工作。这里不仅意味着由某个人来从事某项任务，而且还意味着落实个人的责任、完成任务的时间，以及以何标准来衡量成果等。

近年来，战略与组织文化的关系也备受人们关注。组织文化作为一个组织所特有的价值观念、管理风格、行为规范和精神风貌的体现，对一个组织的成功有很大的影响。但是，有时具有强文化的成功组织，也可能为过去的成功所拖累。如王安电脑公司即是典型的例子。该公司的强文化妨碍了公司最高层对顾客需求的察觉，从而在 20 世纪 80 年代未能采取新的战略以适应电脑业的变化。在实施战略过程中，不同的战略也要求组织文化与之相适应。同组织结构一样，文化本身并无优劣之别，它是实施战略取得竞争优势的手段。

总之，战略实施对于有效的战略管理来说至关重要。管理者通过领导手段、组织结构设计、控制系统、人力资源和组织文化等工具来实施战略。如果不能有效地贯彻实施，即使最有创造力的战略也只能以失败而告终。

4. 战略评价阶段

战略评价是整个战略管理过程的最后一个环节。战略方案在实施过程中，需对其实施情况进行跟踪检查，明确各项活动进展正常与否及预期成果的实现情况。这些用以衡量战略执行效果好坏的指标体系，就是战略评价标准，包括定性指标和定量指标两方面。在定性指标方面包括战略与环境的适应性，对环境中的机会和威胁进行再评估和分析。而在定量方面指标一般包括资金的筹措、投资回报、技术进步、市场开创等内容。此外，还应建立必需的战略管理信息系统，采用先进的手段和科学的方法，进行全面、准确、及时、必要的信息反馈，以便于更好地掌握组织内、外部现实和走势等各方面的情况。

由于战略其本身带有预见性的特点，所以战略的长期稳定性与战略环境的多变性之间常会发生矛盾，从而导致战略实施结果与战略预期目标之间时常发生偏差，这就需要对战略方案进行调整。一般有以下三种调整情况：①局部性调整，总体战略不变，只在操作执行层进行调整；②职能性调整，由职能部门提出调整方案，报高层审核、通过；③总体性调整，对组织的总体战略进行修正。

第七节　计划的方法与组织实施

一、计划的方法

计划编制的方法很多，这里我们只介绍两种常见方法的基本原理：一种是与计划的时间（进度）安排有关的网络计划技术，另一种则是主要应用于编制和调整长期计划的滚动计划法。

1. 网络计划技术

网络计划技术于 20 世纪 50 年代后期在美国产生和发展，目前在组织活动的进度管理，特别是企业管理中得到广泛应用。这种方法是以网络图的形式来制订计划，通过网络图的绘制和相应的网络时间的计算，了解整个工作任务的全貌，对工作过程进行科学的统筹安排，并据以组织和控制工作的进行，以达到预期目标。

网络图是网络计划技术的基础。任何一项任务都可分解成许多步骤的工作，根据这些工作在时间上的衔接关系，用箭线表示它们的先后顺序，画出一个各项工作相互关联、并注明所需时间的箭线图，这个箭线图就称作网络图。如图 3-11 所示，它是一个简单的网络图形。

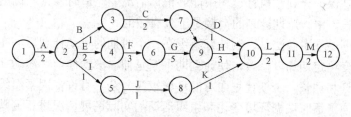

图 3-11　网络图

分析图 3-11 可以发现，网络图由以下部分构成：

（1）"→"，工序。工序是一项工作的过程，有人力、物力参加，经过一段时间才能完成。图中箭线下的数字便是完成该项工作所需的时间。此外，还有一些工序既不占用时间，也不消耗资源，是虚设的，叫虚工序，在图中用虚箭头"--→"表示。网络图中应用虚工序的目的是为了避免工序之间关系的混乱，以正确表明工序之间先后衔接的逻辑关系。

（2）"○"，事项。事项是两个工序间的连接点。事项既不消耗资源，也不占用时间，只表示前道工序结束、后道工序开始的瞬间。一个网络图中只有一个始点事项、一个终点事项。

（3）路线。路线是网络图中由始点事项出发，沿箭线方向前进，连续不断地到达终点事项为止的一条通道。一个网络图中往往存在多条路线，例如图 3-11 中从始点①连续不断地走到终点⑫的路线有 4 条，如图 3-12 所示。

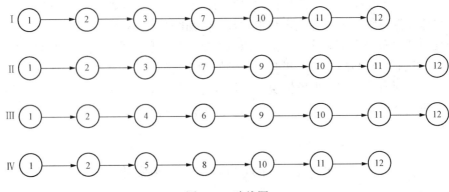

图 3-12　路线图

　　比较各路线的路长，可以找出一条或几条最长的路线，这种路线被称为关键路线。关键路线上的工序被称为关键工序。关键路线的路长决定了整个计划任务所需要的时间。关键路线上各工序的完工时间提前或推迟都直接影响着整个活动能否按时完工。确定关键路线，据此合理地安排各种资源，对各工序活动进行进度控制，是利用网络计划技术的主要目的。

　　利用网络技术制订计划，主要包括以下三个阶段的工作：

　　（1）分解任务。把整个计划活动分成若干数目的具体工序，并确定各工序的时间，然后在此基础上分析并明确各工序时间的相互关系。

　　（2）绘制网络图。根据各工序之间的相互关系，根据一定规则，如两个事项之间只能由一条箭线相连，绘制出包括所有工序的网络图。

　　（3）根据各工序所需作业时间，计算网络图中各路线的路长，找出关键线路。

　2. 滚动计划法

　　滚动计划法是保证计划在执行过程中能够根据情况变化适时修正和调整的一种现代计划方法，它对促进长、中、短期计划的衔接是十分有效的。

　　滚动方式计划的基本做法是，制订好组织在一个时期的行动计划后，在执行过程中根据组织内外条件的变化定期加以修改，使计划期不断延伸，滚动向前。滚动计划方法主要应用于长期计划的制订和调整。长期计划面对的环境较为复杂，有许多因素组织本身难以控制，采用滚动计划，便可适时根据环境变化和组织活动的实际进展情况进行调整，使组织始终有一个为各部门、各阶段活动导向的长期计划。当然，这种计划方式也可应用于短期计划工作，如年度或季度计划的编制和修订。采用滚动计划方法编制年度计划时，可将计划期向前推进一个季度，到第一季度末根据第一季度计划执行结果和客观情况的变化，对原来的年度计划作相应的调整，使计划期向前推延一个季度。

　　滚动计划法有以下主要特点：

　　（1）计划分为若干个执行期，其中近期行动计划编制得详细具体，而远期计划则相对粗略。

　　（2）计划执行一定时期，就根据执行情况和环境变化对以后各期计划内容进行修改、调整。

（3）上述两个特点决定了组织的计划工作始终是一个动态过程，因此滚动方式计划避免了计划的凝固化，同时提高了计划的适应性及对实际工作的指导性。如图 3-13 所示，以 5 年计划为例来说明滚动计划法。

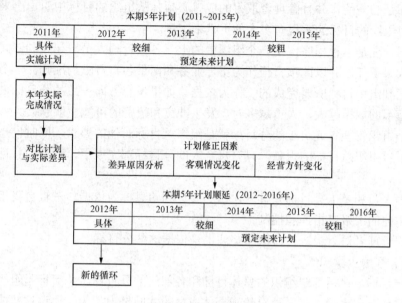

图 3-13　滚动计划法

二、计划的组织实施

计划工作的目的是通过计划的制订和组织实施来实现组织目标。因此，编制计划只是计划工作的开始，更重要和更大量的工作，还在于计划的组织实施。

计划组织实施的基本要求是保证全面地、均衡地完成计划。所谓全面地完成计划，是指组织整体、组织内的各个部门要按一切主要指标完成计划，而不能有所偏废；所谓均衡地完成计划，则是指要根据时段的具体要求，做好各项工作，按年、季、月，甚至旬、周、日完成计划，以建立正常的活动秩序，保证组织稳步地发展。

如果说计划的制订主要是专业工作者的任务的话，计划的组织实施或执行则需要依靠组织全体成员的努力。因此，能否全面、均衡地完成计划，在很大程度上取决于在计划执行中能否充分调动全体组织成员的工作积极性。实践中计划的组织实施的方法有许多，这里着重介绍的是目标管理。

目标管理是美国管理学家德鲁克（Peter F. Drucker）于 1954 年提出的，经由其他一些人发展，逐步成为西方许多国家所普遍采用的一种系统地制定目标并进行管理的行之有效的方法。

所谓目标管理是指组织的最高管理层根据组织面临的形势和社会需要，制订出一定时期内组织的总目标，然后层层分解落实，要求下属各部门的主管人员以至每个员工根据上级制订的目标和保证措施，形成一个目标体系，并把目标完成的情况作为各部门或个人考核的依据。简言之，目标管理是组织中的全体人员，包括管理人员和员工都必须亲自参加制定目标和实施计划，并在工作中实行"自我控制"，努力完成各自的工作目标的一种管理制度或方法。

1. 目标管理的基本思想

（1）组织的任务必须转化为目标，管理者必须通过这些目标对下级进行领导，并以此来保证组织总目标的实现。凡是在工作成就和成果直接地、严重地影响组织的生存和繁荣的部门中，目标都是必需的，并且管理者取得的成就必须是从组织的目标中引申出来的，他的成果必须用他对组织的目标的实现有多大的贡献来衡量。

（2）目标管理是一种程序，使一个组织中的上下各级管理人员一起来制订共同的目标，确定彼此的成果责任，并以此项责任作为指导业务和衡量各自贡献的准则。一个管理人员的职务应该以达到组织目标所要完成的工作为依据。如果没有方向一致的分目标来指导每个人的工作，在组织的规模越大、人员越多时，发生冲突和浪费的可能性就越大。

（3）每个组织管理者或员工的分目标就是组织总目标对他的要求，同时也是这个组织管理人员或员工对组织总目标的贡献。只有每个人的分目标都完成了，组织的总目标才有完成的希望。

（4）管理人员和员工靠目标来管理，由所要达到的目标为依据，进行自我指挥、自我控制，而不是由他的上级来指挥和控制。

（5）组织管理者对下级进行考核和奖惩也是依据这些分目标。

2. 目标管理的步骤

（1）制定目标。包括确定组织的总体目标和各部门的分目标。总目标是组织在未来从事活动要达到的状况和水平，其实现有赖于全体成员的共同努力。为了协调这些成员在不同时空的努力，各个部门的各个成员都要建立与组织目标相结合的分目标。这样，就形成了一个以组织目标为中心的一贯到底的目标体系。在制订每个部门和每个成员的目标时，上级要向下级提出自己的方针和目标，下级要根据上级的方针和目标制订自己的目标方案，在此基础上进行协商，最后由上级综合考虑后作出决定。

（2）执行目标。组织中各层次、各部门的成员为达成分目标，必须从事一定的活动；活动中必须利用一定的资源。为了保证他们有条件组织目标活动的展开，必须授予相应的权力，使之有能力调动和利用必要的资源。有了目标，组织成员便会明确努力的方向；有了权力，他们便会产生强烈的与权力使用相应的责任心，从而能充分发挥他们的判断能力和创造能力，使目标执行活动有效地进行。

（3）评价成果。成果评价既是实行奖惩的依据，也是上下左右沟通的机会，同时还是自我控制和自我激励的手段。

成果评价既包括上级对下级的评价，也包括下级对上级、同级关系部门相互之间及各层次自我的评价。上、下级之间的相互评价，有利于信息、意见的沟通，从而有利于组织活动的控制；横向的关系部门相互之间的评价，有利于保证不同环节的活动协调进行；而各层次组织成员的自我评价，则利于促进他们的自我激励、自我控制及自我完善。

（4）实行奖惩。组织对不同成员的奖惩，是以上述各种评价的综合结果为依据的。奖惩可以是物质的，也可以是精神的。公平合理的奖惩有利于维持和调动组织成员饱满的工作热情和积极性；奖惩有失公正，则会影响这些成员行为的改善。

（5）制订新目标并开始新的目标管理循环。成果评价与成员行为奖惩，既是对某一阶段组织活动效果及组织成员贡献的总结，也为下一阶段的工作提供参考和借鉴。在此基础上，为组织及其各层次、部门的活动制订新的目标并组织实施，便展开目标管理的新一轮循环。

本章小结

　　决策就是决策者为了解决组织面临的问题，实现组织目标，在充分搜集并详细分析相关信息的基础上，提出解决问题和实现目标的各种可行方案，依据评定准则和标准，选定方案并加以实施的过程。决策是管理的核心，决策贯穿于整个管理过程的始终。

　　在组织中决策具有普遍性和多样性。根据不同的分类方法，可以把决策分成多种类型。从决策的重要性看，可把决策分为战略决策、战术决策与业务决策：①战略决策对组织最重要，通常包括组织目标、方针的确定，组织机构的调整，企业产品的更新换代，技术改造等，这些决策牵涉组织的方方面面，具有长期性和方向性；②战术决策又称管理决策，是在组织内贯彻的决策，属于战略决策执行过程中的具体决策；③业务决策又称执行性决策，是日常工作中为提高生产效率、工作效率而作出的决策，牵涉范围较窄，只对组织产生局部影响。从决策所涉及的问题看，可把决策分为程序化决策与非程序化决策。从环境因素的可控程度看，可把决策分为确定型决策、风险型决策与不确定型决策。从决策的主体看，可把决策分为集体决策与个人决策。从决策的起点看，可把决策分为初始决策与追踪决策。从决策影响的时间看，可把决策分为长期决策与短期决策。

　　管理决策是一个科学的过程，一般包括以下几大步骤：识别问题、确定目标、拟定备选方案、寻求相关或限制因素、评价备选方案、选择满意方案、方案实施、监督和评估实施结果。

　　决策的方法有：①定性决策方法，常用的定性决策方法有头脑风暴法、德尔菲法等；②定量决策方法，包括确定型决策方法、风险型决策方法和不确定型决策方法；③有关活动方向的决策方法，常用的有经营单位组合分析法、政策矩阵法。

　　计划是指对通过决策所确定的组织在未来一段时间内的行动目标及其实现途径的策划和安排。计划类型有多种，依据计划涉及范围的广度来划分，有战略计划和战术计划；按时间长短来划分，有长期计划与短期计划；按职能的不同来划分，有业务计划、财务计划、人事计划等；按明确性来划分，有具体性计划和指导性计划；按程序化程度来划分，有程序性计划和非程序性计划等。

　　计划不是一次性的活动，而是一个持续的过程。随着条件的改变，目标的更新及新方法的出现，计划过程一直在进行。因为组织所面临的环境持续变化，所以需要对计划进行更新和修改。

　　战略可以理解为是组织总体目标和保证总体目标得以实现的一系列方针、政策、活动的集合体。而应用于整体组织的，为组织未来较长时期（通常为5年以上）设立总体目标和寻求组织在环境中地位的计划称之为战略计划，它是规定组织发展方向的长远计划。

　　战略管理顾名思义就是指针对战略所进行的管理。它是围绕着战略的分析、选择、实施和评估而采取的一系列手段与措施的全过程。主要包括四个相互关联的阶段：①战略分析阶段；②战略选择阶段；③战略实施阶段；④战略评价阶段。

　　战略管理一般将战略层次分为公司层战略、业务层战略、职能层战略。公司战略也称为组织总体发展战略，或主体战略，是组织高层管理部门为实现组织目标而为整个组织制订的方向和计划。公司战略从战略态势来分，有维持战略、发展战略、榨取战略、退出战略。业务战略是为组织中特定业务单位制订的发展方向和计划。在业务层战略中最常见的是适应战略与竞争战略。职能战略也可称为职能支持战略，是对组织中的各主要职能部门制订的发展方向和计划。通常包括这样六个职能领域：市场营销、财务、生产、研究与开发、人力资源以及组织设计。

计划编制和组织实施的方法很多，常用的方法有两种：一种是与计划的时间（进度）安排有关的网络计划技术；另一种则是主要应用于编制和调整长期计划的滚动计划法。实践中计划组织实施的有效方法有目标管理法。目标管理是美国管理学家德鲁克提出的，是许多国家所普遍采用的一种系统地制定目标并进行管理的行之有效的方法。

案例导读分析总结

20 世纪 70 年代初，决定跑鞋市场的外部因素迅速变得越来越重要。美国人越来越关心自己的体质与健康。成千上万的、以前从不锻炼的人开始寻找锻炼身体的途径。引发跑鞋热潮的导火线大概就是 1972 年的慕尼黑奥林匹克运动会了。数以百万计的电视观众目睹了 800 米决赛中达沃·沃特战胜苏联选手埃沃坚尼的风采，以及弗兰克·恰特在马拉松中夺魁的精彩场面。

在 20 世纪 70 年代，跑步人数增多了，运动鞋制造商的数目也增加了，原有的三家制造商阿迪达斯、彪马、虎牌遇到了新的美国竞争者：耐克、J. C. 彭尼、西尔斯、宝元等。为了销售运动鞋，商家们开辟了专门的运动鞋。一时间，全美到处可见各种风格的运动鞋店。同时，有关跑步的杂志也出现了，而且销量猛增。这些杂志为厂家的运动鞋大做广告提供了一个新的机会和途径。

在迅速到来的市场竞争热潮中，阿迪达斯却满足于吃老本。那些新来的美国牌子，如耐克等，迅速抓住阿迪达斯竞争上保守的这一弱点。虽然这时的美国消费者还是很崇洋媚外的，他们认为本国产品质量不如进口货可靠，样式也不好，而且价格太高。1979 年，方兴未艾的美国跑鞋市场上最有竞争实力的名牌运动鞋首当耐克，其市场占有率为 33%，而阿迪达斯只有 20%，此时的阿迪达斯已远远落后于耐克。两年以后，耐克占据了整个市场的 50%。

毫无疑问，阿迪达斯在作决策时低估了运动鞋市场的发展程度。作为一个在行业经营 40 多年并一直习惯于缓慢稳步发展的老牌企业来说，面对竞争浪潮，没有作出准确的判断。阿迪达斯失去了最好的决策时机，直到被耐克等几家公司大幅度超过时，才大梦初醒。

1993 年，法国商业家族的杰出后裔路易达福接管公司成为公司董事长，他拥有公司 2.5 亿美元的股份，引导着阿迪达斯走向一家全球性公司的辉煌时期。路易达福购下阿迪达斯后，对公司结构进行了脱胎换骨的改造，废除了公司的某些官僚做法，采用了美国会计制度，并发挥自己的国际管理才能。公司财务总经理是澳大利亚人，国际市场部的经理是瑞典人。他将一些生产工厂转移到了工资水平较低的中国、印度和泰国，并卖掉欧洲的一些工厂。1994 年，公司人员削减到 4600 人。他雇佣了耐克过去的产品设计家彼特摩尔作为设计部主任，并在德国建立了设计工作室，以满足欧洲市场；在波兰、俄勒冈的设计室则负责美国市场。然后，他冒险将广告支出增加了一倍。实践证明阿迪达斯现在从事的市场策略非常正确，年青一代的人们将阿迪达斯作为一种象征充满生命力的品牌，而且公司在服装装饰上尤其具有实力。

资料来源：斯蒂芬·P. 罗宾斯. 管理学. 5 版. 北京：中国人民大学出版社，1997.

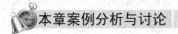

复习与思考题

（1）什么是决策？它有哪些基本类型？

（2）管理决策过程的主要步骤有哪些？你认为哪一个步骤最重要？为什么？

（3）什么是满意决策？对于许多组织问题，管理人员为什么不去寻求经济上最优的解决方案？

（4）在过去 20 年中，组织越来越多地采用群体决策，你认为这是为什么？你建议在什么情况下采取群体决策？

（5）了解一个你熟悉的管理人员，分析过去 6 个月间他作出的三项决策中，哪些是程序性决策？哪些是非程序性决策？

（6）简述决策行为与管理职能的关系，企业决策受哪些因素影响？

（7）决策的方法有哪些？具体如何应用？

（8）何谓计划？你如何理解计划的多样性？举例描述各种不同类型的计划。

（9）计划编制包括哪几个阶段的工作？

（10）什么是战略计划？什么是战略管理？举例说明战略管理的过程。

（11）战略的三个层次是指什么？分别包含哪些内容？

（12）简述三种基本竞争战略分别是什么？举例说明三种竞争战略在实践中如何运用。

（13）你所在的学校采取什么样的战略提高学生的就业竞争力？这些战略是否依据学校目标而定？

（14）什么是目标管理？其基本思想是什么？

本章案例分析与讨论

新东方教育集团的战略选择

新东方教育科技集团成立于 1993 年 11 月 16 日。经过二十多年的发展，新东方教育科技集团已发展为一家以外语培训和基础教育为核心，拥有短期语言培训系统、基础教育系统、职业教育系统、教育研发系统、出国咨询系统、文化产业系统、科技产业系统等多个发展平台，集教育培训、教育研发、图书杂志音响出版、出国留学服务、职业教育、新东方在线教育、教育软件研发等于一体的大型综合性教育科技集团。2006 年 9 月 7 号，新东方教育科技集团在美国纽约证券交易所成功上市，成为中国第一家在美国上市的教育机构。新东方品牌在世界品牌价值实验室（World Brand Value Lab）编制的 2010 年度《中国品牌 500 强》排行榜中排名第 94 位，品牌价值已达 64.23 亿元。截至 2012 年 5 月新东方已经在全国 49 个城市设立了 55 所学校、7 家产业机构、32 家书店及 600 多家学习中心，累计培训学员近 1300 万人次。

一、新东方教育科技集团产品体系

如果把教育培训课程当做产品的话，新东方提供的产品覆盖幼儿、青少年、大学、成人等各类教育培训上万种课程，见图 3-14。

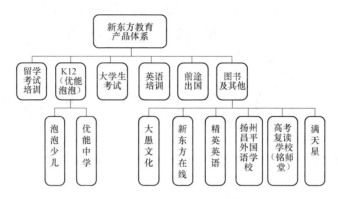

图 3-14　新东方教育产品体系

1. 留学考试培训

新东方出国留学考试培训分四大块：①北美留学考试培训——托福、GRE、GMAT、SAT 等；②英联邦留学考试培训——IELTS、BEC 等；③欧亚多语种留学考试培训——德语、法语、日语、韩语、西班牙语和意大利语等；④VIP 出国留学考试培训——采取一对一及一对三为授课形式。

2. K12（优能、泡泡）

（1）泡泡少儿现在的定位是为 3～12 岁少年儿童提供全学科、一站式的教育服务，包括泡泡英语、泡泡语文、泡泡数学和泡泡夏冬令营。根据其官网介绍，泡泡少儿在全国 68 个城市有超 400 所教学中心，是新东方覆盖区域最广的一块业务。

（2）优能中学是新东方在 2008 年 3 月份推出的中小学课外辅导品牌，定位于小学毕业生到高中毕业生在内的中学教育，为 13～18 岁的学生提供全科学习培训。优能中学主要有两种教学模式：一是小班，指 6 人以上的小班教学，这是优能中学开始推出时就有的一个传统教学模式，和学而思的小班模式像类似；二是 VIP 个性化教育，新东方于 2009 年 11 月 1 日成立优能个性化学习中心开展家教服务，这和学大的 1 对 1 教学模式相类似。此外，新东方优能还开展酷学酷玩冬/夏令营，在寒暑假期间以英语学习为桥梁，培养中学生的创造能力、自理能力和协作能力，这是新东方特色业务。新东方的优能中学教育依托新东方十八年来优质的教育资源，秉承"提高分数、励志教育、设计未来"的三大理念，

3. 大学生考试培训

大学生考试培训主要有两块：大学生英语考级培训和大学生考研全科培训。英语考级培训是新东方的传统业务，开展比较早，近年受留学英语冲击大，报班人数成下降趋势；考研培训是后来拓展的业务，是新的增长点。

4. 英语培训

这也是新东方的传统业务，训始于 1995 年，目前有三大项目培训体系：新东方新概念英语培训、新东方倍学口语培训、新东方口译、翻译等证书考试培训。

5. 前途出国

前途出国新东方旗下从事出国留学服务的子品牌，提供包括考试指导、留学规划、院校申请、奖学金申请、文书写作、面试指导、签证培训、国际游学等服务，新东方 1996 年就开展此业务，2004 年获得相关部门批准的自费留学中介资格认证。这两年前途出国是新东方增

长最快的业务。

6. 图书及其他

（1）大愚文化。旗下还有北京新东方大愚图书音像有限公司、北京新东方大愚广告有限公司两家子公司。大愚图书音像主要从事新东方系列图书及国内各大出版社的外语图书、软件与音像制品的零售业务，目前已在全国 40 余家分支机构，包括大愚书店（大愚书店主要开在各城市新东方学校里）；大愚广告公司则进行广告创意、宣传策划、品牌推广、印刷品设计等，是面向数百万新东方学员及读者的品牌和产品推广平台。大愚文化虽然营收占比不高，但是是新东方文化产业链的重要一环，对新东方品牌推广、新东方价值观的传播都等起到一定作用。

（2）新东方在线。新东方在线是新东方 2000 年推出的在线教育网站，新东方各大业务线上的很多产品都提供线上服务，新东方在线的作用不仅仅是出售新东方网络课程，还有一个重要功能是在线报名。

（3）精英英语。精英英语 2002 年开始运作，是新东方新东方进行产品扩张进军高端英语培训的产品，定位于职场人士及青少年的英语口语培训，采用 4～8 人小班学习方式，2005 年成立单独品牌。

高端英语培训市场是和新东方留学英语和国内应试英语不同的业务，一直被华尔街英语、英孚教育等国际品牌占据，新东方发展精英英语这么多年，目前只在全国开设 30 多家学习中心。

（4）两所外国语学校。北京新东方扬州外国语学校是小学至高中 12 年一贯制的寄宿制学校，占地 355 亩，建筑面积 14 万平方米，现有学生 3800 多人；北京昌平新东方外国语学校是四年一体制的中学双语教育体系，占地近 500 亩，总建筑面积近 12 万平方米，培养赴美留学的中学生，使他们能完成美国大学本科教育的对接。

（5）一所高考复读学校。长春市新东方同文高考培训学校是吉林一所高考复读学校，建筑面积 10 000 平方米，成立于 1998 年，2008 年 7 月被新东方收购。新东方还曾收购北京一家高考复读学校铭师堂，但后因业绩不佳剥离。

（6）满天星。成立于 2007 年，是针对 0～6 岁儿童的幼教业务，目前有 7 家早教中心和 2 家幼儿园，有两个加盟店，竞争对手有金宝贝、东方爱婴、红缨等。

二、2012 财年新东方各类业务收入占比及业务增长率

根据新东方官网 2012 财年新东方总营收 7.717 亿美元，各类业务收入数据如下，据此我们可以推算出 2012 财年新东方各类业务收入占比。

（1）新东方留学考试培训一直保持着比较高速的增长，2009～2012 财年年复合增长率达到 42.64%，2012 财年营收 43% 达到 2.38 亿美元，但是学员仅增长至 7.3% 达到 34 万人，新东方留学业务一方面是受益于近年国内留学人数的增加，另一方面也是新东方扩大市场份额的成果。

（2）新东方 K12 业务是近年品类扩张做得最成功的业务，2011 财年新东方 K12 业务营收增长 129.76% 至 1.93 亿美元，营收占比 34.64%，超过留学考试业务成为新东方最大的收入来源；2012 财年新东方 K12 业务培训学员次数同比增长超过 25%，达到 132.4 万人次，营收同比增长 52% 达到 2.94 亿美元，营收占比提升至 38.1%。其中，2012 财年泡泡少儿培训学员次数 66.8 万，是新东方培训学员次数最多的业务；2012 财年优能中学培训学员次数增长

38.36%至64.2万，为新东方培训学员次数第二多的业务。

（3）大学生考试培训 2011财年新东方大学生考试培训的学员次数下滑1%至38.43万，营收增长8%至4100万美元，2012财年培训学员次数增长7.5%至41.3万。

（4）英语培训 2011财年培训学员数下降12%至24.33万，营收增长10.22%至5700万美元，2012财年培训学员数下降12.3%至21.3万。

大学生考试培训和英语培训这两块业务由于市场需求问题，虽然增长上没有那么"靓"，但是是新东方的强项，都还有一定学员规模，而且由于该业务是大班模式，利润率也比较高，属于"吃老底"的业务。

（5）目前前途出国在全国将近30家分公司，2011财年营收增长119%至2300万美元，2012财年增长85%达到4250万美元。

（6）图书及其他这项在新东方报表里每年均有体现，2011财年营收增长46%至4900万美元，2012财年营收增长59%至7800万美元。

2012财年新东方各类业务收入情况如图3-15所示，各类业务增长情况如图3-16所示。

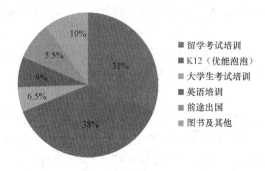

图 3-15　2012财年新东方各类业务收入占比

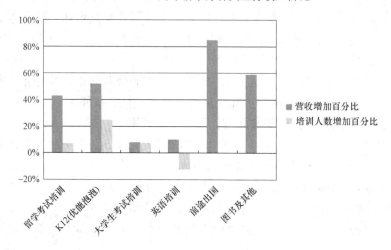

图 3-16　2012财年新东方各类业务增长率

三、主要竞争对手

（1）环球天下新东方雅思业务的主要竞争对手。出国留学考试培训是新东方教育科技集团最早开展的业务，是新东方的招牌业务，新东方在这个领域几乎是没有什么竞争对手的。该领域唯有雅思业务有环球天下可以和新东方一拼，环球天下2010年上市，此前环球天下一直深耕雅思市场，是该细分市场的 No.1，然而新东方雅思业务截至 2010 年 8 月 31 日前 12 个月的营收达到 3300 万美元，而环球天下总营收仅 3200 万美元。

从品牌关注度方面对比：在雅思培训市场，环球雅思以 54.4% 的关注度排名第一，新东方学校位列第二关注度为 16.5%。但在托福、GRE 和 GMAT（留学北美主要语言考试）市场，新东方的品牌关注度超过了九成，占绝对压倒性优势。除了雅思培训和托福、GRE 和 GMAT 这些留学课程，新东方在其他考试类课程比如四六级、考研，以及语言能力课程（包括新概念英语、听说口语、精英英语等）都占有强大的品牌优势。

在中小学教育培训领域，环球雅思的两个品牌为"环球少儿国际英语"和"环球倍趣科学"，主要以加盟连锁为主，并没有形成品牌效应；而新东方的"优能中学全科"和"泡泡少儿英语"不仅品牌关注度高，而且课程体系非常丰富，从而形成了一个"巨无霸"式的教育培训集团。

（2）戴尔、瑞思、迪士尼等是泡泡少儿的主要竞争对手。而优能中学业务所在的中国中小学课外辅导市场目前是国内教育培训行业市场空间最大的，同时也是竞争最激烈的，一是全国性的连锁机构就有好几家，已经上市的就有学而思、学大、安博旗下的京翰等，新东方和他们相比没有太明显的优势，二是 K12 业务区域性特征很强，地方上也有很强劲的竞争对手。新东方之前一直强调的 VIP 个性化辅导业务是留学考试优能中学的个性化服务，其中优能中学的营收占比超过了 50%。目前国内 1 对 1 个性化教育市场空间大，尤其是在大城市需求旺盛，几大教育机构都在抢市场，学大是专注于 1 对 1 个性化服务，学而思近年也加大了智康 1 对 1 的发展，2012 财年新东方 VIP 业务营收增长 71% 达到 2.07 亿美元，营收占比从上财年的 21.5% 上升至 26.84%。

（3）海文、海天等不少专注考研的培训机构是新东方大学生考试培训业务中考研培训的竞争对手。

（4）金吉列、澳际、启德是新东方前途出国业务的强大竞争对手，新东方前途出国的优势在于这块新东方传统的留学考试培训相关联的，学员在新东方参加留学考试服务后，很自然地也可以选择在新东方的留学咨询服务，可以享受一站式服务。

四、中国教育培训行业概况

中国数亿人的人口效应，对教育培训的需求旺盛，使得中国教育行业成为一块超级诱人的大蛋糕。新东方作为中国教育第一股，可谓后来上市的中国教育培训类公司表率。而仅在 2010 年上市的教育公司就有安博、环球天下、学而思、学大。中国教育培训行业的特点总结如下：

（1）市场足够大。中国人口多，现在中国中小学生是 1.9 亿，再加成人学生的话是 2.3 亿、2.4 亿以上。中小学课外辅导市场需求旺盛，几乎是刚性需求，学而思学大们开辟了这个市场，但是这个市场远远没有饱和，也没有一个像新东方在留学英语领域那么强大的品牌，市场特别分散，这给了新东方足够的时间和机会，新东方介入这个市场也正好迎来了行业的一个爆发性增长。

（2）中国的家长对教育都很重视，愿意在孩子的教育上花钱。

（3）教育产业是现金流比较好。从服务行业来讲，教育都是先交钱、后提供服务，所以从财务账上来讲，教育产业一般都有一个很大的递延收入在账上。同时，教育行业的利润率也比较高。

（4）教育产业细分市场竞争激烈。中国教育培训行业这个巨大市场里，竞争非常激烈，其下有许多细分的市场，每一个细分的市场竞争都有一些做得比较好的培训公司，比如中小学课外辅导教育有学而思、学大，远程教育有正保，IT 培训有北大青鸟，考研教育有海文、海天，职业教育有安博等。在这些细分市场此之上，有一个超级巨无霸，这就是新东方。

讨论题

（1）请你为新东方教育科技集团做 SWOT 分析。

（2）面对新的机遇和挑战，你准备为新东方未来的发展提供适当的战略建议是什么？

（3）针对日益强劲的竞争对手，新东方应该采取哪些竞争战略？

第四章 组 织

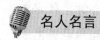 **名人名言**

没有最好的组织形式，而只有比较好的组织形式，而且组织的适应性取决于组织形式与环境需求之间的匹配程度。

——美国斯坦福组织研究中心创造人 W·理查德·斯格特

本章要点

（1）组织的基本理论问题：组织的含义、管理幅度与管理层次、集权与分权、直线与参谋、正式组织与非正式组织等。

（2）组织设计的过程与原则，部门划分的方法及组织结构的基本类型。

（3）人力资源管理的任务、具体内容和程序。

（4）组织变革的动因与类型、阻力及克服方法。

（5）学习型组织的含义、特征及如何创建学习型组织。

案例导读

H公司6年来从艰难创业到成功的经历可以说是一个飞跃。公司现年营业额5.8亿元，经营业务从单一的房地产开发拓展到以房地产为主，集娱乐、餐饮、咨询、汽车维修、百货零售等业务于一体的多元化实业公司，已经成为在全市乃至全省较有实力和知名度较高的企业。近年来公司上下士气高涨，从高层到中层都在筹划着业务的进一步发展问题。房产建筑部要求开拓铝业装修，娱乐部想要租车间搞服装设计，物业管理部甚至提出经营园林花卉的设想。有人提出公司应介入制造业，成立自己的机电制造中心。

公司的创始人赵总在成功的喜悦与憧憬中，更多着一层隐忧。在今天的高层例会上，他在首先发言中也是这么讲的："H公司成立已经6年了，公司可以说经过努力奋斗与拼搏，取得了很大的发展。公司现在面临着许多新的问题，如管理信息沟通不及时、各部门的协调不力。我们应该怎样改变这种情况呢？"

主管公司经营与发展的刘副总，前年加盟公司，管理科班出身，对管理业务颇有见地。他在会上谈到："公司过去的成绩只能说明过去，面对新的局面必须有新的思路。公司成长到今天，人员在不断膨胀，组织层级过多，部门数量增加，这就在组织管理上出现了问题。例如，总公司下设五个分公司：综合娱乐中心（下有嬉水、餐饮、健身、保龄球、滑冰等项目）、房地产开发公司、装修公司、汽车维修公司、物业公司，各部门都各自成体系。公司管理层级过多，总公司有三级，各分公司又各有三级以上管理层，最为突出的是娱乐中心的高、中、低管理层竟多达七级，且专业管理部门存在着重复设置。总公司有人力资源开发部，而下属公司也相应设置人力资源开发部，职能重叠，管理混乱，管理效率和人员效率低下，这从根本上导致了管理成本的加大，组织效率低下，这是任何一个大公司发展的大忌。从组织管理理论角度看，一个企业发展到 1000 人左右，应由以管理机制代替人治，企业由自然生成转向制度生成。我公司可以说是处于这一管理制度变革的关口，过去创业的几个人，十几个人，到上百人，靠的是个人的号召力，但发展到今天，更为重要的是依靠健全的组织机构和科学的管理制度。因此，未来公司发展的关键在于进行组织改革。我认为今天 H 公司的管理已具有复杂性和业务多样化的特点，现有的直线职能制组织形式也已不适应公司的发展了。事业部制应是 H 公司未来组织设计的必然选择。事业部制组织形式适合我们公司这种业务种类多、市场分布广、跨行业的经营管理特点。整个公司按事业部制运营，有利于把专业化和集约化结合起来。当然搞事业部制不能只注意分权，而削弱公司的高层管理。另外，搞组织形式变革可以是突变式，一步到位，也可以是分阶段的发展式，以免给成员造成过大的心理震荡。"

公司创立三元老之一，始终主管财务的大管家——陈副总经理，考虑良久，非常有把握地说道："公司之所以有今天，靠的就是最早创业的几个人，不怕苦、不怕累、不怕丢了饭碗，有的是一股闯劲、拼劲。一句话，这种敬业、拼搏精神是公司的立足之本。目前我们公司的发展出现了一点问题，遇到了一些困难，这应该是正常的，也是难免的。如何走出困境，关键是要加强内部管理，特别是财务管理。现在公司的财务管理比较混乱，各个分部独立核算后，都有自己的账户，总公司可控制的资金越来越少。由于资金分散管理，容易出问题，若真出了大问题怕谁也负不了责。现在我们上新项目或维持正常经营的经费都很紧张，如想再进一步发展，首先应做到的就是要在财务管理上集权，该收的权利总公司一定要收上来，这样才有利于公司通盘考虑，共同发展。"

高层会议的消息在公司的管理人员中间引起了震荡，甚至有些人在考虑自己的去留问题。

资料来源：李海峰，张莹. 管理学——原理与实务. 2 版. 北京：人民邮电出版社，2009.

H 公司的问题出在哪？它的出路在哪？要解决这一问题，就需要我们必须对组织的工作有一定的了解，必须掌握组织的基本概念；组织结构如何设计及组织变革如何进行等理论知识。

第一节　组织的基础

一、组织的含义

1. 什么是组织

"组织"一词具有两种词性。作为名词来使用时，组织是指按照一定的目的、任务和正式结构建立起来的社会实体，即由两个或两个以上的人组成，为了一个共同的目标而一起工作，彼此间形成了一定的正式关系，这样一群人所构成的实体就是组织。如政府机关、工厂、公司、学校、医院等都是各类组织的表现形式。作为动词，组织就是指一项基本管理职能，是指为了有效实现组织的共同目标，对组织的各项业务活动进行合理地分类组合，划分出若干管理层次和部门，进行组织结构设计与职务设计，并为组织结构中的每一个职位配备合适的人员，确定各自的职责与职权，以及规定组织内部成员之间的相互关系，并在此基础上使各项工作相互配合的工作过程。当今社会，人们正是通过各种组织把包括人力、财力、物力和信息在内的一切可以利用的社会资源利用起来，从事各种社会实践活动。

什么是组织？在管理文献中，我们可以找到关于组织的各种定义。管理理论"鼻祖"巴纳德将组织定义为"有意识地加强协调的两个或两个以上的人的活动或力量的协作系统"。根据这个定义，组织应该有明确的目标、交流系统、协作过程，以及为完成组织目标进行合作的人员形成的网络。

（1）有明确的目标。任何组织都是为了实现特定的目标而存在的。组织目标是组织存在的前提和基础。例如，企业的目标就是生产或提供产品、服务并实现盈利；政府的目标就是提供公共产品。从本质上讲，组织本身就是为了实现共同目标而采用的一种手段或工具。两个或两个以上的人走到一起产生了合作意愿，这只是组织存在的基本条件，还必须有一个协作的目的，只有这样，协作意愿才能发展，组织才能存续下去。

（2）是社会实体。从实体角度来理解，为了实现组织目标，组织内部必然要进行分工与合作，没有分工与合作的群体不能称其为组织。分工与合作是由组织目标限定的，体现了组织的有效性。因此，企业一般会根据需要设立不同的部门，每个部门都专门从事一种特定的工作，各个部门之间还要相互配合，这种既分工又合作方式使组织对汇集起来的力量有放大的作用，就如同核裂变一样，力量放大作用是在力量汇集作用基础上产生的，实现"$1+1>2$"的协同效应。

分工以后，为了使各部门、工种及人员各行其职，就要赋予其完成工作所必需的权力，同时，明确各部门及个人的责任。有责无权或有权无责都会使组织内部陷入混乱无序状态，从而背离组织目标。因此，组织要有不同层次的权力与责任体系，这是组织目标实现的保证。

（3）有精心设计的结构和协调的活动性系统。作为一个实体，组织必然是由许多部门、成员及要素按照一定的联络形式组合而成的框架体系，即组织结构。当外部环境、技术规模或竞争战略发生变化时，组织结构也应作出相应的调整。管理者面临的挑战是如何通过设计组织结构来实现组织的目标。组织结构决定了正式的报告关系，包括管理层级数和管理者的管理跨度；决定了如何由个体组配成部门，再由部门组合成组织。一个组织为了达到目标，需要有许多部门，各个部门之间又要相互配合，它通过所设立的一套系统来保证跨部门的有效沟通、合作与整合。一个理想的组织结构应该方便其成员在必要的时候提供横向信息、进行横向协调。

（4）与外部环境相联系。组织存在于不同类型的环境中，它在一个特定的环境中发挥其功用，环境与组织之间既相互影响又相互作用。一般情况下，稳定环境中的组织有正规的结构，行动也较有规律；动荡环境中的组织则较灵活，缺少正规的结构。当组织需要对外部环境的迅速变化作出反应时，部门间的界限同组织间的界限一样变得灵活多变。若没有顾客、竞争者、外部环境及其他相关因素的影响，组织便不存在。

2. 组织的构成

1979 年，亨利·明茨伯格在《组织设计：样式还是适应》一文中提出，组织是由技术核心、高层管理、中层管理、技术支持和行政支持五个部分所组成的框架。这五个组成部分的大小、强弱和重要性取决于组织的环境、技术和其他因素。如图 4-1 所示。

（1）技术核心。技术核心发挥着生产子系统的功能，组织生产产品并提供服务。这是从输入向输出的基本转化。在制造公司，技术核心是生产部门，在大学就是教师和班级，在医院就是医疗活动。

（2）技术支持。技术支持功能帮助组织适应内外部环境。技术支持的雇员如工程师和研究员，需要不断地审视环境中的问题、机会和技术的发展情况。技术支持负责技术核心中的创新，帮助组织进行革新和调整。

（3）行政支持。行政支持的功能是负责组织的运行和组织的维护保养，包括物质方面和人的要素。这包括人力资源活动如招聘和解聘、建立补偿和福利制度、员工培训和培养及如机器的售后服务和设备维修这样的维护活动。

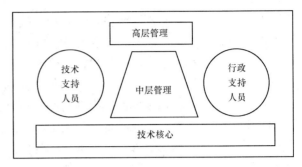

图 4-1　组织的五个基本部分

（4）高层与中层管理。管理是一个特殊的子系统，它负责指导和协调组织的其他部分。高层管理为整个组织提供方向、战略、目标和政策。中层管理负责部门层级的执行和协调及高层管理与技术核心之间的协调，如执行规则和传递自上而下的信息。

在现实的组织里，这五个部分相互关联并且经常执行一个子系统以上的功能。例如，管理者既协调和指导系统的其他部分，同时还参与行政和技术支持的工作。在行政支持范围，人力资源部门负责从外部环境寻找满足要求的雇员。采购部门获取所需的资料。在技术支持领域，研究开发部门保持与外部环境紧密联系以便了解新的技术发展情况等。

二、管理幅度与管理层次

1. 管理幅度

（1）管理幅度的含义。所谓管理幅度，也称组织幅度，是指组织的一名上级主管，能直接而有效地指挥和领导下属人员的数量。一名组织的领导者，由于受知识、经验、时间、精力、条件等各方面的限制，能够有效、直接地指挥和领导的下级人数总是有限的，超过了一定限度，就会降低管理的效率。

（2）管理幅度对组织的影响。管理幅度的概念很重要，因为它在很大程度上决定了组织的层数和管理人员的数目。当员工人数一定时，管理幅度和管理层次成反比关系，管理幅度越大，管理层次越小，反之，管理幅度越小，管理层次越大。

当组织减小管理幅度时：①管理层次增多，管理人员增加，相互之间的协调工作难度加大，所花费的时间、精力和费用都要增加，管理成本也加大；②上下级之间的信息传递容易发生遗漏和失真；③办事效率低，容易助长官僚主义。

当组织扩大管理幅度时：①管理层次减少，精简组织机构和管理人员，用于协调的时间和费用会减少，成本会下降；②信息传递渠道缩短，可以提高工作效率；③管理幅度扩大会使主管人员对下属的具体指导和监督从时间看相对减少；④管理幅度过大也会导致管理失控，出现各自为政的现象。

（3）管理幅度的确定方式。法国早期的管理学家格拉丘纳斯在 1933 年指出，管理幅度以算术级数增加时，管理者和下属间可能存在的相互交往的人际关系数以几何级数增加。他把上下级之间的关系划分为三种类型：

1）直接的单一关系，即上级直接个别地与下级发生联系；

2）直接的组合关系，即上级与下属人员的各种可能组合之间发生联系；

3）交叉关系，即下属之间彼此发生联系。

那么，在一定的管理幅度下可能存在的联系总数，或称人际关系数，可用如下的公式来表示：

$$C = n(2^{n-1} + n - 1)$$

式中，C 为可能存在的人际关系数，n 为管理幅度。

例如，$n=2$ 时，则 $C = 2 \times (2^{2-1} + 2 - 1) = 6$。

$n=3$ 时，则 $C = 3 \times (2^{3-1} + 3 - 1) = 18$。

依据上面的公式，可以得到一个关系表，见表 4-1。

表 4-1   人际关系数与管理幅度

n	1	2	3	4	5	6	7	8	9	10	…
C	1	6	18	44	100	222	490	1080	2376	5210	…

随着下属人员的增多，相互联系的总量急剧增加，组织内部的关系迅速变得错综复杂，因而使管理工作也变得更加复杂。因此，必须妥善处理方方面面的各种关系才能保持协调，这就需要科学地确定管理幅度问题。

（4）确定管理幅度时应考虑的因素。

1）工作能力。工作能力包括管理者的工作能力和其下属的工作能力。一个组织中，如果下属的工作能力很强，知识和经验都很丰富，技能水平也很高，不需要其上级对其进行很多的业务指导，则主管人员的管理幅度就可大一些；如果主管人员自身的工作能力强，办事果断，决策迅速，则管理幅度在一般情况下也可略大一些。

2）工作内容和性质。

主管所处的管理层次。主管的工作在于决策和用人。处在管理系统中的不同层次，决策与用人的比重各不相同。决策的工作量越大，主管用于指导、协调下属的时间就越少。而越接近组织的高层，主管人员的决策职能越重要，所以其管理幅度要较中层和基层管理人员小。所以，一般处于较高管理层次的管理者，应有较小的管理幅度，而处于较低管理层次的管理者，因要处理大量日常事务，而可有较大的管理幅度。

下属工作的近似性。如果组织从事的各项工作在性质上具有较强的相关性，则对每位下属工作的指导和建议大体相同。这种情况下，同一主管对较多下属的指挥和监督是不会有什么困难的。

非管理事务的多少。主管作为组织中不同层次的代表，往往必须占用一定的时间去进行一些非管理性事务。这种现象对管理幅度也会产生影响。

3）工作条件。

助手的配备。如果有关下属的所有问题，不分轻重缓急，都要主管去亲自处理，那么必然要花费他大量的时间，他能直接领导的下属数量也会受到一定的限制。如果给主管配备了得力助手，可由助手去和下属进行一般的联络，并能直接处理一些次要问题，则可以大大减少主管的工作量，增加其管理幅度。

信息反馈情况。信息沟通的技巧、有效性及文牍工作的数量都会对管理的跨度有影响，沟通越有效则幅度越宽。如果信息反馈快，上下级意见能及时交流，左右关系能及时协调配合，则管理幅度就可宽些，反之则应该窄些。

工作地点的相近。不同下属的工作岗位在空间上的分散，会增加下属与主管及下属之间的沟通困难，从而会影响主管直属部下的数量。

4）组织的发展阶段和经营形势。管理幅度与组织的不同发展阶段和经营形势都有着密切的联系。当组织处在初创阶段时，管理幅度可能较小；随着组织的不断发展和成熟，管理幅度就有可能相应扩大。在组织的经营形势比较稳定时，各方面工作健康有序，此时的管理幅度就可扩大；在组织的经营形势不稳定时，上级需花更多的时间去关注环境的变化，考虑应变措施，用于指导下属工作的时间和精力就变少了。因此，环境越不稳定，各层主管人员的管理幅度越受到限制。

2. 管理层次

（1）管理层次的含义。管理层次是指行政指挥系统分级管理的各个层次。组织中的员工，少则几十、几百、上千人，多则数千、数万、数十万人。面对如此之多的人，组织的主管不可能对每一位员工直接进行指挥和管理，这就需要设置不同的管理层次，实行分级负责管理。

（2）管理层次对组织的影响。一般说来，组织内的管理层次应尽量少，因为减少管理层次有以下优点：①可以减少管理人员，节约管理费用；②可以加快信息沟通，减少信息传递中的遗漏和失真，有助于提高管理工作效率；③使上下级直接接触，增进共识，加强指导，提高领导工作的有效性；④有利于扩大下属的管理权限，调动下属人员工作的积极性、主动性和创造性，提高其管理能力和管理水平；⑤可以克服机构庞杂、人浮于事、文件过多、官僚主义等机关过多综合症。

值得注意的是，减少管理层次不是目的，只是手段。管理层次并不能随意减少，而是要受到有效管理幅度的限制，如果管理层次过少，也会影响到管理的有效性。

（3）影响管理层次的因素。

1）组织的规模。规模较小的组织，其管理层次应较少。例如，国外对128个组织的研究指出，100个员工的公司大致有四个管理层，1000个员工的公司大致有八个管理层，而10 000个员工的公司则一般有七八个管理层。

2）技术的影响。许多研究显示，技术越复杂，管理层次越多。有关专家通过对拥有100人以上员工的公司研究指出，单件小批生产组织，平均有三个管理层次；而大量大批生产组织，平均有四个管理层次；一些复杂的联合组织，则平均约有六个管理层次。

3. 管理幅度与管理层次的关系

管理层次的多少与管理幅度的大小密切相关。在员工人数一定的情况下，一个管理者能直接管理的下属人员的数量越多，那么该部门的管理层次就越小；反之，管理层次就多。由于管理幅度大小的原因，形成了两种类型的组织结构：①垂直式的组织结构，这种类型组织结构的管理幅度小，管理层次多；②扁平式的组织结构，这种类型组织结构的管理幅度大，管理层次少。

垂直式的组织结构如图4-2所示，它属于管理层次多而管理幅度小的集权型组织结构。其优点是可以具有高度的权威性和统一性，决策和行动都比较迅速。其缺点是管理层次多，信息传递慢，管理成本高，缺乏灵活性和适应性。当工作要求不明确、工作成果不易考核、下属之间工作依赖性强时比较适合这种组织结构。

扁平式的组织结构如图4-3所示。此组织结构管理者管理跨度宽，层次少。其优点是由于扁平结构层次少，有利于缩短上下级距离，信息纵向流通速度快，传递过程中失真程度也较小，节约管理费用。此外，较大的管理幅度也有利于下属主动性和创新精神的发挥。其缺点是主管人员负担重，有失控的危险，对下属人员的素质要求较高。

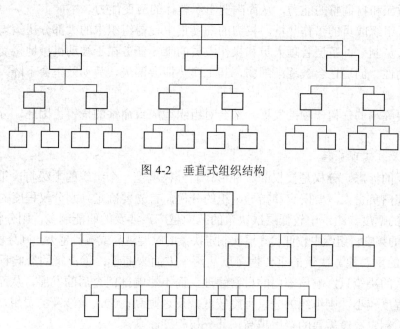

图 4-2 垂直式组织结构

图 4-3 扁平式组织结构

以上两种结构各有特点，一个组织究竟采用哪种结构形式好，必须根据具体情况而定，使管理跨度和组织层次均衡，尽可能综合两种组织结构的优势，以投入产出的效果为依据来达到组织的目标。

三、集权与分权

集权是指决策权在很大程度上向处于较高管理层次的职位集中；分权则意味着决策权在很大程度上分散到整个组织中。在组织管理中，集权和分权是相对的概念，如果最高主管把他所拥有的职权全部委派给下属，那么作为管理者的身份就不存在，组织也就不存在；如果最高主管把权力都集中在自己手里，因而也不存在组织。良好的管理是建立在集权与分权和谐一致的基础上。

1. 组织中的集权倾向及其弊端

集权可以保证组织整体政策的一致性，保证决策执行的速率。集权也可以使整个组织统一认识，统一行动，统一处理对内对外的各种事务，从而防止政出多门，互相矛盾。同时，在集权体制下，任何问题一经决策，便可借助高度集中的行政指挥体系，使多个层级迅速组织实施。

当组织规模较小的时候，高度集权可能是必需的，而且可以充分显示出其优越性。但随着组织规模的发展，如果将许多决策权过度地集中在管理高层，则可能出现如下弊端：

（1）降低决策质量。若大规模组织的主管远离基层，每当基层发生问题后，经过层层请示汇报再作决策，不仅影响决策的正确性，而且影响决策的及时性。信息在传递过程中可能被扭曲，很难保证决策的质量。即使制订了正确决策，由于信息传递环节多，就可能导致决策迟缓，影响决策的执行。

（2）降低组织适应力。处在动态环境中的组织必须根据所处环境因素的变化不断进行调整。这种调整既可能是全局性的，也可能且经常是局部性的。过度集权的组织，可能使各个部门失去自适应和自调整的能力，从而削弱组织整体的应变能力。

（3）降低组织成员的工作热情。权力的高度集中使得组织中的大部分决策均由最高主管或高层管理人员制订，基层管理人员和操作人员的唯一任务在于被动机械地接受、执行。其积极性、主动性、创造性会被逐渐削弱，其工作热情会消失，劳动效率会下降，从而使组织的发展失去基础。

上述主要弊端的任何一项的发展，都会对组织造成致命性的危害，因此，分权是组织发展的必然要求。

2. 分权及其实现途径

（1）分权的标志。分权是授权的一种形式。分权就是一个组织的上级将决策权力分配给下级机构和部门负责人。要研究和指导组织的分权，首先要确定判别分权程度的标志。

1）决策的幅度。组织中较低层次决策的范围越广，涉及的职能越多，则分权程度越高。

2）决策的频度。组织中较低管理层次制定决策的频度越高或数目越大，则分权程度越高。

3）决策的重要性。决策的重要性可以从两个方面来衡量：①决策的影响程度，如果组织中较低层次的决策只影响该部门的日常管理，而不影响部门今后的发展，从而决策对整个组织的影响程度较小，则组织的分权程度较低，反之则高；②决策涉及的费用，一个组织低层次管理部门制定决策需要的费用越高，其分权程度越高。

4）对决策的控制程度。如果高层次对较低层次的决策没有任何控制，则分权程度极高；如果低层在决策后要向高一级管理部门报告备案，则分权程度次之；如果低层在决策前要征询上级部门的意见，则分权程度更低。

（2）分权的影响因素。组织中存在许多促进分权的因素。组织规模越大，管理层次越多，权力往往随着组织规模的扩大和管理层次的增加而与职责一起逐层分解。组织的某个工作单位如果远离总部，组织管理活动分散，则往往需要分权。为使组织在内部造就高层管理的后备人选，使下层单位主管有更多实践权力的机会，能独当一面，也需要分权。

同时也存在不少妨碍分权的因素。一是政策的统一性。组织作为一个统一的社会单位，要求内部的各方面政策是统一的。分权则可能对组织的统一性起到某种破坏作用。二是缺乏具备良好训练的管理人员。分权导致基层决策权增加，要求这些权力被正确、有效地运用，才能促使组织效率的提高。而正确地运用权力要求管理人员具备相应的素质。现有组织如果缺乏足够的符合要求的低层管理人员，则往往会对进一步分权造成限制。

（3）分权的途径。权力的分散可以通过两个途径来实现：组织设计中的权力分配与主管人员在工作中的授权。制度分权（权力分配）与授权的结果虽然相同，都是使较低层次的管理人员行使较多的决策权，即权力的分散化，然而实际上这两者是有明显区别的：

1）制度分权是在详细分析、认真论证的基础上进行的，因此具有一定的必然性；而工作中的授权则往往与管理者个人的能力和精力、拥有的下属的特长、业务发展情况相联系，因此具有很大的随机性。

2）制度分权是将权力分配给某个职位，因此，权力的性质、应用范围和程度的确定，需根据整个组织结构的要求而定；而授权是将权力委任给某个下属，因此，委任何种权力、委任后应作何种控制，不仅要考虑工作的要求，而且要依据下属的工作能力确定。

3）分配给某个管理职位的权力，如果调整的话，不仅影响该职位或部门，而且会影响与组织其他部门的关系。因此，制度分权是相对稳定的。相反，由于授权是某个主管将自己担任的职务所拥有的权限因某项具体工作的需要而委任给下属，这种委任可以是长期的，也可以是暂时的。长期的授权可能在组织结构调整时成为制度分权。

4）制度分权主要是组织工作的一条原则；而授权则主要是领导者在管理工作中的一种领导艺术，一种调动下属积极性、充分发挥下属作用的方法。

🔍 **管理实践资料链接七**

7天酒店的分权与集权

7天酒店拥有300多家连锁酒店，在行业中排名第二。经济型连锁酒店提供基础的住宿服务，通常强调运营的标准化，在酒店装潢、服务流程和标准方面力求一致。而运营的标准化往往通过详尽而严格的管理制度来实现，例如如家的"运营文件汇编"多达16册。但在7天，关于运营管理的文件只有几张纸，每一家店长都被赋予极大的管理权力：自主决定客房的布置和摆放，决定员工的去留，决定推广活动的费用。

2007年年初，7天大胆决定削弱总部对单店的控制，给予店长充分的权力，不再设区域经理和总监。CEO郑南雁将这种管理比喻为"交警式管理"。在修好高速公路、设置路牌和摄像头后，交警只负责纠正违法行为，司机——也就是7天的店长——要靠自我驱动力前进。在7天，店长有着超乎想象的权力。"除了服务标准，其他方面我都可以变。"7天北京朝阳门店店长王伟说："我的上面没有直接领导。相当于是公司给了我500万（投资），我自己来当CEO。"

店长可以进一步向员工授权。7天学院路店店长王星说，"在遇到严重投诉的情况下，员工不用请示我，直接可以给客人免去房费。""第一时间增加客人对7天的好感，比房费更重要。"王星希望借此让员工有担当意识，"我信任他们，他们也会清楚自己担当的责任。"

在7天，你很难通过着装发现谁是店长。最初，每位店长也被要求穿西装、系领带。但在2007年年初，这一要求废除了，转而鼓励店长应尽可能和员工着装一致。"我最开始接受不了，如果我和员工穿得一样，客人怎么信服我们？"王伟回忆说。郑南雁则希望7天的每一位员工都可以解决问题，而不是将问题推给店长。"如果我穿得不一样，员工会本能觉得，这问题我解决不了，你来吧。"王伟说。

7天只通过财务和业绩来控制及考核每位店长，每季度，7天会对所有店长进行考核，内容涵盖盈利情况、客人满意度、员工快乐指数等，并最终作一个全国性排名。入住率是考核的硬指标，每个月的平均入住率不得低于85%，如果在半年内低于此标准，店长将被更换。为了保证分店（店长和员工）的利益和公司的整体利益一致，7天的绩效考核不是给每个店以独立的目标和利润指标，而是要看它能够给7天整个网络带来多少贡献。例如客人如果要住到其他分店去，店长必须保证这种转店渠道的畅通。

7天将这种管理方式称为"放养式管理"。CEO郑南雁说，"传统的科层式管理会导致CEO一个错误决定造成层层错误。"7天将管理建立在"成年人与成年人"之间的信任基础上，总部除了控制财务、销售之外，尽可能释放分店的能动性和创造性。"只要牧羊人与羊的目标一致，管理成本就可大大降低。"不过，郑南雁也坦承："这种管理方式最大的风险是适应不了快速扩张，如果一位店长没选对，就会带来极大的试错成本。"

授权的制度要求总部采取更灵活的控制机制。例如，7 天有一项"奢侈税"，指的是各分店的业务招待费、交通费之类的活动经费，其用途和额度等由店长自行掌握，但每月会统计所有分店的费用并计算出平均数，各分店依此多退少补。

在向店长授权的同时，7 天总部更多依靠强大的 IT 中央系统保持控制。7 天坚持刚性价格，去除了传统酒店中的"总经理价、中介价、团队价"等价格体系，即使郑南雁本人也没有"特权"。这样的做法不仅消除了可能存在的灰色交易，也使得客人增加了对 7 天预订系统的信任感。7 天严格贯彻客房资源的"中央集权"制度，要求分店不能做预订，客源必须由总部掌握，优先保证中央预订的房源，使消费者在网络预订系统上看到的订单和价格，一定和打电话到前台问到的结果是一样的。

总部的"房态监控系统"可以通过监控房间的用电来核实实际的住宿情况，只要有用电就有人住宿，没用电就视为空房，完全杜绝了酒店业"偷房"（顾客不经过 7 天系统入住，私下将住宿费付给服务员或店长）的灰色交易。7 天建立了一个公开论坛，只需注册便可上去随意发言。"无形中为'7 天'节省了内部管理成本。只要论坛足够透明和公开，完全可借由它进行客户分析与研究。"

在 IT 系统之外，7 天还建立了区域自我管理机制，这就是"执政官"制度。执政官由区域的某位店长兼任，通过区域内全体店长选举产生，有一定任期。执政官主要负责提升区域业绩、组织协调区域店长及财务、绩效考核等工作，但不能直管店长。执政官可以保证各家店的意见和需求能快速传达上去。

郑南雁认为，有效率的低成本控制、放权的管理模式和强大的 IT 系统是 7 天的核心竞争力，支持着企业的持续增长。他的最新计划是 5 年内将分店数发展至 1800 家，超越如家。

资料来源：格里芬. 管理学. 刘伟，译. 北京：中国市场出版社. 2010.

四、直线与参谋

随着组织的成长和发展，劳动分工与专业化分工愈加细化，组织规模也日益庞大。管理人员无法通晓所有的专业技能和知识，特别是上层管理人员普遍感到力不从心。因此，必须在组织中建立咨询部门与辅助机构以形成直线指挥与辅助参谋相结合的体制，以便更好地开展组织活动和实现组织目标。然而在现实中，直线与参谋的矛盾经常是导致组织缺乏效率的主要原因。因此，正确处理直线与参谋的关系，充分发挥参谋人员的合理作用，是实现组织职权的一项重要内容。

1. 直线和参谋的含义

在组织中，直线组织被赋予基本的职权是指对于实现目标负直接职责的那些职能。直线关系是一种命令关系，是上级指挥下级的关系。这种命令形成一种等级链。链中每一个环节的管理人员都有指挥下级工作的权力，同时又必须接受上级管理人员的指挥，这种指挥和命令的关系越明确，即各管理层次直线主管的权限越清楚，就越能保证整个组织的统一指挥。直线关系是组织中管理人员的主要关系，组织设计的重要内容便是规定和规范这种关系。

参谋机构是指为实现组织目标负有间接职责的一些职能机构。参谋关系是伴随着直线关系而产生的。组织的规模越大，活动越复杂，参谋人员的作用就越重要，参谋的数量就越多，从而参谋与直线的关系就越复杂。参谋的设置是为了方便直线主管的工作，减轻他们的负担。参谋人员是同层次直线主管人员的助手，是直线管理人员个人权力的一种扩大和延伸，主要的任务是提供某些专门服务、进行某些专项研究以提供某些对策建议。

所以，直线与参谋主要是两类不同的职权关系。直线关系是一种指挥和命令的关系，授予直线人员的是决策和行动的权力；而参谋关系则是一种服务和协助的关系，授予参谋人员的是思考、筹划和建议的权力。

2. 直线与参谋的矛盾

从理论上来说，设置作为直线主管的助手的参谋职务，不仅可以保证直线的统一指挥，而且能够适应管理复杂活动需要多种专业知识的要求。然而在实践中，直线与参谋的矛盾往往是组织缺乏效率的原因之一。考察这些低效率的组织活动，通常可以发现两种不同的倾向：①虽然保持了命令的统一性，但参谋作用不能充分发挥；②参谋作用发挥失常，破坏了统一指挥的原则。因此，在实际工作中，直线与参谋的矛盾时常发生。由于参谋人员只有服务和建议的权利，对于直线人员的工作没有任何约束力；而对直线人员来说，他们需要对自己所辖部门的工作负责，对参谋的建议完全可以不重视，只根据自己的认识和判断行事。这样参谋人员往往会不自觉地寻求上级直线主管的支持。这就会更加激化直线和参谋的矛盾。

3. 正确发挥参谋的作用

要解决直线与参谋的矛盾，综合直线与参谋的力量，就要在保证统一指挥与充分利用专业人员的知识这两者之间实现某种平衡。即正确认识参谋发挥作用的方式和特点，充分发挥参谋的作用，以提高组织的绩效。为了实现此目的，我们应从以下几方面着手。

（1）明确职权关系。只有明确了直线与参谋各自的性质与职权关系的特点，直线与参谋才有可能防止相互之间产生矛盾，以积极的态度去解决已产生的矛盾。对直线人员来说，要了解参谋工作，自觉地发挥参谋的作用。对参谋人员来说，要明确自己工作的特点，认识到参谋存在的价值在于协助和改善直线的工作，而不是去削弱他们的职权，才有可能在工作中不越权争权，发挥作用。而直线主管对采纳何种方案，采取何种行动，要担负一定的风险和责任。总之，直线人员与参谋人员都必须对自己的工作负完全的责任。直线与参谋，越是明确各自的工作性质，了解两者的职权关系，就越有可能重视对方的价值，从而处理好相互间的关系。

（2）授予参谋人员必要的职能权力。为确保参谋人员合理发挥作用，授予他们必要的职能权力往往是必需的。明确参谋人员的职能权力是指直线主管把原本属于自己的指挥和命令直线下属的某些权力授予有关的参谋部门或参谋人员行使，从而使这些参谋部门不仅具有研究、咨询和服务的责任，而且在某种职能范围内具有一定的决策、监督和控制权。

（3）向参谋人员提供必要的条件。要取得参谋人员的帮助，必须首先帮助参谋人员的工作，向参谋人员提供必要的工作条件，特别是有关的信息情报，使他们能及时地了解直线部门的活动进展情况，从而能够提出有用的建议。

五、正式组织与非正式组织

1. 正式组织与非正式组织的含义及特征

正式组织与非正式组织也是组织类型划分的一种基本方法。按组织的形成方式分，可以把组织分为正式组织和非正式组织两类。

正式组织是管理者通过正式筹划，为了达到某一目标而按照一定程序建立的，具有明确的职责关系和协作关系的群体。正式组织的基本特征是目的性、正规性和稳定性。

非正式组织是伴随着正式组织的运转而形成的。经过长期的接触，组织成员由于认识基本一致或者性格、业余爱好及感情相投而走到一起，形成的一些与正式组织有联系但又独立于正式组织的小群体。与正式组织相对应，非正式组织的基本特征是自发性、内聚性和不稳定性。

2. 正式组织与非正式组织的区别

（1）从产生来看。组织设计的目的是为了建立合理的组织机构和结构，规范组织成员在活动中的关系，设计的结果便形成了所谓的正式组织。这种组织有明确的目标、任务、结构、职能及由此决定的成员间的责权关系，对个人具有某种程度的强制性。非正式组织是伴随着正式组织的运转而自发形成的。在正式组织展开活动的过程中，组织成员之间由于工作性质相近、社会地位相当、对一些具体问题的认识基本一致、观点基本相同，或者性格、业余爱好及感情相投，或有切身的利害关系等产生了一些被大家所接受并遵守的行为规则，从而使原来松散、随机的群体渐渐成为趋向固定的非正式组织。

（2）从是否程序化来看。正式组织的设立、运作和解散都是经过程序化的过程，而非正式组织则更多地体现非程序化的特征。

（3）从维系原则和标准来看。维系正式组织的主要是理性的原则，而维系非正式组织的，主要是接受与欢迎或孤立与排斥等感情上的因素。同时，正式组织的活动以成本和效率为主要标准，要求组织成员为了提高活动效率和降低成本确保形式上的合作，并通过对他们在活动过程中的表现予以正式的物质与精神的奖励或惩罚来引导他们的行为；而非正式组织则主要以感情是否融洽为标准，它要求成员遵守共同的、不成文的行为规则，以赞许、欢迎和鼓励来支持那些自觉遵守或维护规范的人。

3. 非正式组织的影响

（1）非正式组织的积极作用。

1）满足员工的需求。非正式组织是自愿形成的，它能为成员提供满足感，最主要的是满足成员心理上的需求。正式组织强调组织的效率而忽视了个人的感情。而非正式组织是以感情为基础的，合得来的就聚在一起，相互尊重，自由沟通，能给组织成员带来归属感和自尊等。

2）易于产生和加强合作精神。组织成员在非正式组织中的频繁接触会使相互之间的关系更加和谐、融洽，从而易于产生和加强合作精神。这种非正式的协作关系如能带到正式组织中来，无疑有利于促进正式组织的活动协调地进行。

3）帮助正式组织起到一定的培训作用。非正式组织对其成员在正式组织中的工作情况往往也非常重视。对于那些工作困难者、技术不熟练者，非正式组织的伙伴往往会给予指导和帮助。这种自觉、善意的帮助，可以促进他们技术水平的提高，从而帮助正式组织起到一定的培训作用。

4）规范组织成员的行为。非正式组织为了群体的利益，为了在正式组织中树立良好的形象，往往会自觉或自发地帮助正式组织维护正常的活动秩序。虽然有时也会出现非正式组织成员犯了错误互相掩饰的情况，但为了不使整个群体在公众中留下不受欢迎的印象，对那些严重违反正式组织纪律的成员，非正式组织通常会根据自己的规范，利用自己特殊的形式予以惩罚。

5）对正式信息通道进行补充。非正式组织有十分畅通的信息渠道，这是正式组织重要的信息补充来源。当然这种信息也有两面性，错误的信息有可能造成不好的后果。

（2）非正式组织的消极作用。

1）非正式组织的目标如果与正式组织冲突，则可能对正式组织的工作产生极为不利的影响。例如，正式组织力图通过职工之间的比赛达到调动积极性、提高产量与效益的目标；而非正式组织则可能认为比赛会导致竞争，从而抵制比赛，想方设法阻碍和破坏比赛的展开，避免造成非正式组织成员间的不和，其结果必然影响组织比赛的气氛。

2）非正式组织往往会束缚成员的个人发展。有些人虽然有过人的才华和能力，但非正式组织一致性的要求可能不允许他冒尖，从而使其个人的才智不能得到充分发挥，对组织的贡献不能增加，这样便会影响整个组织工作效率的提高。

3）非正式组织的压力还可能会影响正式组织的变革，发展组织的惰性。这并不是因为所有非正式组织成员都不希望改革，而是因为其中大部分人害怕变革会改变非正式组织赖以生存的正式组织的结构，从而威胁非正式组织的存在。

（3）如何发挥非正式组织的积极作用。为了实现正式组织的目标，管理人员需要积极利用非正式组织的贡献，努力克服和消除它的不利影响。

1）要允许甚至鼓励非正式组织的存在，为非正式组织的形成提供条件，并努力使之与正式组织吻合。例如，在正式组织开始运转以后，注意展开一些必要的联欢、茶话会、旅游等旨在促进组织成员感情交流的联谊活动，为他们提供业余活动的场所，在客观上为非正式组织的形成与发展提供条件。

2）通过建立和宣传正确的组织文化来影响非正式组织的行为规范，引导非正式组织作出积极的贡献。非正式组织形成以后，正式组织既不能利用行政方法或其他强硬措施来干涉其活动，也不能任其自由发展，因为这样有产生消极影响的危险。因此，对非正式组织的活动应该加以引导，把非正式组织的目标引导到有利于组织目标实现的轨道上来。这种引导可以通过借助组织文化的力量，影响非正式组织的行为规范来实现。

3）注意做好非正式组织领袖人物的工作，充分发挥他们的作用，使他们成为正式组织的重要助手。

第二节 组织设计与组织结构

一、组织设计

1. 组织设计的概念与任务

（1）组织设计的概念。组织设计就是把为实现组织目标而需完成的工作，不断划分为若干性质不同的业务工作，然后再把这些工作组合成若干部门，并确定各部门的职责和职权的过程。即对组织的结构和正式的沟通体系作分工、协调、控制及责任进行评价和选择，把组织内的任务、权利和责任进行有效组织协调，使组织保持灵活性和适应性，以实现组织目标的过程。

组织设计需要对多个因素进行诊断，这些因素包括组织的文化、权利、政治行为及工作的设计等。组织设计代表了决策制订过程（包括战略因素、环境因素、科技因素、组织规范和组织文化）的结果。确切地说，组织设计能使信息流通和决策通畅，使在各岗位、团队、部门及分部之间创造一种积极的协作。只有这样，组织才能对环境中的变化做出迅速反应。

（2）组织设计的任务。组织设计的任务是设计清晰的组织结构，规划和设计组织中各部门的职能和职权，确定组织中职能职权、参谋职权、直线职权的活动范围并编制职务说明书。组织结构系统图的基本形式如图 4-4 所示。图中的方框表示各管理职务或相应的部门；箭头表示权利的指向；通过箭头将各方框的连接，表明了各管理职务或部门在组织结构中的地位及它们之间的相互关系。职位说明要求能简单明确地提出：该管理职务的工作内容、职责与权力、与组织中其他部门和职务的关系，以及要求担任该职务者所必须拥有的基本素质、技术知识、工作经验、处理问题的能力等条件。

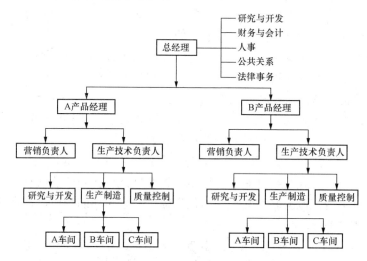

图 4-4　组织结构系统图

为了提供上述两种组织设计的最终成果，组织设计者要完成以下三方面的工作：

1）职务设计和分析。组织系统图是自上而下绘制的，在研究现有的组织改进时，也往往是自上而下地重新划分各部门的职责来着手进行。但是设计一个全新的组织结构却需要从基层开始。

职务设计和分析是组织设计的最基础工作。组织首先需要将总的任务目标进行层层分解，职务设计便是在目标活动逐步分解的基础上，设计和确定组织内从事具体管理工作所需的职务类型和数量，分析担任每个职务的人员应负的责任、应享有的权利及应具备的素质条件。

2）部门划分。根据各个职务之间工作内容的性质及职务间的相互关系，依据一定的原则，可以将各个职务组合成被称为"部门"的管理单位。对同一组织来说，在不同时期背景下，环境和条件的不同，划分部门的标准可能会不断动态调整。

3）组织结构的形成。职务设计和部门划分是根据工作要求来进行的。在此基础上，还要求组织内外能够获取现有的人力资源，对初步设计的部门和职务进行平衡并协调各部门、各职务的工作量，以使组织机构更合理。如果再次分析的结果证明初步设计是合理的，那么剩下的任务便是根据各自工作的内容和性质，规定各管理部门之间的职责、权限及义务关系，使各管理部门和职务形成一个严密的网。

2. 影响组织设计的因素

管理职务及结构的设计是为了合理组织管理人员的劳动。而需要管理的组织活动总是在一定的环境中利用一定的技术条件，并在组织总体战略的指导下进行的。组织设计不能不考虑这些因素的影响。同时，组织的规模、环境、技术及组织不同的发展阶段也影响组织的结构。

（1）战略。一个组织的战略是指决定和影响组织活动性质及根本方向的总目标，它涉及一定时期内组织的全局方针、主要政策与任务的运筹谋划，它决定着本组织在一定时期内活动方向和水平，它是制订策略和计划的准绳。不同的战略要求不同的业务活动，从而影响管理职务的设计；战略重点的改变，会引起组织的工作重点及各部门与职责在组织中重要程度的改变。所以，战略的类型不同，组织活动的重点不同，组织结构的选择也不同。例如，从企业对待竞争的方式和态度来看，梅尔斯（R.E.Miles）和斯诺（C.C.Snow）将企业的战略分为保守型、风险型和分析型等类型。

1）保守型战略与组织结构。当企业选择保守型战略时，其战略目标为企业将致力于保持该产品已取得的市场份额，集中精力改善企业内部生产条件，提高效率，降低成本。在组织设计上会强调提高生产和管理的规范化程度，以及用严密的层级控制来保证生产和工作的效率。因此，采用刚性组织结构是这类企业的基本特征。

2）风险型战略与组织结构。当企业选择风险型战略时，其战略目标要求企业必须不断开发新产品，开拓新市场，实行新的经营管理方法以应对动荡变化的环境。为满足组织不断开拓和创新的需要，在组织设计上应以保证企业的创新需要和部门间的协调为目标，因此，采用柔性组织结构是这类企业的基本特征。

3）分析型战略与组织结构。当企业选择分析型战略（该战略介于保守型战略与风险型战略之间）时，它力求在保守和风险之间保持适当的平衡，尽可能风险最小而收益最大。所以采用此种战略的企业的组织结构设计同时具有刚性和柔性的特征。

企业战略类型的选择对组织结构设计的要求如表 4-2 所示。

表 4-2 战略对组织设计的影响

结构特征	保守型战略	风险型战略	分析型战略
集权和分权	集权为主	分权为主	适当结合
计划管理	严格	粗泛	有严格也有粗泛
高层管理人员构成	工程师、成本专家	营销、研究开发专家	联合组成
信息沟通	纵向为主	横向为主	有纵向也有横向

（2）规模。布劳（Peter Blau）等人曾对组织规模与组织设计之间的关系做了大量研究，认为组织规模对组织结构有显著影响。如小规模企业的组织结构比较简单，规范化程度低，集权化程度高。而大规模企业的组织结构比较复杂，规范化程度较高，分权化程度较高。因此，随着组织规模的扩大，组织结构自然也要相应地改变。

1）复杂化。大规模组织的高度复杂性是显而易见的。随着组织中部门规模的扩大，部门管理者控制力会不断减弱，部门会产生新的细分压力，产生出新的部门。同时，随着横向和纵向关系的复杂，大规模组织需要构建新的部门来应对由规模扩大所带来的新问题。另外，随着组织职工人数的增加，在一定的管理宽度下，管理层级必然会增加，这都会导致组织结构趋于复杂。

2）规范化。企业规范化是指企业职工的权利、义务都在规章、程序、规则等书面文件中加以正式规定并实施。在大规模企业中，管理者更依赖于规章、程序、规则等书面文件来实现对企业职工的控制，并按照一定的工作程序来控制和实现标准化作业。与之相反，小规模企业的管理者可以通过其个人观察进行控制，因而规范性比较低。

3）分权化。集权化与分权化主要与组织中决策权力的集中或分散有关。为了能够适应日趋复杂的环境变化，组织规模越大就越需要分权化。因为大规模企业的管理层级较多，如果分权化程度越高，在较低层级上作出决策越多，决策速度越快，信息的反馈就越及时。

（3）环境。任何组织都存在于一定的内外部环境中，一个组织的组织结构与其所处的环境有密切关系。

1）对职务和部门设计的影响。组织是社会经济大系统中的一个子系统。社会分工方式的不同决定了组织内部工作内容，以及所需完成的任务、所需设立的职务和部门不一样。例如，在计划经济体制下，我国生产企业的任务仅是利用国家供给的各种生产资料制造产品，企业内部的机构设置主要偏重于围绕生产过程的组织。经济体制改革后，国家把企业推向市场，企业相应地增设或强化了资源筹措和产品销售的部门。

2）对各部门关系的影响。环境不同，使组织中各项工作完成的难易程度及对组织目标实现的影响程度也不同。当产品的需求大于供给时，企业关心的是如何增加产量、扩大生产规模等，企业的生产职能就会比其他部门显得更重要。但一旦市场供大于求，市场从卖方转到买方，则营销部门自然会成为组织的中心。

3）对组织结构总体特征的影响。外部环境是否稳定，对组织结构的要求也不一样。在相对稳定的环境中，组织单位采取"机械式组织结构"，在这种结构下，管理部门和人员的职责界限分明，工作内容和程序经过仔细规定，各部门的权责关系固定，等级结构严密。而在不稳定或多变的环境下，组织单位采取"有机式组织机构"，在该结构下，各部门的权责关系和工作内容需要经常做适应性的调整，等级关系不严密。权变理论的研究认为，没有一个最好的组织结构形式，企业内部组织结构与外部环境"适当的配合"，组织才会有效率。这两种组织结构的特点具体如表4-3所示。

表4-3　　　　　　　　　　　　　机械式组织结构与有机式组织结构

机械式组织结构	有机式组织结构
①工作被分为窄小的、专门的任务。 ②任务按专业化分工完成，除非等级制度中的管理人员发生变化。 ③控制结构，职权结构是等级制的，决策由某一个专业化层级做出。 ④沟通主要是管理者和下属之间的垂直沟通。 ⑤沟通的内容大多是由上级管理者发出的指令和作出的决策。 ⑥强调对组织的忠诚度和对领导的绝对服从	①工作按一般任务划分。 ②根据承担任务的员工之间的相互交流，任务不断地按照需要进行调整。 ③控制结构、职权结构和沟通结构是网络化的，决策由具有相关知识和专业技能的个人做出。 ④沟通在上下级之间、同级之间的垂直和平行沟通。 ⑤沟通的内容大部分是信息和建议。 ⑥强调对组织目标承担责任和拥有专业技能

（4）技术。技术不仅是指机器设备和自动装配线等，严格来讲，一个单位的技术还包括其信息情报系统和教育培训人才。生产技术与信息技术的采用都会对企业的组织结构产生一定的影响。英国工业社会学家琼·德沃德最早对工业生产技术与组织结构的关系进行了研究。她对企业根据"技术复杂性"进行了分类，技术复杂性包括产品制造过程的机械化程度及制造过程的可预测性。技术复杂性程度高，意味着大多数生产操作是由机器来完成的，制造过程的可预测性高。她通过研究发现：①组织层次随组织的技术复杂性的增加而增加；②管理人员与员工总数之间的比率随组织的技术复杂性的增加而增加；③技术复杂性与组织规模并没有明显联系。

计算机一体化技术的应用明显提高了企业的生产效率和管理效率，因此，信息技术对企业组织设计的影响具体表现在以下几方面：①使组织结构呈现扁平化的趋势；②对集权化和分权化可能带来双重影响，希望集权化的管理者能够运用先进技术去获取更多的信息和作出更多的决策，同时管理者也能向下属分散信息并且增强参与性和自主性；③加强或改善了企业内部各部门间的协调；④要求给予下属以较大的自主权。

（5）组织的发展阶段。美国学者托马斯·卡蒙（Thomas Camon）提出了组织发展五阶段理论，认为组织的发展过程要经过"创业"、"职能发展"、"分权"、"参谋激增"和"再集权"阶段。在不同的发展阶段，要求有与之适应的组织结构形态。

1）创业阶段。开始，组织是小规模的、非官僚制的和非规范化的。在这个阶段，决策主要由高层管理者个人做出，组织结构相当不正规，对协调只有最低限度的要求，组织内部的信息沟通主要建立在非正式的基础上。

2）职能发展阶段。这时决策越来越多地由其他管理者做出，而最高管理者亲自决策的次数越来越少，组织结构建立在职能专业化基础之上，需要各职能间的协调增加，信息沟通变得更重要，也更困难。

3）分权阶段。在此阶段，组织常采用分权的方法来应对组织结构所引起的各种问题，组织结构以产品或地区事业部为基础来建立，目的是在企业内建立"小企业"，使后者按创业阶段的特点来管理。但随之而来会出现许多新的问题，例如，各"小企业"成了企业内部的不同利益集团，总公司与"小企业"的许多重复性劳动使费用增加，高层管理者感到对各"小企业"失去了控制等。

4）参谋激增阶段。为了加强对各"小企业"的控制，公司一级的行政主管增加了许多参谋助手，而参谋的增加常会导致他们与直线的矛盾，影响组织中统一命令原则的贯彻执行。

5）再集权阶段。分权与参谋激增阶段所产生的问题可能诱使公司高层主管再度高度集中决策权力。与此同时，信息处理的计算机化也使再集权成为可能。

3. 组织设计的原则

组织所处的环境、采用的技术、制定的战略、发展的规模等情况不同，所需的职务和部门及其相互关系也不同。组织设计的原则尽管体现为变动性，但还是可以找到一些共同遵守的基本原则。这些基本原则都是在长期管理实践中的经验积累，为提高组织设计工作的效率提供了指导作用，应该被组织设计者重视。

（1）权责对等原则。组织中的每个部门和部门中的每个人员都有责任按照工作目标的要求保质保量地完成工作任务，即职权与职责必须对称或相等。在进行组织设计时，既要明确每个部门的职责范围，又要赋予完成其职责所必需的权力，二者必须协调一致。权力太大责任太小，或责任太大权力太小都不利于组织目标实现。

（2）目标一致性原则。组织结构的设计和组织形式的选择必须有利于组织目标的实现。任何组织都有其特定的目标，组织及其每一部分都应该与其特定的组织目标相联系，组织的设计与调整都应以其是否对实现组织目标有利为衡量标准。

（3）集权与分权相结合原则。这一原则要求组织设计应该根据组织的实际需要来决定集权和分权的程度。集权有利于保证企业的统一领导指挥及人力、物力、财力合理分配使用。分权有利于基层迅速、正确做出决策，让上层领导摆脱日常事务，集中精力抓大问题。集权分权相辅相成，是矛盾的统一，没有绝对的集权和分权。

（4）分工与协作原则。在进行组织设计时，要同时考虑这两方面的问题。组织结构应能充分反映为实现组织目标所必需的各项任务和工作分工，以及相互之间的协调。因此进行组织设计时，要根据需要和可能性合理确定分工。组织设计中管理层次的分工、部门的分工和职权的分工，以及各种分工之间的协调，都是分工与协作原则的具体体现。

（5）稳定性和适应性相结合原则。要求在组织设计中既要保证组织在外部环境和任务发生变化时，能继续有序正常运行；又要保证组织在运转过程中，能根据变化了的情况作出相应变更，使之具有一定弹性和适应性。

（6）有效管理幅度原则。这一原则要求在进行组织结构设计时要确定好每一个管理者的管理幅度，一名领导人能够有效实行领导的直属下级人数是有限的。在进行设计时，领导人的管理幅度应控制在一定水平，以保证管理工作的有效性。管理幅度大小同管理层次多少成反比例关系。

（7）精干高效原则。科学地设计组织结构是为了提高组织工作的效率和效果，因此组织设计应该是精干的、有力的、工作效率很高的。要在满足组织正常运行需要的前提下，力求减少管理层次，精简管理机构和管理人员，充分发挥各级各类人员的积极性，使得组织中人人有事做，事事有人做，更好地为提升组织绩效服务。

二、组织的部门化

组织部门化就是按照一定的方法把组织中的人与事划分成可管理单位的过程，其目的在于确定组织中各项任务的分配与责任的归属，以求分工合理，责任明确。这些基本管理单位即是部门，它既是一个特定的工作领域，又是一个特定的权力领域。

如果没有部门划分，由于直接管辖下属的人数有限就会限制组织发展的规模。只有把组织的活动与成员分组为各个部门，才可能使组织扩展到无限的程度。划分部门有一定的原则：一般相似的职能应组合在一起，有联系的相关职能可归并一处；合并不同的职能以利协作，有利害冲突的职能应分开；尊重传统的习惯及工作守则等。每一个组织都可以有其划定部门的独特方式。依据不同的划分标准，通常可以形成以下几种划分部门的方式：

1. 职能部门化

职能部门化就是按职能的不同进行划分，即根据生产专业化的原则，以工作或任务的性质为基础来划分部门，将相同的或类似的活动归并在一起作为一个职能部门。例如，把企业划分为生产、销售、财务等部门，并在此基础上还可以细分，如图 4-5 所示。

按职能划分部门符合专业化分工的原则，有效利用人力，简化了训练，易于监管指导，专家集中在同一部门，内部活动容易协调。但职能部门化也带来不利因素，各部门忠于某一职能，只见局部少考虑全部；对出现的责任与绩效评估很难分清属于哪个部门。

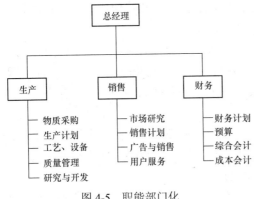

图 4-5　职能部门化

2. 产品部门化

产品部门化是根据组织生产的主要产品类型来划定部门。这种设计部门的方法通常被大的组织所提倡，即产品型部门。在这种方式下，每一主要产品领域都划归一位主管的管辖之下，该主管人员不仅是所分管产品线的专家，而且对本部门所开展的一切活动负责，如图 4-6 所示。

产品部门化的优点是有利于专用设备使用，最大限度发挥个人技能和专门知识，有关产品的某些活动易于结合和协调，从而提高决策速度和有效性；对于产品部门的经理来说，产品部门化为他们提供了一个最佳的训练机会。产品部门化的缺点是，各产品部门都需配备各类职能专家，管理成本上升；每一产品经理只关心本部门的产品，缺乏整体观念，增加了主管部门控制工作的难度；组织的纵向层次职能部门经常出现重复，造成专业力量的分散。

3. 区域部门化

按地理区域成立专门的部门，即地区部门化。如果组织在有不同需求和价值观的地区或国家处理业务时，就可以将工作按地区分组，设置不同的地区部门。原则上把一个规定区域或地区内所有的活动组合在一起，委任一名部门负责人全权负责，这是许多全国性或国际性的大公司经常采用的组织形式，如图 4-7 所示。

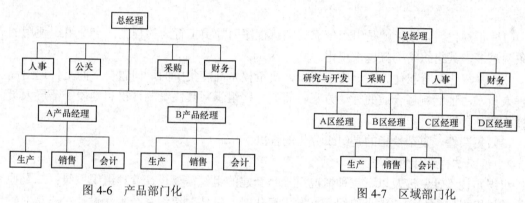

图 4-6 产品部门化　　　　图 4-7 区域部门化

按地区划分部门的优越性是有利于对本地区顾客和环境的变化作出迅速的反应并采取相应的措施，便于区域性协调；有利于培养综合性经营管理人才，而且对他们的成绩便于评估。最大缺点是由于地区和人员分散，增加了总部对各分部控制的难度；此外，不可避免存在机构重复设置，管理成本高。

4. 顾客部门化

顾客部门化就是以被服务的顾客为基础来划定部门。如果组织有不同类别的顾客，而且各类顾客的需求与组织提供服务的方式有显著的区别时，可以采取这种部门化方式。把针对同类需求的顾客的所有工作组合在一个部门内，由一个部门来管理，以满足不同顾客群的需要，如图 4-8 所示。

顾客部门化的优点是，有助于集中用户的需要，使提供服务方对用户更为了解；有利于发挥在特定用户领域内的专家们的专长。此类方法主要缺点是，该方式使得高层管理者对部门的协调难度加大，各部门对组织整体的目标缺乏认识。

5. 过程部门化

按照组织活动的特定阶段，按照工作或业务流程从不同工艺过程或设备来划定部门，称为过程部门化。例如，金属制造业，以生产过程同类活动归并为基础，设立冶炼部门、冲压部门、焊接部门、电镀部门，最后到检验、包装和发运部门，如图 4-9 所示。

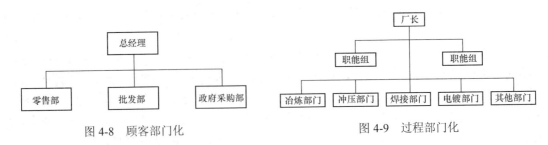

图 4-8　顾客部门化　　　　　　　　　图 4-9　过程部门化

过程部门化的优点是充分利用专业技术与技能，简化培训，能发挥经济优势。其缺点是部门之间协作有困难，不利于管理人员综合能力培养。

三、组织结构

1. 组织结构的特性

组织结构是组织中正式确立的使工作任务得以分解、组合和协调的框架体系。就像人类由骨骼确定体形一样，组织也是由结构来决定其形状。组织结构的特性可以被分解为三种成分：

（1）正规化。正规化就是组织依靠规则和程序引导员工行为的程度。一个组织使用的规章条例越多，其组织结构就越正规化。

（2）集权化与分权化。在一些组织中，决策权是高度集中的，问题自下而上传递给高层经理人员，由他们制订合适的行动方案。而另一些组织，其决策制订权利则授予下层人员，这被称作是分权化。

（3）复杂性。复杂性指的是组织分化的程度。

2. 组织结构设计的程序

组织结构设计常涉及以下三种情况：一是新建的组织需要设计管理组织系统；二是原有组织结构出现较大问题或整个组织目标发生变化时，需要对组织系统重新设计；三是对管理组织系统的局部进行删减或完善。虽然情况不一样，但设计的基本程序大体相同，一般分为以下六个阶段：

第一，确定组织目标。组织目标是进行组织结构设计的基本出发点和依据。任何组织都是实现其一定目标的工具，没有明确的目标，组织就失去了存在的意义。因此，管理组织设计的第一步，就是要在综合分析组织外部环境和内部条件的基础上，合理确定组织的总目标及各种具体的衍生目标。

第二，确定业务内容。根据组织目标的要求，确定为实现组织目标所必须进行的业务管理工作项目，并按其性质适当分类，如企业的市场研究、经营决策、产品开发、质量管理、营销管理、劳动认识等。明确各类活动的范围和大概工作量，进行业务流程的总体设计，使总体业务流程优化。

第三，确定组织结构。依据组织规模、技术特点、业务工作量的大小，参考同类其他组织设计的经验和教训，确定应采取什么样的管理组织形式，需要设计哪些单位和部门，并把性质相同或相近的管理业务工作分归适当的单位和部门负责，形成层次化、部门化的结构。

第四，配备职务人员。依据各单位和部门所分管的业务工作的性质和对人员素质的要求，挑选和配备称职的人员及其负责人，并明确其相应职务等。

第五，规定职责权限。根据组织目标的要求，明确规定各单位和部门及其负责人对管理业务工作应负的责任及评价工作成绩的标准。同时，还要根据做好工作的实际需要，授予各单位和部门及其负责人以必要的权力。

第六，连成一体。这是组织设计的最后一步，即通过明确规定各单位、各部门之间的相互关系，以及他们之间的信息沟通和互相协调方面的原则和方法，把各组织实体上下左右联结起来，形成一个能协调运作、有效实现组织目标的管理组织系统。

组织结构设计完成后，需要将其用组织图形式绘制出来。组织图是以图表的形式表现出组织的主要职能和权力关系，其不仅表示组织的结构形态，还将组织内上下层级和同层级关系表示出来，并说明权力及信息沟通的方向、渠道。

3. 组织结构的类型

每个组织都要分设若干管理层次和管理机构，对于不同性质、不同规模的组织来说，组织结构多种多样。

（1）直线型组织结构。直线型组织结构又称简单结构，是最古老、最简单的一种组织结构形式。在一个组织中，从最高层领导到基层一线人员，通过一条纵向的直接的指挥链连接起来，上下级之间关系是直线关系，即命令与服从关系，如图4-10所示。它的特点是组织中各种职务按垂直系统直线排列，各级主管人员对所属下级拥有直接的领导职权；组织中每一个人只能向一个直接上级报告；组织中不设专门的职能机构，至多有几名助手协助最高层管理者工作。

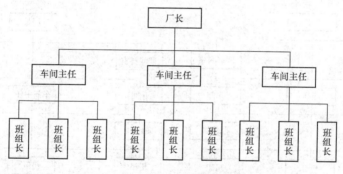

图 4-10 直线型组织结构

这种组织结构的优点是结构比较简单，权力集中，权责明晰，便于统一指挥，决策迅速，比较容易维持纪律和秩序。

这种组织结构的缺点是在组织规模较大的情况下，由于所有的管理职能都集中由一人承担，往往会因为个人的知识及能力有限而难以深入、细致、周到地考虑所有管理问题；此外，组织中的成员只注意上情下达和下情上达，每个部门只关心本部门的工作，部门间的横向联系与协调比较差。

因此，这种组织结构只有在企业规模不大、员工人数不多，生产工作和管理环境都比较简单的情况下才适用。一般在组织规模扩大以后，组织结构会作出改变，倾向于更具专业化和正规化的特征。

（2）职能型组织结构。职能型组织结构如图4-11所示，又称U型结构，是一种以工作为中心的组织结构。其特点是采用专业分工的管理者代替直线型组织中全能型管理者。组织内除直线主管外还相应地设立一些职能部门，这些职能机构有权在自己的业务范围内，向下级单位下达命令和指示，因此下级直线主管除了接受上级直线主管的领导外，还必须接受上级各职能机构在其专业领域的领导和指示。

这种组织结构的优点是充分发挥专家的作用，通过职能制结构，员工被安排从事一系列部门内部的职能活动，从而使其知识和技能都得到巩固和提高，有利于为组织提供更有价值深度的知识；职能机构的作用若发挥充分，可弥补各层级管理者管理能力的不足。

这种组织结构的缺点是这种结构妨碍了组织中必要的集中领导和统一指挥，部门间的横向协调也比较困难，易忽视组织的整体目标；不利于明确划分直线人员和职能科室的职责权限，容易造成管理混乱；加大了最高主管监管协调整个组织的难度。

因此，这种结构通常在只有单一型产品或少数几类产品，并面临相对稳定的市场环境的中小型企业中采用。

（3）直线职能型组织结构。直线职能型组织结构是把直线制与职能制结合起来形成的，即以直线型组织为基础，在各级直线主管之下，设置相应的职能部门，即设置两套系统——一套是按命令统一原则组织的指挥系统，另一套是按专业化原则组织的管理职能系统，如图4-12所示。其特点是在各级直线指挥机构之下设置了相应的职能机构或人员从事专业管理，直线部门和人员在自己的职责范围内有决定权，对其所属下级的工作进行指挥和命令，并负全部责任；而职能部门和人员仅是直线主管的参谋，只能对下级机构提供建议和业务指导，没有指挥和命令的权力。

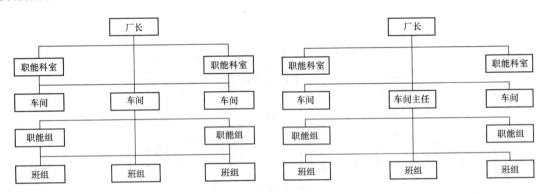

图 4-11　职能型组织结构　　　　图 4-12　直线职能型组织结构

这种组织结构的优点是既保证了集中统一指挥，又吸取了职能制发挥专业管理的长处，职责清楚，秩序井然，从而提高了管理工作效率，组织结构稳定性较好。

这种组织结构的缺点是各职能部门自成体系，不重视信息的横向沟通，工作容易重复；若当职能参谋部门和直线部门之间目标不一致时，容易产生矛盾，致使上层主管的协调工作量增大；整个组织系统的适应性较差，缺乏弹性，对新情况不能及时作出反应；会增加管理费用。另外，如果授予职能部门的权力过大，容易干扰直线指挥系统。

因此，这种组织结构形式对中、小型组织比较适用，但对于规模较大的组织则不太适用。目前，我国大多数企业仍采用这种组织结构形式。

（4）事业部制组织结构。事业部制组织结构也称 M 型组织机构，它以目标和结果为标准进行部门的划分和组合。即当面对不确定的环境，按照产品或类别、市场用户、地域及流程等不同的业务单位分别成立若干个事业部，并由这些事业部进行独立业务经营和分权管理的一种分权式结构类型,如图 4-13 所示。事业部制组织结构必须具备三个基本的要素——独立的市场、独立的利益、独立的自主权,执行"集中政策,分散经营"的管理原则。

这种组织结构的优点是能使高层管理部门摆脱日常繁杂的行政事务,可以集中精力考虑企业未来长期的发展战略;各事业部独立经营,充分自主,可以更好地以顾客为中心,促进资源的有效整合。从发展角度看,一方面,这种结构有利于调动经营者的积极性,培养"多面手"的高级管理人才;另一方面,又能发挥经营者的灵活性和主动性,提高对市场竞争环境的敏捷适应性,使公司较早适应未来的竞争与挑战。

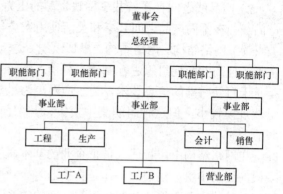

图 4-13　事业部制组织结构

这种组织结构的缺点是每个事业部相对独立,各分部的机构重复,会造成管理人员增多和管理成本增高。另外,各事业部之间的相互支持与协调比较困难,容易出现各自为政的部门主义倾向,甚至激发矛盾,这势必导致组织总体利益受损,并影响到组织长期目标的实现。

因此,这种组织结构适用于采用多样化战略、国际化战略的规模较大组织,并且其下属单位够得上成为一个"完整的单位"时才能够应用。

(5)矩阵型组织结构。矩阵型组织结构是由纵横两套管理系统组成的组织结构,一套是纵向的职能管理系统,另一套是为完成某项任务而组成的横向项目系统,如图 4-14 所示。矩阵型组织结构的实质是在同一组织结构中把按职能划分和按产品划分这两种方式结合起来,在直线职能机构的纵向领导系统的基础上,又出现了一种横向项目系统,造成了双重的命令链。因此组织中的人员也具有双重性,他们既需要对其所属的职能部门的主管负责,又需对项目经理负责。

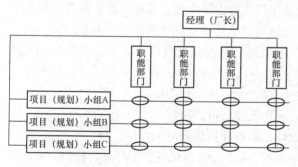

图 4-14　矩阵型组织结构

这种组织结构的优点是将组织的纵向联系和横向联系很好地结合起来,有利于加强各职能部门之间的协作与配合;它具有较强的机动性,能根据特定需要和环境活动的变化保持高度民主的适应性;把不同部门和不同专长的人员组合起来,有利于相互启发,集思广益,攻克各类复杂的技术难题,在发挥人的才能方面具有很大的灵活性。

这种组织结构的缺点是在双重权力系统之中,权力的平衡很难维持,容易造成争议和冲突,造成管理秩序混乱。从员工的角度来看,理解和适应这种模式很困难,在双重领导下可能会感到无所适从;员工需要具备良好的人际关系技能和全面的培训。

因此,这种组织结构适合在下述条件下使用:

1)在需要对环境变化作出迅速而一致反应的企业中应用,如咨询公司和广告代理商就经常采用矩阵型组织设计，以确保每个项目按计划要求准时完成。

2）产品线之间存在着共享稀缺资源的压力。该类组织通常是中等规模，拥有中等数量的产品线。在不同产品之间共享和灵活使用人员与设备方面，组织有很大压力。

（6）网络结构。网络结构（虚拟组织）是一种只有很小规模的核心组织，以合同为基础，依靠其他商业职能组织进行制造、分销、营销或其他关键业务的经营活动的结构。网络结构是基于日新月异的信息技术，为了应对更为激烈的市场竞争而发展起来的一种临时性组织。虽然规模较小，但这种组织集中决策，其部门化程度低，甚至没有下属部门，能发挥主要职能。

在网络结构中，管理人员把企业的基本职能都已交给了外部力量，组织的核心是一个小规模的经理小组。他们的工作是直接监督企业内部的经营活动，并协调为本企业进行生产、销售及其他重要职能活动的各组织之间的关系，如图 4-15 所示。图中的箭头表示与这些企业之间的契约关系，核心组织的主管人员大部分通过计算机网络协调和控制与外部企业的关系。

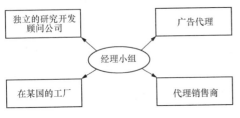

图 4-15　网络组织结构

网络结构与传统的组织结构有根本的区别，传统的组织结构具有多层次的垂直管理体系，有各自划分的职能部门，研究开发在自己的实验室内进行，产品制造在本企业下属制造厂里实施，有自己的销售网络。传统组织为保证企业的有效运作，必须雇用大批财会、销售、后勤、人力资源管理等人员。网络结构则不同，它以市场的组合方式替代传统的纵向层级组织，它要到组织外部去寻找这些资源，把各种日常业务部门推到组织外部去，把制造部门、销售网点、广告宣传等交给其他企业，跟这些企业建立伙伴关系，自己则集中精力于自己擅长的业务上。这种组织往往只负责设计产品、营销产品、监控质量和制订标准等重大问题，实现了组织内在的核心优势与市场外部资源优势的动态有机结合。这种组织结构可视为组织结构扁平化趋势的一个极端例子，因此它有很大的灵活性和反应的敏捷性。

概括起来，网络结构有下述特点：

1）通过计算机网络与中间商、承包商、合作伙伴保持联络。

2）可以把每个伙伴的优势集中起来，设计、制造和销售最好的产品。

3）各企业为了应付市场的竞争可紧密联合在一起，一旦市场发生变化又可松绑，重新组合，具有很大的灵活性、机动性和反应的灵敏性。

4）要求各企业之间彼此信任，这种信任是建立在共同利益基础上的。

5）各企业组织之间的边界不是隔离的、封闭的，而是互相渗透的，合作的伙伴可以通过计算机网络互相沟通、共享信息、交流经验等。

总之，组织形态的多样性告诉我们，没有某个特定的、最优的组织结构形式，传统的组织结构并非绝对一无是处，而现代的组织结构也不是完美无缺的。每种组织结构都有其产生和存在的特定环境背景。比较理想的组织结构设计，应随着环境的变化而对组织结构作出相适应的调整。正如美国波士顿大学教授斯坦利·戴维斯所说："为了满足成本竞争全球化保持组织长期竞争优势，企业组织形式必然会向有机化、网络化发展，但它不会完全取代传统的层级结构，而是这两者将在一个更广泛的概念中相互包含。"

🔍 **管理实践资料链接八** ▌▌

思科公司与沃尔玛的网络信息系统

在企业组织结构网络化转型中，最为典型和成功的当属思科系统公司。思科成立于1984年，最初只是一家普通的生产网上路由器的高科技公司。1992年，公司时任高级副总裁兼CEO彼得·苏维克提出利用互联网来改造公司整体运营体制，成功地构建了思科网络连接系统，从而使思科成为网络化企业管理的先驱。2000年3月27日，思科股票市值达5550亿美元，首次超过了微软，成为全球股票市值最高的公司。思科的CEO约翰·钱伯斯将公司的网络结构系统分为三层：第一层是电子商务、员工自服务和客户服务支持，能实现的网络效应是产品、服务多样化、定制个性化服务，提高客户的满意度；第二层是虚拟生产和结账；第三层是电子学习。思科庞大的生产管理系统（PRM）和客户关系管理系统（CRM）就全部基于这三层网络结构系统之上。思科的第一级组装商有40个，下面有1000多个零配件供应商，但真正属于思科的工厂却只有两个，其他所有供应商、合作伙伴的内联网都通过互联网与思科的内联网相连，无数的客户通过各种方式接入互联网，再与斯科的网站链接，组成一个实时动态的系统。客户的订单下达到思科网站，思科的网络会自动把订单传送到相应的组装商手中。在订单下达当天，设备差不多就组装完毕，贴上思科的标签，直接由组装商或供应商发货，70%的思科产品就是这样生产出来的。基于这样一种虚拟生产方式，思科的库存减少45%，产品上市时间提前25%，总体利润率比其他竞争对手高15%。互联网的应用给思科每年节约的交易成本是6亿美元，这比其竞争对手的研发预算还要多。

无独有偶，美国最大的零售商沃尔玛的迅速发展就是因为借租了网络信息系统与外部组织建立网络联系。20世纪70年代初沃尔玛的销售额才4000万美元，到2013年就已高达4691亿美元，有8500家门店，分布于全球15个国家，连续三年位居全球500强企业之首。从20世纪90年代初开始，沃尔玛在信息设施上投资7亿美元，并率先建立世界上最大的自用卫星信息系统，把3800家供应商和遍布美国的连锁店连城高效的企业网络，使各连锁店每天的销售信息及时反馈给供应商，以便他们及时安排生产、及时补充供货。沃尔玛通过信息网络，做到及时销售、及时生产，实现了无库存管理，大大压缩了产品的经营成本。

资料来源：李春波. 组织设计与发展. 北京：北京大学出版社，2014.

第三节　人 力 资 源 管 理

一、人力资源的概念

人力资源的概念最早由管理大师彼得·德鲁克（Peter Drucker）于1954年在其名著《管理的实践》中正式提出。他认为：与其他资源相比，人力资源是一种特殊的资源，它必须通过有效的激励机制才能开发利用，并为企业带来可观的经济价值。

美国学者杰克逊和舒勒认为：人力资源是能够为实现组织的使命、愿景、战略与目标作出潜在贡献的人所具备的能力与才干。

这个定义包括两个方面的含义：第一，人力资源的价值性在于其拥有的能力和才干，并决定了人力资源的生产力水平；第二，人力资源的价值大小与特定组织的使命、远景、战略与目标有关。

二、人力资源的特点

人力资源是一种特殊的资源，与其他资源相比具有以下特点：

（1）能动性。非人力资源在生产过程中完全处于被动地位，而人力资源有思想、有意识、有感情，能自主地调节与外部的关系，是一种能动性的资源。

（2）创造性。人力资源是生产过程中智力性的生产要素，不仅本身有价值，而且可以创造新的价值。

（3）使用过程的时效性。人力资源的形成、开发和利用都要受到时间的限制，人力资源的价值随时间的变化而变化。

（4）开发过程的持续性。与物质资源不同，人力资源可以持续不断地开发与利用，而且，越是深度开发，人力资源的价值越会成倍增加。

（5）社会性。社会性是指组织中的人不是各自孤立的，个人隶属于某一集团并受这一集体的影响。在现实社会中的个人必然受到社会和群体的影响。因此，人们的行为既与个体的特征有关，又受到所处群体的影响。

IBM 公司的创始人沃森曾说过："你可以接管我的工厂，烧掉我的厂房，但只要留下我的那些人，我就可以重建一个 IBM 公司。"由此可知人力资源对每个组织的重要性。组织设计为系统运行提供了可依托的框架，但是框架要发挥作用，还需要有人来操作。因此，在设计了合理的组织结构的基础上，还需要为这些组织结构的不同岗位选配合适的人员。而如何吸引和选拔能干的员工并激励他们的奉献精神，就是人力资源管理的使命。彼得·杜拉克曾说："用人不在于如何减小人的短处，而在于如何发挥人的长处。"

三、人力资源管理的内涵

1. 人力资源管理的含义

组织中最大的资源是人，对于人力资源管理的定义，不同学者有不同的界定。综合国内外学者的看法，人力资源管理就是通过对组织中的人力资源进行有效地配置、使用和开发，满足组织当前及未来对人力资源的需要，以实现组织目标的过程。也可以说是组织为了实现既定的目标，运用现代管理方法和手段，对人力资源的获取、开发、利用和保持等方面进行管理的一系列活动的总和，包括人员甄选、培训、人与事的配合、人与人之间的协调与合作、员工的福利等工作，以发挥组织的团队精神，提高工作效率。

一般来说，公司人力资源管理部门是协调企业最高管理层做好人力资源管理职能的参谋，也是协助与服务各部门主管履行人力资源管理工作的专家。人力资源管理必须行使三大基本职能，主要表现在以下几个方面：

（1）配备人力资源。配备人力资源即保证组织人力资源需求得到最大满足，具体包括：①人力资源规划；②工作分析；③招聘录用。

（2）保持与激励人力资源。保持与激励人力资源指维护与激励人力资源，使其潜力得到最大限度的发挥，具体包括：①绩效管理；②薪酬管理。

（3）开发人力资源。开发人力资源即使人力资源的潜力得以不断开发，促进组织的持续发展，具体包括：①培训开发；②员工关系及员工职业生涯管理。

2. 人力资源管理的任务

人力资源管理的最终目标是帮助组织更好地实现其整体目标。20 世纪 90 年代以来，随着战略人力资源管理的产生，人力资源及其管理地位的深化变得日益重要。衡量人力资源管理的贡献不仅在于完成了多少职能性工作或者效率的高低，而是取决于对战略目标的贡献。人力资源管理的主要任务是为岗位配备适当的人。一方面雇用最合适的工作人员，通过培训使其获得适当的技能，培养和发展员工的能力；另一方面在人员与岗位职能良好配合的前提下，使人人均能胜任工作并激发员工的奉献精神，提高组织成员的工作情绪及工作效率，减少流动率，以降低成本和提高生产率。总之，人力资源管理的目的和任务可简单归结为"求才"、"选才"、"育才"、"用才"、"留才"，进而促进整个组织的有效发展。

四、人力资源规划和工作分析

1. 人力资源规划

所谓人力资源规划，就是根据组织的发展战略、目标及组织内外环境的变化，科学地预测、分析组织的人力资源需求和供给状况，制订必要的管理政策和措施，以确保组织在需要的时间和岗位上获得所需的人力资源的过程。

以企业为例，人力资源规划的内容一般包括人力资源总体规划和人力资源业务规划。

（1）人力资源总体规划。人力资源总体规划是以企业战略目标为基础，对规划期内人力资源管理的总目标、总方针与政策、实施步骤及总费用预算等作出整体安排，包括人力资源预测的需求和供给分别是多少，作出这些预测的依据是什么，供给和需求的比较结果是什么，企业平衡需求与供给的指导原则和总体政策是什么等。人力资源的总体规划具体包括三方面的内容，分别如下：

1）人力资源数量规划。即根据企业未来业务模式、业务流程、组织结构等因素确定企业未来各个部门人员编制及各类职位人员配比关系，并在此基础上制订企业未来人力资源需求计划和供给计划。

2）人力资源素质规划。即根据企业战略、业务模式、业务流程和组织对员工的行为要求，设计各类人员的任职资格，如人员素质要求、行为能力要求及标准等。它包括企业人员的基本素质要求、素质提升计划及关键人才招聘、培养和激励计划等。

3）人力资源结构规划。即根据行业特点、企业规模、未来发展战略方向及业务模式，对企业人力资源进行层次分类，同时设计和定义企业职位种类和职、责、权界限等，从而理顺各层次、各种类职位上人员在企业发展中的地位、作用及相互关系。

（2）人力资源业务规划。人力资源业务规划是总体规划的展开和具体化，其执行结果应能保证人力资源总体规划目标的实现。它包括人力资源补充计划、人力资源配置计划、人力资源接续计划、人力资源培训与开发计划、工资激励计划、员工关系计划和退休解聘计划等内容。

人力资源规划制订后，人力资源部门可以按照人力资源规划的具体要求展开工作。但是，由于信息、技术和环境变化等原因，人力资源预测通常无法做到完全正确，因此，人力资源规划也不能一成不变，需要根据实际情况进行调整。而调整的关键就是对其进行反馈和评估。

总之，人力资源规划在整个人力资源管理活动中占有重要地位，是各项具体人力资源管理活动的起点和依据，直接影响组织整体人力资源管理的效率。

2. 工作分析

工作分析是人力资源管理最基本的工作，是研究一个企业内每一个职位包括的具体工作的内容和责任，对每一个职位的工作内容及有关因素作全面的、系统的描述和记载，并指明担任这一职位工作的人员必须具备的知识和能力。简单地讲，就是解决"某一职位应该做什么"和"什么样的人来做最适合"的问题，它是人力资源管理的基础，是获得有关职位工作信息的过程。它包括一连串步骤，包括仔细地观察工作任务与工作行为，汇集和查证组织中有关人员的资料与工作环境条件，并对各类相关要素进行客观地、准确地描述。工作分析一般包括两方面的内容——确定工作的具体特征并找出工作对任职人员的各种要求。前者称为职务说明，后者称为工作规范。工作分析结束后要编制职务说明和职务规范两种文件，以作为后面各阶段人力资源管理工作如招聘、考评、激励和培训等的依据和指导。

职务说明反映了职位的工作情况，是关于职位所从事或承担的任务、职责及责任的目录清单；工作规范反映了职位对承担这些工作活动的人的要求，是人们承担这些工作活动所必须具备的知识、技能、能力和其他特征的目录清单。一般来说，一个内容比较完整的工作说明书要包括职位标识、职位概要、业绩标准、工作关系、任职资格、工作环境和工作条件等内容。

五、员工招聘

员工招聘是人员招募和甄选的总称，是企业采取一些科学的方法寻找、吸引应聘者，并从中选出企业需要的人员予以录用的过程。人员招聘是获取人力资源的一个重要手段，也是人力资源管理的一项基本工作。

对于大多数的公司来说，人力资源管理的核心包括员工招募、甄选和培训上岗的一系列步骤，如图 4-16 所示。

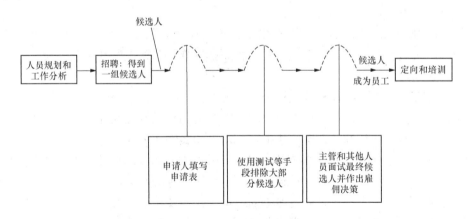

图 4-16　招募和甄选过程的步骤

1. 招募

经济学家西蒙曾指出，大量统计资料表明职工离职率最准确的预测指标是国家经济状况。工作机会充裕时员工流动比例高，工作机会稀缺时员工流动比例低。一个组织要想永远留住自己所需要的人才是不现实的，也不是人力资源管理手段所能控制的，因此，招募工作是人力资源管理经常性的工作。招募工作开始之前首先要明确招募的目的是什么。一般情况下，企业招募工作是源于以下几种情况的人员需求：缺员的补充、突发的人员需求、确保企业所需的专门人员、确保新规划事业的人员、当企业管理层需要扩充之时和组织机构需要调整之时等。招募录用的渠道总的来说有两种：企业内部招募和企业外部招募。

企业内部招募是指企业的岗位空缺由企业内部的那些已经确认为接近提升线的人员或平级调动的人员来补充，内部招募应遵循公开、公正、择优的原则。主要招募方式有主管推荐、布告招标和利用技术档案的信息等。

企业外部招募是指根据一定的标准和程序，从组织外部的众多候选人中选拔出符合空缺工作职位要求的人员。当内部招聘不能满足组织的需要或组织需要引入新鲜血液时，就需要进行外部招聘。较普遍招募方法有推荐招募、广告招募、职业介绍机构、校园招募、网络招募、猎头公司等。

企业内部招募和外部招募各有利弊，两者基本上是互补的，如表4-4所示。

表 4-4　　　　　　　　　　　　　内部招募和外部招募的优缺点

项目	内 部 招 募	外 部 招 募
优点	①了解全面，准确性高； ②可鼓舞士气，激励员工进取； ③应聘者可更快适应工作； ④使组织培训投资得到回报； ⑤选择费用低	①人员来源广，选择余地大，有利于招到一流人才； ②新雇员能带来新思想、新方法； ③当内部有多人竞争而难以作出决策时，向外部招聘可在一定程度上平息或缓和内部竞争者之间的矛盾； ④人才现成，节省培训投资
缺点	①来源局限于企业内部，水平有限； ②容易造成"近亲繁殖"； ③可能会因操作不公或员工心理原因造成内部矛盾	①不了解企业情况，进入角色慢； ②对应聘者了解少，可能招错人； ③内部员工得不到机会，积极性可能受到影响

2. 甄选

甄选是指从某一职位的所有候选人中挑选出最合适人选的活动。这项活动涉及组织如何选择人员，它影响到组织的生存能力、适应能力和发展能力。任何组织都应对员工的甄选工作予以高度重视。

甄选的方法与技术主要有求职申请表与简历筛选、笔试、测评、工作样本技术、评价中心技术、面试及体检等。

（1）求职申请表与简历筛选。该步骤通常作为甄选工作的开始。通过求职申请表和简历等相关材料，企业可以对应聘者的教育背景、工作偏好、工作经验等有一个初步的了解。对于不合要求的应聘者，在此步骤就可以筛选掉；而符合要求者，可进入下一轮，但仍需要核实其材料的真实性。

（2）笔试。笔试是对求职者的基本知识、专业知识、管理知识及综合分析能力、文字表达能力等的一种测试，了解应聘者是否掌握了必须具备的基础知识和专业知识。笔试是使用频率较高的一种人才甄选方法，它对衡量求职者的知识、技能等具有一定的效度和信度，但不能考察求职者的全面素质，因此常被作为初步筛选的方法，是其他甄选方式的补充。

（3）测评。测评是心理测量技术在人力资源管理领域的应用。它以心理测量为基础，通过标准化和客观化的测量方法对求职者的人格特质、职业的适应性和能力倾向进行测量，以考察应聘者对招聘职位的适应程度。尽管有关人士对测评的信度和效度有所怀疑，但这种方法仍是很多组织所采用的甄选手段之一。常见的测评包括认知能力测验、运动和身体能力测验、个性和兴趣测验、成就测试和诚实度测试等。

（4）工作样本技术。工作样本技术是要求应聘者完成职位中的一项或若干项工作任务，根据任务的完成情况作出评价。这种方法可直接测量应聘者的工作绩效，具有较高的预测效度，但实施起来成本较高，甄选时间也比较长。

（5）评价中心技术。评价中心技术是指通过把候选人置于相对隔离的一系列模拟情境中，采用一定的测评技术和方法，观察和分析候选人在模拟情境压力下的心理、行为、表现及工作绩效，以测量候选人的管理技术、管理能力和潜能等的一个综合、全面的测评系统。通常采用的测评技术和方法包括无领导小组讨论、公文筐测验、管理游戏、小组问题解决、演讲辩论、案例分析等。

（6）面试。面试是实践中企业最常用的比较有效的甄选方法之一，它是指面试者与应聘者直接见面正式交谈，通过对话、提问等方式，对应聘者的性格和能力等作出评价和判断。根据面试的结构化程度，面试可以分为结构化面试、非结构化面试和半结构化面试。结构化面试是指按照事先设计好的问题和程序进行提问的面试；非结构化面试指的是根据面试中的具体情况随机进行提问的面试；半结构化面试是将前面两种方法相结合。

（7）体检。体检是为了检查应试者的身体状况是否健康，检查的内容要与工作的要求相适应。体检一般在求职者通过其他测试后、正式就职前，但对于在身体素质方面有特殊要求的工作，体检应提前进行。但在今天，体格检查大多只是为健康保险而做，以减少组织未来的管理成本。

六、员工培训

优秀的组织及其管理者都非常重视人力资源的培训。正如著名的企业管理学教授沃伦·贝尼斯曾说："员工培训是企业风险最小，收益最大的战略性投资。"的确，员工培训是组织进行的一项重要的人力资源投资，通过员工培训可以使组织员工明确自己的工作职责、任务和目标，提高知识和技能。当员工通过了公司针对空缺职位进行的招募、初步筛选和甄选过程后，他们就需要为投入工作做好准备，这正是员工培训的主要内容。

1. 员工培训

所谓培训是指组织为了使员工获得或改进与工作有关的知识、技能、态度和行为，更好地实现组织目标系统化的过程。一般来说，企业培训可以提高员工的分析解决问题能力和专业技术水平，培养员工对企业的认同感，促进员工观念转变并积极参与组织变革等，进而为企业创造最大的价值。

一个组织中的培训对象主要有新来员工、基层员工、一般技术或管理人员、高级技术或管理人员。员工培训的方法有多种，依据所在职位的不同，可分为岗前培训、在岗培训和脱岗培训三种形式；根据培训的目标和内容不同，培训又可分为专业知识与技能培训、提升培训、职务轮换培训、设置临时职务培训、设置助理职务培训等。

（1）岗前培训。岗前培训是对新员工在上岗前的培训。应聘者一旦被录用之后，人力资源部门应该对他将要从事的工作和组织的情况给予必要的介绍和引导，以减少新来人员在新的工作开始之前的担忧和焦虑，使他们能够尽快熟悉所从事的本职工作及组织的基本情况，如组织的历史、现状、未来目标、使命、理念、工作程序及其相关规定等，并充分了解他应尽的义务和职责及绩效评估制度和奖惩制度等，如有关的人事政策、福利及工人时数、加班规定、工资状况等。

（2）在岗培训。对员工进行在岗培训是为了使员工通过不断学习掌握新技术和新方法，从而达到新的工作目标要求所进行的不脱产培训，也称为"在职培训"。工作轮换和实习是两种最常见的在岗培训。

（3）脱岗培训。脱岗培训，也叫离职培训，是指为使员工能够适应新的工作岗位要求而让员工离开工作岗位一段时间，专心致志于一些职外培训。最常见的离职培训方式包括教室教学、影片教学及模拟演练等。

（4）专业知识与技能培训。专业知识与技能培训有助于员工深入了解相关专业的基本知识及其发展动态，有助于提高人员的实际操作技能。专业知识与技能培训可以采取脱产、半脱产或业余等形式，如各种短期培训班、专题讨论会、函授、业余学校等。

（5）提升培训。提升培训是将人员从较低的管理层级暂时提拔到较高的管理层级上，并给予一定的试用期。这不仅体现在职位的高低上，它可以使有潜力的管理人员获得宝贵的锻炼机会，既有助于管理人员扩大工作范围，把握机会展示其能力和才干，又使组织能全面考察其是否适应和具备领导岗位上的能力，并为今后的发展奠定良好的基础。

（6）职务轮换培训。职务轮换培训是指让员工在不同部门的各种职位上轮流工作，从而考察员工的岗位适应性和开发员工多种能力的一种培训机制。这种方式有助于受训者全面了解整个组织的不同工作情况，积累和掌握各种不同的工作经验，从而提高他们的组织和管理协调能力，为其今后的发展和升迁打好基础。职务轮换包括非主管工作的轮换和主管职位的轮换等。

（7）设置临时职务培训。临时职务也叫临时晋升或代理职务。设置临时职务培训可以使受训者体验和锻炼在空缺职位上的工作情景，充分展示其个人能力，避免出现有些管理人员被提升或长时间不在岗时组织不能保持原来成绩的现象。

（8）设置助理职务培训。设立助理职务培训是让受训者与有经验的管理者一起工作，而后者可以对其给予培养和考察。在一些管理层级上设立助理职务，不仅可以减轻主要负责人的负担，而且有助于培训一些后备管理人员。这种方式可以使助理接触到较高层次上的管理实务，使他们不断学习其直接主管处理问题的方法和经验，在特殊环境中积累特殊经验，从而促进助理的成长。

2. 团队训练法

团队训练是组织既对团队如何实现工作目标和结果进行训练，也对团队如何有效工作的过程展开训练。不同于传统的个人培训与开发，团队训练对工作目标和工作过程都关注。越来越多的企业认识到，通过团队方式，可以使工作更有效率和效力，像 IBM、通用（General Electric）和杜邦（DuPont）纷纷通过团队训练来培养它们的中高层管理者。

拓展训练是在团队训练的诸多具体形式中，现今最受欢迎也是采用最多的形式。这种在教室以外进行的学习和训练活动超越了在传统的学习环境中进行的员工培训。这种培训利用户外活动的形式，模拟真实管理情境，对管理者和企业家进行心理和管理两方面的培训。拓展训练起源于第二次世界大战期间的英国。当时英国的商务船只在大西洋里屡遭德国潜艇的袭击，许多缺乏经验的年轻海员葬身海底，只有极少数人得以生还。英国的救生专家对生还者进行了统计和分析研究，他们惊奇地发现，这些生还者并不是他们想象中的那些年轻力壮的水手，而是意志坚定懂得互相支持的中年人。经过一段时间的调查研究，专家们意识到这些人之所以能活下来，关键在于这些人有良好的心理素质。于是，提出"成功并非依靠充沛的体能，而是强大的意志力"这一理念。针对这种情况，汉思等人创办了阿伯德威海上学校，训练年轻海员在海上的生存能力和船触礁后的生存技巧，使他们的身体和意志都得到锻炼。战争结束后，许多人认为这种训练仍然可以保留，于是拓展训练的独特创意和训练方式逐渐被推广开来，训练对象也由最初的海员扩大到军人、学生、工商业人员等各类群体，训练目标也由单纯的体能、生存训练扩展到心理训练、人格训练、管理训练等。

它适合组织中所有类型的员工，特别是适合经验丰富的经理主管人员，并为他们设置了专业化培训项目。

拓展训练让参训人员在解决问题、面对挑战的过程中达到"磨炼意志、开发潜能、熔炼团队、完善人格"的目的；可以在组织机构重组时满足管理的特殊需要；也可以用来增强员工的协作精神，培养团队观念；更可以在户外培训中建立自信、自尊，提高领导能力、突发事件的解决能力、决策能力。

水上课程包括游泳、跳水、扎筏、划艇等；野外课程包括远足露营、登山攀岩、野外定向、伞翼滑翔、野外生存技能等；场地课程包括攀岩、跳越等。

在训练中应注重团队成员的沟通技巧，如说话、聆听，并鼓励所有成员间的相互尊重；在训练中要强调团队成员间的相互依赖性和互助性；要向团队成员慢慢灌输这样的思想，即团队目标与个人目标不是永远一致的，要用策略来处理二者之间的冲突；团队工作总是会有不可预料的情境，所以应向团队成员强调灵活性和适应性。

七、绩效评估

1. 绩效评估的作用

绩效评估也叫绩效考核，是指组织按照一定的标准，利用科学的方法，定期对个人或群体小组的工作行为及业绩进行考察、评估和测度的一种正式制度。

绩效评估是组织与员工之间的一种互动关系。在实际工作中，绩效评估因为在制度设计、评估的标准及方法、执行程序等诸多方面很难做到完全客观和准确，所以管理人员与员工之间会因认识不一致而可能发生一些矛盾和冲突。也由于绩效评估给人力资源的各个方面提供了反馈信息，并与组织中的各个部分紧密联系，因此实施绩效评估一直被认为是组织内人力资源管理中最棘手也是最强有力的方法之一。

在人力资源管理中，绩效评估的作用体现在以下几个方面：

（1）绩效评估为员工潜能的评价及相关人事调整提供了依据。通过考察员工在一定时间内的工作业绩，评估他们的现实能力和发展潜力，看其是否符合现任职务所具备的素质和要求，是否具有担负更重要工作的潜能。对能力不足的员工应安排到力所能及的岗位上，而对潜能较强的员工应提供更多晋升机会，对另一些能力较为平衡的员工则可保持其现在的职位。因此，绩效评估可以为制订包括降职、提升或维持现状等内容的人事调整计划提供依据。

（2）绩效评估为确定员工实际工作报酬提供依据。这是许多组织进行绩效评估的主要目的。工作报酬必须与员工的能力和贡献相结合，这是分配制度的一条基本原则。为了鼓励员工出成绩，组织必须设计和执行一个公正合理的绩效评估系统，对那些最富有成效的员工和小组给予明确的奖励。

（3）绩效评估为最佳决策提供了重要的参考依据。绩效评估的首要目标是为组织目标的实现提供支持，特别是在制订重要的决策时，绩效评估可以使管理者及其下属在制订初始计划过程中及时纠偏，减少工作失误，为最佳决策提供重要的行动支持。

（4）绩效评估为组织发展提供了重要的支持。绩效评估另一个重要目标是对员工的观念和行为起重要的引导作用，提高员工的业绩，引导员工努力的方向，使其能够跟上组织的变化和发展。

（5）绩效评估是员工自我完善和发展的重要途径。绩效评估使员工有机会了解自己的优缺点及其他人对自己工作情况的评价，起到了有益的"镜子"作用。特别是，当这种评价比较客观时，员工可以在上级的帮助下有效发挥自己的潜能，顺利执行自己的职业生涯计划，实现自我完善，自我发展。

2. 绩效评估的程序

绩效评估是企业根据员工的职务说明，对员工的工作业绩，包括工作行为和工作效果，进行的考察与评估。绩效评估的程序一般分为"横向程序"和"纵向程序"两种。

（1）横向程序。横向程序是指按绩效考评工作的先后顺序进行，主要有下列环节：

1）制订绩效考核标准。绩效考核标准必须经职务分析中制订的职务说明与职务规范为依据，以避免考核时的主观随意性。

2）实施绩效考核。即对员工的工作绩效进行考核、测定和记录。

3）绩效考核结果的分析和评定。将绩效考核的记录与既定标准进行对照分析与评判，从而获得结论。

4）结果反馈与实施纠正。组织通常应使被考评员工知晓绩效考核结果，了解组织对自己工作的看法与评价，从而扬长避短。但另一方面，还需针对绩效考核中发现的问题，采取纠正措施。因为绩效是员工主、客观因素的综合结果，所以纠正不应是仅针对被考评员工的，也需对环境条件作相应调整。

（2）纵向程序。纵向程序是指按组织层次逐级进行绩效考核的程序。绩效考核一般是先对基层考核，再对中层考核，最后对高层考核，形成由下而上的过程。

基层绩效考核分析的项目主要包括员工个人的工作行为、工作效果及影响其行为的个人特征及品质等。对中层部门进行绩效考核，内容既包括中层干部的个人行为与特性，也包括该部门总体的工作绩效（任务完成率、劳动生产率、产品合格率等）。对高层进行绩效考核，其内容主要是经营效果方面硬指标的完成情况（如利润、市场占有率等）。

3. 绩效评估的方法

绩效评估方法就是指评定和评价员工个人工作绩效的过程与方法。下面介绍几种绩效评估中的常用方法。

（1）关键事件法。关键事件法是指评估者把注意力集中在那些区分有效的和无效的工作绩效的关键行为方面。通常通过把员工在工作中表现出来的特别有效的行为和特别无效的行为记录到书面报告上，然后对员工在工作中的优、缺点进行评价并提出改进意见的一种绩效评价方法。

（2）评分表法。评分表法是一种最古老也最常用的绩效评估方法。是指评估时列出一系列绩效因素（如工作的数量与质量、职务知识、协作与出勤、忠诚和创新精神等），然后评估者逐一对表中的每一项给出评分的绩效评估方法。

（3）行为定位评分法。这种方法综合了关键事件法和评分表法的主要长处。考评者按某一序数值对各项指标打分，但评分项目是指某人从事某项职务的具体行为事例，而不是一般的个人特质描述。行为定位评分法侧重于具体而可衡量的工作行为，它将职务的关键要素分解为若干绩效要素，然后为每一绩效要素确定有效和无效果行为的一些具体事例。其结果可以形成诸如"预测"、"计划"、"实施""解决眼前问题"、"贯彻执行命令"及"处理紧急情况"等的行为描述。

（4）书面描述法。书面描述法一般是指评估时主要以描述一个员工的所长、所短、过去的绩效和潜能等，然后提出予以改进和提高的建议的一种记叙性的绩效评估方法。其优点是进行书面描述时不需采取复杂的格式，也不需要经过多少培训就能完成。其缺点是在评估描述员工的"好"与"差"时，评定的质量可能不仅取决于员工的实际绩效水平，也取决于评估者的写作技能。

（5）目标管理法。现代绩效评估更多采用目标管理法。在传统的绩效评估方法中，组织往往更多地把员工的个人品质作为主要的业绩评价标准，同时也不可避免受考评者的个人偏好和主观意见的影响。而目标管理法则把评估的重点放在员工的贡献上，通过管理者与员工共同建立目标的方式，对每个员工都确定有若干具体的指标，这些指标是其工作成功开展的关键目标，因此他们的完成情况可以作为评价员工的依据。

第四节　组　织　变　革

一、组织变革的含义和作用

组织是一个开放、复杂的系统，这种系统与其内外环境发生着动态的相互影响。多层次、多因素、复杂多变的环境要求组织不断调整和完善自身的功能和结构，不断进行变革，以求得在变化的环境中生存与发展。组织变革是指组织根据外部和内部情况的变化，对现有组织结构适时而有效地进行调整与修正，以更好地实现组织目标的活动。

组织变革对组织生存和发展具有重大的影响和作用。通过组织变革，组织成员的认可度和满意度提高，组织更加符合发展的要求；组织的任务及完成任务的方法更加明确；组织机构的管理效率得到有效提高，组织作出的决策更加合理、准确；组织更具稳定性和适应性；组织的信息沟通渠道更加畅通；组织的自我更新能力也会进一步得到增强。

组织变革是多种因素共同作用的结果，组织变革的基本动力可以分为外部动力和内部动力两大方面。无论是个人还是组织都有可能对变革形成阻力，成功的关键在于尽可能消除阻碍变革的各种不利因素，缩小反对变革的力量，保证组织变革的顺利进行。约翰·科特指出："组织变革取得成功的方法是 75%～80%靠领导，其余 20%～25%靠管理，而不能反过来。"

二、组织变革的类型

按照组织变革的不同侧重，管理人员可以致力于组织的四种变革类型，以获取战略优势。这四种变革类型分别是技术变革、产品与服务变革、战略与结构变革及人员与文化变革。

1. 技术变革

技术变革可以使组织获取独特的竞争力。进行技术变革是为了使生产更为有效或能生产更多数量的产品。技术变革涉及产品或服务的制造技术，包括生产方式、设备和工作流程等各个方面。此外，技术变革还包括管理技术的改变，如采用现代化的信息收集和处理系统、现代化的管理控制系统、现代化的办公系统等。进行管理技术的变革常常面临着一个两难境地：一方面，在灵活、对员工授权、低度正规化的条件下，组织有利于创新；另一方面，为了例行生产及实施这些构思，组织必须保证一定的机械化特征。因此，在实施此类变革时，组织应保持有机式，而执行这些创新的构思则需要以机械式的方式行动。

2. 产品与服务变革

产品与服务变革是指一个组织生产的产品或提供服务的变化。新产品包括对现有产品的改进或全新的产品线。开发新产品的目标通常是提高市场份额或开发新市场、新顾客。由于产品和服务是为组织外部的消费者使用，所以一项创新是否能适应外部需求并取得成功，其不确定性很高。因此，在进行相关的变革时，应针对顾客需求，有效利用现有技术，并得到高层管理者的大力支持。

3. 战略与结构变革

战略与结构变革是指组织管理领域的变革。战略性变革是指组织对其长期发展战略或使命所作的变革，结构性变革是指组织需要根据环境的变化适时对组织的结构进行变革。这类变革包括组织结构、战略管理、政策、薪酬体系、劳资关系、管理与控制系统、会计与预算系统的变革。此类变革不如技术变革发生的频率高，并且与技术变革相比，此类变革是为了适应不同的环境并遵循不同的内部流程。因此，在进行此方面的变革时，一般是由高层管理者负责，由上而下地进行。

4. 人员与文化变革

人员与文化变革是指员工价值观、态度、期望、信念、能力、行为的改变。以人为中心的变革是指组织必须通过对员工的培训、教育等引导，使他们能够在观念、态度和行为方面与组织保持一致。文化变革涉及员工思考方式的改变，它是一种头脑中的变革。值得注意的是，一种文化的形成需要很长的时间，而且一旦形成，常常变得异常牢固和难以改变，因此在此项变革中遇到的巨大阻力也是不容忽视的。

组织是由互相联系、互相影响的系统组成的，四种变革并不是相互孤立的，某一个要素的改变必然会引起其他要素的变革。例如，一种新产品可能需要生产技术的变革，生产技术的变革会引起组织结构的变革，而组织结构的变革又需要员工学习新的技能。

三、组织变革的动力与阻力

1. 组织变革的动力

组织变革是多种因素共同作用的结果，组织变革的基本动力可以分为外部动力和内部动力两大方面。

（1）外部动力。

1）本地和国家经济变化。政府重大方针、政策的出台，宏观调控措施的改变，经济结构的调整，通货膨胀的变化及各项法律法规、税收、政治事件等方面的改变，都要求组织作出相应的变革。

2）顾客在改变。随着社会的发展，消费者的需求水平、需求结构、价值观和生活方式、审美观和闲暇时间等都发生了一系列新的变化，组织必须进行变革，增强快速反应能力，及时满足消费者的需要，占领市场。

3）竞争压力加大。全球化的市场竞争日趋激烈，新的进入者不断加入，替代品不断出现。新的竞争者以更高、更精致技术的同类产品低价销售。所以，如果组织不进行变革，就无法应付竞争的压力。

4）科学技术的进步。现代科学技术在以空前的广度和深度影响和改变着社会生产和生活的各个方面，它对组织结构、组织管理层次与幅度、组织运行要素等都带来了巨大的变化。一方面，随着科学技术的进步，新产品、新工艺、新技术、新方法层出不穷，对组织的固有运行机制构成了强有力的挑战，这就要求组织必须有针对性地进行变革。另一方面，信息技术使组织内部沟通方式大为改变，组织部门之间、上下层之间沟通更为快捷，进而使得组织结构日趋扁平化，中间层次大大减少。

5）管理现代化的需要。管理现代化要求组织对其行为作出有效的预测和决策，对组织要素和组织运行过程的各个环节进行合理规划，以充分调动职工的积极性，最大限度地发挥人力、财力、物力的作用。

（2）内部动力。

1）组织内部的矛盾与冲突。由于部门扩大，人员增多，目标不一致，业务量增加，人际关系复杂，群体冲突不断，组织内部矛盾增加，需要调整组织结构，改变沟通方式，理顺关系，使组织有效运行。

2）组织结构的改变。现有部门进一步划分或合并，对组织结构的权责体系、部门体系的调整，将引起整个组织系统效能和作用的变化，从而要求调整管理幅度和层次，重组新的部门，协调各部门的工作，改变现有结构设计不合理或不适应新的环境变化的状况，以提高组织的运转效率。

3）组织职能的转变。组织职能随着现代社会的发展而发展变化。现代社会组织的职能更专业化、社会化，强调职能细化，分工明确化，社会服务职能强化。所有这些要求组织变革原有的权责体系，合理设计管理层次和幅度，建立有效的沟通体系，兼顾社会各方面的利益，以求得生存与发展。

4）组织目标与职工价值观改变。随着组织的发展，组织目标必须作出相应的改变和调整。要么组织既定的目标已经实现或即将实现，需要寻求新的发展目标；要么组织既定目标无法实现，需要及时地转变；要么组织目标在实施过程中与环境不相适应，出现偏差，需要进行及时修正与调整。同时，职工的价值观、对组织的期望和劳动态度的变化都要求组织进行变革。

5）员工社会心理的变化。组织成员动机、态度、行为、需求等的改变，对整个组织的发展具有重要意义。员工的需求层次提高，参与意识、自主意识增强，个性化趋势增强，要求组织改变激励手段，改善工作环境和工作条件，改变工作设计，以适应组织成员的社会心理需要。

2. 组织变革的阻力

组织变革的阻力，是指人们反对变革、阻挠变革甚至对抗变革的制约力。产生这种阻力的原因可能是传统的价值观念和组织惯性，这种制约力可能来源于个体、群体，也可能来自于组织本身甚至是外部环境。成功的组织变革管理者，应该既注意到所面临的变革阻力可能会对变革成功和进程产生消极的影响，为此要采取措施减弱和转化这种阻力；同时变革管理者还应该看到，人们对待某种变革的阻力并不完全都会是破坏性的。而是可以在妥善的管理或处理下转化为积极的、建设性的。

在这里，如图 4-17 所示，我们从个体和组织两方面讨论组织变革的阻力。

（1）个体阻力。

1）习惯。社会生活非常复杂，必须作出许多决策。人们为了应付这种复杂性，个体往往依赖于习惯和模式化的反应。因此，习惯成为变革的一种阻力。

2）经济原因。经济原因是组织变革阻力中不可忽视的一个方面。如变革从结果上看可能

会威胁到某些人的利益,建立的工作惯例或工作
职责的变革可能会威胁他们的经济安全。

3）对未知的恐惧。多数人在面对未知事物
时会感到焦虑。每次工作情境的重大变革都伴随
这种不确定性。这些决定的结果不可能事先知
道。因此个体可能对变革感到非常焦虑和体验到
强烈的威胁感,以至于他们拒绝到新的地方工作
或工作职责发生巨大变化。

4）个性。个体个性的某些东西可使人有抗
拒变革的倾向,如依赖性。高度依赖他人的人常
缺乏自信。他们可能一直抗拒变革,直到他们信

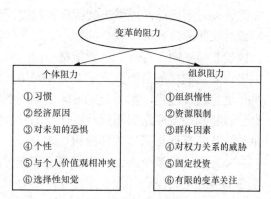

图 4-17　组织变革的阻力

赖的人认可这种变革。值得注意的是,虽然个性可能起作用,但它很少在涉及变革的情境中
作为重要因素。

5）与个人价值观相冲突。变革与个人的价值观发生冲突时,也会引起员工对组织变革的
抵制。个人的价值观是长期积累、相对稳定的心理结构,一旦组织变革冲击到个体价值观,
抵制变革的阻力便会随之产生。此种冲突通常在企业合并过程中尤为常见。

6）选择性知觉。人们倾向于有选择性地知觉事物以使得其与他们对世界的观点最吻合。
一旦个体已建立了对现实的理解,他们可能抗拒改变它。例如,只读或听他们同意的东西,
随意地忘记可能导致其他观点的任何知识,曲解信息交流——如果正确理解则与其目前态度
和价值观不符。

（2）组织阻力。

1）组织惰性。组织惰性是形成变革阻力的主要因素。这主要是指组织在面临变革形势时
表现得缺乏灵活性,难以适应环境的要求或者内部的变革需求。

2）资源限制。变革需要资本、时间和胜任的个体等。在任何特定时间里,组织管理者和
员工可能意识到了应做的变革,但由于资源限制,他们不得不延迟或放弃某些所希望的变革。

3）群体因素。组织变革的阻力还会来自群体方面。组织变革意味着组织固有的关系结构
的改变,组织成员之间的关系也随之需要调整。研究表明,对组织变革形成阻力的群体因素
主要有群体规范和群体内聚力等。

4）对权力关系的威胁。组织结构变革可能会打破过去固有的管理层级和职能结构,并采
取新的措施对责、权、利重新作出调整和安排,一旦组织中有些人认为变革可能是对其权力
或影响力的威胁,个人或团体便会以抗拒的形式抵制变革。

5）固定投资。资本集中的组织比较难变革,因为固定资本投资（设备、厂房和土地）是
不易改变的资产。但固定投资不限于物理资产,它们也可以在人身上体现出来。从长远看,
资深员工的薪水和福利就代表了不易改变的固定投资。

6）有限的变革关注。组织是由一系列相互依赖的子系统组成,如果只改变局部的子系统,
而没有对相关的系统进行相应的变革,这种变革很可能因为更大的系统问题而变得无效。

3. 消除组织变革阻力的对策

为了确保组织变革的顺利进行,首先,要客观分析变革的推力和阻力的强弱。管理层必
须预先针对变革中可能遇到的阻力进行充分的研究,分析推力和阻力的来源、强弱,并采取

一些管理对策应对。增强支持因素，削弱反对因素，进而推动变革的深入进行。其次，创新组织文化并渗透到每个成员的行为之中，让其认可改革行为的坚定性，也才能够使变革具有稳固的发展基础。再有，创新策略方法。为了避免组织变革中可能会造成的重大失误，使人们坚定变革成功的信心，变革者必须采用周密可行的变革方案。例如，在实施变革之前，对员工进行宣传教育，帮助员工理解变革的逻辑性和合理性，减少关于变革的各种不实谣言。最后，特别是要注意调动管理层变革的积极性。尽可能削弱团体对组织变革的抵触情绪，力争使变革的目标与团体的目标相一致。

总之，无论是个人还是组织都有可能对变革形成阻力，成功的关键在于尽可能消除阻碍变革的各种不利因素，缩小反对变革的力量，保证组织变革的顺利进行。

四、组织变革的过程与程序

1. 组织变革的过程

为使组织变革顺利进行，并达到预期效果，必须先对组织变革的过程有一个全面的认识，然后按照科学的程序组织实施。一般来讲，成功的变革必须对组织的现状进行解冻，然后通过变革使组织进入一个新阶段，同时对新的变革予以再冻结，即组织变革的过程包括解冻、变革和再冻结三个阶段。

（1）解冻阶段。解冻阶段是改革前的心理准备阶段。解冻是指发现组织变革的动力，明确组织变革的方向，营造危机感，采取措施克服变革的阻力，形成比较完善的组织变革方案。组织在解冻期间的中心任务是改变员工原有的观念和态度，必须通过积极的引导，激励员工更新观念，接受改革并参与其中。

（2）变革阶段。变革阶段的任务就是按照所制订的变革方案的要求开展具体的组织变革行动，使组织从现有的组织结构模式向目标模式转变。进入到这一阶段，组织上下已对变革做好充分的准备，变革措施就此开始。组织要把激发起来的改革热情转化为改革的行为，关键是要能运用一些策略和技巧减少对变革的抵制，进一步调动员工参与变革的积极性，使变革成为全体员工的共同事业。

（3）再冻结阶段。再冻结是指采取措施保证新的行为方式和组织形态能够得到不断强化和巩固。再冻结阶段是变革后的行为强化阶段，其目的是要通过对变革驱动力和约束力的平衡，使新的组织状态保持相对的稳定。由于人们的传统习惯、价值观念、行为模式、心理特征等都是在长期的社会生活中逐渐形成的，并非一次变革所能彻底改变的，因此，组织变革过程不是在实施了变革行动后就宣告结束。改革措施顺利实施后，还应采取种种手段对员工的心理状态、行为规范和行为方式等进行不断的巩固和强化；否则，稍遇挫折，便会反复，使改革的成果无法巩固。

2. 组织变革的程序

组织变革程序可以分为以下几个步骤。

（1）通过组织诊断，发现变革征兆。组织是否需要进行变革，在日常的管理实践中和反馈的信息中征兆就会显露出来。这些征兆主要表现为组织决策效率低或经常作出错误的决策；组织内部沟通渠道不畅，信息传递不灵或失真；组织机能失效，如生产任务不能按时完成、产品质量下滑、财务状况不佳、职能部门严重失调、组织成员的积极性不能充分发挥出来等。为了更好地掌握组织需要变革的事实和程度，就有必要对组织进行诊断。诊断可分两步进行：首先，采取行之有效的方式将组织现状调查清楚；其次，对所掌握的材料进行科学的分析，找出期望与现状的差距，进一步确定要解决的问题和所要达到的目标。

（2）分析变革因素，制订改革方案。组织诊断任务完成之后，就要对组织变革的具体因素进行分析，如职能设置是否合理、决策中的分权程度如何、员工参与改革的积极性怎样、流程中业务衔接是否紧密、各管理层级间或职能机构间的关系是否易于协调等。在此基础上制订若干可行的变革方案，以供选择。

（3）选择方案，实施变革计划。制订变革方案的任务完成之后，组织需要选择实施方案，然后制订具体的改革计划并贯彻实施。组织在选择具体方案时既要考虑到改革的深度和难度、改革的影响程度、变革速度及员工的可接受程度和参与程度，还要考虑到方案实施后可能带来的综合效益，做到有计划、有步骤、有控制地进行。此外，还应该有备用的纠偏措施以便及时纠正改革中可能出现的偏差。

（4）评价变革效果，及时进行反馈。评价效果就是检查计划实施后是否达到了组织变革的目的，是否解决了组织中既往存在的问题，是否提高了组织的效能。组织变革是一个包括众多复杂变量的转换过程，再好的改革计划也不能保证完全取得理想的效果。因此，变革结束之后，管理者必须对改革的结果进行总结和评价，及时反馈信息。对没有取得理想效果的变革措施，应当给予必要的分析和评价，然后再做取舍，直到取得满意的结果。

管理实践资料链接九

民生银行的事业部制改革

由于大客户金融服务方面竞争非常激烈，而资产在 1000 万元以上的中型客户为数众多，民生银行业务试图通过事业部改革转变客户对象，从强力渗透大客户转向服务大型核心客户，并全面向中小型客户转移。

2005 年下半年，公司业务从支行上收到 176 个行业金融部，支行专注做零售业务。这是实现以专业化运作为核心的事业部改革的前提。

民生银行根据自身特点，最终选择了混合型事业部。公司改变以分行为中心的块状作坊管理模式，对现分散在各分、支行的公司业务人员按照客户、产品和行业三个维度进行重新整合，对公司业务主要产品线和行业线实行事业部管理体制。

按照行业线划分，民生银行成立了房地产、交通、冶金、能源四个行业金融部；按照产品线划分，成立了贸易金融部、金融市场部、投资银行部三个产品事业部；按照客户类型，还成立了直属总行的事业部、工商企业金融部。

民生银行各分行的定位也发生较大变化，其职责和经营范围转变为地方特色公司业务经营、零售业务管理推动、公共关系和公共平台的管理与维护、对事业部的业务代理和服务。具体到与事业部或行业部的关系上，即分行有责任组织代理销售事业部专营产品，扩大交叉销售；分行作为公共服务平台，为事业部提供落地服务，如资金调拨服务、授信业务放款服务、行政后勤服务、落地人员的人事劳资服务、地方经济金融和行业信息服务、科技支撑服务、法律合规服务、与监管机构沟通联系等。支行定位于零售业务和公共服务平台。事业部内部一体化流程化设计，风险、人力、财务管理职能内置到事业部，根据业务流程设计内设机构和岗位。

改制之后，事业部制改革效果开始逐步体现。分行层面上一些难以推行的商业模式在事业部得到有效运用。截至 2009 年 6 月，事业部存款余额 2208 亿元，贷款余额 2918 亿元，分别比成立时的 1168 亿元和 1843 亿元增长了 89.13%和 58.30%，比全行公司业务同期存贷款增幅分别高出 32 个和 1 个百分点；资产质量呈现出稳定向好趋势，不良贷款余额和比率比 2008 年末下降 5.34 亿元和 0.48 个百分点；资产风险定价能力有所提高，报告期内事业部贷款平均利率为 5.77%，高于全行公司贷款平均利率 0.18 个百分点。2009 年，四个行业事业部实现净收入 75.22 亿元，比 2008 年增长近 10%。新产品、新商业模式开发速度明显加快，推出了分层银团贷款、汽车金融服务方案、信保押汇、物流融资等广受市场欢迎的创新产品，增值服务能力和中间业务收入稳步提高。

资料来源：曾国华，庞玉兰. 管理学：理论、应用和中国案例. 北京：经济管理出版社，2015.2.

第五节　学习型组织

企业的成长过程是一个永无休止的创新过程，而创新离不开学习。近年来，人们认识到好的企业组织也像人一样需要不断学习，通过学习使组织适应新形势的变化。可以说，企业的每一项进步都是在学习中实现的。如开发一种新产品、引进和创新一项新技术或者改造企业的组织结构，都需要从新的视角来观察、思考问题，需要引入新思想、新知识。个人的学习能力关系到个人的就业和生存，企业的学习能力同样关系到企业的生死存亡。学习型组织是现代管理所提倡的重要组织形式之一。

一、学习型组织的含义和特征

1. 学习型组织的含义

什么是学习型组织，目前尚未有一个统一的定义，不同学者曾分别作出了自己的描述。其中最有影响的是 1990 年，美国麻省理工学院斯隆管理学院彼得·圣吉教授所著的《第五项修炼——学习型组织的艺术与实务》一书，掀起了组织学习和创建学习型组织的热潮，定义了学习型组织及其特征。所谓学习型组织是指通过培养弥漫于整个组织的学习气氛，充分发挥员工的创造性思维能力而建立起来的一种有机的、高度柔性化的、扁平的、符合人性的、能持续发展的组织。有其他学者认为学习型组织就是"把学习者与工作系统地、持续地综合起来，以支持组织在个人、工作团队及整个组织系统这三个不同层次上的发展"的组织。还有的认为学习型组织是一个具有持续的学习及创新能力，能不断创造未来的组织。

本书认为，所谓的学习型组织是指一种通过培养弥漫于整个组织的学习气氛、充分发挥员工的创造性思维能力而建立起来的以解决问题为核心的、有机的、高度柔性的、符合人性的，持续的适应变革与发展的组织。这种组织具有持续的学习能力，具有高于个人绩效总和的综合绩效。在这个组织中，所有的员工都致力于识别和解决问题，并促使组织持续不断地进行试验、变革、改进，从而使其成长能力、学习能力和实现目标的能力不断提高。

2. 学习型组织的特征

学习型组织的特征表现在以下几个方面：

（1）组织成员拥有一个共同的愿景。组织成员拥有的共同愿景是指组织内成员就组织前景形成的共同意愿。组织的共同愿景来源于员工个人的愿景而又高于个人的愿景，它是组织中所有员工与组织的共同理想。它能使不同个性的人凝聚在一起，朝着组织共同的目标前进，以实现这一愿景。

（2）善于不断学习，这是学习型组织的本质特征。所谓"善于不断学习"，主要有四点含义：一是强调"终身学习"，即组织中的成员均应养成终身学习的习惯，这样才能形成组织良好的学习气氛，促使其成员在工作中不断学习；二是强调"全员学习"，即企业组织的决策层、管理层、操作层都要全心投入学习，尤其是经营管理决策层，他们是决定企业发展方向和命运的重要阶层，因而更需要学习；三是强调"全过程学习"，即学习必须贯穿于组织系统运行的整个过程之中；四是强调"团队学习"，即不但重视个人学习和个人智力的开发，更强调组织成员的合作学习和群体智力（组织智力）的开发。

（3）组织由多个创造性团体组成。在学习型组织中，团队是最基本的学习单位。组织的所有目标都是直接或间接地通过团队的努力来实现的。

（4）自主管理。自主管理是使组织成员能边工作边学习并使工作和学习紧密结合的方法。通过自主管理，组织成员可以自己发现工作中存在的问题，自己选择合作伙伴组成团队，自己选定改革、进取的目标，自己进行情况调查，自己分析原因，自己制定对策，自己组织实施，自己评估总结。团队成员在"自主管理"的过程中，能形成共同愿景，能以开放务实的心态互相切磋，不断学习新知识，进行创新，从而增加组织快速应变、创造未来的能力。

（5）向员工授权的扁平式结构。传统的金字塔型直线结构以自上而下的指挥取代了人们寻求合作的自然能力。学习型组织的组织结构则是扁平的，即从最上面的决策层到最下面的操作层，中间相隔层次极少。它尽最大可能将决策权向组织结构的下层移动，让最下层单位拥有充分的自主权，并对产生的结果负责，从而形成扁平化组织结构。只有这样，企业内部才能形成互相理解、互相学习、协调合作的群体，才能产生巨大持久的创新力。

（6）领导者的新角色。在学习型组织中，领导者是设计师、仆人和教师。领导者的设计工作是指领导者对组织要素进行整合，他不只是设计组织的结构和组织政策、策略，更重要的是设计组织发展的基本理念；领导者的仆人角色表现在他对实现愿景的使命感，他自觉地接受愿景的传唤；领导者作为教师的首要任务是界定真实情况，协助人们对真实情况进行准确、深刻的把握，提高他们对组织系统的了解能力，促进每个人的学习。

（7）组织的边界被重新界定。学习型组织边界的界定，是建立在组织要素与外部环境要素互动关系的基础上，一方面超越了传统的组织边界，组织可以通过与其他组织的交流和互相学习形成由几个组织形成的新的组织形态。另一方面，在组织内部部门之间的交流也会模糊了按职能或部门划分的"法定"界限，形成超越部门的众多团队。

二、学习型组织的理论模型——五项修炼

自 20 世纪 80 时代末 90 年代初以来，研究与创建学习型组织的热潮从美国开始，波及了世界上许多国家。学习型组织的开山之作——美国麻省理工学院教授彼得·圣吉所著的《第五项修炼——学习型组织的艺术与实务》震惊国际管理学界，于 1992 年荣获世界企业学会最高荣誉奖——开拓者奖。他提出组织要进行五项修炼来改善传统的思维模式，使组织走向学习型组织。所谓修炼，对于组织而言，就是通过学习和训练，提高组织内部结构与机能对社会、市场变化的适应能力。对个人而言，就是指通过学习提高自身素质。这五项修炼是创建学习型组织的五项技能，作为一个整体，它们是紧密相关、缺一不可的，被称为学习型组织创建的模型。

第一项修炼，自我超越。"超越"一词含有超过、胜过的意思。"自我超越"就是不断认识自己，认识外界的变化，这是建立学习型组织的基础。通过组织成员不断调整自己内心的愿望，使愿望与现实之间始终保持一定差距，即创造性张力，这样就可以激发员工不断创造和超越。组织整体的学习愿望与能力，根植于每个员工的愿望与能力。自我超越，就是激活组织的每一个细胞。

第二项修炼，改善心智模式。心智模式是一种思维方法和行为模式，根植于头脑中的观察世界、采取行动的固有模式，其往往是人们长期实践经验的总结。如果心智模式有缺陷，将妨碍人们学习和采取正确的行动。这种修炼就是通过为员工提供有效地表达内心想法，并以开放的心灵容纳别人的想法的氛围，形成整体互通联动的共同的心智模式，以利于组织目标的实现。

第三项修炼，建立共同愿景。愿景是指期望的未来远景和愿望，建立共同愿景就是建立一个组织成员共同的远景和愿望。共同愿景的重要是因为它提供了组织学习的焦点。只有全体成员有了渴望实现的共同愿景，才会实现"创造性学习"。建立共同愿景需要将组织成员的个人愿景与组织愿景相协调，并统一于组织愿景，才会实现愿景共享，达到修炼的目的。

第四项修炼，团队学习。团队学习是发展团队成员整体合作与实现共同目标能力的过程。团队的构成不是随机的，其成员要求知识技能互补，分别担任不同角色，承担共同目标，保持负责的相互工作关系。团队代表了一系列鼓励倾听、积极回应他人观点、对他人提供支持并尊重他人兴趣和成就的价值观念。团队学习的主要形式是"深度会谈"，彼得·圣吉将学习型组织的交谈称为"深度会谈"。通过团队学习，充分发挥集体智慧，可提高组织思考和行动的能力。团队学习的修炼，使团队成员获得真正一起思考的能力。

第五项修炼，系统思考。企业与人类社会都是一种"系统"，是由一系列微妙的、彼此息息相关的因素所构成的有机整体。这些因素通过各不相同的模式或渠道相互影响，"牵一发而动全身"。但是，这种影响并不是立竿见影、一一对应的，而常常是要经年累月才完全展现出来。身处系统中的一小部分，人们往往不由自主地倾向于关注系统中的某一片段（或局部），而无法真正把握整体。系统思考的修炼就在于扩大人们的视野，让人们"见树又见林"，要人与组织形成系统观察、系统思考的能力，从而决定其正确的行动。

上述五项修炼中，"系统思考"是最重要的。它是整合其他各项修炼成一体的理论与实务，防止组织在真正实践时将各项修炼视为互不相干的名目或一时流行的风尚。少了系统性思考，就无法探寻各项修炼之间如何互动。系统思考还强化其他每一项修炼，并不断提醒我们：融合整体能得到整体大于部分之和的效果。

但是，"系统思考"也需要其他四项修炼来补充配合，以更好地发挥它的潜力。"共同愿景"是组织产生活力和勇气的源泉；"改善心智模式"使人专注于以开放的方式体验我们认知方面的缺失；"团队学习"是发挥团体力量，全面提升团队整体力量的技术；而"自我超越"是不断反照个人对周边影响的一面镜子，是学习型组织的精神基础。因此，五项修炼是一个有机整体，不能孤立或分割开来。

三、组织学习的智障及其清除

在相同环境下，不同组织的学习能力和学习效果却各不相同，产生的原因是什么？彼得·圣吉认为这是因为组织存在学习的"智障"，学习智障对于孩子来说是悲剧，对于组织来说也是致命的。诊疗的方法就是辨认组织的学习障碍，并试图用各种方法来清除智障，如表4-5 所示。

表 4-5　　　　　　　　　　　　　　　组织学习的障碍及其清除

阶段	学习智障	消除学习智障的方法
发现	能力陷阱	① 建立员工建议系统和顾客反馈系统；② 请咨询公司帮助；③ 组织高级管理者定期对企业行为进行反思
	缺乏系统思考	对管理者的系统思考能力进行培训
	盲目	请咨询公司帮助
	组织机制缺陷	① 成立调研组等正式监察环境变化与组织内部问题的机构；②信息拥有者和决策者的正式和非正式会谈
	辅助设施不足	完善数据的交流（如管理信息系统，公司内部网和邮件的应用）
发明	舍本逐末	① 建立平行的独立决策过程以避免"小团体意识"；② 对管理者的系统思考能力进行培训
	缺乏合作	① 建立健全执行组织变革的机制和程序；② 深度会谈：深度会谈超越任何个人见解，群体中每个人自由交换他们的想法，融入统一的、毫无阻力的共同讨论中，可以帮助清除各部门之间的分歧与促进知识交流
	成规	① 促进文化的多样化或引入新人增强企业活力；② 请咨询公司帮助
	报酬与决策系统缺陷	建立合理的奖惩制度
执行	组织瘫痪	建立健全执行变革的机制和程序
	活动过度	定期检查新方法执行的效果
	相异的手	定期检查新方法执行的效果
推广	传播阻塞	① 知识管理；② 深度会谈
反馈	机制缺陷	① 在发明新方法或程序时就设计出反馈机制；② 建立适当的程序或制度，定期反思过去的行为及其结果
	反馈失误	① 知识管理；② 定期检查新方法执行的效果；③培养系统思考的能力
知识库	组织记忆丧失	① 知识管理（知识管理可帮助人们对现有的知识进行整理、保存与反思）；② 决策支持系统；③数据挖掘
	知识转化困难	建立相应的组织机制和制度来促进组织中四种不同知识的转化

资料来源：陈维政，余凯成，黄培伦. 组织行为学高级教程. 北京：高等教育出版社，2004.

智障是构建学习型组织的瓶颈，随着不断发现并消除智障，组织的学习能力将不断提高，组织的竞争力、环境适应力也将随之不断增强。

四、学习型组织的创建

如何进行学习型组织的创建呢？根据组织学习理论和成功的学习型组织创建实践，我们总结出以下几点。

1. 领导者创建共同愿景

领导者是推进学习型组织创建愿景的灵魂人物。领导者是设定目标、进行决策、全权指挥的人。有关领导者的传统观念反映的是领导者个人的观点，而对学习型组织的领导者则要求更多。在学习型组织创建中，领导者要学会"合作控制"的思考方法，摆脱"绝对控制"的思考方式。通过构建起基于共同愿景的关系和培育出有助于发展这种关系的文化，他们与员工一起开展控制活动，领导者帮助员工考察整个系统，推进变革和提高员工塑造未来的能力。通过创建共同愿景，强化效率和价值观，形成学习型组织发展的强大精神动力。

2.　建立自我管理为主的团队结构

传统的基于直线指挥和参谋职能的组织结构，将员工和管理者分离，将专业人员按照各自的专业分离。而要创建学习型组织，需要打破这种结构模式。在学习型组织中，自我管理的团队应成为基本的组织细胞。这些团队由具有不同技能、经常轮换岗位以生产完整的产品和服务的员工构成。他们直接与顾客打交道，随时自我解决遇到的问题，及时进行所需要的工作改进和变革。尤为重要的是团队成员具有就从事的工作自我决策的权利。团队中没有领导层级，只有团队成员，由团队成员承担与工作相关的各种责任，包括工作分工、协调、报酬制度的制定及协调与其他团队的工作协作等。通过建立这种基于自我管理的团队结构，给予员工创造的热情与学习的环境和动力，并将学习力转化为现实生产力。

3.　向员工公开信息

在员工自我管理的情况下，员工需要了解各种各样的信息，包括组织的整体经营情况、各部分的进展状态及其相互之间的关系等。因此，在学习型组织中，每个员工应都可以获得有关组织发展预算、支出、利润等的详细数据。管理者应向员工提供他们需要的各种信息，并给予其按照所获取的信息采取行动的权力。只有通过向员工提供足够的信息，使组织成员在思想和信息交流充分的环境中工作成长，才能逐渐形成系统思考的习惯和自觉的学习过程。

4.　员工参与组织战略决策

从组织分工来说，战略决策是高层管理者的任务，中下层的管理人员及其他员工不必关注和参与战略决策。但在学习型组织中，战略既可以自上而下产生，也可以自下而上产生。高层管理者为组织确定广大员工都支持和信赖的愿景和战略方向，但并不独自控制或制订战略，他需要每个员工的支持。当所有的员工为共同愿景而努力奋斗时，他们的累积活动会对战略开发作出贡献。因为学习型组织的许多员工都与顾客、供应商和新技术的应用关联在一起，所以他们能够识别出经营中的问题，并能找到解决问题的方法。而且学习型组织的战略也可能产生于与供应商、顾客甚至竞争对手的合作关系中，因为员工与他们联系紧密。这样，就使学习型组织超越了传统组织的边界。

5.　向员工直接授权

在学习型组织中，员工是行使管理力量的主要源泉，而不仅仅是成本的最小化。管理者向员工直接授权意味着赋予员工进行决策和有效地采取行动的权力、自由。通过向员工授权，使组织成员在责任与信任的双重作用下使学习成为工作的一部分，员工可以在没有监督和严密控制的情况下从事自己的工作。

6.　塑造人本的、富于创新的文化

人本的、富于创新的文化是创建学习型组织的土壤。文化决定一个组织的基本价值观和行事方式，员工的思想决定他们的行为。学习型组织以冒险、公开和成长的组织文化为特征。营造人本的文化，就是取消组织内的等级尊卑，承认和尊重每一个员工的价值，让员工参与战略决策和自我管理的工作氛围，使员工全身心地投入并开发其最大潜能。营造创新的文化，就是鼓励冒险、尝试变革和改善，可以不断地对提出新思想、尝试应用新方法的人员进行奖励和鼓励，甚至奖励失败。人本的、求新的文化，一方面形成由员工的归属感产生的凝聚力；另一方面使企业不断地寻求变化，在变化中发展，而在这种变化过程中，组织在自发地学习。

本章小结

　　组织是两个以上的人在一起为实现某个共同目标而协同行动的集合体。组织工作就是根据组织目标和计划的需要设置部门、岗位，为每个岗位配备人员，明确部门与岗位的职责、职权及相互之间的关系。其中，确定管理层次、处理集权与分权、直线人员、职能人员与参谋人员、正式组织和非正式组织关系是组织工作的基础。

　　组织结构本质上是组织成员间的分工协作关系。组织结构设计的实质是对组织人员进行横向和纵向分工。其任务主要是提供组织结构图和编制职务说明书。组织设计应遵循权责对等、目标一致性、集权与分权相结合、分工与协作、稳定性和适应性相结合，精干高效、有效管理幅度等基本原则。组织中常用的组织结构形式有直线型、职能型、直线职能型、事业部型、矩阵型和网络型组织结构，每一种形式各有优缺点，应根据组织具体实际情况加以采用。

　　人力资源管理的主要任务是为岗位配备适当的人。工作分析是人力资源管理的基础，是解决"某一职位应该做什么"和"什么样的人来做最适合"的问题。人力资源规划是确保组织在需要的时间和岗位上获得所需的人力资源的过程。员工培训是组织进行的一项重要的人力资源投资，通过员工培训可以使组织员工明确自己的工作职责、任务和目标，提高知识和技能。员工培训依据所在职位的不同，可分为岗前培训、在岗培训和脱岗培训三种形式。绩效评估是企业根据员工的职务说明，对员工的工作业绩，包括工作行为和工作效果，进行的考察与评估。

　　组织变革是任何组织都不可回避的问题，而能否抓住时机顺利推进组织变革，成为衡量管理工作有效性的标志。技术变革、产品与服务变革、战略与结构变革及人员与文化变革是组织变革的主要类型。无论是个人还是组织都有可能对变革形成阻力，成功的关键在于尽可能消除阻碍变革的各种不利因素，缩小反对变革的力量，保证组织变革的顺利进行。成功的组织变革需要经过解冻、改革、冻结这三个步骤。

　　学习型组织是现代管理所提倡的重要组织形式之一，通过学习使组织适应新形势的变化。善于不断学习是学习型组织的本质特征。组织通过学习和训练，提高组织内部结构与机能对社会、市场变化的适应能力。自我超越、改善心智模式、建立共同愿景、团队学习、系统思考这五项修炼被称为学习型组织创建的模型。

案例导读分析总结

　　从三位老总的发言可以看出 H 公司在组织工作方面出现了以下问题：管理沟通信息不及时、各部门之间的协调不力；人员在不断膨胀、组织层次过多、部门数量增加，职能重叠，组织结构不能适应公司新形势；总公司对各分公司的控制权在不断减少。

　　针对这些问题，H 公司可以在工作分析的基础上，规范各项规章制度，合理分配各分公司、各部门的职责和权限，理顺各部门之间的关系，建立一个能保证信息传递及时、准确，分权适度的组织结构，同时以岗定编，尽可能减少组织层次和部门、人员的数量，提高人员素质。

复习与思考题

（1）什么是管理幅度？简述影响管理幅度的主要因素及其对管理幅度的影响。

（2）什么是分权？简述集权与分权各有什么利弊。

（3）正式组织和非正式组织各有哪些特点？

（4）简述组织设计的原则。

（5）简述组织部门化的基本原则。

（6）试绘事业部制的组织结构示意图，并阐述事业部制的特点和优缺点及适用条件。

（7）人力资源管理的任务有哪些？

（8）企业组织招聘时有哪些可选择的招聘渠道？

（9）谈谈你对组织变革的必要性的认识。

本章案例分析与讨论

家乐福：分权为生　集权为升

"合久必分，分久必合"是中国古代用以形容天下政治格局的一句至理名言。时至今日，家乐福中国战略却再次将这样的历史情形在商场上演绎得淋漓尽致。

10 年，说长也不长，但足以令天下大势发生翻天覆地的变化。而蛰伏中国市场 10 年之久的家乐福正面临着"十年磨一剑，霜刃未曾试，今日能否把示君？"的考验。但一切迹象均表明，老骥伏枥的家乐福中国区战略正在井然有序地进行着一场前所未有的经营变革，以期"大鹏展翅三千里，扶摇直上九重天"。

追溯这场变革的起端，源于 2005 年 2 月份家乐福中国区高层人事的变动。执掌中国区 6 年之久的家乐福中国区前总经理施荣乐被提升至家乐福中国区总裁，主管开店和政府关系；家乐福日本区前总经理杜博华出任家乐福中国区总经理，主管经营。2006 年，家乐福中国变革步伐明显加快。1 月份，有关渠道透露，家乐福中国正在计划建立华东、东北、西南、华南、华中 5 个区域性物流配送中心，旨在加强门店统一物流管理；3 月份，调任中国区总经理刚好一年的杜博华再次被调至台湾地区任总经理一职，而中国区总经理席位则由家乐福阿根廷前总经理 Eric Legros 接替；5 月份，家乐福集团高层亲临中国，高调宣布把中国区提升为集团直接管理的区域市场，这是除法国本土外，家乐福唯一直接管辖的二级区域市场。7月份，据相关媒体报道，家乐福华东、华南等地区的店长、小区区长级别的人员有大规模的变动。但这一切的调整还仅仅只是刚刚开始，下一步可能会有更大的变动。与此同时，单门店店长原本全权拥有的商品采销管理权和人事任免权的部分已经被收至小区级别的管理层级。

在上述的一系列变革措施中，两条主线一直清晰可见：其一，家乐福中国区总部乃至家乐福集团对加强控制中国区域市场的意图方面非常明显；其二，一贯以"灵活性强、权力大"著称的家乐福中国门店店长集权制受到了各方面的削弱。不难看出，这一场变革的战略出发点是回收门店权力，加强区域市场统一管理。

在零售领域，谈起集权和分权，大家自然就会联想到沃尔玛和家乐福。沃尔玛在经营上强调系统性和集权性，拥有先进的统一的信息系统和高效的物流配送系统，是集权的典型；家乐福则强调灵活性和本土化，各门店店长拥有因地制宜的高度的商品管理权和人事任免权，是分权的榜样。在全球市场上，沃尔玛略胜一筹；在中国市场上，家乐福技高半分。

但在这"十年之痒"的坎上，家乐福中国的变革却俨然开始了"集权化"，正是印证了中国古话"合久必分，分久必合"的道理，然而这样的战略决策究竟是基于怎样的事实基础、希望达到怎样的战略目的，以及可能面临什么样的问题？难免引起各方的关注与反思，笔者就本身多年的连锁零售经验，粗略谈谈对此的认识。

分权：一切为了生存

"兵无常势，水无常形"可谓是家乐福中国战略10年的精髓体现。从1995年进入中国开始，家乐福始终坚持灵活性和本土化的两条基本原则，其全国经营策略并无统一定式，也无一致的价格策略，一切策略的制定都是基于城市性和区域性的，一切策略的变化都基于竞争对手和顾客的变化而变化。

这一战略思维的形成有其特殊的时代性。在中国零售业未对外开放之际，家乐福于1995年以商业管理咨询身份进入中国市场，并以"明修栈道，暗度陈仓"的方式在中国内地开设了其第一家分店；此后，在深谙中国国情的前提下，充分发挥其灵活性，与各级地方政府搞好关系，使得其分店在全国各地开花结果；为了能够在中国市场生存下来，相比沃尔玛中国的中央集权，家乐福中国采取了将大量权力（商品采销管理权和人事任免权）下放至地方各个门店店长手中的分权管理体制；同时针对中国市场广阔、交通不便的特殊性，建立了地方采购和供货商配送的物流管理体制。

回顾家乐福中国的10年历程，毫不夸张地说，是分权管理体制的灵活运用和本土化的演进，使得家乐福在中国市场远远超过世界第一的沃尔玛。

集权：明天会活得更好

过去的10年，分权让家乐福能够在中国市场顽强地生存了下来，并且在全国30多个城市布局了70多家分店；未来的10年，家乐福显然并不仅仅满足于此。在依靠分权实现企业规模经济后，如何将其转化为规模效益并最大可能攫取利润将成为家乐福未来10年内的最大挑战，而集权将会取代分权成为其战略实施的原动力，原因主要有四个方面：

（1）家乐福门店布局基本完成，需要统一协调。传统的企业集权分权理论认为：企业规模较小，应以集权为主；企业规模较大，应以分权为重。当企业积累到一定规模后，分权固然重要，但集权也不容忽视。因为集权有利于资源的合理分配，以保证有限资源的利用最大化；同时集权有利于整合企业的综合竞争力，避免分权造成的各自为政和一盘散沙。未来10年，家乐福中国主要将会面临的正是如何通过集权整合企业竞争力的问题。

（2）山头文化阻碍企业文化的统一，集权有助于战略的实施。根据企业文化对战略影响程度的大小，企业文化可以划分为积极战略型文化、无关战略型文化、消极战略型文化。顾名思义，前者会对企业战略起到积极的推动作用，中者对企业战略无明显的影响，后者将会严重阻碍企业战略的实施。10年分权造成各自为政的山头文化将会对家乐福企业文化的统一造成阻碍；而适当的集权反而有利于消除山头文化，建立积极战略性文化并最终推动战略目标的实现。

（3）贪污腐败影响到家乐福利润的实现。如果说集权是腐败滋生的温床，那么分权也并非"灵丹妙药"。"是药也有三分毒"，相信家乐福对此深有感触，因为其单店采购腐败已经成为吞噬企业利润的重要因素之一，并达到了触目惊心的地步。世间万物本是相生相克，因而适当的集权反而可以在一定程度上遏制腐败成为一种畸形的"企业文化"。

（4）分权过度造成管理混乱。在企业管理制度中关于分权和集权的经典现象是：一放就乱，一集就死。而如何做到"放而不乱，集而不死"一直是众多企业苦苦追求而至死不明的境界。放中有集，集中带放是实现这一境界的唯一途径，家乐福分权过度造成的管理混乱终将通过适当集权予以解决。但道理简单，实际上做起来却并非易事，关键在于如何寻找到两者的合理平衡点。

集权：任重而道远

实际上，相比于沃尔玛高度集中的程序化操作模式，家乐福正在力争寻求一种既能保持分权灵活性的前提下适度集权的方法，使两者达到合理的平衡点。在单门店权力被集中到以城市为单位的小区域市场的同时，总部和大区市场的部分权力也在继续下放到小区域市场，以达到集中管理的目的之余，保证对市场反应的灵活性。在众多先行者长期探索而未果的情形下，家乐福是否能够找到一条适合自身发展的集权和分权结合点的道路还言之过早。毕竟，从战术上来讲，还有很多难题需要逾越。

首先，外部环境的应变考验。门店由于贴近市场，对消费者变化尤为敏感。如今家乐福门店逐步丧失了商品管理权和人事任免权，也就失去了在第一时间作出决策的机会，小区域市场能否在最短的时间内做出灵活性的政策调整将是考验之一。

其次，物流配送系统考验。家乐福取消了单门店采购和供应商配送制度，取而代之以区域市场统一采购和五大区域配送中心统一配送。区域市场特殊性、物流系统信息化水平、交通系统发达水平、供货速度等都将面临战术层面的考验。

再次，管理层管理能力考验。权力的下收上放，导致权力完全集中在小区域市场管理层手中，因此对家乐福中层管理人员的素质来讲是一个极大的挑战。

最后，战略层和战术层区分能力考验。集权和分权要做到平衡，找到适合的"放中有集，集中有放"必须要企业具有战略层和战术层区分能力。战略上要坚持集权主导，战术上要以分权为首选。这将是家乐福面临的最大考验。

此外，家乐福在门店商品管理、人员管理、供应商管理等其他方面也都将因为集权而受到各种各样的考验。

资料来源：周三多，贾良定. 管理学——原理与方法. 上海：复旦大学出版社，2010.

讨论题

（1）集权与分权各自有什么特点？
（2）结合案例说明怎样才能使集权与分权合理组合。
（3）如果你是家乐福的管理高层，你将如何进行家乐福的组织变革？

第五章　领　　导

名人名言

领导不是某个人坐在马上指挥他的部队，而是通过别人的成功来获得自己的成功。

——杰克·韦尔奇

本章要点

（1）领导的概念、作用及领导者权力的构成。
（2）领导理论中的领导人格特质理论，领导行为理论及领导权变理论。
（3）激励的概述。
（4）内容型激励理论及过程型激励理论。
（5）沟通的定义、过程、作用及分类等。

案例导读

罗琼的领导风格转换

罗琼临危受命，担任某全球食品饮料公司的一个分公司的经理。当时分公司正陷入一场严重的危机，连续 6 年完不成指标，最近一年亏损严重。最高管理层士气低落，彼此抱怨，毫无信任。总公司给罗琼的指令是明确的：必须扭亏为盈。

上任伊始，罗琼意识到必须在短时间内展示自己高超的领导能力，并且与管理团队建立融洽与信任的关系。同时她也明白，当务之急就是要有人告诉她问题出在哪里，因此她首要的任务就是听取关键人员的意见和想法。

在上任的第一周，她与管理团队的每一位成员共进晚餐和午餐，目的是让每一个人都理解公司目前的处境。当时她的用意与其说是理解每个人如何诊断问题，不如说是理解他们本人。

这里罗琼是利用一种领导方式了解他们的生活、梦想和志向。

同时她还扮演了一种角色，尽力帮助团队成员实现个人梦想。例如，有一位经理总是得到负面反馈，他向罗琼吐露了烦恼。大家对他的意见很大，抱怨他没有团队精神，但是他自己却不这样想。罗琼看出他是一位很能干的管理人员，对公司来说很有价值，于是就与他达成了一项协议：一旦他的行为看起来有些违背团队精神，罗琼会悄悄地告诉他。

在 3 天的外出会议期间，罗琼继续与员工们一对一地促膝谈心。此时她的目的是建设团队，号召大家为当前出现的危机献计献策。她在这时扮演的是另一种风格的领导者，鼓励大家畅所欲言，表达自己的困惑与不满。

次日，罗琼要求团队成员集中精力解决问题，每个人都必须拿出 3 个具体方案，阐明应该采取的措施。当罗琼把大家的方案集中到一起，她惊奇地发现，大家对于公司当务之急已经达成了共识，比如都意识到了要消减成本。

在大家献计献策的同时，罗琼实际上已经得到了她想要的东西——团队成员的奉献精神。

远景目标清晰了，罗琼开始采用一种新的领导方式。她将任务落实到人，要求每个管理人员都对自己的任务负责。

在随后的几个月里，罗琼不停地阐述公司最新的远景目标，让每位员工牢记自己与这一目标紧密相连。特别是在计划开始的几个星期里，罗琼认为这是成败的关口，如果有人此时不能尽职尽责，那么她有理由采取专制的方法。"在监督计划实施方面我必须毫不留情，用铁的纪律和全身心的投入来保证完成任务。"

最终结果：工作氛围焕然一新，员工不断创新，他们谈论公司的远景目标，并争相表示自己愿意为这一明确的新目标奋斗。

灵活运用各种领导风格使得罗琼赢得了胜利果实：她仅仅上任 7 个月，公司的利润达5000 万美元，超过了全年利润指标。

资料来源：吴维库. 领导学. 北京：高等教育出版社，2006.

第一节　领导与领导者

一、领导的概念

关于领导的概念众说纷纭，许多管理学家都对领导作了不同的定义，例如，泰勒（Taylor）认为，领导是为了影响人们自愿努力以达到群体目标而采取的行动；斯托蒂尔（Stogdill）认为，领导是对组织内群体或个人施加影响的活动过程；孔兹（Koontz）认为，领导是一门促使其部属充满信心、满怀热情地完成他们的任务的艺术；罗伯特（Robert）认为，领导是在某种条件下，经由意见交流的过程而形成的一种以达成某种目标为目的的影响力。里查德斯（Rechards）和格林洛尔（Greenlaw）则认为，领导是种影响过程，即领导者及被领导者的个人作用与特定环境相互作用的动态过程。

以上关于领导的含义，尽管研究角度不同，具体表述各异，但在不同的表述中都包含着"领导是施加影响"、"领导是为了实现目标"和"领导是一种活动过程"的含义。因此，本书将领导定义为激励、引导和影响个人或组织，在一定的条件下，实现组织目标的行动过程。其具体含义包括以下几方面：

（1）领导者、被领导者和环境三个因素。领导这一活动过程的成效取决于领导者、被领导者和环境三个因素。领导者是领导活动的主体，领导者必须有下属的追随和服从。没有部下，领导者谈不上领导。成功和有效的领导活动还取决于有利的环境因素。领导者必须依据组织内外的环境因素，因地、因时、因人制宜地开展领导活动。

（2）权力。领导是以正式的职位和权力为前提的。权力在领导者和其他成员中的分配是不平等的。领导者具有指导下属活动的法定权力，不仅能够指导下属"做什么"，而且能够影响下属"如何做"。领导者的权力主要包括职位权力、专长权和个人影响权。

（3）联系和影响。领导者要与群体或组织中的其他人发生联系，能够对组织成员产生各种影响，通过影响被领导者，使他们都甘愿或屈服于组织领导的权力而接受领导者的指导，进而表现出某种符合组织期望的行为。

（4）目的性和有效性。领导是一种有目的的活动过程。领导的目的是影响被领导者为实现组织的目标作出努力，而不是更多地体现个人的权威。组织需要建立领导者的权威，但独裁的领导方式通常并不是最有效的领导方式。有效的领导者应当给予被领导者在执行组织任务的过程中，发挥主动性和创造性的空间。

（5）领导的本质是组织成员的追随与服从。正是这些下属和组织其他成员的追随与服从，才使领导者在组织中的地位得以确定，并使领导过程成为可能。管理大师罗伯特·凯利也曾指出："企业的成功靠团队，而不是靠个人。"而下属和组织的其他成员追随和服从某些领导者指导的原因，就在于这些被他们所信任的领导者能够满足他们的愿望和需求。巧妙地将组织成员的个人愿望和需求的满足与组织目标的实现结合起来，是领导工作艺术性的体现。

（6）领导者能力。任何一个能够充分发挥潜能的团队中，都存在着一些懂得领导艺术的人。这样的才能至少由以下四个方面的要素构成：有效的并以负责的态度运用权力的能力；审时度势的能力；充分鼓舞团队士气的能力；能够在组织中营造一种激发员工需求并有效响应这种需求的环境的能力。

二、领导与管理

领导和管理有着密切的关系，从表面上看，两者似乎没有什么差别，人们通常将它们混为一谈。但实际上，两者既有密切联系，又有很大差异。

从共性上看：①两者都是一种在组织内部通过影响他人的协调活动，从而实现组织目标的过程；②两者的基本权力都来自于组织的岗位设置。

从差异上看：①领导是管理的一个方面，属于管理活动的范畴；②管理的权力是建立在合法的、强制性权力基础上的，而领导的权力既可以建立在合法的、强制性权力基础上，也可以建立于个人的影响力和专家权力等基础上；③领导者既存在于正式组织中，也存在于非正式组织中，而管理者只存在于正式组织中。

领导者与管理者的差异主要体现在他们的关注点不同，如表 5-1 所示。

表 5-1　　　　　　　　　　　　领导者与管理者的关注点的差异

项　目	领　导　者	管　理　者
影响力	强调个人影响力	强调职位的影响力
权力观	开发	维护
领导行为	价值观、期望和鼓舞	控制和结果
	战略性，全局性，综合性	战术性，局部性，职能性
	关注"做什么"和"为什么做"	关注"怎么做"和"何时做"
领导方法	创造性	保守性
	做正确的事	正确地做事

三、领导者的作用

领导者是发出领导行为的人。领导者是领导行为的主体，是领导的基本要素和领导活动的能力主体。领导者以自身的榜样作用影响员工，使之自愿地追随、服从和无条件地支持领导者，进而以最大的努力去实现企业的目标。领导者的具体作用表现在以下几方面：

（1）指挥作用。有人将领导者比作乐队指挥。乐队指挥的作用是通过演奏家的共同努力形成一种和谐的声调和正确的节奏。在一个组织中，领导者的作用就像乐队指挥一样。每个组织都需要头脑清醒、胸怀全局、高瞻远瞩、运筹帷幄的领导者，帮助组织成员认清所处的环境和形势，指明组织的目标和达到目标的途径。领导就是引导、指挥、指导和先导，领导者要站在群众的前面，用自己的行动带领人们为实现组织目标而努力。

（2）协调作用。在组织运行的过程中，人与人之间、部门与部门之间发生各种矛盾冲突的情况时有发生。同时，组织成员的个人才能、理解能力、工作态度及性格等方面都有很大的不同，在思想上也会发生各种分歧。所有这些，都有可能导致组织的行进方向与组织目标偏离。因此，就需要领导者协调各方面的关系和活动，把所有组织成员团结在一起，尽力保证组织的各个方面都朝着既定的目标前进。

（3）激励作用。组织是由具有不同需求、欲望和态度的组织成员所组成，因而组织成员的个人目标与组织目标不可能完全一致。这就需要通情达理、关心员工的领导者采用一些激励措施为他们排忧解难，激发和鼓舞他们的斗志，发掘、充实和加强他们积极进取的动力。在此层面上，领导的目的就是把组织目标与个人目标结合起来，引导组织成员满腔热情地为实现组织目标做出贡献。

（4）沟通作用。领导者是组织的各级首脑和联络者，在信息传递方面发挥着重要作用。领导者可能是信息的传播者、监听者、发言人和谈判者，在组织管理的各层次中起上情下达、下情上述的作用，为管理决策和管理活动顺利地进行提供坚实的保障。

四、领导者权力的构成

作为管理活动的重要职能，领导与权力有着密切的关系。权力通常被看做是组织中人与人之间的一种关系，是指处在某个管理岗位上的人对所在单位与人员的影响力。领导者拥有的影响下属的能力和力量包括：由上级组织赋予并由法律制度明文规定的正式权力，又叫权力性影响力；由于领导者自身某些特殊条件才具有的影响力，又叫非权力性影响力，这种影响力使组织成员发自内心的、长时期的敬重与服从。具体来说，领导者影响力（或权力），可分为五种：

（1）法定权。这种权力来自于领导者在组织中担任的职务，来自于下级传统的习惯观念，即下级认为领导者拥有的职务权力是合理合法的，得到了社会公认，他必须接受领导者的影响。

（2）强制权。这种权力建立在下级的恐惧感上。下级认识到，如果不按照上级的指示办事，就会受到上级的惩罚。惩罚包括物质处罚、批评、调职、甚至开除等。

（3）奖励权。下级认识到，如果按照上级的指示办事，上级会给予一定的奖赏，满足自己的某些需要。奖赏包括物质和精神奖赏两方面。奖励权来自于下属追求满足的欲望，即下属感到领导者有能力奖赏他。

（4）专长权。由于领导者具有某种适合本组织需要的专业知识、特殊技能、知识创新能力或管理能力，因而赢得同事和下级的尊敬和服从。

（5）个人影响权。这种权力主要是来自于个人的魅力，是建立在下属对领导者认可和信任的基础上。由于领导者具有好的品质、作风，受到下属的敬佩和赞誉，愿意模仿和跟从他。拥有个人影响权的人，能激起人们的忠诚和极大的热忱。

在上述五种权力中，法定权、强制权和奖励权属于职位权力，而专长权和个人影响权则是由个人的才干和素养等决定的。要想成为一个有效的领导者，仅有前三种权力（即职位权力）是不够的，还应具有专长权和个人影响权。而且不管运用哪种权力，都要注意运用权力的艺术，都必须慎重用权、公正用权，并注意例外处理。

五、领导者的素质和领导艺术

1. 领导者应具备的素质

领导者素质的高低在一定程度上决定着组织的兴衰。优秀的领导人应具备的素质包括五个方面：政治素质、业务素质、能力素质、心理素质和身体素质。

（1）政治素质。组织中的领导者应具有正确的政治方向和坚定的革命信念，遵守国家的法令和制度，正确处理好国家、单位、职工三者之间的关系，有强烈的事业心、责任感和创业精神。

（2）业务素质。例如，作为企业的领导者应掌握管理现代企业的专业知识，具体如下：①掌握经济学的基本理论与方法，了解和熟悉市场动态及特点；②掌握管理学的基本原理、方法及会计、统计、国际贸易、金融、经济法、财政税收等基本知识，并了解国内外企业管理的动态及发展方向；③掌握有关生产技术的基础知识，了解本行业的科学技术发展趋势、熟悉产品的性能和用途等；④懂得心理学、社会学、行为科学等方面的知识，以充分了解职工，协调好人与人之间的关系，充分调动职工的工作积极性。

（3）能力素质。能力素质主要体现在以下方面：

1）决策能力。决策能力一般由三个因素组成：一是能作出正确决定的能力；二是使别人相信其决定正确的能力；三是把决策付诸实践的能力。

2）组织、指挥能力。首先领导者能够选择适当的组织形式，建立精干有效的组织机构，实行科学的分工与授权，从而把一切资源有效地汇集到实现组织目标的轨道上来。其次要求领导者能够在复杂多变的环境条件下，善于运用组织的力量协调人力、物力和财力，以期获得最佳效果。

3）协调内外关系的能力。领导者能妥善处理好各种复杂关系，同时密切注意组织内部与外部关系的协调，为组织争取良好的外部发展条件。

4）控制能力。领导者在执行决策的过程中，遇到意想不到的疑难或碰上未能预料的突发事件时，能够有效地加以控制，及时解决问题。

5）知人善任的能力。要既有知人之明，又有善任之能，从而做到人尽其才，才尽其用，职能相称，各得其所。

6）创新能力。领导要能善于审时度势，对组织内外环境的变化及时进行分析和判断，提出新的思路和方案，开创工作的新局面。

（4）心理素质。良好的心理素质是影响领导效能的一个重要因素，主要指坚强的意志。领导者在带领下属完成组织目标的过程中，常常要经历多种磨难和坎坷，只有具备坚韧的毅力、百折不挠的精神，才能成为成功的领导。

（5）身体素质。领导者具有健壮的体魄，充沛的精力，才能胜任十分繁重的领导工作。

2. 领导艺术

领导艺术是领导者智慧、学识、胆略、经验的综合反映及其素质、能力在方法上的体现。

领导艺术的内容十分丰富，涉及的范围极其广阔，它贯穿于领导活动的始终，存在于领导活动的各个环节，从领导的思维方式，到领导的用人、决策、协调、组织、指挥、监督、控制都存在着领导艺术。其主要方面包括：

（1）统筹全局的艺术。领导者居于组织的核心地位，对全局具有通盘运筹的功能。为了完成这一功能，要求领导者掌握和运用"弹钢琴"的艺术。这其中包括两层含义：一是要善于处理中心工作和其他工作的关系，既要抓住主要矛盾，又要兼顾其他各项工作；二是要注意管理中各个因素之间的有机配合，平衡协调，这便是运筹全局的艺术。

（2）用人的艺术。在用人上首先要重视能力，在选择人才的时候，应以"德才兼备"为重要的评定标准。其次要用人之长。身为领导者不要怕用有缺点但有专长的干部；不要怕用不听话但有工作能力的干部；不要怕用比自己强或批评过自己的干部。一个高明的领导人不一定是最有智慧的人，但必定是善于吸收和利用他人智慧的人。再次要做到用人不疑，疑人不用。唯有如此，才能充分发挥下属的积极性。

（3）授权的艺术。不能实行有效授权的领导者，实际上是一个不称职的管理者，因为他自己必须忙于日常业务而不能做更重要的事，从而降低了工作的效率。授权时要做到以下几点：首先，因事择人，因能授权，授权时应明确授权的范围及任务目标。其次，只给直接下属授权，不越级授权，否则就会导致双重领导。再次，授权给下属后不放弃调控，必要时要给下属大力支持和帮助。

（4）随机决断的艺术。决策是领导者的一项主要工作，既是一门科学，又是一门艺术。对于常规性、例行性决策，可以按照科学的方法和程序作出正确的决策。而对于偶然性、突发性的事件，可以根据领导者自身的直觉和偏好作出决策。这种高度的灵活性，可以有充分的余地让领导者随机应变，施展自己的才华。领导者的随机决断，绝不是主观臆断、草率行事，而是领导者决策能力的表现。这些能力包括想象力、洞察力、判断力、创造力和应变能力。

（5）运用时间的艺术。时间对于每一个人都是常数，但不同领导者的工作先要把时间用在最重要的工作上。其次要杜绝无谓的时间浪费，推行工作标准化、程序化，限定自己主管工作的范围，将自己可以支配的时间利用起来，合理安排。

第二节　领　导　理　论

一、领导人格特质理论

领导人格特质理论集中研究有效的领导者应该具有的个人特征，如智慧、价值观、自信、外表等。特质论普遍认为有一组可以用来识别有效领导者的个人素质和特征。这种理论首先是由心理学家开始研究的，他们的出发点为根据领导效果的好坏，找出好的领导人与差的领导人在个人品质或特性方面有哪些差异，由此确定优秀的领导人应具备哪些特质。

20 世纪早期，许多学者坚持把领导者个人品质特征当做描述和预测领导绩效的主导因素。但是，经过数十年的研究和探索，多数研究者未能在有效的领导者应具有的才智、个性、身体特征方面达成共识。下面介绍一些研究得比较成熟的领导人格特质理论。

1. 领导者的一般人格特质

（1）自信。自信是指对于自己作出的判断、决定、观点与个人能力的信心。一个自信而不自大的领导者会受到追随者的尊敬和敬仰，同时领导者身上蕴涵的自信也可以感染追随者，使其更坚定地为完成任务而努力。自信是研究者最先发现的领导者特质之一，领导者不仅要对自己有信心，而且应该通过清晰的话语、良好的姿态及其他肢体语言，将自信传达给自己的团队。

（2）诚实可靠。诚实可靠的最核心要求就是言行一致，没有欺骗。大量研究表明一个诚实可靠的领导会给组织带来大量的收入，也会为领导所在的团队或组织带来积极上进的气氛。鉴于领导者只有获得下属的信任才可能获得追随者的尊敬和忠诚，所以领导者需要不断花费力气来建立信任。同时领导者应当记住，建立信任需要大量时间和精力，然而一次不守信的行为会永久毁掉来之不易的信任。

其他像外向、果断、热情、温情、幽默感、情绪稳定、顽强承受挫折也都是非常重要的领导品质。

领导者可以对自己的个人特质进行评估，也可以通过与下属沟通询问来获得下属对于自己的个人特质的感知，从而有针对性地就不同人格特质进行锻炼。

2. 大五模型

人格特质大五模型因为有很强的研究基础，所以被广泛接受，用来对人格特质进行分类。人格特性大五模型把特质分成五类：外向性、和谐性、调整性、敬业性、开放性，如图 5-1所示。

（1）外向性。外向性特质维度包括领导倾向和外倾性。具有强烈外向性的人比较张扬，喜欢控制，喜欢负责，喜欢领头、竞争、影响。弱外向的人喜欢作追随者，不喜欢竞争，不喜欢影响。

外倾性是一个连续体，从外倾到内倾。外倾的人开朗，喜欢结交新朋友，喜欢面对别人，内倾的人比较腼腆。

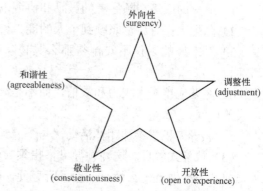

图 5-1　领导人格特质理论的大五模型

（2）和谐性。这个维度包括的人格特质是容易与人相处，热情，随和，有同情心，友好，合群。弱和谐性的人冷漠，没有同情心，不友好，不合群。强和谐性的人合群，乐于把时间花在同人打交道上，乐于同人打交道，朋友多。

（3）调整性。这是指情绪稳定性。调整性在稳定与不稳定之间是一个连续体。稳定性指自我控制，平静，压力下保持良好状态，放松，积极，鼓励别人，有足够的自我安全感。不稳定性指失控，压力下不能保持良好状态，神经质，没有安全感，负面谦虚重，爱批判人。

（4）敬业性。这是指成就感。敬业性在负责任/可靠与不负责任/不可靠之间是一个连续体。高敬业精神包括可信、服从、有组织。有这种特质的人乐于努力工作，为了实现目标乐于付出额外的努力和时间。

（5）开放性。这包括喜欢变革，探索新事物。强开放性的人喜欢变化，寻求新事物。弱开放性的人回避变化和新事物。

二、领导行为理论

领导行为理论着重于研究和分析领导者在工作过程中的行为表现及其对下属行为和绩效的影响，以确定最佳的领导行为。具体包括以下几种理论。

1. 勒温的三分法理论

从领导者如何运用其职权的角度，可以把领导方式分为专制式、民主式和放任式三种。

该理论最早是由美国心理学家勒温（P. Lewin）提出的。

（1）专制式领导。这种领导风格是指领导者个人决定一切，然后命令下属执行，他要求下属绝对服从，并认为决策是自己一个人的事，下级不能染指。具体特点是：

1）独断专行，从不考虑别人的意见，所有决定均由领导人自己决定。

2）从不把任何消息告诉下级，下级没有任何参与决策的机会，而只能察言观色，奉命行事。

3）主要依靠行政命令、纪律约束、训斥和惩罚，而只有偶尔的奖励。

4）领导者预先安排一切的程序和方法，下级只能服从。

5）领导者很少参加群体的社会活动，与下级保持相当大的心理距离。

（2）民主式领导。这种领导风格是指领导者发动下属讨论，共同商量，集思广益，然后决定。他要求上下一致地开展工作。其具体特点如下：

1）所有的政策在领导者的鼓励和协调下由群体讨论而决定，而不是领导单独决定。

2）分配工作时尽量照顾到个人的能力、兴趣和爱好。

3）对下属的工作不安排得那么具体，个人有相当大的工作自由和较多的选择性、灵活性。

4）主要应用个人权力和威信，而不是靠职位权力和命令使人服从。谈话时多使用商量、建议的口气。

5）领导者积极参加团体活动，与下属无任何心理上的距离。

（3）放任式领导。这种领导风格指领导者很少运用职权，给下属以极大的自由度，下属人员愿意怎么做就怎么做，一切悉听尊便，毫无规章制度。他的职责仅仅是为下属提供信息并与企业外部环境联系，以有利于下属的工作。

勒温根据试验认为放任式领导工作效率最低，只达到社交目标，而完不成工作目标。专制式领导虽然通过严格管理达到了工作目标，但群体成员情绪消极、士气低落、争吵较多。民主式领导工作效率最高，不但完成工作目标，而且群体成员关系融洽，工作主动、积极、有创造性。

2. 利克特的四种领导方式

美国密执安大学教授利克特于 1967 年在《人群组织：它的管理及价值》一书中提出了一种对领导方式分类的模型，即利克特领导系统模式，他将领导方式归结为四种系统，如图 5-2 所示。

图 5-2　利克特领导系统

系统 1：专权独裁式领导。权力集中在最高一级，由领导者作决定，下级无任何发言权，只有执行权。在这种方式下，上下级间缺少交往，领导者对下级缺乏信任，下级也对领导者心存戒惧。只有自上而下的沟通，上级与下级之间的接触都是在互不信任的气氛中进行的，激励主要用恐吓和惩罚的方法，偶尔也用奖赏。在这种方式下，最容易形成与正式组织目标相对立的非正式组织。

系统 2：温和独裁式领导。权力控制在最高一级，但授予中下层部分权力。领导者对下属采取父母对子女的方式，类似主仆间的信任，有一种较谦和的态度，但下级也有恐惧戒备心理，往往是在上级屈就和下级畏缩的气氛下进行的。有一定程度的自下而上的沟通，激励方法是奖赏与惩罚并用。在这种方式下，通常也会形成非正式组织，但其目标可能与正式组织的目标相一致。

系统 3：协商式领导。领导者对下属有一定程度的信任，但重要任务的决定权仍在最高一级，不过中下层有较低层次的决策权，上下级间有双向的信息沟通。双向沟通在相当信任的情况下进行，激励基本采取奖励方法，偶尔也实行惩罚。在这种方式中，可能产生非正式组织，但它可能支持组织的目标，只有部分反对组织的目标。

系统 4：参与式民主领导。这是利克特的理想体系。上下级间彼此平等信任，下属参与管理，有问题互相协商讨论，共同制定目标，最高领导者最后决策。上下级间不仅有双向的沟通，还有平行的沟通。非正式组织和正式组织融为一体，所有的力量都为实现组织目标而努力；组织目标与职工的个人目标也是一致的。

利克特认为，系统 1 与系统 4 是两种极端的领导方式。系统 1 的领导者具有高度的以工作为中心的意识，为集权式的领导者；而系统 4 则为高度的以人为中心的民主式的领导者。经过调查研究发现，具有高成就的领导者，大部分在连续流的右端（即系统 4），而低成就的领导者，大部分在连续流的左端（即系统 1）。他们得出结论：凡是有最佳绩效的领导者，都是以职工为中心的领导者，他们在从事领导工作时，都会关心职工中的"人情面"，同时设法在职工中结成一种有效的工作群体，着眼于高度绩效的目标。

3. 斯托格第和沙特尔的四分图理论

四分图理论是由美国俄亥俄州立大学斯托格第和沙特尔两位教授在对领导行为的研究中提出的。开始，他们设计了一个领导行为描述调查表，列出了 1000 多种刻画领导行为的因素；后来将冗长的原始领导行为调查表减少到 130 个项目，并最终将领导行为的内容归结为两个方面，即"关心人"和"关心工作"。

"关心人"是指领导者信任尊重下级，体谅下级，关怀下级个人福利与需要，上下级沟通顺畅，并鼓励下级参与决策的制订，这是重视下级及人际关系的领导行为。

"关心工作"是指领导者把重点放在完成组织绩效上的领导行为，如把任务规定得很准确，组织得条理分明，任务委派得职责分明，并使用职权与奖惩去监督和促使绩效目标的实现，这是一种重视任务的领导行为。

他们依照这两方面的内容设计了领导行为调查问卷，就这两方面各列举了 15 个问题，然后发给企业，由下属来描述领导者的行为。调查结果表明，"关心人"和"关心工作"并不是一个连续带的两个端点，这两方面常常是同时存在的，只是可能强调的侧重不同。领导者的行为可以是这两个方面的任意组合，即可以用两个坐标的平面组合来表示，如图 5-3 所示。由这两方面可形成四种类型的领导行为，这就是所谓的领导行为四分图。

他们认为，"关心人"和"关心工作"这两种领导方式不应是相互矛盾、相互排斥的，而应是相互联系的。一个领导者只有把这两者相互结合起来才能进行有效的领导。

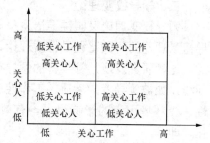

图 5-3　领导行为四分图

4. 管理方格理论

沿着俄亥俄州立大学和密执安大学的研究路线，布莱克和莫顿把领导行为类型理论的研究推向了高峰。在俄亥俄州立大学四分图的基础上，结合多年的研究成果，他们于 1964 年总结出了著名的"方格图模式"。

布莱克和莫顿用一张九等分的方格图组成一个两维矩阵，如图 5-4 所示，纵横组成 81 个小方格，每一小方格代表一种领导方式。评价领导者时，按照其两方面的行为，寻找交叉点，这个交叉点就是他的类型。其中有五种典型的领导行为类型。图 5-4 中两个坐标分别表示组织中的领导关心人和关心工作的程度，9 是最高等级，1 是最低等级。在这两个维度上，产生了五种典型的领导管理方式。

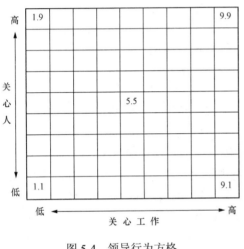

图 5-4 领导行为方格

1.1 型，"贫乏式管理"。对人和对生产都很少关心，是回避责任、缺乏志向或不称职的领导，注定失败。

1.9 型，"乡村俱乐部式管理"。对人高度关心，友善待人，认为只要人们心情舒畅，工作就一定会搞好，很少关心工作控制、监督和规章制度。

9.1 型，"任务式管理"。对工作高度关心，但对人则很少关心。领导者通常用工作条件来提高效率，而没有充分利用人力资源因素，短期内可能有效，但不能长期保持下去。

5.5 型，"中间型管理"。领导者折中地在关心人和关心工作两者之间求得平衡，不求做出什么成绩，但也不会出大的差错。

9.9 型，"团队式管理"。领导者对工作和人的关心都有高标准的要求，认为员工利益与组织目标是相容的。这是一种团结协作的最有效的领导方式，工作任务完成好，员工关系协调，士气旺盛，每个人都能在实现组织目标的过程中发现自己的成就感。

从上述的研究分析中，布莱克与莫顿得出结论，9.9 型领导方式是最佳的。

管理方格理论应用于组织管理中，为领导者正确评价自己的领导行为、掌握最佳领导方式提供了有效的指南。但遗憾的是，管理方格理论并没有提出如何培养管理者的具体方法与方案，而且也没有实质性的证据支持在所有的情境下，9.9 型领导方式都是具有最佳效果的领导方式。

三、领导权变理论

领导权变理论又叫领导情景理论，是近年来国外行为科学家重点研究的领导理论。对领导情景理论的研究比领导特质理论、领导行为理论要晚，是在前两种研究的基础上发展起来的。这种研究发现，领导者的领导行为不仅取决于他的品质、才能，也取决于他所处的具体环境，如被领导者的素质、工作性质等。事实上，领导品质和领导行为能否促进领导的有效性，受环境因素的影响很大。有效的领导行为应当随着被领导者的特点和环境的变化而变化，即

$$E=f(L, F, S)$$

式中：E 代表领导的有效性；L 代表领导者；F 代表被领导者；S 代表环境；f 代表函数

关系。

　　这种认为领导行为应随环境因素的变化而变化的理论就是领导权变理论，它所关注的是领导者与被领导者及环境之间的影响。这方面比较有代表性的理论有领导连续统一体理论、菲德勒权变理论、领导生命周期理论、路径一目标理论等。

　　1. 领导连续统一体理论

　　美国学者坦南鲍姆（R. Tannenbaum）和施密特（W. H. Schmidt）在1958年提出了领导连续统一体模型。他们指出领导风格并不是只有独裁和民主两种极端的方式，而是在这两种极端之间，以领导者为中心还是以部属为中心的程度不同而存在着一系列领导方式。这些方式都有相应的对部属的授权程度和决策方式，如图5-5所示。

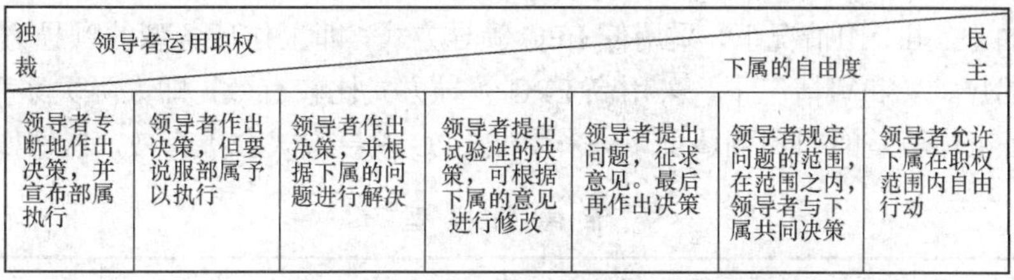

独裁　　领导者运用职权				下属的自由度		民主
领导者专断地作出决策，并宣布部属执行	领导者作出决策，但要说服部属予以执行	领导者作出决策，并根据下属的问题进行解决	领导者提出试验性的决策，可根据下属的意见进行修改	领导者提出问题，征求意见。最后再作出决策	领导者规定问题的范围，在范围之内，领导者与下属共同决策	领导者允许下属在职权范围内自由行动

图 5-5　不同的领导方式

　　图 5-5 中所示的七种领导风格，没有任何一种总是正确的或错误的，也没有任何一种是最好或最坏的。在不同的领导者、部属和情境之中，有不同的最适合的领导风格。此外，组织环境和社会环境也会对领导风格产生影响。他们认为，一个有效的领导者，不一定是专权的人，也不一定是放任自流的人，而是能够针对不同环境采取恰当措施的人。

　　2. 菲德勒的权变理论

　　美国管理学教授菲德勒（F. E. Fiedler）首先把领导方式和具体条件联系起来进行研究，他认为任何领导形态均可能有效，其有效性完全取决于所处的环境是否适应。

　　菲德勒将权变理论具体化为三个方面，即职位权力、任务结构和上下级关系。所谓职位权力是指领导者所处的职位具有的权威和权力的大小，或者说领导的法定权、强制权、奖励权的大小。权力越大，群体成员遵从指导的程度越高，领导的环境也就越好；反之，则越差。任务结构是指任务的明确程度和部下对这些任务的负责程度。如果这些任务越明确，而且部下责任心越强，则领导环境越好；反之，则越差。上下级关系是指下属乐于追随的程度。如果下级对上级越尊重，并且乐于追随，则上下级关系越好，领导环境也越好；反之，则越差。

　　菲德勒设计了一种问卷来测定领导者的领导方式。该问卷的主要内容是询问领导者对最不与自己合作的同事（LPC）的评价。如果领导者对这种同事的评价大多用敌意的词语，则该领导趋向于工作任务型的领导方式（低 LPC 型）；如果评价大多用善意的词语，则该领导趋向于人际关系型的领导方式（高 LPC 型）。

　　菲德勒认为环境的好坏对领导的目标有重大影响。对低 LPC 型领导来说，比较重视工作任务的完成。如果环境较差，他将首先保证完成任务；当环境较好时，任务能够完成，这时他的目标将是搞好人际关系。对高 LPC 型领导来说，比较重视人际关系。如果环境较差，他将首先将人际关系放在首位；如果环境较好时，人际关系也比较融洽，这时他将追求完成工作任务，如图 5-6 所示。

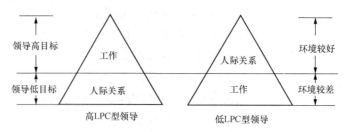

图 5-6　领导目标与环境关系示意图

菲德勒对 1200 个团体进行了抽样调查，得出了如下结论：领导环境决定了领导的方式，在环境较好的Ⅰ、Ⅱ、Ⅲ情况下，采用低 LPC 领导方式，即工作任务型的领导方式比较有效；在环境中等的Ⅳ、Ⅴ和Ⅵ情况下，采用高 LPC 领导方式比较有效，即人际关系型的领导方式比较有效；而在环境差的Ⅶ和Ⅷ情况下，采用低 LPC 领导方式会更有效，具体如表 5-2 所示。

表 5-2　　　　　　　　　　　　　　　　菲 德 勒 模 型

人际关系 工作结构 职位权力	好 好 好 简单 简单 复杂 强 弱 强			好 差 差 简单 简单 复杂 强 强 弱			差 差 复杂 复杂 强 弱	
环境	Ⅰ	Ⅱ	Ⅲ	Ⅳ	Ⅴ	Ⅵ	Ⅶ	Ⅷ
	好			中等			差	
领导目标	高			不明确			低	
低 LPC 领导	人际关系			不明确			工作	
高 LPC 领导	工作			不明确			人际关系	
最有效方式	低 LPC			高 LPC			低 LPC	

3. 路径——目标理论

加拿大多伦多大学教授罗伯特·豪斯等人把激发动机的期望理论和领导行为理论结合起来，提出了路径——目标理论。这一理论认为：领导者的效率是以能激励下级达成组织目标并在其工作中使下级得到满足的能力来衡量的。之所以称为路径——目标理论，是因为它主要关心的是领导者如何影响下级对他们的目标和达到目标的路径或方法的认识和理解。因此，一方面领导者要根据下级的需要设置某些报酬以激励员工，使下级产生获得这些报酬的愿望并开始作出努力。另一方面要支持下级为实现目标所做的努力，为其完成任务扫清障碍，增加下级获得个人满意感的机会等。

与菲德勒的领导模型相反，豪斯认为领导者是灵活的，同一领导者可以根据不同的情境表现出任何一种领导风格。因此，有效的领导应根据领导情景的具体特征，采用在该情景下最有效的领导方式。他认为，有四种领导方式可供同一领导者在不同情境下选择作用。这四种领导方式如下所述。

（1）指导型。由领导发布指示，下级不参加决策。领导者让下级知道期望他们做的是什么，以及完成工作的时间安排，并对如何完成任务给予具体指导。

（2）支持型。领导者对下级很友善，更多地考虑职工的要求，并表现出对下级需求的关怀。

（3）参与型。员工参与决策和管理。领导与下级共同磋商，并在决策之前充分考虑他们的建议。

（4）成就导向型。领导者为职工树立挑战性的目标，并表示相信职工能达到这些目标，期望下级实现自己的最佳水平。

这一理论指出，当环境结构与领导者行为相比重复多余或领导者行为与下属特点不一致时，效果均不佳。由此该理论得出以下结论：

（1）与具有高度结构化和安排完好的任务相比，当任务不明或压力过大时，指导型领导会带来更高的满意度。

（2）当任务结构不清时，成就取向型领导将会提高下属的期待水平，使他们坚信努力必会带来成功的工作绩效。

（3）当下属执行结构化任务时，支持型领导会带来员工的高绩效和高满意度。

（4）组织中的正式权力关系越明确、越官僚化，领导者越应表现出支持型行为，降低指导型行为。

（5）当工作群体内部存在激烈的冲突时，指导型领导会带来更高的员工满意度。

（6）对于能力强或经验丰富的下属，指导型的领导可能被视为累赘多余。

（7）内控型下属（即相信自己可以掌握命运）对参与型领导更为满意。

（8）外控型下属对指导型领导更为满意。

这个理论的核心是：领导者影响着介于行为和目标之间的途径。领导者是通过规定职位与任务角色，清除实现业绩的障碍，在设置目标方面谋取群体成员的支援，促进群体的内聚力和协作力，增加满足实现个人业绩的机会，减轻压力和外界的控制，使期望目标明确化，以及采取另外一些满足人们期望的措施。

4. 领导生命周期理论

领导生命周期理论是由美国管理学家科曼（A. K. Korman）于 1966 年首先提出，后经赫塞（Paul Hersey）和布兰查德（Kenneth Blanchard）加以发展形成的。赫塞和布兰查德认为，领导的有效性取决于工作行为、关系行为和下属的成熟程度。在领导有效性的研究中之所以重视下属，是因为不管领导者做什么，其有效性都取决于下属的行为，是下属决定接受还是拒绝领导者，而很多领导理论都忽视或低估了这一因素的重要性。从这一点来看，该理论是一个重视下属的权变领导理论。

领导生命周期理论以领导的四分图理论和管理方格理论为基础，同时又结合了阿吉瑞斯的"不成熟—成熟理论"。它在前两者的二维结构的基础上，又加上了成熟度这一因素，形成了一个由工作行为、关系行为和成熟度组成的三维结构，如图 5-7 所示。

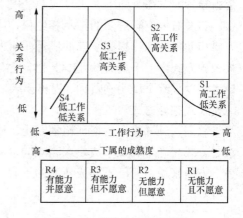

图 5-7　领导生命周期理论

其中，工作行为是指领导者和下属为完成任务而形成的交往形式，代表领导者对下属完成任务的关注程度；关系行为是指领导者给下属以帮助和支持的程度；成熟度，是指人们承担责任的能力和意愿的大小。成熟度包括两个要素——工作成熟度和心理成熟度。工作成熟度指一个人的知识和技能，如果一个人拥有足够的知识、能力和经验完成他的工作任务而不需要他人的指导，则其工作成熟度就高，反之则低。心理成熟度指一个人做某事的意愿和动机，如果一个人能自觉地去做某事而无须太多的外部激励，则其心理成熟度就高，反之则低。

由工作行为和关系行为相组合，形成四种情况，对应着如下四种领导方式。

（1）高工作低关系——命令式（S1）：领导者对下属的工作进行详细、具体地指导，告诉下属应该干什么、怎么干、何时干、何地干等，它强调直接指挥。

（2）高工作高关系——说服式（S2）：领导者既给下属以一定的指导，又注意激发和鼓励其积极性。

（3）低工作高关系——参与式（S3）：领导者与下属就工作问题共同决策，领导者着重为下属提供便利条件，搞好协调沟通。

（4）低工作低关系——授权式（S4）：领导者提供极少的指导或支持，授予下属一定的权力，由下属自己独立地开展工作，完成任务。

同时，赫塞和布兰查德又把成熟度分为如下四个等级。

（1）不成熟（R1）：下属对工作任务缺乏接受的意愿和承担的能力，既不能胜任工作又不被信任。

（2）稍成熟（R2）：下属愿意承担工作任务，但缺乏足够的能力，他们有积极性，却没有完成任务所需的技能。

（3）较成熟（R3）：下属有能力完成工作任务，但却没有动机，不愿去做。

（4）成熟（R4）：下属既有能力，又愿意去做领导者分配给自己的工作。

赫塞和布兰查德认为，随着下属从不成熟走向成熟，领导者不仅可以逐渐减少对工作的控制，而且还可以逐渐减少关系行为。当下属不成熟（R1）时，领导者必须给予下属明确而具体的指导及严格的控制，需要采取高工作低关系的行为，即命令式领导方式。当下属稍成熟（R2）时，领导者需要采取高工作高关系的行为，即说服式领导方式。高工作行为可以弥补下属能力上的不足，高关系行为可以保护、激发下属的积极性，给下属以鼓励，使下属领会领导者的意图。当下属比较成熟（R3）时，由于下属能胜任工作，但却没有动机，或不愿意领导者对他们有过多的指示和约束，因此领导者的主要任务是做好激励工作，了解下属的需要和动机，通过提高下属的满足感来发挥其积极性，宜采用低工作高关系的行为，即参与式领导方式。当下属成熟（R4）时，由于下属既有能力又愿意承担工作、担负责任，因此领导者可以只给下属明确目标、提出要求，由下属自我管理，此时可采用低工作低关系的行为，即授权式领导方式。

总之，领导生命周期理论揭示出，随着下属成熟度的提高，领导者应相应地改变自己的领导方式。当下属从不成熟逐渐走向成熟时，领导方式也应从命令式逐渐转变为授权式。从另一方面来说，对于不同成熟度的下属，领导者应该采用不同的领导方式。

第三节　激　励　理　论

一、激励概述

激励在管理活动中起着重要的作用。任何组织都是由人创建、由人管理的，组织内的一切物流、资金流、信息流都是由人来运作的，因此人是决定组织成败的最关键因素。组织中人积极性的高低，直接影响工作绩效；而要提高人的工作积极性，就离不开激励。与其他管理活动不一样，激励可能不直接对组织的利益有所贡献，但它却是组织目标能够得以实现的最可靠保障。

1. 激励的含义

"激励"从字面上看是激发和鼓励的意思，在管理工作中，可把"激励"定义为调动人们积极性的过程。全面地讲，激励可以解释为，为了特定目的而去影响人们的内在需要或动机，从而强化、引导或改变人们行为的反复过程。这里有几点需要特别加以强调。

（1）激励的目的性。任何激励行为都具有其目的性，这个目的可能是一个结果，也可能是一个过程，但必须是一个现实的、明确的目的。所以从这个意义上讲，虽然一般来说激励是管理者的工作，但任何希望达到某个目的的人都可以将激励作为手段。

（2）激励通过人们的需要或动机来强化、引导或改变人们的行为。人们的行为来自动机，而动机源于需要，激励活动正是对人的需要或动机施加影响，从而强化、引导或改变人们的行为。因此，从本质上说，激励所产生的人们的行为是主动、自觉的行为，而不是被动、强迫的行为。

（3）激励是一个持续反复的过程。激励是一个由多种复杂的内在、外在因素交织起来持续作用和影响的复杂过程，而不是一个互动式的即时过程。虽然从定义来看，激励的目的是强化、引导或改变人们的某种行为，然而事实上，成功的激励达到的往往是一种精神力量或状态，而这种力量或状态恰恰可以起到加强、激发和推动人们积极性的作用，并且引导行为指向目标。相反，如果激励不能改变人们的内心状态而只得到机械、单调而且是被动的行为时，那恰恰是激励的失败。

2. 激励的过程

激励的实质就是通过影响人的需求或动机，达到引导人的行为的目的，它实际上是一种对人的行为的强化过程。因此研究激励，首先要了解人的行为过程，从需要到目标，人的行为过程是一个周而复始、不断进行、不断升华的循环。激励的过程如图 5-8 所示。

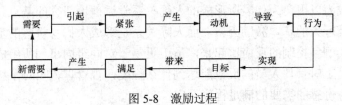

图 5-8　激励过程

人的行为始点是需要。所谓需要就是人们对某种事物或目标的渴求和欲望，包括基本需要，如衣、食、住、空气等生理需要；各种高层次的需要，如社交、自尊、地位、成就、自我实现等。当人的需要未得到满足时，心理上会产生一种不安和紧张状态，这种状态会促成一种导向某种行为的内在驱动力，这就是动机。所谓人的动机，就是诱发、活跃、推动并指导和引导行为指向目标的一种内在状态。当人有了动机之后就会导致一系列寻找、选择、接近和达到目标的行为。如果人的行为达到了目标，就会产生心理和生理上的满足。原有的需要满足了，新的需要又会产生，从而又引发人的新的行为，如此周而复始。

3. 人性假设

管理工作的对象是人，因此首先要正确地认识人，了解人的行为的规律。管理学上对人的认识主要是讲对"人性"的认识，即人性假设。所谓人性假设，是指任何组织的管理者在管理其下属时，对其下属所持的基本看法，有人称之为"管理的假定"。管理的假定不同，管理者采取的管理办法及激励下属的形式也不同。充分认识管理的假定问题，对正确激励下属、提高工作效率大有帮助。在西方激励理论中，关于人性的假设概括起来有"经济人"假设、"社会人"假设、"自我实现人"假设和"复杂人"假设。

（1）"经济人"假设。经济学中对人暗含的假设就是"经济人"或者"理性人"。这种假设认为，人的一切行为都是为了最大限度地满足自己的利益，一般人工作的动机就是为了获得经济报酬。为此，美国管理学家麦克雷戈在他所著的《企业的人性面》一书中，提出了两种对立的管理理论，即 X 理论和 Y 理论。其中，X 理论就是对"经济人"假设的概括，其基本观点如下：①多数人十分懒惰，他们总想方设法逃避工作；②多数人没有雄心壮志，不愿负任何责任，而甘心情愿受别人指挥；③天生以自我为中心，对组织需要漠不关心；④不怎么机灵，缺乏理智，易受到欺骗和煽动。

对符合"经济人"假设的成员，管理人员应采取以下管理策略：

1）管理工作的重点应放在如何提高劳动生产率和完成任务方面，强调建立严密的组织，制订具体的规范和工作制度，如工作定额、技术规程。

2）应采用"胡萝卜加大棒"的管理方式。

3）人必须在强迫与控制之下才肯工作，因而在管理上要求集权化管理。

在 X 理论支配下，领导者对下属的管理方式往往处在两个极端：一是"严厉、强硬的管理方法"；另一极端是"温和、软弱的管理方法"。事实证明，两者都不能取得理想效果。采用强硬的管理方法，会导致各种反抗行为，如限制产量、敌对情绪、怠工等；采用软弱的管理方法，则常常导致放弃管理，对工作绩效漠不关心等。随着组织成员对更高层次需要的强烈追求，"胡萝卜"已不能作为激发成员努力的动机了。因此，"经济人"的观点已经过时了。

（2）"社会人"假设。"社会人"假设是由梅奥通过霍桑实验提出来的，是对人性认识的一大进步，后来成为以梅奥为代表所形成的人际关系学派理论研究的基点。主要内容如下：①社交需要是人类行为的基本激励因素，而人际关系是形成人们身份感的基本因素；②与管理人员所采用的奖酬和控制的反应比起来，员工更易于对同级同事们所组成的群体的社交因素作出反应；③员工对管理人员的反应能达到什么程度，视管理人员对下级的归属需要、被人接纳的需要及身份感的需要的满足程度而定。

对符合"社会人"假设的成员，管理人员应采取以下管理策略：

1）管理人员不应把自己的注意力局限于完成任务上，而应更多地注意为完成任务而工作的员工的需要上。

2）管理人员不应只注意指挥、计划、组织的控制，而应关心体贴员工，致力于建立融洽的人际关系，注意员工归属需要与尊重需要的满足。

3）管理人员在奖励方式上应注重集体奖励，而不仅只是个人奖酬。

4）管理人员要从单纯的监督者变为下级员工与更上层领导者之间的联络人，要经常倾听员工意见并向上级发出呼吁。

（3）"自我实现人"假设。"自我实现人"是美国著名心理学家马斯洛提出的。所谓自我实现指的是：“人都需要发挥自己的潜力，表现自己的才能，只有人的潜力充分发挥出来，人的才能充分表现出来，人才会感到最大满足”。就是说，人们除了上述的社会需求之外，还有一种想充分应用自己的能力，发挥自己潜力的愿望。

麦格雷戈在此基础上，提出了 Y 理论，其主要内容如下：①人们并非天生就厌恶工作，工作对于人来说是一种满足；②在适当条件下，人们不但接受而且能主动承担职责；③个人自我实现的要求和组织目标的要求之间并不是对立的、矛盾的；④人们并非天生就对组织的要求采取消极或抵制的态度，人们愿意、也能够通过自我管理和自我控制来完成自己认同的组织目标；⑤大多数人都具有较高的解决组织问题的想象力和创造性，但在现代工业社会条件下，人的潜力只得到了部分发挥。

对符合“自我实现人”假设的成员，管理人员应采取以下管理策略：

1）管理的重点是创造一个有利于人发挥潜能的工作环境，管理人员的职能应从监督、指挥变为帮助人们克服自我实现过程中遇到的障碍。

2）在激励方式上，管理人员应注重强调内部激励。

3）在管理方式上，应从集权化管理方式转化为参与管理方式。

4）组织管理的基本原则是“融合原则”，即必须同时兼顾组织目标需要与个人目标需要。

（4）“复杂人”假设。一些管理学家指出，人的内心世界是复杂多变的，要因人而异，简单地把人性划归为一种类型是不现实的。而且人的需要会随着自身的发展和环境的改变而改变，因此会形成错综复杂的动机模式，各不相同。美国心理学家约翰·莫尔斯和杰伊·洛希提出了“复杂人”假设，即所谓的“超 Y 理论”。该理论认为，人的需要是复杂的，既不是纯粹的“经济人”又不是纯粹的“社会人”或是“自我实现人”。

“复杂人”假设的主要内容如下：

1）不同的人有不同的需要结构。有的人追求低层次的需要，有的人追求高层次的需要；有的人要求参与决策，愿意承担更大的责任；有的人则宁愿接受正规的组织结构及其规章制度的约束，而不愿意参与决策和承担责任。而且，各个需要层次之间又是相互作用的。

2）由于人的工作和生活环境总在不断变化，因而人们已有的需要结构也会不断变化。

3）人对不同的组织或组织的不同部门会有不同的需要。

4）一个人在组织中是否感到满足、乐于奉献，关键在于该组织的状况是否同他的需要结构相一致。组织的状况对组织成员的工作态度和积极性影响很大。

5）由于每个人的需要和能力各不相同，因而他们对一定的管理方式会产生不同的反应。也就是说，不存在一种符合任何人、任何环境的万能的管理方式，运用管理方式只能因人、因地、因时制宜。

对符合“复杂人”假设的成员，管理人员应采以下管理策略：

1）领导者应注意采用灵活、富有弹性的管理方式，以保证管理方式同组织目标、工作性质和组织成员的个人条件相适应，以使组织的每个成员都能获得胜任感。

2）领导者应根据组织的实际情况，采用弹性、应变的领导方法，而不能过于简单化、一般化。

3）领导者必须具体了解不同员工之间在需要和能力方面存在的差异，并按照不同人的不同情况，采取相应的管理方式，才能取得预期的效果。

二、内容型激励理论

内容型激励理论着重研究激励的原因与引起激励作用的因素的具体内容，其中较有名的包括马斯洛（A. Maslow）的需要层次理论、赫茨伯格（F. Herzberg）的双因素理论、麦克利兰（David McClleland）的成就激励理论和奥尔德弗（C. Alderfer）的 ERG 理论等。

1. 需要层次理论

美国心理学家马斯洛（A. Maslow）在 1943 年所著的《人的动机理论》一书中，提出了需要层次理论。他将人的需要由低到高划分为以下五个层次：

（1）生理的需要，包括人体生理上的主要需要，即衣食住行等生存方面的基本需要，这是最低层次的需要。在一切需要中，生理需要是最优先、最基本的。

（2）安全的需要，指对人身和财产安全、工作和生活环境安全等的追求及规避各种社会性、经济性损害的倾向。

（3）归属的需要，包括对社会交往、友谊、情感及归属感等方面的需要。人是社会人，他需要与社会交往，成为社会的一员，希望获得亲情、友情和爱情，得到关心与爱护。

（4）尊重的需要，包括两个方面，一是内在的尊重要求，如自尊、自律、自主等；二是外在的尊重要求，如社会地位、社会认可、受他人尊敬等的需要。

（5）自我实现的需要，指努力促使自我成长，尽力发挥自己的潜能，做出力所能及的最大成就的需要，这是最高层次的需要。自我实现需要会产生巨大的动力，使其努力去实现目标。

马斯洛需要层次理论的基本观点可以概括为如下几点：

（1）人的需要是分等分层的，呈阶梯式逐级上升。马斯洛认为在低层次需要得到满足之后，人才能产生更高一级的需要，即人按上述五个层次由低到高逐步追求需要的满足。人的最基本的需要是生理需要，低层次的需要满足的程度越高，对高层次需要的追求就越强烈。人在不同的发展阶段，其需要结构也是不同的，如图 5-9 所示。

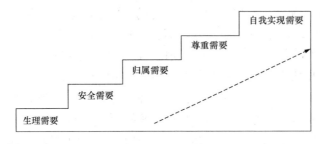

图 5-9　马斯洛的需要层次理论

（2）需要的存在是促使人产生某种行为的基础，人的行为是由其当时的主导需要决定的。当一个人无所求时，也就没有什么动力与活力；反之，若一个人有所需要，就必然存在着激励的因素。五个层次的需要是人生来就有的，但每一个人的需要强度、显露程度可能不同。另外，即使是同一个人，在不同的情况下也会有不同的、需要优先考虑的某种需要。正因为人的需要是不同的，所以要调动人的积极性，就必须针对不同的人，引导其满足不同层次的需要。对大多数人的共同需要，可以采用共同的方法来激励，而对不同的需要则要采取不同的方法，切忌"一刀切"。

（3）当某种需要得到满足以后，这种需要也就失去了对其行为的激励作用。当某一层次的需要得到满足以后，下一层次尚未满足的需要就会成为人们行动的动机。高层次的需要，不仅内容比低层次需求广泛，实现的难度也大。

然而，马斯洛的论点是根据分析观察而不是实验提出的。后来人们根据有关的实验结果，指出了马斯洛这一理论的不足之处：

（1）马斯洛认为已满足的需要一般不再起大的促进作用，使满足的意义不够明确。例如，一个人虽然眼下吃穿不愁，但他可能认为自己不能保证一辈子丰衣足食，因此他可能永远有着强烈的物质需要。至于更高级的需要那就更复杂了。一位高层管理者的自我实现的需要可能是很强烈的，但他的尊重的需要、社交的需要、安全的需要可能仍在起着相当重要的作用。

（2）人与人之间需要的先后次序不尽相同。当生理上的需要得到合理满足后，并没有一种方法可以预测对某一个人来说哪一种更高层次的需要将成为下一个必须满足的需要。一般说来，人的各种需要的出现往往取决于本人的职业、年龄、性格、受教育程度、经历、社会背景等。有的人在较低层次的需要（如生理需要和安全需要）得以满足后，就不再追求更高层次的需要。

2. 双因素理论

美国心理学家赫茨伯格（F. Herzberg）等人于20世纪50年代末期在匹兹堡地区对9个企业的203名工程师和会计师进行了1884人次的调查。赫茨伯格通过调查发现，使员工感到不满的原因，主要是公司政策、行政管理、监督、与主管人员的关系、工作条件、与下级的关系、地位、安全等因素，属于工作环境和工作条件方面的因素。这类因素不具备或强度太低，容易导致员工不满意，但是改善这些方面，也只能够消除员工的不满，不能使员工满意。因此，赫茨伯格将这类因素称为"保健因素"，又称作"维持因素"，因为这些因素有些类似卫生保健对身体健康所起的作用——卫生保健只能防止疾病，不能医治疾病。同样，保健因素不能直接起激励员工的作用，只能预防员工的不满情绪。

另外，使员工感到满意的主要是工作富有成就感、工作成绩得到社会承认、工作本身具有挑战性、承担重大的责任和在职业上能得到发展和成长等五种因素，属于工作本身和工作内容方面的因素。这类因素具备后，可使员工感到满意，能够激励职工的工作积极性和热情，提高生产率。因此，赫茨伯格将这类因素称为"激励因素"，因为只有这些因素才能激发起人们在工作中的积极性、创造性，产生使员工满意的积极效果。以上两类因素与员工对工作的满意程度之间的关系如图5-10所示。

根据这次调查结果，赫茨伯格认为：

（1）满意的对立面不是不满意，而是没有满意；不满意的对立面也不是满意，而是没有不满意。

（2）对于激励因素来说，它的满足能带来工作满足感，它的不满足并不导致不满意而是没有满意。因为人的心理成长取决于成就，而取得成就就要工作，激励因素代表了工作因素，所以它是成长所必需的，它提供的心理激励促使每个人努力去达到自我实现的需要。

（3）保健因素是否具备、强度如何，对应着员工"没

激励因素	保健因素
成就	公司政策
承认	行政管理、监督
工作本身	与主管人员的关系
责任	工作条件
晋升	同事间关系
成长	与下属的关系
	工资保障
极满意	极不满意

图5-10　赫兹伯格双因素理论

有不满意"和"不满意"，因为保健因素本身的特性，决定了它无法给人以成长的感觉，因此它不能使员工对工作产生积极的满意感。

（4）激励因素可以由工作本身产生，工作对职工的吸引力才是主要的激励因素；应从工作本身来调动职工的内在积极性，当职工受到很大的激励时，对外部因素引起的不满足感具有很强的耐受力。相反，当职工经常处于保健状态时，则会对周围事物感到极大的不满意。所以，职工从事具有潜在激励因素的工作本身就有激励作用。

（5）在两类因素中，如果把某些激励因素（如奖金）变为保健因素（如工资），或任意扩大保健因素，都会降低从工作中得到的内在满足。即外部动机的扩大会引起内部动机的萎缩，从而导致职工积极性的降低。

（6）要调动人的积极性，不仅要注意物质利益和工作条件等外部因素，更为重要的是要注意工作的安排，注意对人进行精神激励，给予表扬和认可，给人以成长、发展和晋升的机会，这样的内在激励作用更大，维持时间更长。

双因素理论在实际工作中得到了广泛的应用。最主要的形式就是工作丰富化，其中心思想就是通过增加工作中的激励因素，来充分发挥员工的积极性和创造性。双因素理论还用于指导工资和奖金的管理，如果金钱与绩效没有联系，那么发钱再多，也起不了激励作用，而一旦停发或少发钱，就会造成职工的不满。金钱作为工资就成了保健因素，如果金钱作为奖金与员工的绩效挂钩，那么金钱就可以发挥激励作用，也就成为激励因素。

然而，双因素理论也有一些不足之处，最主要的是赫茨伯格所调查的对象代表性不够。在美国，工程师和会计师的工资、安全、工作条件等方面都比较好，因此这些因素对他们自然不会起激励作用，但这并不能代表一般员工的情况。实际上，对于激励因素和保健因素，人们的反应是不一样的，对一个人起激励作用的因素，对另一个人可能起保健作用，反之亦然。因此，在实际工作中要根据各人的不同情况，具体分析。

3. 成就需要理论

美国哈佛大学心理学教授戴维·麦克利兰（David McClleland），经过20多年的大量研究提出了成就需要理论。

（1）人的三种需要。成就需要理论不讨论人的基本需要，主要研究在人的生理需要基本得到满足的前提下，人的其他需要主要有哪些。麦克利兰认为，这些需要有三种，即权利的需要、归属的需要和成就的需要。

1）权力的需要。麦克利兰等人发现，具有很大权力需要的人特别重视发挥自己的影响力和控制力，这类人一般都追求得到领导职务，他们通常十分健谈，好发议论，敢于发表自己的意见，性格坚强，头脑冷静，爱教训别人和在公开场合讲话。

2）归属的需要。具有高度归属需要的人通常喜欢取悦别人，总是试图避免被群体排斥而招致的痛苦。作为个人，他们既能关心并维护融洽的人际关系，欣赏亲密友好和理解的乐趣，又能随时抚慰和帮助处境困难的人，并且乐于同别人友好交往。

3）成就的需要。具有强烈成就需要的人既有很大的求得成功的愿望，也有同样强烈的失败的恐惧，他们愿意接受挑战，喜欢为自己设置一些有一定难度（但不是无法达到）的目标，并对风险采取现实的态度。他们不是投机者，更喜欢分析和评价问题，能为完成任务承担个人责任，喜欢在自己的工作绩效方面得到明确和迅速的反馈。他们喜欢长时间工作而不休息，即使遭到失败也不会过分沮丧，并且喜欢独当一面。

根据麦克利兰的研究结果，企业家（指开创并培养一个企业的人）显现出很高的成就的需要和权力的需要，而归属的需要则十分低。管理人员一般表现出较高的成就的需要和权力的需要，而归属的需要相对较低，其中的差距没有企业家那样显著。

麦克利兰还发现，成就的需要在小公司员工身上较为强烈，小公司的总裁普遍具有非常高的成就需要和权力需要。有趣的是，他发现大公司的总裁只有一般程度的成就需要，而权力和归属的需要往往较为强烈。大公司中的中层和其他高层管理人员在成就的需要上却要高于他们的总裁。麦克莱兰认为，这种情况是可以理解的，总裁已经到达顶峰，而那些下面的人员还正在使劲地往上爬。

（2）成就激励理论的应用。麦克利兰认为，所有动机都是习得的，动机按影响行为潜力的程度排列，而行为是因人而异的。一项有挑战性的工作会引起某些人的快感，而对另一些人则不一定如此。对挑战性工作有兴趣的人对工作有强烈的成就感，他们的成就动机处在动机层次的顶端，只要稍稍触动一下他们的期望，他们就会竭尽全力去完成任务。动机强弱对任务的完成有很大的关系，对人的行为也有很大的影响。

成就的需要是组织中的重要动力。如果把高成就需要的人放在有困难的工作岗位上，工作的挑战性就会引起成功的动力，这种动力能激发出致力于成就的期望；相反，如果把高成就需要的人放在例行的、没有挑战性的工作岗位上，则成就的动机就有可能不被激发，这就会使一些人的聪明才智被埋没，雄心壮志受压抑。在这种情况下，就没有理由期望他们出色地完成工作。因此，发现具有高成就需要的人才，并把他们放在有挑战性的工作岗位上，是管理者的一项重要职责。

麦克利兰认为，具有高度成就需要的人对于企业和国家都有重要的作用。企业拥有这样的人越多，发展就越快，越能取得好的经济效益；国家拥有这样的人越多，就越兴旺发达。特别需要指出的是，麦克莱兰强调通过教育和培训可以造就出具有高度成就需要的人。举办训练班，宣传高成就需要人物的形象，交流经验等措施都可以取得积极的效果。

4. ERG 理论

尽管马斯洛的需要层次理论广为流传，但在后续的大量实证研究中并没有得到非常有力的支持。为了克服该理论的局限性，奥尔德弗（C. Alderfer）于 1969 年对马斯洛的需要层次进行了重新构造，提出人的核心需要可分为存在（Existence）、关系（Relatedness）和成长（Growth）这三类，因此该理论简称为 ERG 理论。

（1）存在需要。指关系到人的机体存在或生存的基本物质性要求，包括衣食住行及组织提供的相应手段等。它实际上包括了马斯洛理论中的"生理需要"和"安全需要"两个层次。

（2）关系需要。指人保持和发展人际关系的需要，它包含了马斯洛理论中的"归属需要"及"尊重需要"中的外在部分。

（3）成长需要。指个人固有的、内在的自我发展和自我完善的需要；包括了马斯洛理论中"尊重需要"的内在部分和"自我实现的需要"。

和传统的需要层次理论相比较，ERG 理论能够更为准确地描述人的需要和激励之间的相互关系。ERG 理论不强调需要的层次顺序，认为并不存在严格的阶梯式由低到高追求需要满足的倾向，即人们并不是只有当低层次需要得到充分满足后才去追求更高层次的需要，对不同层次需要的要求可能同时并存。例如，甚至在存在需要和关系需要没有得到满足的情况下一个人也可以为成长而工作。而且，ERG 理论认为，当较高需要的追求受到挫折时，人们可能会降而求其次，增强对低层次需要的要求。

🔍 **管理实践资料链接十**

守住你的"井底之泉"

明朝开国皇帝朱元璋在地方官上任之前，总找他们谈一次话。他说，俸禄虽不丰，但像井底之泉，可以天天汲水，不会干涸，因而要老老实实地守着自己的薪俸过日子，不图非分之财。由朱元璋的"井底之泉"，使人不禁想起前几年流行的高薪养廉之说。该理论的核心是要保住干部的廉洁就要大幅度地增加其工资收入，使之有优越的生活条件，不再有非份之想，这样才能有效地保住自己的廉洁。这主意不错，谁也没有与"孔方兄"结过仇，自然是多多益善了。但问题是这一理论是否符合咱中国的国情。众所周知，中国人口多，吃"皇粮"的自然也多，要像发达国家那样用高薪来供养这么多的国家公职人员，对于我们这个发展中的国家来说，钱从何来？显然这是不现实的，于事不符，此其一；其二，于情不通。看看那些下岗职工，想想那些尚未解决温饱的贫困山区的农民，如视而不见，一味追求什么高薪，这对"先天下之忧而忧，后天下之乐而乐"的共产党员来说，从感情和道义上是难以接受的。不错，目前干部的工资虽有的像当年朱元璋描述的"井底之泉"那样，但足以养家糊口，且每月工资照发不误，就像那源源不断的泉水，只要生命尚在，毫无后顾之忧。可总有那么一些人把它和大款的泉水相比，嫌之流速慢，流量少，于是利用手中之权，在井壁四周乱找"生财之源"，或贪污，或受贿，最后终被那些"污泥浊水"所淹没，造成井塌人毁的结局。很多领导为了寻找"钱源"，最后不仅失去了高贵的官位，而且丢了自家那宝贵的生命。许多人为此开除了公职，丢了饭碗，丧失了那源源不断的"井底之泉"。至此，他们才知那"井底之泉"的可贵，量虽不多，但水清质优，因为这是用自己辛勤劳动换来的，喝来舒心、安心、放心，而那来路不清的贪泉之水量虽多，但水混质杂，喝了容易"呛肺"，弄不好还有生命之虞，使人憋心、愁心、担心，决非那清澈甘甜的"井底之泉"可比也。如果把对公务员实行职业保障，称"井底之泉"，那么它属于赫兹伯格的双因素理论中的哪类激励因素？先天下之忧而忧，后天下之乐而乐，这句话反映的是马斯洛需求层次理论中哪种需要？高薪养廉之说，主要是根据哪个理论产生的呢？

资料来源：http://baike.baidu.com/百度百科.

三、过程型激励理论

过程型激励理论是着重研究动机的形成和行为目标的选择，即激励过程的理论，其中最有影响的包括弗洛姆（V. H. Vroom）的期望理论、亚当斯（J. Stacy Adams）的公平理论和斯金纳（B. F. Skiner）的强化理论。

1. 期望理论

期望理论是著名心理学家和行为科学家弗洛姆1964年在其名著《工作与激励》中首先提出来的。该理论的基本观点是：

（1）人是理性的，一个人决定采取何种行为与这种行为能够带来什么结果及这种结果对他来说是否重要紧密相关。个人从事某项工作的动机强度是由其对完成该项工作的可能性、获取相应的外在报酬的可能性（期望值）的估计和对这种报酬的重要程度（效价）来决定的。

即人们的努力与其期待的最终奖酬有关。

（2）激励效应取决于个人通过努力达成组织期望的工作绩效（组织目标）与由此而得到的满足个人需要的奖酬（个人目标）相一致、相关联的程度。一致程度或关联性大，则激励效应就大，否则就小。

（3）激励是一个动态的过程，当一个人对期望值、效价的估计发生变化时，其积极性也将随之变化，如图 5-11 所示。

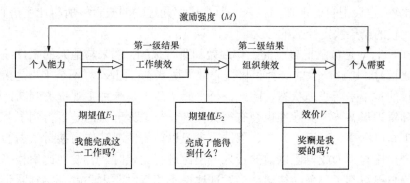

图 5-11　弗洛姆的激励—期望理论模型

设 E 为期望值，即个人对通过行动实现某一特定结果的可能性的判断。这里的期望值又可以分解为两级：第一级期望值指个人对付出努力后能达到组织所期望工作绩效水平（组织目标）的主观概率（可用 E_1 表示）；第二级期望值指个人达到组织期望绩效水平后能得到其所需要的结果（个人目标）的主观概率（可用 E_2 表示）；V 为效价值，效价是指某人对目标价值的估计。对同一个目标，由于各人的需要不同，所处的环境不同，他对该目标的价值估计也往往不同。效价反映了一个人对某一结果的偏爱程度。效价值的大小反映了行动的结果对个人的价值大小（不同奖酬在当事人心目中的相对重要性赋值）；M 为激励力量，即动机的强度，它表明一个人愿意为达到目标而努力的程度。那么，弗洛姆的激励一期望理论模型可表示为

$$M = V \times E = V \times (E_1 \times E_2)$$

从图 5-11 中和上式中可以看到，只有当期望值和效价都比较高时，才会产生较大的激励力量。也就是说，只有当事人认为自己的努力可以取得较好的业绩，好的业绩又会带来某种特定的奖酬，且这种奖酬对本人具有很大吸引力时，激励作用最大。

弗洛姆模型提供了一个关于激励过程的具有较大综合性和应用价值的理论框架。激励的期望理论告诉人们：

（1）激励强度的大小取决于个人努力行为与组织工作绩效及吻合个人目标的奖酬三者之间的关系。

（2）奖酬设置应因人而异，因为不同人的效价维度范围和权重取值是不同的，管理者应关注大多数成员认为效价最大的激励措施，设置激励目标时应尽可能加大其效价的综合值。

（3）根据效价大小的不同，适当调整期望概率与实际概率的差距及不同人实际所得不同效价的难易程度，拉开和加大组织的期望值与非期望行为的差异，这样会增强激励效应。

2. 公平理论

公平理论又称作"社会比较理论"，是美国心理学家亚当斯（J. Stacy Adams）在其 1965

年发表的《社会交换中的不公平》一书中提出的。

公平理论的基本内容是：人是社会人，一个人的工作动机和劳动积极性不仅受其所得报酬绝对值的影响，更重要的是还受到相对报酬多少的影响。人们都有一种将自己的投入和所得与他人的投入和所得相比较的倾向。其中，投入主要包括工龄、性别、所受的教育和训练、经验和技能、资历、对工作态度等方面。而所得主要包括薪酬水平、机会、奖励、表扬、提升、地位及其他报酬。每个人都会把自己所得的报酬与付出的劳动之间的比率同其他人的比率进行社会比较，也会把自己现在的投入—所得比率同过去的投入—所得比率进行历史比较，并且将根据比较的结果决定今后的行为。

所谓"公平"，就是员工把自己的工作绩效和所得报酬，拿来与他人的工作绩效及所得报酬进行主观比较时，由此产生的一种积极性心理平衡状态；相反，"不公平"是指比较时所产生的一种消极的、不平衡心理状态。因此，公平感实质上是一种主观价值判断，在不同的社会文化背景和意识形态下，其标准也会有很大差别。员工评价自己是否得到了公正的评价，在一般情况下是以同事、同行、亲友、邻居或自己以前的情况等作为参考依据的。当他们把自己的投入产出比与别人或自己以前的投入产出比进行比较时，若发现比率相等，心里就比较平静，认为自己得到了公平的待遇；当发现比率不相等时，内心就会感到紧张不安，从而会被激励去采取行动以消除或减少引起心理紧张不安的差异。

假如当事人 A 以 B 为参考进行比较，其过程如下：

第一种情形

$$(O/I) A < (O/I) B → 不公平感 → 行为改变$$

第二种情形

$$(O/I) A = (O/I) B → 公平感 → 不改变行为$$

第三种情形

$$(O/I) A > (O/I) B → 不公平感 → 行为改变$$

公平理论指出，在管理激励的过程中，管理者必须对员工的贡献（投入）给予恰如其分的承认，否则员工就会产生不公平感。感受到"不公平感"的不同当事人就可能会产生逆向的或消极的行为，以消除由此而产生的紧张不安。具体表现在以下几方面：

（1）采取一定行动，改变自己所得报酬的预期或者改变自己未来的投入。如投入精力去"争好处"、要求增加薪酬或者消极怠工、推卸责任等。

（2）采取一定的行动，改变别人的投入或所得。例如，"他拿得多他去干，反正我不干"等。

（3）通过某种方式进行自我安慰。如换一个比较对象，以获得主观上的公平感：与张三比是吃亏了，但若与王五比，似乎还可以，"比上不足，比下有余"等。

（4）在无法改变不公平现象时，可能采取发牢骚、制造人际关系矛盾等行为。

因此，公平理论说明，公平感是影响人们行为倾向和激励强度的一个极为重要的社会因素，在管理激励的过程中必须给予高度重视。

3. 强化理论

心理学家认为，人具有学习能力，通过改变其所处的环境，可以保持和加强积极的行为，减少或消除消极行为，把消极行为转化为积极行为。哈佛大学的斯金纳（B.F.Skiner）据此提出了强化理论，它是以学习原则为基础，理解和修正人的行为的一种学说。所谓强化，从其最基本的形式来讲，指的是对一种行为的肯定或否定的后果（奖励或惩罚），它至少在一定程度上会决定这种行为在今后是否会重复发生。

强化理论认为，过去的经验对未来的行为具有重大影响，人们会通过对过去的行为和行为结果的学习来"趋利避害"，即当行为的结果对他有利时，它就会趋向于重复这种行为；当行为的结果对他不利时，这种行为就会趋向于减弱或消失。根据这一原则，就可以通过不同的强化途径，对人们的行为进行引导和激励。

（1）正强化。正强化是指对管理者所期望的、符合组织目标的行为及时加以肯定或奖励，从而导致行为的延续和加强。正强化的刺激物不仅仅是物质性的奖励，精神鼓励、表扬、充分的信任、安排挑战性工作、提升或给予学习提高的机会等都可以成为正强化的有效激励载体。

（2）负强化。也称逃避性学习，是指通过人们为了避免出现不希望的结果，而使其行为得以强化。例如，学生上课迟到要受到老师的批评，不想受到批评的学生就会努力做到不迟到。由此可见，负强化不仅能使一些不良的行为减少或结束，而且还能使积极行为得到强化。

（3）惩罚。惩罚就是对不良行为给予批评或处分。惩罚可以减少不良行为的重复出现，弱化行为。但惩罚一方面可能会引起怨恨和敌意；另一方面随着时间的推移，惩罚的效果会减弱。因此在采用惩罚策略时，要因人而异，注意方式方法。

（4）不强化。不强化是指对某种行为不采取任何措施，既不奖励也不惩罚。这是一种消除不合理行为的策略，因为倘若一种行为得不到强化，那么这种行为的重复率就会下降。如果一个人老是抱怨分配给他的工作，但却没人理睬他，也不给他调换工作，也许过一段时间他就不再抱怨了。

强化理论是影响和引导员工行为的一种重要方法，通过表扬和奖励可以使动机得到加强，行为得到鼓励；通过批评、惩罚等可以否定某种行为，使不好的行为越来越少。"奖"起着正面引导的作用，"惩"则起着劝阻和警告的作用，奖励与惩罚就好像一条航道上的左右两个航标，是保证船只的正确航行所必不可少的。管理人员在使用强化手段激励员工或改造员工行为时应遵循一下几项原则：

1）要明确强化的目的或目标，明确预期的行为方向，是被强化者的行为符合组织的要求。

2）要选准强化物，每个人的需求不同，因而对同一种强化物的反应也各不相同。这就要求具体分析强化对象的情况，针对他们不同的需要，采用不同的强化措施，进而取得最佳的强化效果。

3）要及时反馈和及时强化。无论是对积极的行为还是对不良行为，都要及时给予反馈，及时惩罚。无反应实际上就具有强化的效果。对上班迟到不处理，就可能被认为上班迟到没问题。

4）要多用不定期奖酬，少用定期奖酬。定期奖型使得奖酬成为员工预料之中的事，这样会降低其强化的作用；间歇的强化往往效果更好。

5）奖惩结合，以奖为主。对积极的行为和优秀的工作绩效必须给予奖励，使这种行为和绩效持续下去。对不良行为要进行适当的惩罚，使员工从惩罚中吸取教训。但是，过多地运用惩罚，往往会造成被惩罚者心理上的创伤，引起对抗情绪，乃至采取欺骗、隐瞒等手段来逃避惩罚。

🔍 **管理实践资料链接十一** ▏▏▏

施科长没有解决的难题

施迪闻是富强油漆厂的供应科长，厂里同事乃至外厂的同行们都知道他心直口快，为人热情，尤其对新主意、新发明、新理论感兴趣，自己也常在工作中搞点新名堂。

前一阶段，常听见施科长对人嚷嚷说，咱厂科室工作人员的那套奖金制度，我看到了非改不可的地步了，是彻底的"大锅饭"、平均主义。奖金总额不跟利润挂钩，每月按工资总额拿出5%当奖金，这5%是固定死了的，一共才那么一点钱。说是具体每人分多少，由各单位领导按每人每月工作表现去确定，要体现"多劳多得"原则，还要求搞什么"重赏重罚，承认差距"哩。

可是谈何容易，"巧妇难为无米之炊"呀！总共就那么一点，还玩得出什么花样？理论上是说要奖勤罚懒，干得好的多给，一般的少给，差的不给。可是你真的不给试试看，不给你造反才怪呢！结果实际上是大伙基本上拉平，皆大欢喜，要说有那么一点差距，确定分成三等，不过这差距也只是象征性的。照说，这奖金也不多，有啥好计较的？可要是一个钱不给，他就认为这简直是侮辱，存心丢他的脸。唉，难办！一个是咱厂穷，奖金拨的就少；二是咱中国人平均惯了，爱犯红眼病。

最近，施科长却跟人们谈起了他的一段有趣的新经历。他说："改革科室奖金制度，我琢磨好久了，可就是想不出啥好点子来。直到上个月，厂里派我去市管理干部学院参加一期中层管理干部短训班。有一天，他们不知打哪儿请来一位美国教授，听说还挺有名，来给咱们作一次讲演。那教授说，美国有位学者，叫什么来着？……对，叫什么伯格，他提出一个新见解，说是企业对职工的管理，不能太依靠高工资和奖金。又说：钱并不能真正调动人的积极性。你说怪不？什么都讲金钱万能的美国佬，这回说起钱倒不那么灵来了。这倒要留心听听。"

"那教授继续说，能影响人积极性的因素很多，按其重要性，他列出了一长串单子。我记不太准了，好像是，最要紧的是'工作的挑战性'。这是个洋名词，照他解释，就是指工作不能太简单，轻而易举地就完成了；要艰巨点，让人得动点脑筋，花点力气，那活儿才有干头。再就是工作要有趣，要有些变化，多点花样，别老一套，太单调。他说，还要给自主权，给责任；要让人家感到自己有所成就，有所提高。还有什么表扬啦，跟同事们关系友好融洽啦，劳动条件要舒服安全啦什么的，我也记不准、记不全。可有一条我是记准了：工资和奖金是摆在最后一位的，也就是说最无关紧要。"

"你想想，钱是无关紧要的！闻所未闻，乍一听都不敢相信。可我细想想，觉得这话是有道理的，所有那些别的因素对人说来，可不都还是蛮重要的吗？！我于是对那奖金制度不那么担心了，还有别的更有效的法宝呢。那教授还说，这理论也有人批评，说那位学者研究的对象全是工程师、会计师、大夫这类高级知识分子，对别类人未见得合适。他还讲了一大堆新鲜事。总之，我这回可是大开眼界啦。短训班办完，回到科里，正赶上年末工作总结讲评，要发年终奖金了。这回我有了新主意。"

"我那科里，论工作，就数小李子最突出：高中生，大小也算个知识分子，聪明能干，工作积极，又能吃苦，还能动脑筋。于是我把他找来谈话。别忘了我如今学过点现代管理理论了。我于是先强调了他这一年的贡献，特别表扬了他的成就，还细致讨论了明年怎么能使他的工作更有趣，责任更重，也更有挑战性……瞧，学来的新词儿马上用上啦。我们甚至还确定了考核他明年成绩的具体指标。最后才谈到这最不要紧的事——奖金。我说，这回年终奖，你跟大伙儿一样，都是那么些。我心里挺得意：学的新理论，我马上就用到实际上来了。"

"可是，你猜怎么的？小李子竟发起火来了，真的火了。他蹦起来说："什么？就给我那一点，说了那一大堆好话，到头来我就值那么一点？得啦，您那套好听的请收回去送给别人吧，我不稀罕。表扬又不能当饭吃！"

"这是怎么一回事：把我搞糊涂了。"

第四节　沟　　通

任何一个组织的运行离不开组织成员的分工与合作，离不开经常性判断自己行为的位置以便纠正，从而有效地达到组织既定的目标。组织成员的分工合作及行为协调有赖于相互之间传递信息，并了解这些信息表达的意思。组织成员间若没有这种相互间的信息沟通，不但不能进行协调与合作，还会给组织运行造成障碍，甚至导致组织的失败。松下电器创始人松下幸之助就曾说："企业管理过去是沟通，现在是沟通，未来还是沟通。"

一、沟通的定义

美国主管人员训练协会把沟通解释为：它是人们进行的思想或情况交流，以此取得彼此的了解、信任及良好的人际关系。纽曼和萨默则把沟通解释为：在两个或更多的人之间进行的在事实、思想、意见和情感等方面的交流。此外，沟通还被解释为用语言、书信、信号电讯进行的交往，是在组织成员之间取得共同的理解和认识的一种方法。虽然以上几种对沟通的解释不尽相同，但可以从中看出无论何种解释都具备以下三个基本条件：

（1）沟通通常涉及两个人以上。当然，两个人或两个人以下也有相同的含义。例如，两个管理者在办公室开会，这是沟通。一个学生在图书馆阅读 200 年前某一作家写的作品，这也是沟通。

（2）沟通必须有一定的沟通客体，即沟通情报等。

（3）沟通必须有传递信息情报的一定方法，如语言、书信等。

因此，我们可以把人际沟通解释为：把信息按可以理解的方式从一方传递给另一方，把一个组织中的成员联系在一起，以实现共同目标之方式。

二、沟通的作用

组织内沟通的目的，从根本上说是在组织内通过成员间的相互沟通，增进互相了解，有效判断自己现时的行为活动状况，从而进行行为协调，形成巨大合力，有效实现组织既定目标。除了这一根本目的，实际上沟通还起到如下的作用。

1. 有利于创造一个和谐的氛围

所谓和谐的人际氛围就是指人际关系和谐，即组织成员间友好相处，彼此和平敬重，彼此相知，即使产生了一些矛盾，一定也是各方妥善地当面处理。人际关系的和谐尽管首先与组织成员的素质修养有很大关系，但没有良好的沟通渠道和沟通方式，组织内和谐的氛围也难以维持。通过沟通使成员互相了解，进而调整自己的行为，就容易友好相处共同工作。

2. 有利于使行为协调

在组织运行过程中，为保证组织目标的实现，时刻保持组织成员的行为协调是非常必要的。行为协调的前提是组织成员知道自己干了什么、正在干什么，别人干了什么、正在干什么，大家应该如何合作，而这必须通过有效的沟通才行。沟通可以使组织成员明白自己之所做和他人之所做，明白与目标的差异，从而调整各自的行为，进行相互之间的合作。

3. 有利于上行下达，提高管理效率

管理是一种以行政机制配置资源的方法，它对资源整合的效率表现在这种行政机制的有效性。管理层次越多，组织内信息的传递就越需要经过多层次送达。一方面可能导致信息的失真，另一方面可能耗费大量的时间，进而使组织运作行为迟钝，效率降低。另外，信息沟通需要渠道，当渠道不多而且还不够宽、甚至有障碍时，高层领导的指挥命令就难以迅速传至下级；而下级的行为偏差，上级也无法及时知晓，这样就有可能使组织丧失机遇，发生偏差。

哈罗德·孔茨教授曾指出，组织需要信息沟通来达到以下几个目的：①设置并传播一个企业的目标；②制订实现目标的计划；③以最有效果和效率的方式来组织人力资源及其他资源；④选拔、培养、评价组织中心成员；⑤领导、指导和激励人们，并营造一个人人想要作出贡献的环境；⑥控制目标的实现。

三、沟通的过程

沟通过程是指一个信息的传送者通过选定的渠道把信息传递给接收者的过程。这一过程可用图 5-12 来表示。

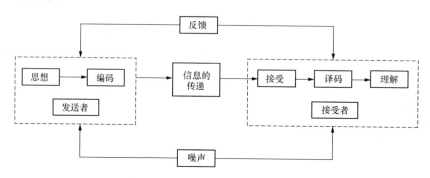

图 5-12　人际沟通过程图

由此而见，一个看起来简单的沟通过程实际上包含着许多环节，具体可分为以下几部分。

1. 信息发送者

信息发送者即需要沟通的主动者要把自己的某种思想或想法（希望他人了解的）转换为信息发送者自己与接收者双方都能理解的共同"语言"或"信号"，这一过程就叫编码。没有这样的编码，人际沟通是无法进行的。一个组织中，如果组织的成员没有共同语言，也就使组织成员之间的有效沟通失去了良好的基础，除非通过翻译进行，不过翻译会导致原来信息的失真。

2. 信息传递渠道

编码后的信息必须通过一定的信息传递才能传递到接收者，没有信息传递渠道信息就不可能传递出去。信息传递渠道有许多，如书面的备忘录、计算机、电话、电报、电视、互联网等。选择什么样的信息传递渠道，既要看沟通的场合、互相同意和方便、沟通双方所处环境拥有的条件等，也与选择渠道、合用渠道的成本有关。各种信息沟通渠道都各有利弊，信息的传递效率也不尽相同。因此，选择适当的渠道对实施有效的信息沟通是极为重要的。

3. 信息接收者

信息接收者先接收到传递而来的"共同语言"或"信号"，然后按照相应的办法将此还原为自己的语言即"译码"，这样信息接收者就可以理解了。在接收和译码的过程中，由于接收者的教育程度、技术水平及当时的心理活动，均会导致在接收信息时发生偏差或疏漏，也会导致在译码过程中出现差错，这样就会使信息接收者发生一定的误解，这样就不利于有效的沟通。实际上即便上述情况不发生，也会因为信息接收者的价值观与理解力导致理解信息发送者真正想法的误差。

4. 噪声与反馈

人们之间的信息沟通还经常受到"噪声"的干扰。无论是在发送者方面，还是在接收者方面，噪声就是指妨碍信息沟通的任何因素。例如：

（1）噪声或受到限制的环境可能会妨碍一种明确的思路形成。

（2）传递过程中的各种外界的干扰。

（3）价值观不同导致无法理解对方的真正意思。

（4）由于使用了模棱两可的符号可能造成编码、译码的错误。

（5）心理活动导致了错误发送或接收。

（6）信息渠道本身的物理性问题。

而反馈则是检验信息沟通效果的再沟通。反馈对于信息沟通的重要性在于它可以检查沟通效果，并迅速将检查结果传递给信息发送者，从而有利于信息发送者迅速修正自己的信息发送，以便达到最好的沟通效果。

5. 影响沟通的环境因素

事实上环境和组织本身的因素左右着信息沟通的过程。如政治、文化、社会、法律等环境因素就影响着组织成员之间的沟通。而沟通双方地理上的距离、时间分配等也会影响沟通渠道、沟通方式的选择。另外像组织内的文化氛围、管理方式、组织结构安排等均会影响组织成员的沟通。

四、沟通的分类

1. 根据信息的流向分类

信息在企业中有多个流向，既有自上而下的流动，也有自下而上的流向，还有水平或交叉的流动。

（1）下行沟通。下行沟通即是自上而下的信息沟通，也就是信息从较高的组织层次流向较低的组织层次。这种沟通方式在充满专制气氛的组织中尤为常见。这种沟通的主要目的是向下属传递信息和指示，给下属提供有关资料，阐明组织目标，告知组织动态等。下行沟通不仅给组织的下层成员以行为的指导和控制，还可以协调组织各层次之间的行为活动，增进互相了解，从而有效合作。然而，在运用电话、广播，信函等媒介进行下行沟通时，信息常常被传递过程中的中层和下层所遗漏或被曲解。事实上，上级的许多指示并未被下属所理解，甚至连看也没有看过。

（2）上行沟通。上行沟通即是自下而上的信息沟通，也就是从下属成员到上司，同时按照组织职权层次持续向上的信息流动。例如，请示和汇报就是常用的自下而上的信息沟通。这种沟通方式在职工参与管理和民主气氛浓厚的企业中较常见。上行沟通非常重要，这是因为上行信息中通常包括组织目前运行中的状态、遇到的问题、成员的士气等信息，是上级及时调整组织行为、组织激励等的信息支持，是决策的基础。但是这种上行沟通通常会受到上行渠道中诸多中间环节上的信息传递角色即主管人员的阻碍，他们不把所有的信息真实地传递上去，尤其是不把对自己不利的信息传递给他的上司，于是上行信息最终传递上去的可能是完全失真的信息。

（3）交叉沟通。交叉沟通分为横向沟通和斜向沟通。横向沟通是指与其他部门同等地位的人之间的沟通，斜向沟通是指与其他部门中不同地位即职权等级不同成员之间的沟通。这些沟通方式主要用来加速信息流动，促进理解，并为实际组织的目标而协调各方面的努力和行为。然而由于交叉沟通中信息不按指挥系统的规定流动，所以组织必须采取专门的防卫措施以免潜在问题的发生。交叉沟通的运用必须有赖于对这几点的理解：①只要是合适的，横向交叉关系在任何场合都应受到鼓励；②下属要自行限制作出超越其权限的承诺；③下级要及时向上级报告部门之间共同从事的重大活动。简而言之，交叉沟通可能会造成麻烦，但运用得好则有助于组织内人际关系的协调和有效的合作。

2. 根据信息沟通的媒介分类

根据信息沟通的媒介不同，可分为书面沟通、口头沟通和非语言沟通。

（1）书面沟通。书面沟通是指采用书面文字的形式进行沟通，如备忘录、报告、信函、文件、通知、电子邮件等。书面沟通传达的信息准确性高，沟通比较正式，信息权威性强，并可以长时间保存，接收者可以反复阅读。书面沟通的好处就来自于其过程本身。除个别情况外（如一个正式演说），书面语言比口头语言考虑得更全面，把东西写下来促使人们对自己要表达的东西进行更认真的思考。因此书面沟通显得更为周密、逻辑性强、条理清楚。但书面沟通也存在不足：一是沟通周期比较长、缺乏亲近感；二是沟通双方的应变性比较差，难以得到即时反馈。

（2）口头沟通。口头沟通是采用口头语言进行信息传递的沟通，也是最常见的交流方式，如会谈、会议、演说、电话等。口头沟通的优点在于它很少受时间、地点和场合的限制，信息可以在最短的时间里被传送，并在最短的时间内得到对方的回复。口头沟通不适宜于需要经过多人传送的信息，在信息传递过程中，信息传递经过的人越多，信息失真的潜在可能性就越大。因此，组织中的重要决策如果通过口头方式在权力金字塔中上下传送，则信息失真的可能性相当大。

（3）非语言沟通。非语言沟通即不通过具体的语言和文字形式来传递信息，而是通过声调、面部表情、身体的姿势等来传递信息。非语言沟通是一种强有力的、有效的沟通手段，它可以传递语言所无法表达或不愿表达的信息，起到语言传递无法起到的作用。非语言沟通时必须与当时的环境、气氛、场合和时间的紧迫性等因素联系起来才能有效地沟通信息。不同的环境条件所传递的信息可能是截然不同的。

3. 根据信息沟通的可逆性分类

按照信息沟通的可逆性可将信息分为单向沟通和双向沟通。

（1）单向沟通。信息沟通时，一方发出信息，另一方只接受信息，不反馈意见，这就是单向沟通。例如，上级发文件，作报告，组织向外单位发信函等。单向沟通一般比较适合下列情况：①沟通的内容简单，并要求迅速传递的信息；②下属易于接受和理解解决问题的方案；③下属没有了解问题的足够信息，反馈不仅无助于澄清事实反而容易出现沟通障碍；④情况紧急而又必须坚决执行的工作和任务。

（2）双向沟通。信息沟通时，接收人接到信息后，再把自己的意见反馈给发送人，这就是双向沟通。双向沟通是发送者和接收者相互之间进行信息交流的过程，如讨论会、面谈等。双向沟通较之于单向沟通，对促进人际关系和加强双方紧密合作方面有更重要的作用，能更加准确地传递消息，有助于提高接收者的理解能力，提高信息沟通的质量。双向沟通比较适合于下列情况：①沟通时间充裕，沟通的内容复杂；②下属对解决问题的方案的接受程度非常重要；③上级希望下属能对管理中的问题提供有价值的信息和建议；④除了前述的一些原因外，领导个人的素质对单向沟通和双向沟通的选择也有影响。

4. 根据信息沟通的渠道分类

信息在组织中可能通过正式组织规定的渠道流动，也可能通过非正式组织的渠道流动。

（1）正式沟通。正式沟通是指通过正式组织的组织网络进行的沟通。正式沟通是组织内部信息传递的主要方式。正式沟通的优点是沟通效果好，严肃可靠，约束力强，易于保密，沟通信息量大，并且具有权威性。其缺点是由于依靠组织层次进行传递，沟通速度一般较慢。

（2）非正式沟通。非正式沟通是指在正式沟通之外进行的信息沟通。非正式沟通是正式组织中不可缺少的一种沟通方式。非正式沟通的优点是传递信息的速度快，内容广泛，形式不拘一格，并能提供一些正式沟通所不能传递的信息。例如，管理人员可利用非正式消息作为探测气球，试探组织成员对某些政策的反应等。因此，非正式沟通可以被正式组织所利用，传递正式组织不愿或不能传递的信息。其缺点是：传递的信息容易歪曲、失真，传递越广，失真就可能越多；容易在组织内引起矛盾；较难控制。

5. 根据沟通网络分类

沟通网络是指各种沟通路径的结构形式，它直接影响到沟通的有效性。它可分为链式、轮式、Y式、环式和全通道式沟通，如图5-13所示。

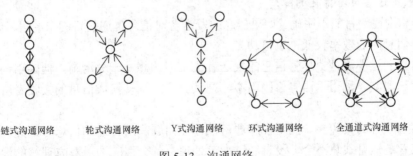

链式沟通网络　　轮式沟通网络　　Y式沟通网络　　环式沟通网络　　全通道式沟通网络

图5-13　沟通网络

（1）链式沟通属于控制型结构，在组织系统中相当于纵向沟通。网络中每个人处在不同的层次中，上下信息传递速度慢且容易失真，信息传递者所接收的信息差异大。但由于链式沟通结构严谨，形式比较规范，在传统组织结构中应用较多。

（2）轮式沟通又称为主管中心控制型，在该种沟通网络图中，只有一名成员是信息的汇集发布中心，相当于一个主管领导直接管理几个部门的权威控制系统。这种沟通形式集中程度高，信息传递快，主管者具有权威性。但由于沟通渠道少，组织成员满意程度低，士气往往受到较大的影响。

（3）Y 式沟通又称秘书中心控制型，这种沟通网络相当于企业主管、秘书和下级人员之间的关系。秘书是信息收集和传递中心，对上接受主管的领导，这种网络形式能减轻企业主要领导者的负担，解决问题速度较快。但除主管人员以外，下级人员平均满意度与士气较低，容易影响工作效率。同时，秘书人员的负担可能会过重，导致信息传递速度降低。

（4）环式沟通又称工作小组型沟通，在该网络图中，成员之间依次以平等的地位相互联络，不能明确谁是主管，组织集中化程度低。由于沟通渠道少，信息传递较慢，成员之间相互满意度和士气都较高。

（5）全通道沟通是一个完全开放的沟通网络，沟通渠道多，成员之间地位平等，合作气氛浓厚，成员满意度和士气都较高。全通道沟通与环式沟通的相同之处在于，网络中主管人员不明确，集中化程度低，一般不适用于正式组织中的信息传递。

五种网络沟通形态的具体比较如表 5-3 所示。

表 5-3　　　　　　　　　　五种网络沟通形态的具体比较

网格类型	问题解决速度	信息精确度	组织化程度	士气	工作变化弹性
链式	较快	较高	慢、稳定	低	慢
轮式	快	高	迅速、稳定	很低	较慢
Y 式	较快	较低	不一定	不一定	较快
环式	慢	低	不易	高	快
全通道式	最慢	最高	最慢、稳定	最高	最快

五、有效沟通的障碍

在沟通的过程中，由于存在着外界干扰及其他种种原因，信息往往丢失或被曲解，使得信息的传递不能发挥正常的作用，因此组织的沟通存在有效沟通问题。所谓有效沟通，简单地说就是传递和交流信息的可靠性和准确性高，它表明了组织对内外噪音的抵抗能力。

影响有效沟通的障碍主要包括下列因素。

1. 信息发送者自身存在的障碍

（1）信息沟通的目的不明确。如果信息的发送者对信息传递的目的未经思考，随感而发，很可能导致信息沟通效率较低，事倍功半。

（2）信息表达不清楚。尽管信息的发送者头脑中的想法十分清晰，但因用词不当、条理不清楚、疏忽遗漏、乱用术语等原因而不能把其真实意图转换成信息的接收者所能接受和理解的信息。

（3）信息本身的真实性、完整性和严密性存在问题。所传递的信息若是建立在某种假设的基础上或者是信息残缺不全、没有经过加工处理，都会引起沟通双方理解的混乱，影响信息的有效沟通。

（4）缺乏明确的计划。信息沟通不仅要有明确的目的，还应有明确的计划，如说明下达命令的理由，选择最合适的沟通渠道、适宜的沟通时间及沟通全过程的控制方式等就能大大提高信息沟通的效率。

（5）信息沟通的时间选择不恰当。如果信息的发送者选择的沟通时间不恰当，将会影响信息传递的效果。例如，一位下级向上级管理人员汇报工作时，如果选择上级管理人员正在忙碌的时间，那么上级管理人员可能由于其他未完成的工作而没有充实的时间去倾听下级的报告，导致信息沟通效果极差。

2. 信息接收者自身存在的障碍

（1）不善于聆听，过早地作出评价。有些信息的接收者不善于聆听，在没有了解全面的情况时就过早地作出评价；或者没有耐心而不断地打断对方的谈话；或者在沟通过程中转换话题，大发议论，这些都使信息接收者无法接收到完整的信息，影响沟通的效果。

（2）语义曲解。信息沟通双方可能在认知水平、个性特征、心理状态等方面存在很大的差异，从而很容易导致信息接收者曲解沟通信息的原意。

（3）信息量太大。信息接收者因接收太多的信息而没有时间和精力去处理，这就会出现信息接收者对某些信息拖延处理或草率处理，或者对信息进行过滤而遗漏重要信息等现象，导致信息沟通的低效率。

（4）没有及时反馈。信息接收者如果没有及时对一些含糊不清的信息和重要的信息进行反馈，仅仅凭自己的猜测和推断，可能导致对信息的误解。

3. 信息沟通渠道存在的障碍

（1）信息沟通传递不畅通。例如，下级员工的意见和建议无法传递到上级领导，上级领导的计划、命令等也无法有效地传达到下级员工，从而使组织运行效率下降。

（2）信息沟通渠道太长、环节太多。如果信息沟通渠道长、环节多，信息在组织中传递必然要经过层层过滤，这极易导致沟通信息的失真和不完整。

（3）信息沟通网络不合理。不同的信息沟通网络具有不同的特点，当一个组织的信息沟通网络设置不合理，如命令不统一、信息传递渠道不明确等也会导致沟通效果的下降。

4. 信息沟通环境的影响

（1）组织气氛。良好的组织气氛有利于沟通双方解除顾虑、坦诚相待，及时消除沟通中存在的各种疑问，从而提高信息沟通的效果。

（2）噪声。在沟通过程中，现实存在的噪声可能会在沟通过程的各个环节中产生干扰，造成信息丢失或被曲解。

（3）地理因素。例如，分布在世界各地的大型跨国公司，由于其各部门相距较远，虽然有电话、文件等信息沟通方式，但缺乏面对面的沟通，也会影响沟通的效果。

除了上述存在于信息沟通过程中的障碍外，还有其他许多影响有效沟通的障碍。例如，在沟通过程中，人们往往特别注意他们所关心的信息，却忽略了其他相关信息等。

六、有效沟通的实现

从上述的沟通障碍看，只要采取适当的行动方式将这些沟通障碍有效消除，就能实现管理的有效沟通。因而，无论是对组织中沟通还是组织间沟通，有效沟通的实现取决于对沟通技能的开发和改进。克服沟通中的障碍一般有以下准则：

（1）明了沟通的重要性，正确对待沟通。管理人员十分重视计划、组织、领导和控制，但对沟通常有疏忽，认为信息的上传下达有了组织系统就可以了，对非正式沟通中的"小道消息"常常采取压制的态度。这表明企业管理层没有从根本上对沟通给予足够的重视。

（2）培养"听"的艺术。对管理人员来说，"听"不是件容易的事。要较好地"听"也就是要积极倾听。

（3）缩短信息传递链，拓宽沟通渠道，保证信息的畅通无阻和完整性。如减少组织机构重叠，在利用正式沟通的同时，开辟高层管理人员至基层管理人员的非正式的沟通渠道，以便于信息的传递。

（4）创造一个相互信任、有利于沟通的小环境。企业经理人员不仅要获得下属的信任而且要得到上级和同僚们的信任。他们必须明白，信任不是人为的或从天上掉下来的，而是诚心诚意争取来的。

（5）加强平行沟通，促进横向交流。通常，企业内部的沟通以与命令链相符的垂直沟通居多，部门间、车间间、工作小组间的横向交流较少。而平行沟通却能加强横向的合作，这一方式对组织间沟通尤为奏效。

（6）建立特别委员会，定期加强上下级的沟通。特别委员会由管理人员和第一线的工人组成，定期相互讨论各种问题。

（7）非管理工作组。当企业发生重大问题、引起上下关注时，管理人员可以授命组成非管理工作组。该工作组有一部分管理人员和一部分职工自愿参加，利用一定的时间，调查企业的问题，并向最高主管部门汇报。最高管理层也要定期公布他们的报告，就某些重大问题或热点问题在全企业范围内进行沟通。

七、冲突

1. 冲突的原因

冲突是指由于某种差异而引起的抵触、争执或争斗的对立状态。人与人之间由于利益、观念、掌握信息或对事件的理解不同而存在差异，有差异就有可能引起冲突。冲突的形式可以从最温和、最微妙的抵触到最激烈的罢工、骚乱和战争。

冲突产生的原因大体上可以归纳为三类：

（1）沟通差异。由于文化和历史背景不同、语义困难、误解及沟通过程中的噪声的干扰，造成人们之间意见不一致，产生沟通不良。沟通不良是冲突形成的重要原因，但不是主要原因。

（2）结构差异。观察管理中经常发生的冲突，绝大多数是由组织结构的差异引起的。由于分工造成组织结构中垂直方向和水平方向各系统、各层次、各部门、各单位、各不同岗位的分化，组织越庞大、越复杂，组织分化越细密，组织整合就越困难。由于信息不对称和利益不一致，人们在计划目标、实施方法、绩效评估、资源分配、劳动报酬、奖惩等许多问题上都会产生不同看法，这种差异是由组织结构本身造成的。

（3）个体差异。每个人的社会背景、教育程度、阅历、修养，塑造了每个人各不相同的性格、价值观和作风。人们之间这种个体差异造成的合作和沟通的困难往往也容易导致某些冲突的发生。

2. 冲突的管理

由于沟通差异、结构差异和个体差异的客观存在，冲突也就不可避免地存在于一切组织中。因而，管理冲突是十分必要的。冲突管理实际上包括两个方面：一是管理者要设法消除冲突产生的负面效应。这是因为，这些冲突阻碍了组织实现目标，属于功能失调的冲突，它们对组织具有破坏性作用。二是要求管理者激发冲突，利用和扩大冲突对组织产生的正面效应，因为这些冲突支持组织的目标，属于建设性的、功能正常的冲突。

优秀的管理者一般按下列方式管理冲突：

（1）谨慎地选择想处理的冲突。管理者可能面临许多冲突。其中，有些冲突非常琐碎，不值得花很多时间去处理；有些冲突虽然很重要，但不是自己力所能及的，不宜插手；有些冲突难度很大，要花很多时间和精力，未必有好的回报，不要轻易介入。管理者应当选择那些员工关心、影响面大，对推进工作、打开局面、增强凝聚力、建设组织文化有意义、有价值的事件，亲自抓，一抓到底。对冲突事必躬亲的管理者并不是真正的优秀管理者。

（2）仔细研究冲突双方的代表人物。是哪些人卷入了冲突？冲突双方的观点是什么？差异在哪里？双方真正感兴趣的是什么？代表人物的人格特点、价值观、经历和资源因素如何？

（3）深入了解冲突的根源。不仅了解公开的表层的冲突原因，还要深入了解深层的、没有说出来的原因。冲突可能是多种原因交叉作用的结果，如果是这样，还要进一步分析各种原因作用的强度。

（4）妥善地选择处理办法。通常的处理办法有五种：回避、迁就、强制、妥协、合作。当冲突无关紧要时，或当冲突双方情绪极为激动、需要时间恢复平静时，可采用回避策略；当维持和谐关系十分重要时，可采用迁就策略；当必须对重大事件或紧急事件进行迅速处理时，可采用强制策略，用行政命令方式牺牲某一方利益处理后，再慢慢做安抚工作；当冲突双方势均力敌、争执不下需要采取权宜之计时，只好双方都做出一些让步，实现妥协；当事件十分重大，双方不可能妥协，就经过开诚布公的谈判，采用对双方均有利的合作，或双赢的解决方式。

本 章 小 结

领导是指一个人对其他人施加影响，鼓励、激励并指导他们的活动朝着有利于团体或组织目标实现方向发展的过程。领导者可以利用五种权力：法定权力、奖励权力、强制权力、专家权力和个人影响力。

领导特质理论描述了对有效领导者有贡献的个人特征，即进取心、领导意愿、诚实与正直、自信、智慧、工作相关知识。然而拥有这些特质并不能保证成为领导，因为其中忽略了情境因素。领导行为理论描述了大多数领导者所具有的两种行为——关心人和关心生产。领导权变理论考虑了领导环境的复杂性与决定管理者是否有效的处境的作用。转换型领导常常会使组织获益，女性和男性管理者在领导风格上不同。

激励在管理活动中起着重要的作用。任何组织都是由人创建、由人管理的，组织内的一切物流、资金流、信息流都是由人来运作的，因此人是决定组织成败的最关键因素。激励又分为内容型的激励理论和过程型的激励理论。

沟通是人们进行的思想或情况交流，以此取得彼此的了解、信任及良好的人际关系。组织成员的分工合作及行为协调有赖于相互之间传递信息，并了解这些信息表达的意思。组织成员间若没有这种相互间的信息沟通，不但不能进行协调与合作，还会给组织运行造成障碍，甚至导致组织的失败。

 **案例导读分析总结**

　　通过案例导读中的例子我们可以看出，罗琼在管理中根据不同的情况和环境变化不同的管理方式。罗琼在上任的第一周就与管理团队的每一位成员共进晚餐和午餐，目的是让每一个人都理解公司目前的处境。这时她所采用的领导风格是民主式的，她希望通过了解和沟通让员工能够更加理解公司的处境。同时在领导的过程中罗琼尽力的帮助每个人实现梦想，这时她的领导风格是参与式的民主领导，上下级间彼此平等信任，下属参与管理，有问题互相协商讨论，共同制定目标。外出会议期间，罗琼继续与员工们一对一地促膝谈心，此时她的目的是建设团队，号召大家为当前出现的危机献计献策，这个时候罗琼的领导风格是团队式管理的风格，领导者对工作和人的关心都有高标准的要求，认为员工利益与组织目标是相容的。这是一种团结协作的最有效的领导方式，工作任务完成好，员工关系协调，士气旺盛，每个人都能在实现组织目标的过程中发现自己的成就感。到最后执行计划和任务的时候，罗琼的领导风格又转换为独裁式的领导风格，从而能够有效保证任务的完成。正是因为罗琼领导风格的不断变化，她的领导才会在较短的时间内卓有成效。

复习与思考题

　　（1）什么是领导？领导与管理的区别有哪些？
　　（2）影响领导行为的权变因素有哪些？
　　（3）领导生命周期理论按照工作行为和关系行为的组合形成了哪些领导方式以对应不同的下属成熟度？
　　（4）说明激励的过程和动因。
　　（5）结合人性假设理论，你认为我国现阶段员工更倾向于哪一种类型？管理者如何去管理？
　　（6）奖金是激励因素还是保健因素？从这个角度看，利用奖金激励时应注意什么？
　　（7）试比较几种员工激励理论。
　　（8）什么是沟通？沟通的主要环节有哪些？
　　（9）试论人际沟通对组织的重要作用。
　　（10）非正式沟通渠道存在究竟好不好？在什么时候好？在什么时候不好？
　　（11）沟通的障碍有哪些？如何进行有效沟通？

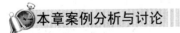 **本章案例分析与讨论**

黄工程师为什么要走？

　　助理工程师黄大佑是一个名牌大学的高材生，毕业后已工作 8 年，于 4 年前应聘调到一家大厂工程部负责技术工作。他工作勤恳负责，技术力强，很快就成为厂里有口皆碑的"四大金刚"之一。他的名字仅排在厂技术部主管陈工程师之后，然而工资却同仓管人员不相上下，一家三口尚住在来时住的那间平房。对此，他心中时常有些不平。

贾厂长是一个有名的识才老厂长，孙中山先生的名言"人能尽其才，物能尽其用，货能畅其流"，在各种公开场合不知被他引述了多少遍，实际上他也是这样做的。4年前，黄大佑来报到时，厂门口用红纸写的"热烈欢迎黄大佑工程师到我厂工作"几个颜体大字，是贾厂长亲自吩咐人事部主任落实的，并且交代要把"助理工程师"的"助理"两字去掉。这确实使黄大佑当时很风光，工作很卖力。

两年前，厂里有指标申报工程师，黄大佑属有条件申报之列，但名额却被一个没有文凭、工作表现平平的老同志拿走了。他想问一下厂长，谁知，他未去找厂长，厂长却先来找他了："黄工，你年轻，机会有的是。"从去年起，他就想反映一下工资问题，但是几次想开口，都没有勇气讲出来。因为厂长不仅在生产会上大夸他的成绩，而且，有几次外地人来取经，贾厂长当着客人的面赞扬他："黄工是我们厂的技术骨干，是一个有创新的……"哪怕厂长再忙，路上相见时，总会拍拍他的肩膀说两句，诸如"黄工，干得不错"，"黄工，你很有前途"等。这的确让黄大佑兴奋，"贾厂长确实是一个伯乐"。此言不假，前段时间，他还把一项开发新产品的重任交给他呢，大胆起用年轻人，然而……

最近，厂里新建好了一批职工宿舍，听说数量比较多，黄大佑决心要反映一下住房问题，谁知这次贾厂长又先找他，还是像以前一样，笑着拍拍他的肩膀："黄工，厂里有意培养你入党，我当你的介绍人。"他又不好开口了，结果家没有搬成。

深夜，黄大佑对着一张报纸招聘栏出神。第二天一早，贾厂长办公台面上压着一张小纸条，内容如下：

贾厂长：

您是一个懂得使用人才的好领导，我十分敬佩您，但我决定走了。

黄大佑 于深夜

资料来源：陈嘉莉，等. 管理学原理与实务. 北京：北京大学出版社，中国农业大学出版社，2008.

讨论题

（1）根据马斯洛的理论，住房、评职称、提高工资和入党对于黄工来说分别属于什么需要？

（2）根据公平理论，黄工程师的工资和仓管人员的不相上下，是否合理？

（3）根据有关激励理论分析，为什么贾厂长最终没能留住黄工程师？

第六章 控 制

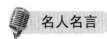 **名人名言**

信任固然好，监控更重要。

——列宁

本章要点

（1）控制工作的广义和狭义的含义。
（2）控制的类型。
（3）控制工作的一般过程及控制系统的构成要素。
（4）控制工作在预算、审计及质量管理等领域的应用。

案例导读

在某大型电子零件批发公司的一家连锁商店里，刚出任经理的比尔正被一些事弄得心烦意乱。店里有两位售货员，每天上午轮流去隔壁的自助餐厅喝咖啡、吃甜馅饼。因为少了一个售货员，顾客们在店里等候服务已经司空见惯。更令人头痛的是，这家零售商店的营业额一直达不到公司的平均水平。当比尔对售货员们谈及这两件事时，他们不屑一顾地答道："你看看公司付给我们多少工资？你还能要求什么？"

比尔对他们回应道："在我们讨论工资的事并且谈出点眉目来之前，有一件要紧的事，就是要你们明确知道我对你们的工作有什么要求。让我们来确定三件事：第一，在安排好的上班时间内，谁也不可以离开商店。当然，在你们的午餐时间里，你们爱干什么都行。第二，如果这家商店还要营业，不搬到别处去的话，我们每天的平均销售额应该是1000美元。总公司的记录表明，每位顾客大约购买5美元的货，那就是说，一天要接待200位顾客。我们是两位售货员当班，平均一下，我要求你们每人每天接待100位顾客。第三，就是你们怎样来接待顾客，我希望你们做到一丝不苟，礼貌周到。他们想了解什么，你们要有问必答。这三件事你们清楚了吗？如果是这样的话，让我们来瞧一瞧你们的工资袋，看看出了什么毛病，想一想根据我们对这项工作提出的要求,应该干点什么事来跟那工资袋相称。你们考虑考虑。"

通过以上案例我们可以发现这家连锁店的管理控制出了问题，究竟是什么问题？我们需要首先了解什么是控制，如何进行控制。

资料来源：张英奎，孙军. 现代管理. 北京：清华大学出版社，2008.

第一节 控 制 工 作 概 述

一、控制工作的含义

1. 控制的含义

组织在开展生产经营活动中，由于受外部环境和内部条件变化的影响，无论计划制订得如何周密，实际执行结果与预期目标不完全一致的情况是时常发生的。正如斯蒂芬·罗宾斯所说："尽管计划可以制订出来，组织结构可以调整得非常有效，员工的积极性也可以调动起来，但是这仍然不能保证所有行动按计划执行，不能保证管理者追求的目标一定能达到"。所以对管理者来讲，重要的问题不是工作有无偏差，或者是否可能出现偏差，而在于能否及时发现已出现的偏差或预见到潜在的偏差，采取措施予以预防和纠正，以确保组织的各项活动能够正常进行，组织预定的目标能够顺利实现。

控制是管理工作过程中一项不可缺少的职能。所谓控制，是指为实现组织目标，以计划为标准，由管理者对被管理者的行为、活动进行的检查、监督、调整等管理活动。控制工作一直都被管理学家们认为是最重要的管理职能，不可能被其他职能取代。在现代管理活动中，控制工作既是一次管理循环的终点，是保证计划得以实现和组织按既定的路线发展的管理职能，又是新一轮管理循环的起点。

控制与计划既互相区别，又紧密相连。计划为控制工作提供标准，没有计划，控制也就没有依据。但如果只编制计划，不对其执行情况进行控制，计划目标就很难得到圆满实现。

计划和控制工作构成了一个问题的两个方面。它们之间的关系不仅仅表现为计划为控制提供标准，控制为计划实现提供保证，而且还表现在以下三个方面。

（1）有些计划本身就已经具有控制的作用，如政策、程序和规则等，它们在规定人们的行为准则的同时，也在制约着人们的行为。至于计划的重要组成部分——预算和工作进度表等，本身就是一些有效的控制工具。

（2）有效的控制系统的设计和控制方法的选择，必须考虑计划的要求，如何控制、控制到什么程度等。计划本身越明确、全面和完整，控制系统的设计和控制方法的选择依据就越充分。

（3）广义的控制职能实际上包含了对计划的修订。计划在执行过程中产生偏差，其原因除了执行过程本身的问题外，还有可能是当初制订计划时对内部条件或外部环境的估计有误，造成目标设定不当；或是计划执行过程中的内外部环境条件发生了重大变化，导致目标脱离现实。如果出现上述问题，就需要重新制订计划，确定新的目标和控制标准。从这个意义上说，控制不仅是实现计划的保证，而且可以积极地影响计划。

2. 控制的必要性

控制是管理过程中不可分割的一部分，是一种非常重要的管理职能。作为一种管理职能，控制职能是指针对组织内部的管理活动及其效果进行衡量和校正，以确保组织的目标和为此而拟定的计划得以实现。任何一个组织每时每刻都要面对环境的变化、管理权力的分散及组织成员工作能力的差异，所以管理控制工作是十分必要的。

控制的必要性可以从两方面来进行分析：

（1）控制职能作为管理的基本职能之一，在管理职能体系（由计划、组织、领导与控制等构成）中有着自己独有的功能。如前所述，计划职能预测未来，决策目标，拟订方案，属决策性职能；组织职能设置部门，划分职权，配备人员，落实任务，属执行性职能；控制职能可以发现、纠正工作中的偏差，保证计划的正常执行（此时的控制工作就起了执行和完成计划的保障作用，以及在管理控制中产生新的计划、新的目标和新的控制标准的作用），属保障性职能。控制使管理过程形成一个封闭回路，它既结束了一个管理过程，又启动了下一个管理过程。

（2）控制职能与计划、组织等职能有着密不可分的联系，针对计划和战略而言，一定的控制是十分必要的。因为一旦管理者制订了计划和战略，就必须保证计划得到执行。换言之，确保其他人正在做需要做的事而不是其他不适当的事。如果计划没有被很好地执行，管理者就必须采取措施对问题进行修正，或对计划进行修订，否则计划便失去了其存在的意义和价值了。这种管理者所采取的措施，就是控制职能。

显然，计划是未来的框架，它提供了控制的基础；控制系统反过来调节资源的利用和配置，从而有利于计划的执行。同时，要进行有效的控制，还必须有组织保证，必须要配备合适的人员，必须给予正确的指导和领导。因此，控制工作存在于整个管理活动过程，其必要性是非常明显的。

二、控制工作的基本原则

控制工作发挥其有效作用需要遵循以下几条基本原则。

1. 重点性原则

控制的过程可以说是发现和纠正偏差的过程。在控制过程中不仅要注意偏差，而且要注意出现偏差的具体事项。我们不可能控制工作中所有的事项，而只能针对关键的事项，且仅当这些事项的偏差超过了一定限度，足以影响目标的实现时才予以控制纠正。事实证明，要想完全控制工作或活动的全过程几乎是不可能的，因此应抓住活动过程中的关键和重点进行局部的和重点的控制，这就是所谓的重点原则。

控制作为一种管理职能，它为组织目标服务。良好的控制必须有明确的目的，不能为控制而控制。无论什么性质的工作往往都有多个目标，但总有一两个是最关键的，管理者要在这众多目标中，选择出关键的、反映工作本质和需要控制的目标加以控制。

2. 未来导向性原则

未来导向性原则，是指控制工作应当着眼未来，而不是只有当出现了偏差才进行控制。由于在整个控制系统中存在着时滞，所以一个控制系统越是以前馈而不是以简单的信息反馈为基础，则管理人员越是能够有效地预防偏差或及时地采取措施纠正偏差。也就是说，控制应该是前向的，这才合乎理想。实际上这条原则往往被忽视，主要原因是现有的管理工作水平不太容易实现前馈控制方法，管理人员一般仍依赖历史数据。但时滞问题促使我们要投入更大的精力来从事面向未来的控制，这是一件很有意义的事情。

3. 灵活性原则

任何控制对象和控制的过程都是受到众多未来因素的影响的，而对未来因素变化的预测总会存在着一定的不准确性，因此所控制的对象和过程也不可能完全按照所设计的控制目标发展。控制的灵活性原则就是要求制订多种应付变化的方案和留有一定的后备力量，并采用多种灵活的控制方式和方法来达到控制的目的。控制应保证在发生某些未能预测到的事件的情况下，如环境突变、计划疏忽、计划失败等情况下，控制仍然有效，因此要有弹性和替代方案。

4. 经济性原则

控制是一项需要投入大量的人力、物力、财力等各种资源的活动，耗费之大正是今天许多应予以控制的问题没有得以控制的重要原因，因此在进行控制时必须坚持经济性原则。一是要求实行有选择的控制，全面周详的控制不仅是不必要的也是不可能的，要正确而精心地选择控制点，太多会不经济，太少会失去控制。二是要求努力降低控制的耗费而提高控制效果，改进控制方法和手段，以最少的资源投入取得理想的控制效果。

5. 组织适宜性原则

控制必须反映组织结构的类型。组织结构既然是对组织内各个成员担任什么职务的一种规定，它也就成为明确执行计划和纠正偏差职责的依据。因此，组织适宜性原则可表述为：若一个组织结构的设计越是明确、完整和完善，所设计的控制系统越是符合组织机构中的职责和职务的要求，就越有助于纠正脱离计划的偏差。例如，如果产品成本不按制造部门的组织机构分别进行核算和审计，如果每个车间主任都不知道该部门产出的成品或半成品的目标成本，那么他们就既不可能知道实际成本是否合理，也不可能对成本负责任。这种情况下是谈不上成本控制的。

组织适宜性原则的另一层含义是，控制系统必须切合每个主管人员的特点。也就是说，在设计控制系统时，不仅要考虑具体的职务要求，还应考虑到担当该项职务的主管人员的个性。在设计控制信息的格式时，这一点特别重要。送给每位主管人员的信息所采用的形式，必须分别设计。例如，送给上层主管人员的信息要经过筛选，要特别表示出与设计的偏差、与去年同期相比的结果及重要的例外情况。

三、控制工作的类型

按照不同的分类标准可以把控制职能分为不同的类型。

1. 按控制点的位置及控制信息的性质分类

按控制点的位置及控制信息的性质分类，可以把控制分为反馈控制（事后控制）、即时控制（事中控制）和前馈控制（事前控制又称事先控制）三种类型。

（1）反馈控制。反馈控制也称成果控制或事后控制，是在工作结束之后进行的控制。这种控制把注意力主要集中于工作结果上，通过对工作成果进行测量比较和分析，采取措施，进而矫正今后的行动。也就是根据过去的情况来指导现在和将来，即从组织活动进行过程中的信息反馈中发现偏差通过分析原因，采取相应措施纠正偏差，如图6-1所示。

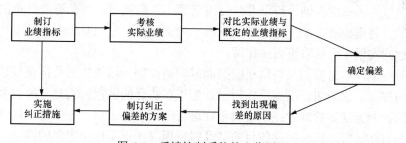

图 6-1　反馈控制系统的工作原理

这类控制主要是分析工作过程的输出结果，将它与控制标准相比较，发现已经发生或即将出现的偏差，分析其原因和对未来的可能影响，及时拟定纠正措施并予以实施，以防止偏差继续发展或防止其今后再度发生。

由此可见，反馈控制是一个不断提高的过程。它的工作重点是把注意力集中在历史结果上，并将它作为未来行为的基础。

这类控制方法的特点是主管人员根据输出的结果与标准比较的信息进行控制。例如进行产品质量控制，往往是预先制定出产品的质量标准，再统计所生产出的产品检验结果，与标准进行比较，然后采取相应的行动。统计结果是计划执行过程的反馈信息，它属于延时信息，因为获得的统计结果是通过计划执行一段时间后经过收集、分析和整理，耗费一定时间后才能得到的信息，通过统计结果与预先制定的标准比较，才能发现产品生产过程中有无偏差产生，如出现偏差才能进一步采取纠正和控制措施。所以，反馈控制是根据计划执行的结果来进行控制的，而结果通常包含两种可能——一是达到或超过预期目标；另一是未达到目标。例如上面所说的产品质量控制，如果依据对产品检验的结果发现很多产品质量不合格，那么在采取新的纠正或控制措施之前，生产出的不合格产品已经给企业造成了损失。所以反馈控制实际是一种"亡羊补牢"式的控制方法，其作用仅在于避免已发生的偏差继续发展或今后再度发生。反馈控制是历史最悠久的控制类型，传统的控制方法几乎都属于此类。如企业对生产出来的成品进行质量检查、学校对学生的违纪处理等，都属于反馈控制。

显然，反馈控制并不是一种最好的控制方法，但目前它仍被广泛地使用，因为在管理工作中主管人员所能得到的信息，大量的是需要经过一段时间后才能得到的延时信息。在控制中为减少反馈控制带来的损失，应该尽量缩短获得反馈信息的时间，以弥补反馈控制方法的这种缺点，使造成的损失减少到最低程度。

我们看到，随着科学技术的发展，尤其是自动控制技术的发展和电子计算机的广泛运用，使一些传统控制方法如反馈控制，得到了很大的改进，使得到的反馈信息在时滞上几乎可以做到忽略不计的程度。例如医院对一些重症患者使用自动监护系统，一旦监护对象病情出现变化，监护系统立即显示出变化的情况，并能自动调节给药量或启动氧气机及时采取治疗措施。至于目前许多企业所运用的计算机集成制造系统（CIMS）、物料需求计划（MRP）系统、企业资源计划（ERP）系统等，不仅使得控制达到一个新的水平，而且还能够使得整个组织的管理水平得到很大的提高。

反馈控制既可用来控制系统的最终成果，例如产量、销售收入、利润、利润率等，也可用来控制系统的中间结果，例如新产品样机、生产计划、生产过程、工序质量、在制品库存量等。前者称为端部反馈，后者称为局部反馈。局部反馈对于改善管理控制系统的功能起着重要作用。通过各种局部反馈，可以及时发现问题，排除隐患，避免造成严重的后果。例如工序质量控制、月度检查、季度检查等，就属于局部反馈。它们对于保证最终产品的质量和保证年度计划的实现无疑起着重要的作用。

（2）即时控制。即时控制又叫做事中控制或同期控制，这类控制是指在某项活动或工作过程中进行的控制，它的纠正措施是作用于计划正在执行的过程。它是一种主要为基层主管人员所采用的控制方法。管理者在现场对正在进行的活动给予指导与监督，以保证按规定的政策、程序和方法进行。即时控制的目的是及时发现并纠正工作中出现的偏差。例如生产过程中的进度控制、每日情况统计报表、学生的家庭作业和期中考试等，都属于事中控制。它包括的内容有：

1）向下级指示恰当的工作方法和工作过程。

2）监督下级的工作以保证计划目标的实现。

3）发现不符合标准的偏差时，立即采取纠正措施。

在计划的实施过程中，大量的管理控制，尤其是基层的管理控制都属于这种类型。即时控制是控制的基础。一个主管人员的管理水平和领导能力，常常会通过这种工作表现出来。

在即时控制中，主管人员借助组织机构所授予的职权，使用经济的和非经济的手段来影响其下属。控制活动的标准来自计划所确定的活动目标和政策、规范和制度。控制的重点是正在进行的计划实施过程。控制的有效性取决于主管人员的个人素质、个人作风、指导的表达方式以及下属对这些指导的理解程度，其中，主管人员的"言传身教"具有很大的作用。例如，工人的操作发生错误时，工段长有责任向其指出并做出正确的示范动作帮助其改正。

在进行即时控制时，要注意避免单凭主观意志进行工作。主管人员必须加强自身的学习和提高，亲临第一线进行认真仔细的观察和监督，以标准为依据，服从组织原则，遵从正式的指挥关系，统一指挥，逐级实施控制。

（3）前馈控制。正如我们前面所介绍的反馈控制的缺点是，只有当输出量偏离目标时，纠正作用才能开始产生。特别是对于系统最终成果的反馈控制，由于系统存在时延，所以待偏差出现之后，再采取纠正措施，在许多情况下，可能造成的损失已是既成事实，无法挽回了。主管人员更需要这样的控制系统——能够在还来得及采取纠正措施时就告诉主管人员信息，使他们知道如再不采取措施就会出问题了。"防患于未然"不仅是对计划的要求，也是对控制的要求。

所谓前馈控制，又称事前控制或事先控制，是指一个组织在一项活动正式开始之前所进行的控制活动。事前控制主要是对活动最终产出和对资源投入的控制，其重点是防止组织所使用的资源在质和量上生产偏差。因此事前控制的基本目的是：保证某项活动有明确的绩效目标，保证各种资源要素的合理投放，如各种计划、市场调查、原材料的检查验收、组织招工考核、入学考试等，都属于前馈控制。这类控制就是观察那些作用于系统的各种可以测量的输入量和主要扰动量，分析它们对系统输出的影响关系，在这些可测量的输入量和主要扰动量的不利影响产生以前，通过及时采取纠正措施，来消除它们的不利影响。工程中广泛地利用前馈控制，将其与反馈控制结合在一起，构成复合控制系统，以改善控制的效果。如图6-2 所示就是一个前馈控制系统的工作原理图。

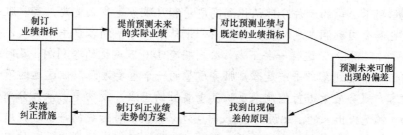

图 6-2　前馈控制系统的工作原理

有些学者认为，在某种意义上，前馈控制系统就是一个"反馈控制系统"，因为二者的工作原理如出一辙，都是通过纠正业绩上存在的偏差来确保实现组织目标的，只不过前馈控制系统是以"预测的偏差"作为控制依据的；而反馈控制系统是以"实际产生的偏差"作为控制依据的。前馈控制可以大大改善控制系统的性能，但是要切实实施前馈控制，一般应满足以下几个必要条件：

1）必须对计划和控制系统做出透彻的、仔细的分析，确定关键的输入变量；

2）建立前馈控制系统的结构模式；

3）要注意保持该模式的动态特性，也就是说，应当经常检查模式以了解所确定的输入变量及其相互关系是否仍然反映实际情况；

4）必须定期地收集输入变量的数据，并把它们输入控制系统；

5）必须定期地估计实际输入的数据与计划输入的数据之间的偏差，并评价其对预期的最终成果的影响；

6）必须有措施保证。前馈控制的作用同任何其他的计划和控制方法一样，其所能完成的工作就是向人们指出问题，显然还要采取措施来解决这些问题。

实行前馈控制的优越性在于可以使主管人员及时得到信息以便采取措施，也能使他们知道如果不采取措施就会出现问题。它克服了反馈控制中由于时滞所带来的缺陷。

2. 按照控制的重要性和影响程度分类

按照控制的重要性和影响程度可以把控制类型分为战略控制、管理控制和任务控制。

（1）任务控制也称运营控制，主要是针对基层生产作业和其他业务活动进行的。其控制的主要任务是确保按质、按量、按期和按成本完成工作任务，因此以反馈控制为主。

（2）管理控制是一种财务控制，即利用财务数据来观测企业的经营活动状况，以此考评各责任中心的工作实绩，控制其经营行为。管理控制通称为责任预算控制。

（3）战略控制是对战略计划实现程度的控制。战略控制中不仅要进行反馈控制，更常需要进行前馈控制。也就是说，在战略控制过程中常常可能引起战略计划重大修改或重新制订。因为这个缘故，人们倾向于将战略的计划与控制系统笼统地称作战略计划系统，而将任务的计划与控制系统称作是任务控制系统。同理，在较低层次的管理控制中以反馈为手段的常规控制占主要地位，随着组织层次的提高和管理责任的加重，前馈控制的成分就越来越大。

🔍 **管理实践资料链接十二**

美国某信用卡公司的服务质量控制

美国某信用卡公司的卡片分部认识到高质量客户服务是多么重要。客户服务不仅影响公司信誉，也和公司利润息息相关。比如，一张信用卡每早到客户手中一天，公司可获得33美分的额外销售收入，这样一年下来，公司将有140万美元的净利润，及时地将新办理的和更换的信用卡送到客户手中是客户服务质量的一个重要方面，但这远远不够。

决定对客户服务质量进行控制来反映其重要性的想法，最初是由卡片分部的一个地区副总裁凯西·帕克提出来的。她说，"一段时间以来，我们对传统的评价客户服务的方法不大满意。向管理部门提交的报告有偏差，因为它们很少包括有问题但没有抱怨的客户，或那些只是勉强满意公司服务的客户。"她相信，真正衡量客户服务的标准必须基于和反映持卡人的见解。这就意味着要对公司控制程序进行彻底检查。第一项工作就是确定用户对公司的期望。对抱怨信件的分析指出了客户服务的三个重要特点：及时性、准确性和反应灵敏性。持卡者希望准时收到账单、快速处理地址变动、采取行动解决抱怨。

了解了客户期望，公司质量保证人员开始建立控制客户服务质量的标准。所建立的180多个标准反映了诸如申请处理、信用卡发行、账单查询反应及账户服务费代理等服务项目的可接受的服务质量。这些标准都基于用户所期望的服务的及时性、准确性和反应灵敏性上。同时也考虑了其他一些因素。

除了客户见解，服务质量标准还反映了公司竞争性、能力和一些经济因素。比如：一些标准因竞争引入，一些标准受组织现行处理能力影响，另一些标准反映了经济上的能力。考虑了每一个因素后，适当的标准就成型了，所以开始实施控制服务质量的计划。

计划实施效果很好，比如处理信用卡申请的时间由 35 天降到 15 天，更换信用卡从 15 天降到 2 天，回答用户查询时间从 16 天降到 10 天。这些改进给公司带来的潜在利润是巨大的。例如，办理新卡和更换旧卡节省的时间会给公司带来 1750 万美元的额外收入。另外，如果用户能及时收到信用卡，他们就不会使用竞争者的卡片了。

该质量控制计划潜在的收入和利润对公司还有其他的益处，该计划使整个公司都注重客户期望。各部门都以自己的客户服务记录为骄傲。而且每个雇员都对改进客户服务做出了贡献，使员工士气大增。每个雇员在为客户服务时，都认为自己是公司的一部分，是公司的代表。

信用卡部客户服务质量控制计划的成功，使公司其他部门纷纷效仿。无疑，它对该公司的贡献将是非常巨大的。

资料来源：http://baike.baidu.com/百度百科.

第二节 控 制 的 过 程

一、控制工作的基本过程

控制工作作为管理工作中相对独立的一个环节，它也是由若干活动步骤组成的。管理工作中的控制过程一般可分为如下三个步骤：确定控制标准；衡量实际绩效；分析偏差采取纠正措施。控制过程如图 6-3 所示。

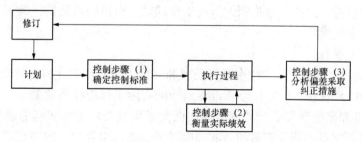

图 6-3 控制过程

1. 确定控制标准

控制标准的确定对计划工作和控制工作实际起着承上启下的作用。计划是控制的依据，但各种计划的详尽程度是各不一样的。有些计划已经制订了具体的、可考核的目标或指标，这些指标就可以直接作为控制的标准。但大多数的计划是相对比较抽象、概括的，这时需要将计划目标转换为更具体的、可测量和考核的标准，以便于对所要求的行为结果加以测评。企业控制工作涵盖的范围很广泛，因此，为实行控制而制订的标准也就有多种层次和多个方面。从最基层的工作任务控制角度来说，常用的控制标准有四类：一是时间标准，如工时、交货期等；二是数量标准，如产品产量、废品数量等；三是质量标准，如产品等级、合格率、次品率等；四是成本标准，如单位产品成本、期间费用等。

2. 衡量实际绩效

这个步骤是指把实际与标准进行比较，对工作作出客观评价以便从中发现偏差，并分析偏差产生的原因。当然，按照标准衡量实际成效，最理想的是在偏差尚未出现之前就有所察觉，并采取措施加以避免。富有经验的管理者一般是这样的。但是，光凭管理者的经验是远远不够的，必须凭借切实可行的控制标准和测定手段，才能客观评价实际的或预期的执行情况。一般而言，工作情况的测定方式主要有三种：一是管理者定期分析固定信息反馈形式，如统计报表、业务报表；二是管理者听取执行者的口头或书面汇报；三是管理者进行实地检查。

为了能够及时、准确地提供反映偏差的信息，同时又符合控制工作在其他方面的要求，管理者在衡量工作成绩的过程中应注意以下几个问题：

（1）通过衡量成绩，检验标准的客观性和有效性。衡量工作成效是以预定的标准为依据的，但利用预先制订的标准去检查各部门在各个阶段的工作，这本身也是对标准的客观性和有效性进行检验的过程。

检验标准的客观性和有效性，是要分析通过对标准执行情况的测量能否取得符合控制需要的信息。在为控制对象确定标准的时候，人们可能会因各种原因而考虑不周全。因此，利用既定的标准去检查人们的工作，有时并不能达到有效控制的目的。例如，衡量职工出勤率是否达到了正常水平，不足以评价劳动者的工作热情、劳动效率或劳动贡献；分析产品数量是否达到计划目标，不足以判定企业的盈利程度；计算销售人员给顾客打电话的次数和花费在推销上的时间，不足以判定销售人员的工作绩效等。在衡量过程中对标准本身进行检验，就是指出能够反映被控制对象的本质特征的最适宜的标准。要评价员工的工作热情，可以考核他们提供有关经营或技术改造合理化建议的次数；评价他们的工作效率，可以计量他们提供的产品数量和质量；分析企业的盈利程度，可以统计和分析企业的利润额及其与资金、成本或销售额的相对百分比；衡量推销人员的工作绩效，可以检查他们的销售额是否比上年或平均水平高出一定数量等。

衡量的方法主要有：

1）定性衡量和定量衡量。定性衡量是反映和评价工作的创造性和主动性等内容，而定量衡量较多的是反映和评价与管理控制标准相对应的实际工作成绩和效果。

2）连续衡量和间断衡量。连续衡量和间断衡量所反映的工作实绩的时域和状况是不同的，对控制效果影响也不同。衡量绩效的间隔时间需要定得合理，如果间隔太短，会增加控制费用，但间隔太长，会使问题发现太迟，从而造成不必要的损失。

3）执行过程中衡量和执行后衡量。这主要取决于采用哪一种控制方式，但无论执行过程中还是执行后衡量，都要切实做好组织活动的日常统计记录、现场观测和技术测定工作，以便掌握真实可靠的被控量实际值，便于对工作绩效作出及时、正确的评价。

（2）确定适宜的衡量频度。要进行有效的控制，就要避免出现控制过多或控制不足的现象。这里的"过多"或"不足"，不仅体现在控制对象所需衡量的标准数目的选择上，而且表现在对同一标准的衡量次数或频度上。对影响某种结果的要素或活动过于频繁的衡量，不仅会增加控制的费用，而且可能会引起有关人员的不满，从而影响他们的工作态度；而检查和衡量的次数过少，则可能使许多重大的偏差不能及时被发现，从而不能及时采取措施。

以什么样的频度，在什么时候对某种活动的绩效进行衡量，这取决于被控制活动的性质。

例如，对产品的质量控制常常需要以小时或以日为单位进行；而对新产品开发的控制则可能只需以月为单位进行即可。需要控制的对象可能发生重大变化的时间间隔是确定适宜的衡量频度所需考虑的主要因素。

管理人员经常在他们方便的时候，而不是在工作绩效仍"在控制中"（即可能因人们采取的措施而改变时）进行衡量。这种现象必须避免，因为这可能导致行动的迟误。

（3）建立信息反馈系统。负有控制责任的管理人员只有及时掌握了反映实际工作与预期工作绩效之间偏差的信息，才能迅速采取有效的纠正措施。然而，并不是所有的衡量绩效的工作都是由主管直接进行的，有时需要借助专职的检测人员。因此，应该建立有效的信息反馈网络，使反映实际工作情况的信息适时地传递给适当的管理人员，使之能与预定标准相比较，及时发现问题。这个网络还应能及时将偏差信息传递给与被控制活动有关的部门和个人，以使他们及时知道自己的工作状况、问题在哪里，以及需要怎样做才能更有效地完成工作。建立这样的信息反馈系统，不仅更有利于保证预订计划的实施，而且能防止基层工作人员把衡量和控制视作上级检查工作、进行惩罚的手段，从而避免产生抵触情绪。

3. 分析偏差采取纠正措施

解决问题首先需要找出产生差距的原因，然后再采取措施纠正偏差。所以，必须花大力气找出造成偏差的真正原因，而不能仅仅是头痛医头、脚痛医脚。对偏差原因作了彻底的分析后，管理者就要确定该采取什么样的纠偏行动。具体措施有两种：一种是立即执行的临时性应急措施，另一种是永久性的根治措施。对于那些迅速、直接地影响组织正常活动的急性问题，多数应立即采取补救措施。

纠正偏差是控制过程的最后一个步骤，也是最关键的一步。它之所以关键，就在于体现了执行控制职能的目的，同时，将控制工作与其他管理职能结合在一起。纠正偏差过程中要注意做好如下工作：

（1）确定偏差产生的原因。偏差的产生，可能是在执行任务过程中由于工作的失误而产生的，也可能是原有计划的不周所导致，必须对这两类不同性质的偏差作出及时而准确的判断，以便采取不同的纠正偏差行动。

（2）提高补救工作的效率。纠正偏差的活动，要经过发现差异、寻找原因、进行修正等几个环节。在这几个环节中，任何一个环节的延迟，都会拉长反馈和纠偏行动的时间，使很多补救措施成为"马后炮"。因此，除了加强预先控制以外，主要应采取现场控制的方式，以提高纠偏的效率。

（3）制订补救措施，采用适当的补救工具。补救措施也应有预见性。在制订标准的同时，就应针对易出问题的环节，制订出应急的补救措施。此外，还要设立赏罚制度作为补救的辅助工具。

（4）采取控制措施，达到预期目的。上述控制过程的三个基本步骤构成了一个完整的控制系统，三个步骤完成了一个控制周期。通过每一次循环，使偏差不断缩小，保证组织目标最有效的实现。

二、控制系统的构成要素

从控制过程的步骤分析中可以看出，有效的控制活动必须满足以下条件：

（1）具有明确的控制目的。控制工作的目的性，可以表现为使实际成绩与计划标准、目标相吻合，或者使计划标准、目标获得适时的调整。有效的控制系统不仅要能使执行偏差得到及时纠正，还应该能够促使管理者在现实情况发生较大变化时对原订目标或标准作出正确的修正和改变。

（2）具有及时、可靠、适用的信息。信息是控制的基础，只有掌握了有关执行偏差或环境变化的足够信息，管理者才有可能作出有针对性的决策来。

（3）具有行之有效的行动措施。管理者应能够通过落实所拟定的措施方案，使执行中的偏差得到尽快矫正，或者形成新的控制标准和目标。

总之，控制系统是由控制的标准和目标、偏差或变化的信息，以及纠正偏差或调整标准和目标的行动措施三部分要素构成的。这三个构成要素共同决定了控制系统的效率和效能，因此，它们也就是有效控制的基本条件。

第三节　控制工作的方法和领域

针对控制对象的不同，控制的方法可以有很多种划分，这里主要介绍预算控制、审计控制、会计控制及质量控制几种主要的方法。

一、预算控制

预算是政府部门和企业使用最广泛的控制手段。预算就是用数字编制一定时期的计划，也就是用财务数字（如在投资预算和财务预算中）或非财务数字（如在生产预算中）来表明预期的结果。例如，政府部门通过金额来反映政府财政收支计划，企业通过金额和数量反映企业的各项计划。

一个组织可以有整个组织的预算，也可建立部门、单位及个人的预算。从预算的时间说，虽然也可能有月度和季度的预算，但一般来说，财务上的预算多为一年期。另外，虽然预算一般都是用货币单位表示，如收入、支出和投资预算等，但有时也有用产品单位或时间单位来表示，如直接工时或产量等方面的预算。

预算控制是通过编制预算，然后以编制的预算为基础，来执行和控制企业经营的各项活动，并比较预算与实际的差异，分析差异的原因，然后对差异进行处理。预算的编制与控制过程是密切联系的。通过编制预算，可以明确组织及其各部门的目标，协调各部门的工作，评定各个部门的工作业绩，控制企业日常的经营活动。

1. 预算的种类及全面预算体系

（1）预算的种类一般划分为业务预算、财务预算和专门预算三大类。各类预算还可以进一步细分，不同行业其具体内容有所差别。下面以制造业为例描述各种预算的内容。

1）业务预算。业务预算是指企业日常发生的各项具有实质性活动的预算，它主要包括销售预算、生产预算、直接材料采购预算、直接人工预算、制造费用预算、单位生产成本预算、销售及管理费用预算等。

销售预算是编制全面预算的基础。企业首先应根据市场预测和企业生产能力的情况，确定销售目标，编制年度及季度、月份的销售数量、销售单价、销售金额及销售货款收入情况。

生产预算是根据销售预算所确定的销售数量，按产品名称、数量分别编制生产预算。生产预算必须考虑合理的存货量。存货量＝预计生产量－预计销售量＋预计期末库存量－预计期初库存量。生产预算编制好后，为了保证均衡生产，一般还必须编制生产进度日程表，以便控制生产进度。

直接材料采购预算是根据生产预算所确定的生产量，以及各种产品所消耗材料的品种、数量、单价，根据生产进度确定材料采购数量及现金支付情况。

直接人工预算是根据生产所需的工时，确定各种工种总工时和工资率及直接人工成本。

制造费用预算是根据销售量和生产量水平确定各种费用总额，包括制造部门的间接人工、间接材料、维修费及厂房折旧费等。

单位生产成本预算是根据直接材料、直接人工及制造费用预算确定单位产品生产成本。

销售及管理费用预算是根据销售预算情况及各种费用项目确定销售及行政管理人员薪水、保险费、折旧费、办公费及交际应酬费等。

2) 财务预算。财务预算是企业在计划期内反映现金收支、经营成果及财务状况的预算，它主要包括现金预算、预计损益表、预计资产负债表、预计财务状况变动表。

现金预算是反映计划期内现金收入、现金支出、现金余额及融资情况，通过现金预算反映计划内企业现金流动的情况，控制现金的收支，做到合理理财。

损益表是根据现金预算而编制的，反映了企业在一定期间内的经营成果。企业可通过损益表了解自身的盈利能力。

资产负债表反映企业的资产、负债及收益情况，反映企业财务状况及偿债能力。

财务状况变动表是根据前面的预算编制的，用于反映企业在计划期内资金来源和资本运用及其变化的情况及企业理财的情况。

3) 专门预算。专门预算是指企业不经常发生的、一次性的预算，如资本支出预算、专项拨款预算。

（2）全面预算体系。全面预算是企业全部计划的数字说明，它包括业务预算、财务预算和专门预算，各种预算相互联系，构成全面预算体系。

2. 编制预算的方法

以上介绍的预算一般是以预测的销售量为基础，在一定业务量水平下编制的预算，称为静态预算。但是，企业的环境不断变化，使得企业所预测的销售量比实际的销售量可能更高或更低，原编制的预算就无法使用。针对这种情况，可用下面的三种新方法。

（1）弹性预算。弹性预算就是在编制费用预算时，考虑到计划期业务量可能发生的变动，编制一套能适应多种业务量的费用预算，以便分别反映各业务量所对应的费用水平。由于这种预算是随着业务量的变化作机动调整，本身具有弹性，故称为弹性预算。

编制弹性费用时，把所有的费用分为变动费用和固定费用两部分。固定费用在相关范围内不随业务量变动而变动，变动费用随业务量变动而变动。因此，在编制弹性预算时，只需要按业务量的变动调整费用总额即可，不需重新编制整个预算。

（2）滚动预算。滚动预算，或称永续预算，其特点是预算在其执行中自动延伸，当原预算中有一个季度的预算已经执行了，只剩下三个季度的预算数，就把下一个季度的预算补上，经常保持一年的预算期；或者是每完成一个月的预算，就再增加一个月的预算，使预算期永远保持 12 个月。

编制滚动预算的优点是根据预算的执行情况，调整下一个阶段的预算，使预算更加切合实际和可行，并且使预算期保持一年，使企业保持一个稳定的短期目标，以免等预算执行完再编制新的预算。

根据滚动预算的编制原理，企业可以把长远规划与短期目标结合起来，并根据短期目标的完成情况来调整长期规划，使企业的各项活动能够及时反馈，及时发现差异，及时处理。

（3）零基预算。零基预算是以零为基础编制的预算，其原理是对任何一个预算（计划）期，任何一种费用项目的开支，都不是从原有的基础出发，即根本不考虑各项目基期的费用开支情况，而是一切都以零为基础，从零开始考虑各费用项目的必要性及其预算的规模。

其具体做法主要是组织下属各部门结合计划期内的目标和任务，提出所需费用项目及具体方案、目的和费用数额；对每一项目方案进行成本—效益分析，对各个费用方案进行评价比较，确定轻重缓急，排出先后顺序；按照所确定的顺序，结合计划期间可动用的资金来源，分配资金，落实预算。

采用零基预算法，一切以零为起点，重新评价和计算，编制预算的工作量非常大。但零基预算考虑每项费用的效益，可以精打细算，减少不必要的开支，是事前控制的一种好办法。

二、审计控制

审计是对反映企业资金运动过程及其结果的会计记录及财务报表进行审核、鉴定，以判断其真实性和可靠性，从而为控制和决策提供依据。根据审查主体和内容的不同，可将审计划分为三种主要类型：①由外部审计机构的审计人员进行的外部审计；②由内部专职人员对企业财务控制系统进行全面评估的内部审计；③由外部或内部的审计人员对管理政策及其绩效进行评估的管理审计。

1. 外部审计

外部审计是由外部机构（如会计师事务所）选派的审计人员对企业财务报表及其反映的财务状况进行独立的评估。为了检查财务报表及其反映的资产与负债的账面情况与企业真实情况是否相符，外部审计人员需要抽查企业的基本财务记录，以验证其真实性和准确性，并分析这些记录是否符合公认的会计准则和记账程序。

外部审计实际上是对企业内部虚假、欺骗行为的一个重要而系统的检查，因此起着鼓励诚实的作用——由于知道外部审计不可避免地要进行，企业就会努力避免做那些在审计时可能会被发现的不光彩的事。

外部审计的优点是审计人员与管理当局不存在行政上的依附关系，不需看企业经理的眼色行事，只需对国家、社会和法律负责，因而可以保证审计的独立性和公正性。但是，由于外来的审计人员不了解内部的组织结构、生产流程和经营特点，在对具体业务的审计过程中可能产生困难。此外，处于被审计地位的内部组织成员可能产生抵触情绪，不愿积极配合，这也可能增加审计工作的难度。

2. 内部审计

如其名称所示，内部审计是由企业内部的机构或由财务部门的专职人员来独立地进行的。内部审计兼有许多外部审计的目的。它不仅要像外部审计那样核实财务报表的真实性和准确性，还要分析企业的财务结构是否合理；不仅要评估财务资源的利用效率，而且要检查和分析企业控制系统的有效性；不仅要检查目前的经营状况，而且要提供改进这种状况的建议。

内部审计是企业经营控制的一个重要手段，其作用主要表现在三个方面。

（1）内部审计提供了检查现有控制程序和方法能否有效地保证达成既定目标和执行既定政策的手段。例如，制造质量完善、性能全面的产品是企业孜孜以求的目标，这不仅要求利用先进的生产工艺、工人提供高质量的工作，而且对构成产品的基础——原材料提供了相应的质量要求。这样，内部审计人员在检查物资采购时，就不仅限于分析采购部门的账目是否齐全、准确，而且将力图测定材料质量是否达到要求。

（2）根据对现有控制系统有效性的检查，内部审计人员可以提供有关改进公司政策、工作程序和方法的对策建议，以促使公司政策符合实际、工作程序更加合理、作业方法被正确掌握，从而更有效地实现组织目标。

（3）内部审计有助于推行分权化管理。从表面上来看，内部审计，作为一种从财务角度评价各部门工作是否符合既定规则和程序的方法，加强了对下属的控制，似乎更倾向于集权化管理。但实际上，企业的控制系统越完善，控制手段越合理，越有利于分权化管理。因为主管们知道，许多重要的权力授予下属后，自己可以很方便地利用有效的控制系统和手段来检查下属对权力的运用状况，从而可能及时发现下属工作中的问题，并采取相应措施。内部审计不仅评估了企业财务记录是否健全、正确，而且为检查和改进现有控制系统的效能提供了一种重要的手段，因此有利于促进分权化管理的发展。

虽然内部审计为经营控制提供了大量的有用信息，但在使用中也存在不少局限性，主要表现在以下几点：

（1）内部审计可能需要很多的费用，特别是如果进行深入、详细的审计的话。

（2）内部审计不仅要搜集事实，而且需要解释事实，并指出事实与计划的偏差所在。要能很好地完成这些工作，而又不引起被审计部门的不满，需要对审计人员进行充分的技能训练。

（3）即使审计人员具有必要的技能，仍然会有许多员工认为审计是一种"密探"或"查整性"的工作，从而在心理上产生抵触情绪。如果审计过程中不能进行有效的信息和思想沟通，那么可能会对组织活动带来负激励效应。

3. 管理审计

外部审计主要核对企业财务记录的可靠性和真实性；内部审计在此基础上对企业政策、工作程序与计划的遵循程度进行测定，并提出必要的改进企业控制系统的对策建议；管理审计的对象和范围则更广，它是一种对企业所有管理工作及其绩效进行全面系统地评价和鉴定的方法。管理审计虽然也可组织内部的有关部门进行，但为了保证某些敏感领域得到客观的评价，企业通常聘请外部的专家来进行。

管理审计的方法是利用公开记录的信息，从反映企业管理绩效及其影响因素的若干方面将企业与同行业其他企业或其他行业的著名企业进行比较，以判断企业经营与管理的健康程度。

反映企业管理绩效及其影响因素主要有以下几个方面：

（1）经济功能。检查企业产品或服务对公众的价值，分析企业对社会和国民经济的贡献。

（2）企业组织结构。分析企业组织结构是否能有效地达成企业经营目标。

（3）收入合理性。根据盈利的数量和质量（指盈利在一定时期内的持续性和稳定性）来判断企业盈利状况。

（4）研究与开发。评价企业研究与发展部门的工作是否为企业的未来发展进行了必要的新技术和新产品的准备，管理当局对这项工作的态度如何。

（5）财务政策。评价企业的财务结构是否健全合理，企业是否有效地运用财务政策和控制来达到短期和长期目标。

（6）生产效率。保证在适当的时候提供符合质量要求的必要数量的产品，这对于维持企业的竞争能力是相当重要的。因此，要对企业生产制造系统在数量和质量的保证程度及资源利用的有效性等方面进行评估。

（7）销售能力。销售能力影响企业产品能否在市场上顺利实现。这方面的评估包括企业商业信誉，代销网点、服务系统及销售人员的工作技能和工作态度。

（8）对管理当局的评估，即对企业的主要管理人员的知识、能力、勤劳、正直、诚实等素质进行分析和评价。

管理审计在实践中遇到了许多批评，其中比较重要的意见是认为这种审计过多地评价组织过去的努力和结果，而不是根据销售量和生产量水平确定各种费用总额，包括制造部门的间接人工、间接材料、维修费及厂房折旧费等；管理审计致力于预测和指导未来的工作，以至于有些企业在获得了极好评价的管理审计后不久就遇到了严重的财政困难。

尽管如此，管理审计不是在一两个容易测量的活动领域进行了比较，而是对整个组织的管理绩效进行了评价，因此可以为指导企业在未来改进管理系统的结构、工作程序和结果提供有益的建议。

三、会计控制

会计控制是管理控制中的一个综合性控制方法，具有从价值角度进行综合性管理的特点。它同组织中的各个部门、各项活动都有着紧密的联系，并渗透到组织活动的全过程。

会计控制主要包括控制的目标、主要内容和主要措施等三个方面。

（1）确定控制目标和主要内容。在一个组织中，会计控制的主要目标和内容是资金的控制，主要包括：

1）资金收支计划。主要是按年、季、月编制货币资金收支计划，规定收支项目和收支总额，作为组织资金平衡和调度的依据。

2）收入控制。主要是保证所有收入的资金来源清楚、数额无误、账账相符、账物相符、及时入账。

3）支出控制。资金的支出必须有合法的凭证，有严密的授权，有完备的签字批准和支付手续。

4）库存数控制。定期或不定期地进行盘点核对，对库存资金要指定专人盘点核对。

（2）采取适当的控制措施。

1）建立控制机构。要根据组织的具体情况设置必要的管理机构，使会计记录和资料合法、完整和准确。

2）明确的职责分工。组织中的各级管理者，只能按照所授予的权限和规定的标准办事。既不能超越权限，也不能推卸责任。采取这些措施后，可以在组织的各类经济业务发生时就加以控制。

3）实行内部牵制制度。内部牵制制度是在资金、凭证的转移传递过程中，建立牵制手续，防止错误和弊端的发生，保证资金的安全和凭证的正确传递。

4）建立会计稽核制度。会计稽核的目的，是通过对财务成本计划和财务收支的审查，以及对会计凭证和账表的复核，及时发现会计中存在的问题，以便及时采取纠正措施。

5）业务处理程序制度化。这项控制措施是把企业中与财务及会计有关的重要业务，按照会计核算和控制的要求，规定标准的处理程序，以防止财产物资的浪费和损失，使组织内部各部门之间在处理各项经济业务时，都有条不紊，协调配合，相互制约，提高效率。

四、质量控制

约瑟夫·朱兰博士说："20 世纪是生产率的世纪，21 世纪是质量的世纪，质量是和平占领市场最有效的武器"。质量是企业的生命，质量控制历来是各个企业管理控制的重要手段。质量控制经历了事后检验、统计抽样检验、全面质量管理等阶段。

事后检验是在产品已经完成后作终端检查，只能防止不合格品出厂，对已经造成的损失已无法挽回，而且还可能有"漏网之鱼"，对一些需要作破坏性检验的产品更是束手无策。

统计抽样检验将质量控制的重点从生产过程的终端移到生产过程的每道工序，通过随机抽样检验，将其数据用统计分析方法制作各种"控制图"，由此来分析判断各道工序的工作质量，从而防止了大批不合格产品的产生，减少了大量损失。但是其质量控制的重点仍然停留在具体的产品生产过程上。

全面质量管理（TQC）是由美国管理专家戴明首先提出，却在日本开花结果，从而风靡全世界。全面质量管理的特点就在"全面"上，所谓"全面"有以下四方面的含义。

（1）全面质量的管理。所谓全面质量就是指产品质量、过程质量和工作质量。全面质量管理不同于以前质量管理的一个特征，就是其工作对象是全面质量，而不仅仅局限于产品质量。全面质量管理认为应从抓好产品质量的保证人手，用优质的工作质量来保证产品质量，这样能有效地改善影响产品质量的因素，达到事半功倍的效果。

（2）全过程质量的管理。所谓的全过程是相对制造过程而言的，就是要求把质量管理活动贯穿于产品质量产生、形成和实现的全过程，全面落实预防为主的方针，逐步形成一个包括市场调研、开发设计直至销售服务全过程所有环节的质量保证体系，把不合格品消灭在质量形成过程之中，做到防患于未然。

（3）全员参加的质量管理。产品质量的优劣，取决于企业全体人员的工作质量水平，提高产品质量必须依靠企业全体人员的努力。企业中任何人的工作都会在一定范围和一定程度上影响产品的质量。显然，过去那种依靠少数人进行质量管理是很不得力的。因此，全面质量管理要求不论是哪个部门的人员，也不论是厂长还是普通职工，都要具备质量意识，都要承担具体的质量职能，积极关心产品质量。

（4）全面科学的质量管理方法。TQC 使用的方法是全面科学的，它以统计分析方法为基础，综合应用各种质量管理方法。全面质量管理提出了"一切为了顾客，一切以预防为主，一切凭数据说话，一切按计划—执行—检查—处理循环（即 PDCA 循环）办事"。这里尤其值得一提的是，它说的"顾客"，不仅仅是产品或服务的购买者，还包括"公共顾客"，即与企业有关的周边环境、社会公众、企业的各类中间商还有生产过程中的下道工序等。PDCA循环也称戴明环，整个质量管理体系按照其顺序循环运行，大环套小环，一环扣一环。"一切凭数据说话"即使用老质量管理七种工具（即统计分析表、排列图、因果图、直方图、控制图、散布图等方法）和新质量管理七种工具（即关连图法、K 线法、系统图法、矩阵图法、矩阵数据解析法、PDPC 法、箭头图法）作为控制技术，进行数理统计分析，并由此了解质量状态。

从质量管理的发展进程可以看出，质量控制从事后检查产品或服务，转变为控制工作质量，即从间接控制发展为直接控制，变事后控制为事先控制及现场控制。控制重点越来越靠前，控制方法越来越科学，控制范围越来越全面，而且形成了完整系统的质量保证体系，即包括实施质量管理所需的组织结构、程序、过程和资源。

随着科学技术的进步和社会生产力的发展，产品品种越来越繁多，越来越多的使用者无法判断产品的质量和性能。另外，国际贸易迅速发展，采购方要求得到质量保证的渴望也越来越强烈，所以，质量控制不仅仅是每个组织内部要求进行，而且延伸到组织外部，大家都希望在质量管理方面有共同的语言、统一的认识和共同的规范。与此同时，由于质量管理的发展，特别是全面质量管理的广泛应用，世界各国都积累了丰富的经验。因此，国际标准化组织在全面分析、研究和总结的基础上，制定发布了 ISO 9000 系列标准，它一产生就得到世界各国的认同和采用。

本 章 小 结

本章介绍了管理中有关控制职能的具体内容，分别从控制的含义、控制过程、控制的类型、预算控制、审计控制、会计控制、质量控制，以及管理信息系统等多个方面对控制工作的重要性和必要性加以论述。通过对控制职能的多方面论述，使读者可以更清楚地认识到处于管理职能的控制环节是至关重要的，它既是管理中计划职能得以落实和实现的必要手段，又是随时动态调整管理中其他职能综合和合理运用的关键路径。

案例导读分析总结

通过案例导读中的例子我们可以看出，该连锁店顾客服务和营业收入都未能达到预期水平，员工却在抱怨公司付给他们的工资太少了。连锁店的管理工作到底哪一方面出了问题呢？有效的控制需要预先订立并让当事人明确所要求他们的绩效标准是什么，可是这间电子零件批发商店的前任经理却一直没有做到这一点。比尔接任后对员工说的三件事，使员工认识到了自己行为的差距，从而为其工作绩效的改善奠定了基础。没有标准，控制工作就很难取得理想的效果。对于一个有效的控制过程必须要有合理明确的目标，也就是控制的标准。同时在日常的管理工作中，管理者需要不断考察实际的工作绩效，然后用实际的情况同原始的标准相对比，发现差距，并且提出纠正偏差的措施。

复习与思考题

（1）简述控制的含义。为什么要进行控制？
（2）简述什么是前馈控制什么是反馈控制。
（3）简述控制的一般过程及控制系统的构成要素。
（4）简述控制工作的应用领域。

本章案例分析与讨论

格雷格厂长的目标与控制

格雷格担任这家工厂的厂长已一年多时间了。他刚看了工厂有关今年实现目标情况的统计资料。厂里各方面工作的进展是出于意料之外的，他为此而气得说不出一句话来。记得他任厂长后第一件事是亲自制定工厂一系列工作的计划目标。具体地说，他要解决工厂的浪费问题，要解决职工超时工作的问题，要减少废料的运输费用问题。他具体规定：在一年内要把购买原材料的费用降低10%～15%；把用于支付工人超时的费用从原来的11万美元减少到6万美元，要把废料运输费用降低3%。他把这些具体目标告诉了下属有关方面的负责人。

然而，他刚看过的年终统计资料却大出他的意料。原材料的浪费比去年更严重，原材料的浪费率竟占总额的16%；职工超时费用亦只降到9万美元，远没达到原定的目标。运输费用也根本没有降低。

他把这些情况告诉负责生产的副厂长，并严肃批评了这位副厂长。而副厂长则争辩说："我曾对工人强调过要注意减少浪费的问题，我原以为工人也会按我的要求去做的。"人事部门的负责人也附和着说："我已经为削减超时的费用作了最大的努力。只对那些必须支付的款项才支付。"而负责运输方面的负责人则说："我对未能把运输费用减下来并不感到意外，我已经想尽了一切办法。我预测，明年的运输费用可能要上升3%～4%。"

在分别与有关方面的负责人交谈之后，格雷格又把他们召集起来布置新的要求，他说："生产部门一定要把原材料的费用降低10%，人事部门一定要把职工超时费用降到7万元；即使是运输费用要提高，但也决不能超过今年的标准。这就是我们明年的目标。我到明年再看你们的结果！"

资料来源：黄艳芳，宋克勤. 管理学教程案例集. 上海：上海财经大学出版社，2001.

讨论题

（1）格雷格厂长采用的控制方法属于哪种类型？有哪些管理控制工作做得不恰当？为什么？

（2）你认为这个厂明年的目标能实现吗？为什么？

（3）就这家工厂目前的状况而言，应该怎样健全控制系统？

第七章　管理理论的新发展

 名人名言

不创新，就灭亡。

——亨利·福特

本章要点

（1）管理创新的背景、特征、内容及基本过程。
（2）人本管理的含义、特征及内容。
（3）流程再造的定义、特性及过程。

案例导读

通用电气公司的管理创新

前美国通用电气公司的前领袖杰克·韦尔奇于 1960 年进入通用电气公司担任工程师，2001 年退休，曾被《财富》杂志封为"20 世纪最佳经理人"和"全美最严厉的老板"。

从接手主持通用电气的那一刻起，韦尔奇就认为这是一个官僚作风很严重的地方，控制和监督在管理工作中的比例太高了，他决定让主管们改变他们的管理风格。韦尔奇为通用电气公司创立了一种 21 世纪公司仿效的、现代的管理新模式：积极引入提高质量计划，把发放优先认股权作为奖励措施的核心内容。正是这种模式促使通用电气公司得到了迅猛发展，在他离开公司之后，仍然产生重大影响，促进公司发展。

韦尔奇把一系列义不容辞的公司事件变成了各种有意义的领导手段。这些事件使得他有机会制订或突然改变公司的议事日程。对公司的战略和在公司十几个部门担任职务的人提出问题并加以考验，在所有人面前露面并发表咄咄逼人的意见。

韦尔奇还比大多数人更懂得"突然"一词的价值。他每周都会突然视察工厂和办公室；匆匆安排与他低好几级的经理共进午餐；无数次向公司突然关掉传真机的员工发出手写的告示，不时展示他醒目而又整洁的手写体便条。

韦尔奇为了实施"六西格玛计划"而进行大量投资，包括训练几万名员工掌握充满着各种数据的、严格的技术，训练所谓的"黑带主管"、"黑带选手"和"绿带选手"。这项提高质量的新计划在提高生产率和利润方面取得了惊人的成功。

韦尔奇认为，必须充分了解属下，以便信任他们，相信他们的判断。韦尔奇凭外貌就能叫出公司上层至少 1000 人的名字，知道他们负什么责任。

通用公司优先认股权原来只留给那些公司中最资深的官员，而韦尔奇创造性地大大扩大了其发放范围。占公司雇用专业人员约 1/3 的人（约 0.7 万人）获得了这种认股权，其中包括 800 多名高级经理以下的员工。

资料来源:安世民. 管理学案例与习题集. 北京:北京交通大学出版社,2008.

新的世纪管理面对更加复杂的外部环境有了更多的理论发展,创新管理、人本管理、知识管理都成为新的探讨话题。结合上述案例我们需要思考促使通用电气公司迅猛发展的管理新模式的核心是什么?韦尔奇在通用公司的管理创新又有哪些新内容?而所有的新理论新发展又会给未来的管理带来怎样的改变将是我们通过学习和实践不断摸索的。管理的载体是组织,而众多的组织中,企业是最具代表性的,以下我们仍以企业为例进行探讨。

第一节 管 理 创 新

一、管理创新思想的产生

1. 熊彼特的管理创新思想

创新作为学术概念和理论体系是由美籍奥地利学者约瑟夫·熊彼特于 1911 年在其《经济发展理论——对于利润、资本、信贷、利息和经济周期的考察》一书中最早提出来的。该书首次使用了 Innovation 一词,旨在用创新理论来解释经济周期和经济增长问题。按照熊彼特的观点,所谓"创新"就是建立一种"新的生产函数",也就是企业家把一种关于"生产要素和生产条件"的"新组合"引入生产体系,通过市场获取潜在利润的活动和过程。其所说的创新包括以下五个方面:①引入一种新产品;②采用一种新工艺;③开辟一个新市场;④采用新原材料或半成品的一种新的供应来源;⑤引入一种新组织管理方法。

熊彼特所指创新概念的五个方面,虽然本意是要说明它们在经济发展中的功效,但实质上是含有了创造全新的资源配置方式的内在含义。事实上,如果从创新角度来考察经济发展过程的话,整个经济的发展过程无非是不断的技术创新和观念更新,导致新的资源配置方式不断产生,导致资源配置效率提高,从而逼近帕累托最优的过程。同样,从这个意义上看,熊彼特的经济发展理论,其实是在论述新的资源配置方式对经济发展的推动作用。然而,管理就是资源有效配置的活动,这样,熊彼特的创新理论涉及管理创新的内涵。熊彼特之后涉及管理创新的人士和学派,首推科斯等新制度经济学派。

2. 科斯及其追随者的意见

罗纳德·科斯认为市场交易是有成本的,这一成本就叫交易费用,企业组织的产生和存在是为了节约市场交易费用,即用费用较低的企业内交易替代费用较高的市场交易。也就是说,科斯用"交易费用"的概念解释了企业作为市场机制的一种替代的必然。威廉姆森进一步发展了科斯的思想与观点,他认为企业或公司的形成与发展,是追求节约交易费用目的和效用的组织创新的结果。在威廉姆森的理论里,组织创新可以节约交易费用,而组织创新的原动力又在于追求交易费用的节约。

组织创新实际是管理创新的一部分,从形式上看,组织是一群人为了实现一定的目的,按照一定的规则组成的一个团体或一个实体。当欲达成的目标发生变化、或既定目标未能达成时,组织就需要变动或革新。由于管理本身是有效配置资源以实现组织既定目标,管理又是组织内的管理,也可以管理组织本身。这样,组织形式的变革与创新,自然是管理创新的一部分。另外,如果从动态角度来理解组织的话,组织是将组织内拥有的各种资源,按照科学规则与目标要求进行的有序结合或安置。显然,这样的活动是管理活动中的一类,是有效配置资源必需的活动。如果从这种角度来理解组织创新的话，那么此时的组织创新则是资源结合和有序安置方式的一种创造与发展，当然也属于管理创新的概念。根据上述两个方面的理解，我们可以看到，新制度经济学派的经典作家们虽然未能直接讨论管理创新问题，但他们在回答企业组织的产生与发展原因时，所提出的组织创新概念本身已经涉及了管理创新这一命题。

3. 管理创新的概念

从现有的文献来看，芮明杰于 1994 年所著的《超越一流的智慧——现代企业管理的创新》一书中最早提出管理创新概念。首先，管理创新并不是组织创新在企业经营层次上的辐射，恰恰相反，组织创新不过是管理创新的一个部分。因为静态的组织只是帮助资源进行有效配置的形式，动态的组织是将资源进行结合和安置，这些功能都是管理的功能。其次，企业引入新的管理方式方法可以推动资源实现更有效的配置，然而这并不是唯一的。因此管理创新绝不仅仅就是组织引入新的更有效的管理方式方法，应该还包含其他内容。例如，组织形式的变革就可以帮助资源实现更有效的配置。再次，把降低交易费用作为管理创新的目标是不妥的，因为资源的有效配置是在一定的交易费用和生产成本基础上达成更多的符合社会需求的基础上进行。因此，管理创新的目标如果仅仅是为了降低交易费用，那么管理创新自然就是想出新的方式方法来降低交易费用，这就排斥了一些新的有效降低生产成本的方式方法，排斥了一些提高经济效益、增加产出的有效的新的方式方法。

依据芮明杰的观点，我们认为管理创新是指创造一种新的、更有效的资源整合范式，这种范式既可以是新的有效整合资源以达到组织目标和责任的全过程管理，也可以是新的具体资源整合及目标制订等方面的细节管理。这样一个概念至少可以包括下列五种情况：

（1）提出一种新发展思路并加以有效实施。新发展思路如果是可行的，这便是管理方面的一种创新。但这种新发展思路并非对一个组织而言是新的，而是对所有的组织来说都是新的。

（2）创设一个新的组织机构并使之有效运转。组织机构是组织内管理活动及其他活动有序化的支撑体系。创设一个新的组织是一种创新，但如果不能有效运转则成为空想，不是实实在在的创新。

（3）提出一个新的管理方式方法。一个新的管理方式方法能提高生产效率，或使人际关系协调，或能更好地激励组织成员等，这些都将有助于组织资源的有效整合以实现组织既定目标和责任。

（4）设计一种新的管理模式。所谓管理模式，是指组织综合性的管理范式，是组织总体资源有效配置实施的范式。这么一个范式如果对所有组织的综合管理而言是新的，则自然是一种创新。

（5）进行一项制度的创新。管理制度是对组织资源整合行为的规范，既是对组织行为的规范，也是对员工行为的规范。制度的变革会给组织行为带来变化，进而有助于资源的有效整合，使组织更上一层楼。因此，制度创新也是管理创新之一。

二、管理创新的特征

管理创新具有创新的一般特征，又具有本身的特点，综合起来，管理创新具有以下主要特征。

1. 管理创新的系统性

根据管理的系统原理，任何组织的管理系统都是由人、财、物、时间、信息等要素组成的。要有效地实现组织的目标，必须整合组织的各种资源，实现系统的整体优化。管理创新贯穿组织管理活动的整个过程，目的是创造一种更有效的资源整合范式，因此，管理创新是一个系统工程。在管理创新过程中，不仅要注意局部的管理方式、方法的创新，更要注重局部与局部、局部与全局的整体配合与协调。管理创新正是为了实现组织系统的整体优化，使之发挥整体功能。

2. 管理创新的有效性

管理创新是为了使管理取得预期的效率和效益，这是毫无疑问的。管理创新的有效性就是指使组织资源使用的效率和效益得到明显改进和提高。企业效率的提高可在众多指标上得到印证，如资金周转速度加快、资源消耗系数减少、劳动生产率提高等。但效率并不等于效益，实现效益的条件和手段是效率，企业获得经济效益才是企业管理创新应该达到的目的。

管理创新一方面要提高经济效益，另一方面要注重社会效益；不仅要顾及眼前效益，而且要考虑长远效益。要实现企业的持续发展，如果管理创新仅仅是提高经济效益，不关心或损害全社会的利益，那是不可取的。同样，进行生产组织优化和管理方法创新，能提高当前效益；如果不进行观念创新和模式创新，就不能获得长远效益。总之，提高企业的核心竞争力是管理创新的首要任务。

3. 管理创新的风险性

管理创新追求高效益是管理创新的价值取向，同时，影响管理创新的因素诸多，过程和结果的不确定性很强，因此管理创新存在明显的风险性。主要体现在以下三个方面：

（1）管理创新内容的复杂性。管理创新涉及组织生产力和处理生产关系的双重内容，必然涉及技术创新和制度创新两大领域，包括管理思想、体制、模式、方法和手段等多方面的创新，这种复杂性就意味着创新的成效难以把握。

（2）管理创新投入回报的不确定性。管理创新中需要培训人员、制定制度、建立或调整组织机构和配备人员，都需大量投入。这些投入能否在创新后得到补偿，受到来自市场、社会、政治、文化等多种因素的影响，其影响范围和程度往往是不确定的，其价值补偿也是不确定的。

（3）管理创新效果难以度量。管理创新是管理者用脑力或体力的支出，通过人的行为而产生的效果，这样产生的效果存在间接性和模糊性。管理创新产生效果有一个过程，不是立竿见影的，因此其效果带有滞后性。管理创新效果的间接性、模糊性和滞后性预示着风险性。

4. 管理创新的破坏性

组织创新可能会使企业现有的资源、能力和知识难以满足市场的需要，或使企业能力和知识失去作用。企业对生产要素的重新组合没有带来产出的质和量的增长，反而导致下降，使企业的能力和资源遭到损失等。所以，管理创新有时会带来破坏效应。"创造性破坏"可重构竞争优势，创造出一个新的产业，或者是毁掉一个现有的产业。因此要尽力避免这种破坏性或有效利用这种破坏性。

5. 管理创新的动态性

现代社会组织是一个不断与外界环境进行物质、能量、信息交换的开放系统。这种有输入和输出的管理系统是动态的，管理的创新活动也必然是动态的。管理系统的内外环境变化使得管理创新只能在这种变化中进行。在给管理创新所下的定义中已明确指出管理创新的能动性创造的特点。因此，应把"不断创新"作为管理创新的重要原则。

三、管理创新的内容

管理创新，是企业永恒的话题。本书结合芮明杰等国内外学者在管理创新上的研究成果和我国管理创新的实践，认为管理创新的内容应包括管理观念创新、组织创新、管理方式方法创新、管理模式创新和管理制度创新五个方面。

1. 管理观念创新

管理创新的发展史表明，管理创新常常发源于某种创意和灵感，这种创意和灵感是管理创新最难得、也是最可贵的开端。要想获得管理创新的创意和灵感，首先应进行管理观念的变革，因为"观念是行为的先导，它驱动、支配并制约着行为"。组织、管理方式方法、管理模式和管理制度创新都会受到观念的支配和制约，观念不创新，其他任何创新都是不可实现的。因此，观念创新是各种创新的灵魂，是管理创新的先导。

所谓管理观念创新，是指能够更好地顺应环境变化且更有效地整合资源的新思想、新概念或新构想的创新活动。对企业管理而言，管理观念创新包括新的经营方针及经营战略、新的管理思想、新的经营管理策略、新的经营理念等。

管理观念创新是管理者遵循客观环境变化规律，主动应对环境的变化而产生的新的思想意识，它一般是能动的、超前的，绝对不可被动和落后。因此，要实现管理观念的创新，首先要做到以下三点：

（1）要勇于否定自我。要敢于放弃落后观念，突破旧的思维定式。根据组织环境的实际变化，善于学习和运用先进的管理思想和理论。

（2）要接受新事物、学习新知识。世界上新的、正在萌芽的东西，只要是促进社会发展的，都是值得关注和学习的新知识。通过学习新知识，促使新的观念形成。

（3）要敢想敢为，不要墨守成规；要积极探索，不要怕挫折和打击。新的观念往往是在与陈旧观念的抗争中诞生的。

2. 组织创新

现代企业是一个组织，组织机构是企业管理活动及其他活动有序化的支撑体系，它应是一个柔性的有学习能力的有机体。组织创新主要是指具体的人和物的组合方式通过组织机构、组织交易的方式、手段或程序的变化，重新配置资源，使组织资源发挥更大效益的创新活动。当环境变化与企业组织的既有形态发生冲撞时，组织创新就会产生。组织创新的经济效益相对于技术创新是隐性的，但它的作用是巨大的，它为实现经营思路创新提供了现实条件，也为管理模式、制度创新等创造了空间。组织创新最普遍的是组织机构基本形式创新。在组织创新理论方面，最著名的当数迈克尔·哈默、詹姆斯·钱皮的企业再造和彼德·圣吉的学习型组织。企业再造是根据信息社会的要求，彻底改变企业本质，它抛开了传统分工理论的包袱，将生产、销售、人事、财务、管理信息等部门的组织结构按自然跨部门的作业流程重新组建。而学习型组织是以信息和知识为基础的组织，五项修炼是这种组织的必备技能，这种组织实行目标管理，成员能够自我学习，自我发展和自我控制等。

3. 管理方式方法创新

管理方式可以解释为管理方法和管理形式的结合。就企业管理而言，在资源整合过程中所使用的工具、方式方法，直接影响企业资源的有效配置。管理方式方法创新可以是单一性的创新，如库存管理法、设备目标管理法、网络计划技术、ABC 管理法、5S 管理、物料需求计划（MRP）等；也可以是综合性的，如制造资源计划（MRPⅡ）、全面质量管理（TQC）、标准化生产方式（JIT）、计算机集成制造系统（CIMS）、企业资源计划（ERP）等。归纳以上两类形式的管理方式方法，创新应包括：①采用一种新的管理手段；②实行一种新的管理方式；③提出一种新的资源利用措施；④采用一种更有效的业务流程；⑤创设一种新的工作方式等。

从管理方式方法创新的历史可以发现，传统的管理方式的创新是以生产和机器为中心，侧重于理性分析和定量计算，其目的是谋求最高的生产效率。现代的管理方式创新是以市场和人为中心，侧重于管理过程的精密化和人性化，目的是实现企业对顾客需求的快速响应。

4. 管理模式创新

管理模式是指一整套相互联系的观念、制度和管理方式方法的整合体的总称，例如，在企业层次上产生的管理模式，如集成管理、危机管理、企业再造等；在企业内的某个领域形成的管理模式，如生产管理模式、财务管理模式、人事管理模式等。管理模式可以是国家级的宏观管理模式，也可以是某一领域的微观管理模式。不管是哪一种管理模式，都必须是观念、制度和管理方式方法有机结合的整体，并且具有综合性、可操作性和示范性。

管理模式创新就是创立一种新的管理模式，具体可以有以下几个方面：①企业管理综合性创新；②企业中某一管理领域中的综合性创新；③管理方法手段等综合性的创新；④综合性管理方式、方法的创新。

现代企业面临社会经济、科学技术、市场等复杂的环境及其变化，为适应这种状况，许多企业在长期的实践基础上，进行了成功的管理模式创新。这其中影响较大且有代表性的管理创新模式有集成管理、企业再造、知识管理、网络管理、柔性管理等。我国企业在管理模式创新中取得了不少积极的成果，如表 7-1 所示。

表 7-1   **我国企业的管理模式创新**

模式	所处行业	主 要 内 容
宝钢模式	钢铁行业	确定"集中指挥、统一经营、一贯负责、主要管理权集中在公司"的原则，建立"集中一贯"的公司体制，形成大型钢铁企业的现代组织管理体系
海尔模式	家电行业	以组织文化、精细化管理支撑市场战略等的全方位优化管理
嘉陵模式	军转民企业	以经营环境为依托，以经营目标为导向，以经营能力为保证，正确处理三者间辩证关系的综合性管理方法
上汽模式	汽车行业	按集约原则，形成与先进技术相适应的质量管理、风险生产、人才开发、信息管理等相融合并同步集约发展的经营模式
华为模式	通信行业	构建组织文化、善借外脑而迅速成长的模式
联想模式	高科技行业	以国有民营为经营机制，形成企业产品、组织、市场战略等不断创新的舰队管理模式

5. 管理制度创新

管理制度广义地说包括从产权制度到企业内部的管理制度（如人事制度、工资制度、财务制度、生产管理制度、厂规厂纪、领导制度）等各个方面。在这些制度中，有些如产权制度以及由此产生的公司法人治理结构并不是企业可以随便创造的，因为这些已有现成法律将其固定化。而其他内部制度则能加以发挥、发展和创新，不过这种创新首先应针对制度的共性即管理的基本规则方面，其次才是制度的特性方面即与企业自身特点相关的方面。管理制度的创新包括以下几方面：①各类企业管理制度的创新；②管理制度的效应评价；③管理制度的制订方式；④系统化管理制度的创新；⑤企业内部工作流程的设定与创新；⑥科学议事规则设定。

四、管理创新的基本条件

管理创新不是组织自发产生的随机现象，而是一种有目的、有计划的创造性实践活动，要使管理创新获得成功，必须具备一些基本条件。

1. 创新意识

创新意识与创新愿望紧密相连，只有具有强烈的创新愿望才能自觉地思考创新、主动地关注创新、积极地追求创新。没有创新愿望的企业和个人是不可能产生创新意识的，因此，创新愿望是产生创新意识的基础。

创新意识往往存在于远见卓识、敢于开拓的管理者身上，这样的管理者能够敏锐地觉察和判断组织环境的变化和组织管理发展趋势，在现实问题中找到关键突破点，并能分析问题产生的深层原因，结合本组织的特点，提出解决问题的有价值的创意。那些责任感差、目光短浅、概念技能弱和保守的管理者很难有创新意识，甚至阻碍和反对创新。经研究发现，管理者的创新意识与价值观、文化素质和业务水平有关。

2. 创新能力

要想将创新意识转化为创新成果，没有一定的创新能力是不可能的。创新能力直接影响管理创新的规模、程度和方向。创新的主体可以是个人，也可以是一个群体。作为创新主体的个人应具备的创新能力大致有以下几种：

（1）创新思维能力。创新思维能力是创新能力的核心。创新思维是指突破人们惯有的常规思维模式，以积极的探索精神来观察和分析事物，让思维在宽度、广度、深度的三维空间中驰骋，通过丰富的想象撞击出智慧的火花。创新思维是创新思维能力的来源。创新思维能力包括批判继承能力、标新立异能力、多维与超越能力、想象与联想能力、学习与借鉴能力等。

（2）应变能力。应变能力是创新能力的重要组成部分。应变能力是管理创新主体的一种"快速反应能力"，是创新主体创新能力的集中表现。应变能力包括在应变中产生的应变创意和应变策略的能力；审时度势，随机应变能力；在应变中辨明方向，持之以恒的能力；敏锐的洞察力也是不可或缺的。为提高应变能力，必须建立准确、可靠的信息反馈系统；正确判断环境变化的性质和程度；对可能发生的变化要未雨绸缪，果断处置。

（3）人际关系能力。人际关系能力是各层次管理者具备的重要能力。在管理创新过程中正确处理各种人际关系是取得创新成效的保障，因此管理者应该处理好与上级的关系，取得上级的理解、信任和支持；处理好与同级的关系，得到同级的积极参与和配合；处理好与下级的关系，让下级全力以赴完成创新分配的工作。

（4）转化能力。转化能力是一种将创意转化为可操作的具体工作方案的能力，包括综合能力、移植能力、改造能力、重组能力等。

3. 创新氛围

管理创新往往受到环境的重要影响。一般情况下，人的安全和求稳意识、雇佣意识和服从意识都比较普遍，创新的风险性和艰难程度往往让人退缩。要让人们的创新愿望得到表达和创新能力得到释放，首先必须有一个宽松的人际关系环境，同时还应该营造一种人人思创新、人人敢创新、人人为创新的良好氛围，只有这样才能使创新成为组织中的新气象。决策中的"头脑风暴法"的核心在于营造一种自由讨论、不定框框、不予批判、畅所欲言的良好氛围，让专家们能充分展示自己的创新见解和思想。

良好的创新氛围的形成，有赖于创新体制和机制的建立和不断完善，还有赖于管理者自身素质的提高，更有赖于正确的领导方法和作风的形成。只有创造良好的创新氛围，创新才能顺利开展。

4. 创新目标

目标是行动的指南。创新目标是创新活动所要达到的目的和结果。没有创新目标，创新活动是盲目的，难以取得创新成果。

创新目标是控制创新过程的重要依据，也是激励人们不断创新的主要手段。通过对创新目标的控制和考核，能够发现创新目标在制订和实施过程中存在的薄弱环节和问题，为调整目标和消除薄弱环节提供依据。不仅如此，目标的实现还能够给创新主体带来成就感，并会进一步激发创新主体的创新动机。

创新目标是衡量创新主体创新业绩的主要依据，通过对创新绩效的客观、公正的评价，有助于进行合理的分配和有效的激励，并促进创新机制的优化。

五、管理创新的基本过程

管理创新行为是在组织环境发生变化的情况下为实现组织的目标而产生的。管理创新行为模式是从创新愿望开始，在创新原则和条件的允许下，在创新目标的导向下，进行创意和方案的选择与形成，进一步采取创新行动，最后对创新成果进行总结和评价。根据这一行为模式，管理创新的基本过程是发现问题，抓住机遇，激发创新愿望；提出创新构想，产生创意；形成创新方案；初步实施创新方案；巩固和深化创新成果；创新的总结与评价。

1. 发现问题、抓住机遇、激发创新愿望

管理创新是针对组织管理和发展中存在的不协调的问题而采取的解决问题的创造性行为，如企业面临市场份额下降、战略偏差或实施不力、资源短缺、金融危机、管理不善等问题，或企业需要加快发展以适应社会大环境的要求时，管理创新的问题就摆在了管理者面前。管理者如果不能及时发现这些问题，作出敏捷的反应，并且抓住机遇，产生强烈的创新愿望，创新的行动就不可能发生。创新愿望的产生一般存在五种动力和三种阻力：

企业管理创新的五种动力：①人们生活水平的提高和买方市场的出现，由市场需求而产生的拉动力；②市场竞争的威胁所产生的压力；③企业对创新利润的追求所形成的内在驱动力；④科学技术的迅猛发展和科技与经济联系日益紧密带来的推动力；⑤政府采取鼓励创新的政策带来的激励力。

企业管理创新同时也存在三种阻力：①由于个人因循守旧的习惯、过分追求安全感、害怕经济收入下降、惧怕承担工作中的风险等原因而产生个体方面的阻力；②由于组织结构的惯性和群体的惯性，不愿打破旧秩序而抵制创新，部门的本位主义和管理者的官僚主义极大地阻碍了创新，这些都是来自组织方面的阻力；③物质、技术条件的不足，使管理创新缺少投入，也是一种重要的阻力。在管理创新中，要充分利用动力，努力克服阻力，才能激发创新愿望，产生创意，付诸行动，取得创新成果。

2. 提出创新构想，产生创意

通过发现问题，知晓管理的现实与理想之间的差距，激发了创新愿望。接下来要系统地分析组织在运行中出现问题的性质、范围、影响程度和产生的原因，并分析和预测这些问题的变化趋势，估计它们可能给组织带来的影响。在此基础上，利用环境给人们的机遇，采用头脑风暴法、德尔菲法、畅谈会法等，提出各种解决问题的创新构想并由此产生创意。

3. 形成创新方案

在创新条件的约束下和创新目标的指引下，对创意进行比较、筛选、综合及可行性分析，以建立创新的基准点，由此形成一个比较具体的、清晰的、切实可行的、能使管理工作走上新台阶的创新方案。

4. 初步实施创新方案

管理创新不能停留在创意和方案上，纸上谈兵是不能产生创新成果的，因此要迅速行动，把创新方案付诸实施。通过合理授权有关部门和个人，加快实施步伐，争取尽快见效，用以提高创新的可信度和成就感，增强组织成员对创新的信心。

5. 巩固和深化创新成果

初步实施创新方案后，要及时将获得的成效加以巩固；继续密切关注创新的进程，及时解决方案实施中存在的问题，给予有力的协调和控制；进一步扩大创新成果，防止倒退和虎头蛇尾；要不怕挫折和失败，坚持就是成功。

6. 创新的总结与评价

及时总结创新的经验和教训，客观、公正地评价创新成果是推进创新的有力措施。只有这样才能使管理者和组织成员得到激励，推动更高层次的创新；也只有这样才能向更大范围内推广创新成果，才能扩大管理创新的社会效益。

第二节　人　本　管　理

一、人本管理的基本界定

1. 人本管理的含义

人本管理是一系列以人为中心的管理理论和管理实践的总称，许多学者从各个不同的角度对人本管理作了介绍。

有的学者用"3P"理论概括西方的人本管理内涵，即 of the People（企业最重要的资源是人和人才）；by the People（企业是依靠人进行生产经营活动）；for the People（企业是为了满足人的需要而存在）。

有的学者将人本管理划分为五个层次，即情感管理、民主管理、自主管理、人才管理和文化管理。建议采取目标管理、员工持股等多种方式增强员工参与管理的积极性；同时，以情感、文化凝聚人心。

也有的学者认为，人本管理是指以科学为先导，以激励和价值先导为中心，提倡以团队和授权为导向，充分发挥企业员工智能参与的水平，强化各种人本要素，包括员工的意愿、管理力量、协调、交流和素质，确保企业的发展和回报并行同步。

还有的学者认为人本管理就是以人为本、以人为中心的管理，指在现代社会政治、经济和文化条件下，企业的管理活动以人作为管理的主要对象，以最大限度地满足企业全体员工正当的物质需要和精神需要为基本途径，开发、利用企业的人力资源，实现企业目标，并逐步实现组织内全体员工自由和全面的发展。

以上关于人本管理的理解各有其侧重，但都包含了一个共同思想，即人本管理应该是从管理理念、管理制度、管理技术到管理方式的全新转变，涉及管理者和全体员工从心理到行为的全面革命。因此，本书把人本管理的含义概括为：一种把"人"作为管理活动的核心和组织最重要的资源，把组织全体成员作为管理主体，从尊重人性的角度开发和利用组织的人力资源，服务于组织内外的利益相关者，达到实现组织目标和成员全面发展的管理理论和管理实践的总称。

2. 人本管理的特征

（1）人本管理的核心是人，把人置于组织中最重要资源的地位。纵观管理发展史我们知道，企业管理经历了以机器为本、以技术为本、以资本为本的三个阶段才跨越到人本管理时代。人本管理把人作为组织最重要的资源，突出人在管理中的地位，把人作为管理的中心，把人视做组织最重要的资源，突破了以往人仅仅是工具，仅仅是实现组织目标的手段，是组织的附庸的从属地位，确立人是管理的中心地位，再以人为中心设计相应的管理制度、管理方法及策略，这是人本管理的一大特征。

（2）人本管理实现组织目标的主要方式是利用和开发组织的人力资源。竞争条件的变化使得组织要获取竞争优势并不一定是那些拥有最有价值的资源、最大的市场份额或最多的资本者，而是那些能以最富于生产性的方式来开发其人力资源的组织。以优化配置、合理开发、充分利用组织人力资源来实现组织目标，这是人本管理的又一特征。这一特征包含两层含义：一是组织最大限度地利用人力资源；二是组织尽可能地开发人力资源。这两方面缺一不可。

（3）人本管理的主体是组织的全体员工。管理归根结底是人进行的管理，又是对人的管理，人在组织中既是管理的主体，又是管理的客体。但人本管理的最大特征就是超越了人仅仅是管理对象（管理客体）的局限，更强调人是管理的主体，把全体员工当做管理的主体，每位员工都是组织的真正主人。他们不仅做管理客体"该做"的事情，更多的还是自主地去做成为管理主体"应做"的事情。这样一来，管理人员和员工之间并不是严格的上下级关系，而是一种分工合作关系。

（4）人本管理的服务对象是组织内外的利益相关者。这是人本管理不同于其他管理的一大特征。利益相关者既包括组织内部的股东、员工，也包括组织外部的顾客、供应商、社区、政府、社会。在组织内部，人本管理要实现组织经济目标对股东负责，要创造一个能让员工自由发挥潜能的环境对员工的个人发展负责；在组织外部，人本管理要致力于提高产品和服务的质量对用户负责，要承担起对社区和环境的责任，要积极参加公益事业负起对社会的责任。

（5）人本管理成功的标志是组织和员工实现"双赢"。人本管理把人作为管理的中心，这一理念定位就抛弃了把人作为"手段人"和"工具人"的局限，而是以"人为目的"，尊重人性，注重人的发展和提高，使人在特定的工作岗位上创造性地工作以实现组织目标；同时把自己塑造成为一个全面而自由发展的人，在此基础上实现组织与员工的"双赢"。正如管理大师麦格雷戈说："当管理者为员工提供使他们的个人目的得以与公司的商务目标相一致的机会时，组织就会永远有效、有力。"

（6）人本管理是管理思想和管理实践的综合。从人本管理的含义及人本管理的应用看，人本管理绝不是一种简单的提法或口号，也不是像许多学者所言的"以物为本"的对立面。人本管理首先是一种管理思想，它能指导管理者更新观念，从人本的角度去重新思考管理的本质和管理的操作，是管理思想和管理理论的综合。其次，正确地应用人本管理，可以帮助管理者设计一套有较好表现的管理系统，形成和监督若干有效率的管理团队，建立合作以代替内斗的良性机制，培育一个内在激励的、价值驱动的工作场所，创立一项值得工作人员为之做出承诺的事业，进而实现组织的最终目标。IBM 创始人托马斯·沃森指出："自始至终把人放在第一位，尊重员工是成功的关键。"

二、人本管理的内容

1. 人本管理的基本要素

（1）人本管理的主体。理论上，并非任何人都可以充当管理主体，他们只有具备了以下三个条件才能成为人本管理的主体：

1）人本管理的主体应具备相应的管理知识和技能。企业中各级管理者当然是人本管理的主体。在知识经济时代，具备管理知识和技能的基层员工越来越多，大多数非管理职位的人员（如技术人员、销售人员、生产人员等基层员工）也具备了这一条件。因此，企业全体员工都是人本管理的主体。

2）人本管理主体要拥有相应的权威和权力。作为管理者，拥有组织赋予的权力而同时拥有了权威。对于基层员工来说，他们虽然没有组织赋予的正式权力，但却拥有本领域的权威，更何况随着组织结构扁平化，团队在组织中的作用越来越突出，即使是基层员工也拥有本团队、本领域的管理权力。

3）人本管理的主体还要从事管理活动。团队工作、授权、自我管理等新的管理方式在企业中已屡见不鲜，大多数基层员工实际上都或多或少地从事一些管理活动。因此，企业中的管理层、基层员工也都是人本管理的主体。

由此我们判定，人本管理的主体是企业全体员工，包括企业的管理者和基层员工。

（2）人本管理的客体。人本管理客体可分为人与物两类：人本管理的第一客体是人，具有客观性、能动性的特征；人本管理的第二客体是物，就是一般意义上管理的财、物、信息等。

把人作为人本管理的第一客体是人本管理区别于其他管理模式的重要特征。在非人本管理下，管理关注的更多是物，包括资源取得、配置、收益等。但人本管理不同，它把人作为管理的第一客体，出发点是人，终极目标仍是人。因为人本身的复杂性和多变性，也决定了人本管理主体在对待管理客体的复杂性。和"物"的不变性不同，这一管理客体因人而异，不同的人有不同的个性、态度、价值观和行为。

（3）人本管理的目标。人本管理的目标有两个：一是人作为个体的目标；二是企业作为组织的目标。

1）作为个体的人的目标。传统管理下的人是"人力资本"、是"劳动力"、是"组织实现目标的手段"，那时的管理目标体系中是没有人作为个体的目标。但人本管理不同，人本管理将人作为一个具有独立思考和行为能力的个体，他是有个体目标的。他的目标主要包括三个层次：第一层是生存目标，即通过人本管理满足温饱、安全等基本需求；第二层社会目标，即通过人本管理满足社会交往和尊重需要；第三层为发展目标，即通过人本管理实现人自身的价值。

2）企业作为组织的目标。首先，企业的短期目标是利用包括人本管理在内的各种管理手段和方法，来谋求企业的生存和发展；其次，企业的战略目标是在人本管理下，使企业每个成员的努力全都朝着同一方向，使他们的贡献融成一体，形成一种集体协作、能协调员工目标和公共利益目标的局面，进而实现企业的长远发展目标；最后，企业的终极目标是在人本管理下，为全体员工创造一个充满愉悦、获得满足、实现成就的场所，即实现员工的全面自由的发展。

3）人本管理两个目标的协同。在传统管理下，企业目标和个人目标是很难协同的。因为个人目标的满足就意味着企业要放弃组织目标的一部分，二者是此消彼长的对立关系。但在人本管理下，我们看到组织追求的最终目标和员工个人目标之间是完全吻合的。这就使企业在追求自身目标的过程中能把员工个人目标融合在一起，在实现企业目标时，也使员工个人目标得以实现。

（4）人本管理的环境。人本管理活动不是在真空中完成的，而是在企业的物理环境与错综复杂的人际关系环境相复合的系统中进行的。物理环境和人际关系环境综合起来就是人本管理的环境。

1）物理环境。人本管理的物理环境是指员工的工作场所环境，包括光线、噪声等一般自然因素和诸如工具、技术、工作空间、工位、自动化程度等特定因素。实施人本管理，关键是创造一个能令员工身心愉快的物理环境，即一个能让人乐意工作的工作场所。

2）人际关系环境。人际关系环境是人本管理环境建设的重点，也是难点。人际关系环境包括上下级之间和员工之间的关系是否融洽、情感及信息沟通是否顺畅等方面内容。这种环境对良好的工作氛围的营造，组织向心力的提高起到巨大的推动作用。因此，企业要实施人本管理，必须致力于改造企业的人际关系环境，尊重员工，相信每一个员工都能把工作做好，并使工作场所个性化。

（5）人本管理活动。人本管理的活动实际上就是人本管理的内容，其核心体现在人力资源管理上，具体包括以下三个方面内容。

1）人力资源的获取。人本管理下，人力资源的获取完全不等同于传统意义上的员工招聘，而是将选才、招聘等工作从以往的战术层面提升到战略层面，获取能支持企业总体战略实现的人力资源。

2）人力资源配置、开发和利用。人本管理的活动内容主要是关于人的问题，在已取得企业所需要的人力资源后，人力资源的配置、开发和利用就成为人本管理活动的关键。要做好这些活动，人本管理设计者首先要在观念上确立"人是中心"的思想；其次，要对现有的人力资源管理活动进行全方位改革，实现人力资源管理为人本管理目标服务的目的，而不是支离破碎地服务于企业"管理人"的工具目的。

3）人力资源的价值实现。人力资源价值的实现，涉及人力资源管理中的培训问题、薪酬问题、激励问题和劳资关系问题，围绕这些方面开展的管理活动是人本管理活动的重要内容。以培训为例，一般意义上的人力资源管理很少把员工培训看成是开发，更多的是解决眼前问题。但在人本管理下，培训不仅是一种人力资源的开发途径，还是组织与员工"双赢"的平台。员工通过培训使能力得到提升，然后获得晋升，得到组织为其提供的更高发展平台。在这种良性循环下，组织和个人的目标就可以同时实现。

2. 人本管理的原则

（1）个性化发展原则。在人本管理中，要充分认识到员工是一个独立的个体，他们都有其独特的个性特征、需求、目标和专长，他们希望被作为个体对待，而不是被当做团体的一部分，他们也希望被听取、被了解、被尊重。因此，要使人本管理落到实处，必须把员工当做一个个的个体对待，采取多样化的管理方式，而不能继续搞"一刀切"。

（2）引导性原则。人本管理是对传统管理的挑战，它打破了管理一贯坚持的管理靠权威控制的做法，坚持管理靠引导控制的原则。无论是目标导向，还是人力资源管理体系整合，或是管理环境创设，都是以引导代替了权威。坚持引导性原则就是要将原有的靠命令、权威实施管理的方式转化为承诺、信任、冲突管理和灵活性，并靠组织文化和价值观的管理来引导员工行为。

（3）人与组织共同成长原则。人本管理的最大特征就是组织目标和员工个人目标之间的融合，在组织目标体系中包含员工个人目标，员工在实现组织目标的过程中也实现自己的目标，进而做到人与组织的共同成长。

3. 人本管理的五个层次

人本管理作为一项系统工程，不能讲求一步到位。实施人本管理还需要把握好管理的层次性，只有基础的管理做好，才能去做高层次的管理内容，否则，人本管理就会失去相应的支撑。

（1）情感沟通管理。情感沟通管理是人本管理的最低层次，也是提升到其他层次的基础。在该层次中，管理者与员工除工作命令的发布与接受外，还存在情感上的沟通。例如，管理者了解员工对工作的一些真实想法，或员工在生活上和个人发展上的一些其他需求。在这个层次上，员工还没有就工作中的问题与管理者进行决策沟通，但它为决策沟通打下了基础。

（2）员工参与管理。员工参与管理也称为"决策沟通管理"。在这一层次，管理者和员工的沟通不再仅仅局限于是情感层面，员工已经开始参与到企业目标的决策中来。管理者会与员工一起讨论组织目标、员工个人目标和工作计划，认真听取员工对工作的看法，积极采纳员工的合理化建议。员工参与管理使工作目标更趋于合理，并增强了员工工作的积极性，提高了工作效率。

（3）员工自主管理。随着员工介入管理的深入和责任的加强，组织可以对业务娴熟的员工或知识型员工实施自主管理。自主管理能使员工在自己的工作范围内拥有较大的决策权，大大激发员工的工作主动性，并且能够使其承担相应的工作责任。自主管理使每位员工的工作能力都会得到较大的发挥，并且会调动其创造性，同时还能在工作中刺激其进一步提升的欲望，实现其职业生涯规划。

（4）人力资源开发管理。人本管理既然把员工的最高目标——自我实现作为其目标体系的一部分，就必须把人力资源开发管理作为一项重要工作来抓。要使员工符合组织不断发展的需要，员工本身也必须发展和提高。作为人本管理的主体，组织要通过一系列学习手段，不断提高员工适应组织的能力和水平，进而使其对组织产生归属感和依赖。同时，组织也可将员工技能的提升作为组织发展的支撑，形成一个良性循环的机制。

（5）组织文化管理。人本管理的最高层次是通过组织文化管理达到人本管理的效果。组织文化管理具有"寓管理于无形中"的效果。其中，组织文化的核心——组织核心价值观，是组织文化管理的关键。因此，组织的核心价值观必须足够深刻，能触及所有员工的心灵和头脑，还必须足够具体地为决策制订提供一个有用的框架。一旦组织的价值观被员工理解和采用，员工的行动就有了一种前后关联、工作秩序、个人表现、自行决策、正确的荣辱观等各个方面的行为标准，员工可以按照这些标准规范来约束自己的行为，实现人本管理。

三、人本管理的实施过程

1. 制订人本管理实施战略

（1）确立正确的人本管理观。人本管理作为一种全新的管理模式，与其说是一个管理技术和管理方式的革命，不如说是一种管理观念的革命。因此，确立正确的人本观念是人本管理实施战略的第一步，也是最重要的一步。

首先，确立以人为中心，人力资源是人本管理中心地位的观念。正如前文所述，人既是人本管理的主体，又是人本管理的客体。企业生产经营的各种活动内容都必须由人来完成，人力资源在企业核心竞争力构建上具有其他任何资源不可替代的作用。因此，要真正实施人本管理，就必须真正地把人作为中心，把人力资源作为企业最重要的资源。

其次，确立把人真正当作人的观念。把人真正当做人是指把人看作是一个个活生生的个体，这些个体有其需求、个性和独立生命力。同时，这些个体也都有思想、追求，也需要被尊重和重视，而不只是一群会说话的机器。人本管理把人当做人，就是要管理者真正尊重员工，耐心听取他们的心声，重视员工个体的特殊性，而不是用"一揽子"统一规范。

最后，确立制度适应人的观念。人本管理的核心是尊重人、保护人、激励人，如果让人适应制度，势必削弱人的积极性，肯定压抑人的创造性。但如果让组织制度去适应人，根据人的个性特征和组织需求对制度作出调整，员工就可以达到自我管理，进而达到激发员工的工作热情和高层次需求的目标。

（2）确立符合企业实际的人本管理模式。人本管理虽然有共同的理论基础和逻辑框架，但在具体实施时，还必须结合企业自身的实际，选择适合的人本管理模式。一般，企业在设计人本管理模式时，要综合考虑企业的人文环境、经营战略、企业文化、人力资源状况、员工特点等因素。甚至还要考虑企业的发展阶段、行业特点、产业特征及产品的技术特征等因素，只有根据这些因素，综合考虑设计、选择的人本管理模式才可能是企业适合的模式。也只有这样的人本管理模式，才有可能达到人本管理的效果。否则，人本管理会流于形式。

（3）制定与企业战略目标相匹配的人本管理政策。人本管理活动要顺利开展，必须有相应的人本管理的政策来提供支持。企业在制订人本管理政策时，必须从企业战略目标出发，围绕企业的战略目标，设计能实现目标的人本管理制度和管理政策。具体要求是：①要确立企业的核心价值观，并使其服务于企业总体战略目标；②要制订与战略目标和核心价值观相匹配的人力资源政策，包括人才的吸引、招聘、录用、使用和管理，目的是建立一支战略性核心人才队伍；③在制定相关政策时要注意政策的系统性和活动的协调性。

2. 清除人本管理的实施障碍

我们制订人本管理的实施战略是在理性层面上设计的，而执行战略必须要在现实层面上进行。在现实世界里，存在许多我们意想不到的障碍。所以，在实施人本管理战略时，必须采取相应的措施，在人本管理实施之前就消除这些障碍，为人本管理的实施扫清道路。

（1）冲破认知障碍。认知障碍主要是人本管理主体没有认识到人本管理的作用，或者对人本管理持怀疑态度，存在认识上的误区或者障碍。要消除这种障碍，仅仅靠"说教"是不能够奏效的，必须以"眼见为实"的方式消除。神经学和认知学的研究表明，人们对看到或体验到的事物会记得最清楚，并作出最有效的反应。因此，我们可以采取以下办法：第一种办法是标杆管理法。选择已经实施人本管理效果较好的公司，这些公司的基本情形要和拟实施人本管理战略的组织大致相似，通过真实地观察，帮助主体树立信心，作出承诺。第二种办法是与不满的员工会面。和标杆管理完全不同的是，这里的会面不是去感受人本管理的好处，而是去感受不实施人本管理带来的恶果——员工的抱怨、绩效的下降、客户的流失等种种不正常现象，使管理者痛下决心，实施人本管理。这两种办法都可以达到"眼见为实"的实际效果，对消除认知障碍很有帮助。

（2）跨越动力障碍。我们知道，再好的管理模式如果没有动力去实施，是不会取得较大收获的。因此，我们可以采取两种技术来跨越动力障碍。一是建立沟通战略，作为人本管理的实施主体，管理者应非常明确，沟通的重点是员工作为个体的需求、目标及需要配合的实现方式，只有把这些基本层面的工作做好，才可能有针对性地把员工作为个体看待。同时，注意在沟通方法选择上，要作"双向沟通"，避免单向沟通的误区。另一个是采取未来调查技术，首先集中所有关键群体的代表参加，如员工、管理者、股东等，先做人本管理实施整个系统的演示说明。在所有参加者畅所欲言的前提下，充分听取各方意见和建议，这样做有利于建立参加各方的主人翁责任意识和归属承诺，容易形成实施动力。

（3）推倒政治障碍。作为一种变革，人本管理的实施肯定会触及一部分人的既得利益，这部分人在自己利益受到损失时，会采取阻挠变革的方式阻碍人本管理进行，形成政治障碍。要冲破这一障碍主要取决于两个方面：一是在人本管理实施战略中是否考虑到这些人的利益问题，如果这股反对力量比较强大，可在人本管理方案中对这些人的利益损失进行部分考虑，而不直接一步到位，待这些人逐步接受人本管理后再实施全面的人本管理方案；二是在人本管理实施前，准确把握反对者中的影响人物，把他吸收到人本管理实施方案制订中来，发挥其影响者的力量，让他去扫清反对者群体的障碍。

（4）建立归属承诺。实际上，上述三个方面障碍的消除目的都是为了建立归属承诺。只有建立了主人翁责任意识和员工归属承诺，人本管理实施才具有了动力。归属承诺的建立需注意以下两点：一是要有效建立归属承诺，创造人们全面参与的机会。也就是说，要通过各种方式，包括沟通、圆桌会议、"对角切焦点小组"等多种多样的方式，吸引员工参与到人本管理中来，让他们意识到他们是人本管理的实施主体、是人本管理活动的主要执行者。二是要真正地尊重员工、重视员工的思想和观点，不把参与和讨论做成表面文章，而是真正地看中并吸纳相应的合理化建议。

3．执行人本管理战略

人本管理实施障碍清除后，就可以直接进入执行层面了。有效地执行人本战略，必须在以下几个方面实现创新，这也是人本管理活动内容的基础。

（1）组织创新。组织创新实际上就是为人本管理提供组织保障。人本管理模式要得到有效实施，必须有相适应的组织结构，这就需要企业调查组织结构现状，找出哪些方面与人本管理不相适应，应该如何进行组织创新才能符合人本管理对组织的要求。例如，人本管理要求员工实现"自主管理"，即员工要自主确定工作目标、自主确定工作时间、自行组建团队。这时，组织结构安排就必须适应团队工作方式，如果企业的组织结构仍属于等级制，就需要进行组织创新。

（2）制度创新。制度创新实际上是人本管理得以落实的制度保障。人本管理模式既然是一种全新的管理模式，就必然地需要有新的管理制度来保障人本管理的实现。企业管理制度从大的方面划分可以分为激励制度和约束制度两大类。激励是鼓励员工实现某种行为的一种正向反馈，约束是限制员工出现某种行为的惩罚机制。人本管理的活动内容是非常丰富的，虽然更多地体现在人力资源管理层面，但在制度建设上必须能配合人本管理落实。

（3）组织文化创新。人本管理实施的前提是全面建立员工主人翁责任意识和归属承诺，组织文化是达到这一目标的灵魂。以企业为例，企业文化一般由四个层次构成：第一层是企业员工所共有的价值观，体现企业的经营战略、宗旨、方针和目标等，这一层次是企业经营的基础和核心，是企业经营活动和员工日常行动的指南。第二层是由管理制度和管理程序构成的管理氛围，是企业价值观和信念在精神层面的反映。第三层是企业价值观在员工言行举止中的反映，主要体现在员工的工作方式、内部和外部的交往方式。最后一个层次是外围层，是企业价值观在企业具体形象中的反映。因此，企业文化作为一个企业的"魂"，必须以人本管理为中心进行创新。

（4）人力资源管理创新。实际上，人本管理的活动内容更多地体现在人力资源管理方面。因此，人本管理理论和模式下的人力资源管理，必然要求在指导思想、职能发挥、活动内容上创新，具体内容包括几个方面：

1）人力资源战略创新。企业要实现人本管理，就必须在人本管理下重新制订企业人力资源战略，以这一战略为出发点规划内容、找准职能定位。

2）用工制度创新。用工制度就是企业人力资源的配置，这一配置是从企业出发还是从员工个人角度出发，或者是两者结合，直接决定人力资源配置的效果，因此，在人本管理下，企业的用工制度必须实现创新。

3）培训制度创新。人本管理要求把员工作为"目标人"，那么在培训中就应包含员工成长的要求，这就需要打破既有的培训观念和培训体系，着重于员工发展而不是企业短期需求，实施培训创新。

4）激励制度创新。激励制度创新是在最本源的出发点层面进行重新设计，包括出发点、目标、方法等，要达到员工高度的主人翁责任意识和归属承诺的目标，激励制度必须创新。

5）薪酬制度创新。作为激励的主要措施，薪酬必然要服从和服务于人本管理目标，因此，也必须实施创新。

6）员工职业生涯规划创新。要实施人本管理，不仅要重视员工职业生涯规划，而且要对原有的以企业为主导的职业生涯规划目标转换为以员工和企业双方的有机结合，而这一目标唯有创新才能实现。

7）劳资关系创新。劳资关系创新的目标实际上是人本管理要达到的最高境界。在人本管理下，我们追求一种企业和员工之间和谐的合作关系，而要建立这样的合作框架，劳资关系管理就要创新。

4．实施人本管理效果评估

作为人本管理系统最后一个环节，对人本管理的实施效果进行评估非常重要。人本管理实施效果究竟如何，需要有定期的评价和反馈，确保在新的高度和层次上把人本管理进一步落到实处。对人本管理的效果评估可以从两个方面进行：一是从企业角度，主要考核实施人本管理后企业的变化情况，如企业效益、企业效率、企业竞争力、企业形象、股东及顾客满意度等；二是从员工个人角度。主要考察实施人本管理后员工个人的变化，如员工成长性、员工满意度、员工薪酬增加幅度等，如图7-1所示。

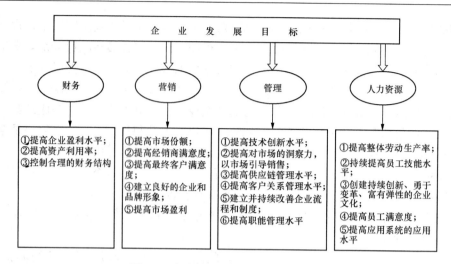

图 7-1　人本管理效果评估企业类指标

第三节　流　程　再　造

流程再造是由美国的 Michael Hammer 和 Jame Champy 提出，在 20 世纪 90 年代达到了全盛的一种管理思想。企业流程再造是一种企业活动，内容为从根本上重新而彻底地去分析与设计企业程序，并管理相关的企业变革，以追求绩效，并使企业达到戏剧性的成长。企业流程再造的重点在于选定对企业经营极为重要的几项企业程序加以重新规划，以求其提高营运之效果。目的在于对成本、品质、对外服务和时效上达到重大改进。如：企业采取准时生产方式等。

一、企业流程的内涵

企业是一个"投入—产出"的转换系统，它将多种输入换为多种输出，如将原材料、半成品等物品经过生产转换为对顾客有价值的产品或服务；将投资者或贷款人的资金转换为投资者红利、贷款人利息与国家的税金等；将普通人经过生产实践和教育转变为素质提高且有一定专业性的员工；将普通信息转变为有一定用途的信息。企业的有效运行实际上就是其物流、资金流、人流与信息流合理流动的过程。这个过程有一个显著的特征，就是按照一定的逻辑顺序，由一个阶段向另一个阶段变换，这种变换过程实际上就是一种流程。

那么什么是流程呢？"流程"在英国朗文（LONGMAN）出版公司出版的《朗文当代英语词典》中解释为：①一系列相关的、有内在联系的活动或事件产生持续的、渐变的、人类难以控制的结果。如沉陷的森林经过长期的缓慢的化学变化而形成煤就是此类流程。②一系列相关的人类活动或操作，有意识地产生一种特定的结果，如收看电视节目要经历插上电源、打开电视机、搜寻电视节目等一系列活动，就是流程。从流程这一概念的两种解释可以看出，流程是由一系列的活动或事件组成，前者是一种渐变的连续性流程，后者是一种突变的断续型流程。因此，流程实质上就是工作的做法或工作的结构，或事情发展的逻辑状况，它包含了事情进行的始末，事情发展变化的经过，既可以是事情发展的时间变化顺序，也可以是事情变化的空间过程。

流程对于企业来说更是司空见惯，甚至可以说，企业就是依赖各式各样的流程而运作的。

企业中的生产流程、财务流程、企业发展战略流程、新产品研发流程、采购流程及售后服务流程都是企业流程的一种表现。对于企业流程（见表7-2）的定义，不同的学者有不同的提法，即使是同一学者，在不同的场合对其定义也不完全相同。

表 7-2   企业流程各种不同定义一览表

作　者	定　义
迈克尔·哈默（Michael Hammer）	企业流程是把一个或多个输入转化为对顾客有用的输出的活动
迈克尔·哈默	企业流程是指企业集合各种"原料"，制造出顾客需要产品的一系列活动
T. H. 达文波特（T. H. Davenport）	企业流程是跨越时间和地点的有序的工作活动，它有始点和终点，并有明确的输入和输出
T. H. 达文波特	企业流程是一系列结构化的可测量的活动的集合，并为特定的市场或特定的顾客产生特定的输出。它是行为的结构
T. H. 达文波特与 J. E. 肖特（T. H. Davenport & J. E. Short）	企业流程是产生特定企业输出的一系列逻辑关系相关的活动
A. L. 斯彻尔（A. L. Scherr）	企业流程是在特定时间产生特定输出的一系列客户—供应商关系
H. J. 约汉逊（H. J. Johanson）	企业流程是把输入转化为输出的一系列相关活动的结合，它增加输入的价值并创造出对接受者更为有用、更为有效的输出
R. B. 克普莱与 L. 莫导克（R. B. Kaplan & L. Murdock）	企业流程是一系列相互关联的活动、决策、信息流和物流的集合

资料来源：芮明杰，钱平凡. 再造流程. 杭州：浙江人民出版社，1997，（84）.

综合上述定义，企业流程可以理解为：完成某一目标（或任务）而进行的一系列逻辑相关的活动的有序的集合。

二、企业流程再造的概念

1. 企业流程再造的定义

在哈默（M. Hammer）及钱普（J. Champy）1993年出版的《再造企业——工商管理革命宣言》著作中，将企业流程再造定义为：为了在衡量绩效的关键指标上取得显著改善，从根本上重新思考、彻底改造企业流程。其中，衡量绩效的关键指标包括产品和服务质量、顾客满意度、成本、员工工作效率等。在这一定义中有四个关键词："根本"、"彻底"、"显著"和"流程"。我们可以通过这四个关键词来把握企业流程再造的含义。

（1）"根本"，即企业流程需要从根本上（Fundamental）重新思考业已形成的基本信念。对长期以来企业在经营中所遵循的基本信念如分工思想、等级制度、规模经营、标准化生产和官僚体制等进行重新思考，需要打破原有的思维定势，进行创造性思维。企业在准备进行再造时，必须自问一些最根本性的问题。例如，"我们为什么要这样做？我们为什么要做现在做的事？"通过重新思考这些问题，可以迫使企业对经营企业的策略和手段加以审视，找出其中过时、不当和缺乏生命力的因素。一般来说，向传统的经营理念挑战，必须跳出传统的思维框架。例如，企业不能这样来自问："我们怎样才能提高工作效率？"因为这样的自问方式有一个预设立场，即现行的工作是必需的。企业进行再造的第一步，就是要先决定自己应该做什么以及怎样做，而不能在既定的框框中实施再造。

（2）"彻底"，即企业再造是一次彻底的（Radical）变革。企业再造不是对组织进行肤浅的调整修补，而是要进行脱胎换骨式的彻底改造，抛弃现有的业务流程和组织结构以及陈规陋习，另起炉灶。只在管理制度和组织形式方面进行小改小革，对根除企业的顽疾无济于事。

（3）"显著"，即企业通过再造工程可望取得显著的（Dramatic）进步。企业再造是根治企业顽疾的一剂"猛药"，可望取得"大跃进"式的进步。哈默和钱普为"显著改善"制订了一个目标，即"周转期缩短70%，成本降低40%，顾客满意度和企业收益提高40%，市场份额增长25%。"通过抽样统计表明，在最早进行再造的企业中，有70%达到了这个目标，取得了企业再造的初步成功。

（4）"流程"，即企业再造从重新设计业务流程（Processes）着手。业务流程是企业以输入各种原料和顾客需求为起点到企业创造出对顾客有价值的产品（或服务）为终点的一系列活动。在一个企业中，业务流程决定着组织的运行效率，是企业的生命线。在传统的企业组织中，分工理论决定着业务流程的构造方式，同时带来了一系列弊端。企业流程再造之所以要从重新设计业务流程着手，是因为原有的业务流程是组织低效率的根源所在。

2. 企业流程再造特性

（1）企业流程再造的出发点是顾客，而不是上司。在当今顾客导向的时代，对市场环境急剧变化做出快速反应，有效地提供顾客满意的产品和服务，是现代企业的根本追求。因此，企业流程再造的直接驱动力是企业为了更快更好地满足顾客不断变化的需求。这与现行企业的运作有着根本不同。目前绝大多数企业都认识到"顾客就是上帝"，然而在现行的企业制度下，企业员工绩效的评价是由职能部门的经理来决定的。因而，员工多数情况下不是考虑怎样让顾客满意而是想方设法讨好上司。经过流程再造后的企业，员工的绩效以流程运作的结果来衡量，也就是顾客满意度的大小成为评价员工绩效的唯一标准。这里，顾客不再是看不见摸不着的"上帝"，而是员工们能感觉得到的、实实在在的"衣食父母"。这一根本性的转变是企业流程再造的本质特性所在。

（2）企业流程再造的对象是业务流程，而不是组织结构。一个松散而无效率的业务流程当然同官僚气息浓厚的层级组织形式密切相关。其无效率正表明这一流程中有许多缺少附加价值的冗余环节是由等级森严、办事拖沓的中层组织带来的。因此，企业流程再造必然伴随着组织结构的改革。保持原有陈旧的组织结构而进行业务流程再造是不可能的。但要注意的是，这并不意味着留住原有流程而换上新的组织结构形式（如扁平化组织）就可以取得预想的目标。企业首先应该关注的是自己处理事务的流程，在对业务流程的再造中，自然而然地会要求改造组织的结构以和再造后的业务流程相适应。企业面临困境的本质原因是不适应时代要求的业务流程，而不是由于管理这样的流程而形成的更为外露的组织结构。这也是以前众多旨在改造、打破旧有组织结构，而忽视更为本质的业务流程的管理理论没有解决根本问题的原因所在。

（3）企业流程再造需要应用信息技术，但它并不等于自动化。企业业务流程需要应用信息技术。计算机等信息技术在企业的应用，早在20世纪60、70年代就已开始，然而信息技术没像人们所期望的那样，彻底解决企业效率低下、反应迟钝等问题。在当时信息技术应用于企业管理没有释放其潜能的原因之一，就是企业在应用信息技术时，总是沿着旧的或者业已存在的方式去处理工作，而不是注重工作应该怎样合理的去做，然后考虑应用信息技术来辅助完成它。因此在原有的组织结构和业务流程之下应用信息技术，所改变的只是用计算机模仿手工劳动的业务流程，造成了先进的信息技术迁就于落后的管理模式。如办公自动化信息系统的初衷是为了实现"无纸化办公"，其结果在很多企业却导致更多纸张的使用，不管报告是否有价值，报告越来越多，格式越来越漂亮，其问题在于处理办公事务的流程和方式没有改变；在应用信息技术为顾客提供服务方面，也经常导致一些问题，若不进行流程再造和组织变更，仅运用计算机信息系统处理技术直接模仿手工业务处理流程，这实际上就是用计算机对许多不合理的业务和流程进行自动处理，由于人们是按照计算机的要求工作而不是按照顾客的要求办事，从而有可能导致工作次序不如手工灵活，反而降低了服务质量。因此，企业流程再造应从根本上彻底改造原有的不合理的业务流程，而不能单纯地依靠信息技术或自动化。

三、企业流程再造的过程

企业流程再造伴随着哈默和钱普的《再造企业》一书的出版而闻名遐迩。再造实践在世界各地轰轰烈烈地展开，很多世界上赫赫有名的顶尖企业，如福特、联邦捷运、德州仪器、美国电话电报等都开始了企业流程再造活动，并取得了卓著的成效。然而令人遗憾的是，再造的成功率只有三成，也就是说，绝大多数进行再造的企业都以失败而告终。"再造"在理论上是如此可行，何以在实践中却有高达七成的失败率？资料显示，这并不是再造理论本身有问题，而是人们实践中的操作方法有误。可见，要进行成功的再造，必须掌握正确的方法。通过对大量成功与失败的再造事例研究，我们认为，企业流程再造并不是"雾里看花，水中捞月"，而是有着清晰的步骤与正确的方法可以遵循及借鉴，以下分而述之。

1. 组织与发动阶段

（1）组建再造队伍。再造流程首要的，也是最关键的一步，就是如何选择并组建再造队伍。再造队伍的整体水平如何决定了再造行动的成败。综观各类进行再造的企业，无论成败如何，都少不了以下五种再造的角色，即领导者、流程负责人、再造团队、指导委员会、再造总监。

这五种角色之间，既相互联系，又有一定的独立性（见图 7-2）。各角色之间的理想关系为：领导者指定流程负责人，流程负责人召集组阁再造团队，在再造总监的协助下和指导委员会的帮助与支持下进行流程再造。

（2）流程再造的发动。

第一，使全员树立危机意识。企业在着手进行流程再造时，首先要在企业员工中间，特别是在参与再造的人员中间树立危机意识。即通过市场调查，分析企业经营面临的各种形势，包括企业面临的各种机遇和目前存在或潜在的各种危机。对企业面临形势的分析，要拟订形势分析报

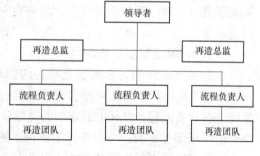

图 7-2　企业再造组织图

告，利用各种宣传媒体进行大力宣传，让企业的所有员工深刻理解进行企业再造的必要性和重要性，不能让员工存在一点疑惑。

第二，为全体员工勾画公司远景。对准备进行流程再造的公司来说，公司远景要着重于阐明未来的公司和流程是什么样子，并尽量使用可测量的目标。这样，员工参与改造的努力方向就会被引向美丽的远景，并成为考核改造绩效的标准。同时，美好的远景规划能缓解改造给整个公司带来的紧张感和压力，特别是在改造小组遇到困难和疑惑时，远景宣言能指明方向、振奋军心。为了充分发挥远景的感染力和鼓舞力量，在再造的整个过程中，公司要利用各种手段反复进行宣传。

2. 识别与选择阶段

（1）流程识别。企业再造的对象是流程而不是组织。不是再造企业的销售部门或市场部门，而是再造人们在这些部门所从事的工作。要注意防止流程和部门的混淆，因为部门、科室和班组是企业的人们所熟悉的，而流程却不被人们熟悉，组织界限看得见，它们明白地画在组织框图上，而流程不是这样；企业各部门都有名称，而流程却没有。事实上，企业都是由流程组成的。流程在企业中对应着一系列自然的活动，这些活动之间有着特定的流向，它包含着明确的起点活动和终点活动。但是，流程常被组织结构所分割和掩盖。流程不仅看不见、没有名称，而且往往没有管理，因为人们被分配负责一个部门或某些单一的活动而没有人被指派负责一个完整的流程。因此，要再造流程，必须改变我们传统的思维习惯，树立企业运作的流程观，正确识别出企业各式各样的流程，并给予它们一个个不同的名称，以便人们一看到这个名称，就能了解到它的来龙去脉，以及整个流程的内容。

正确识别企业流程，要把握以下三个要点：第一，一个流程有特定的输入和输出；第二，每个流程的执行要跨越组织内多个部门；第三，所有流程都与顾客及其需要相关。

（2）流程选择。当流程被确定命名之后，决定哪一个流程需要再造，以及如何安排它们的顺序是极其重要的。因为，没有一个公司能够同时对其全部流程进行再造。一般再造成功的企业都是依据以下三项原则来挑选流程进行再造的。

原则1：问题严重，功能失调

如果一个流程的运行效率很低，并且又没有什么效益，那么这个流程肯定有问题。例如，产品开发流程如果多年来一直没有推出新产品，那么我们就有理由怀疑这个流程问题严重了。再比如，如果一个企业内不同部门的人员不得不经常地一个又一个电话或传递大量的备忘录或电子邮件，那么就表明某一流程已被不适当地分割，其运作功能出现失调症状。还有，如果流程极为复杂，例外情况很多，也肯定有大问题。凡是问题多而严重的流程，应优先作为再造对象。

原则2：举足轻重，影响巨大

企业通过流程的运作来满足顾客的需求，但这些流程对顾客的重要性或影响力并非相同。有些流程运作的好坏对顾客有相当大的影响力。例如美国IBM的信贷公司，该公司毫无疑问有着众多流程，但其中最重要的是贷款申请落实流程。在流程再造前，该流程效率低下，整个运作周期要6天，贷款申请人等得不耐烦；流程再造后，该流程运作只需4小时，效率大大提高。结果不仅内部成本大大节约，而且业务量足足增加了100倍。类似这种流程就是最重要流程，理应成为再造的优先候选者。

原则3：切实可行，操作性强

开展业务流程再造，都希望一举成功。而成功率大小取决于多种因素。选择流程时要充分考虑主要因素，做出可行性评价。一般来说，范围小、涉及的部门少，所需的资源也相应少些，流程再造的投资额也会低一些。无论从项目启动，还是从准备、组织或具体实施，这样的项目可行性大，成功的希望也大。当然，再造团队人员的实力和流程负责人的敬业精神等同样要顾及。总之，在评价可行性大小时，要考虑人员、范围、成本三方面条件。

（3）流程的了解。挑选出需要再造的关键流程，指定好流程负责人，组阁好再造团队后，并不意味着马上可以对其再造。再造流程之前，必须先认识了解现行的流程，如它的功能、它的表现是好是坏以及左右其运作效率的关键因素有哪些？由于流程再造的目标不是改进或修补流程，因此没有必要分析和记录现有流程的每一个细节，而应高屋建瓴地去了解现行流程。

在这里要区分了解流程和分析流程的差别。传统的流程分析总是把流程的输入和输出作为已知条件，然后纯粹考察流程内部的运行情况，尽全力做一些繁琐的具体分析，来达到弄清楚"流程是怎样一步步运作"的目的。而了解流程意味着对现行流程有一个高起点的、目标型的总览，它能使你对流程有一个整体把握。它不把现行的输出作为已知条件，而是从顾客出发，按照其对流程输出的需要来考察现行流程运行的绩效如何。

3. 创新与设计阶段

企业流程的创新设计是企业流程再造全过程中最具创造性的一部分工作，也是最艰难的工作。因为流程的创新设计没有一套完整的准则可以遵循，不存在一个5步或10步的标准化程序。它更需要再造团队有丰富的想象和推理性思维，抛弃熟悉的东西而寻求一些奇特的创意。所幸的是，有许多企业已经具有一些流程再设计的成功经验。他们在流程再造中所采用的一些行之有效的创新设计策略，值得我们借鉴。这些策略主要是：清除、简化、整合和自动化。

清除是指找出并清除或彻底铲除非增值的活动；简化是指尽可能清除了非必要性活动后，应对剩下的必要活动进行简化；整合是指经过简化的任务需要经过整合，使之流畅、连贯并能够满足顾客需要；自动化是指在清楚、简化和整合的基础上，运用信息技术，实现流程自动化。

🔍 管理实践资料链接十三

联想实施ERP系统过程中的业务流程再造

联想在ERP实施中，为了使ERP系统的效益得到充分发挥，总共清理、规范和优化了77个业务流程，具体流程规划的过程中，联想主要关注三个层面的工作：第一个层面是梳理现有的业务流程，并对流程进行简化、优化，使不规范的流程规范化；第二个层面是让业务流程系统化、集成化；第三个层面是将这些优化之后的"新流程"在ERP系统中实现流程电子化达到信息集成、准确和适时。联想在每一项流程的确定中实际上存在两种情况，一种是引进SAP R/3软件的标准流程模板，联想跟着软件走。以采购流程为例，联想引进了R/3系统中的标准流程来严格规范采购过程，每一笔采购业务，必须经过采购订单→审批→向供应商下单→收货→质检→付款这样规范的一个环环相扣顺序进行，换言之，每一个环节都必须依据上一个环节的结果进行下去，例如，仓库每次收货必须依据相对应的采购订单来进行，否则，ERP系统"不认"，无法收货，同样的"硬要求"在质检、领料使用和付款每一个环节均通过ERP系统实现，这就与上系统之前的采购过程管理完全不一样，尽管几乎每家企业对采购管理都高度重视，但是，如果没有系统来进行整体控制，常见的现象是："先到货再补开采购订单"或者"仓库看到有人送货来了就收下"等。这就需要对业务流程进行规范和优化，并使标准化的流程电子化，并提供一个网络化的应用平台，帮助采购员、仓管员等高效完成"制度"所规定的流程。因此，在很大程度上，可以说是 ERP 系统"促使"整个采购过程走向规范化，直接的结果是，所有在这条"采购链"的人"被迫"按章行事——尽管这一前提是他们必须改变某些原有的工作方式或者不规范的习惯。另一种是以联想现有流程为模型，软件跟着联想走，通过一部分二次开发把联想优秀的管理流程吸收到系统中去。由于我国国情因素和联想的一些业务特色的原因，比如销售流程上，联想有自己的代理政策和管理方式，由于国内银行与客户之间没有电子结算，代理汇款过来，最短也要两三天才能到账，对于联想来说，鉴于提高联想与代理的协作效率的需要，汇款过来了就可以认可这笔汇款，但是国外的惯例是钱要到账才能认可，才能发货，这样，R/3 标准流程跟联想的差别就比较大。在这种情况下，联想选择的做法是，以联想的流程为主，通过对系统进行一部分二次开发来实现流程的电子化与集成。

　　资料来源：陈建萍. 企业管理学：理论、案例与实训. 3 版. 北京：中国人民大学出版社，2014.

四、企业流程再造的结果

　　经流程再造后，企业发生了根本性变化，形成了一些新的特点，这些变化和特点主要表现在工作的变化、组织的变化和人员的变化三个方面。

　　1. 工作的变化

　　（1）工作内容由单纯性转变为综合化。流程再造后引起工作最突出的变化就是，几项工作由原先几个人做变为一个人做。即以前在分工原理指导下一个人做一项简单工作，现在一个人要承担几项任务。因为是几项任务合一，企业与外界，特别是与顾客的接触更集中、有效。人们对待工作更有满足感，更觉得有价值。

　　（2）新流程减少了控制与检查。在传统流程中，由于被分割开来的活动较多，因此，需要加强控制与核查来把分开的活动再"黏结"起来。而新流程虽然每项活动较复杂，但流程本身更精练，整个流程的连接点减少了，相应控制与核查自然而然也减少了，质量反而提高了。同时，也减少了工作中的冲突。

　　（3）新流程可以超越组织界限来完成工作。这里的组织界限是指企业或流程团队与顾客之间的界限。传统流程工作都是以提供服务或产品的供应方式来完成的，流程面向的顾客需求和反馈被隔离在流程之外，需要通过某种沟通渠道来交流，这使得出现失真和延误的可能性增加了。再造后的流程换了一个角度来看问题，认为顾客可以担负起某些流程工作，同时，顾客内部流程的某些工作也可以交给供应方去完成。例如，保险公司可以请修理厂代为检查汽车损坏程度；复印机维修部将常坏的部件放在用户处，用户自己更换部件后，再去收款；将零售商的反馈信息作为市场营销决策的固定组成部分，而不仅仅是作为参考等。究竟如何分配跨组织界线的工作，其标准就是要使流程有最佳表现。

　　2. 组织的变化

　　（1）工作单位由职能部门变为流程工作小组。以前员工的工作单位是"官僚体制"中的职能部门，现在以流程观点重新对原来的工作人员进行安排，职能部门将不复存在，在流程小组中工作的人员不再同时属于其他职能部门。根据流程业务性质的不同，工作人员需要具备多方面的不同的能力。

　　（2）组织结构由垂直型趋向扁平化。在传统的组织中起上传下达作用的中层管理人员，在企业经过再造之后将失去存在的必要性。一方面，在新型的组织中，流程小组有相当大的自主权，原来由中层管理部门代为决策的问题，现在都交由流程小组自作决定；战略管理部门下达的计划、策略、任务目标等，通过信息系统，可直接到达任何业务流程，并且将时间和空间阻碍减少到最小。随着中层管理机构的萎缩或消失，组织结构自然地就趋于扁平。另一方面，通过信息系统的作用，一个流程负责人可以直接指挥的人员大幅度上升，管理幅度的增加必然降低组织层次。在扁平化的组织中，业务流程中的工作人员地位平等，凭着信息系统可与组织内任何人沟通，大大降低了组织运行成本。

3. 人员的变化

（1）经理人员由监督者变为教练。在传统的组织中，工作的特征是简单化。而现在则要求员工做多方面的工作，其工作特征是复杂化。这一方面削弱了经理人员的监督职能，甚至是完全取消；另一方面对员工的能力提出了更高的要求，要求员工成为一种具备多种才能的复合型人才。相应地，经理人员，以及资深的管理人员必须充当教练的角色。他们不仅要向员工传授技艺，更重要的是要辅导员工学习，向员工解释"为什么这样做"，而不是训练员工"如何做"。这样，才有利于开发员工的智慧，帮助员工规划事业发展。

（2）员工角色从被动执行到主动参与。在传统的组织中，普通员工像"应声虫"一样执行管理者下达的命令，像算盘珠子一样，"拨一拨，动一动"，没有积极性。在新型的组织中，员工将自我管理、自我激励，并广泛参与流程的管理和经营决策，且在授权范围和责任范围内，具有充分的自主权。

（3）员工价值观由"上司"变为"顾客"。对员工来说，在新的组织中，价值观变化的最重要表现是：员工认为自己在为顾客工作，一切得从顾客的利益出发，而不是为老板工作，不是想方设法讨上司的欢心。要实现这样的转变，企业必须采取适当的措施、制订相应的政策，鼓励员工为顾客着想，强化员工为顾客服务的行为。同时，企业的领导者也要以身作则地倡导和遵循顾客至上的价值观，从而形成新的企业文化。

（4）员工考评标准，以"活动"转变为"结果"。在新的组织中，企业考核员工的标准不再以工作时间或活动内容为依据，而是要以员工活动的结果为依据。只有当员工的工作能给顾客创造价值，或者说，员工创造的产品或服务在市场上具有价值时，员工才能获得相应的报酬。当员工所得报酬能与他们的工作结果紧密挂钩时，将大大提高他们受激励的水平。

五、企业流程再造存在的困难

（1）企业流程再造的时机难以准确把握。由于企业流程再造是一项高收益、高风险的项目，如果时机把握不好，就很容易造成生产不稳定、员工士气低沉、竞争优势彻底丧失。

（2）流程再造的环节难以选择。任何企业开展业务流程再造项目都不可能做到全线出击，而首先必须认真分析全部业务流程，明确哪些环节是当前存在问题最突出的地方，这项工作的难度及工作量十分巨大。

（3）企业流程再造对企业团队要求很高。一项成功企业流程再造不仅需要各级领导的大力支持及引导，也需要员工主动地、创造性地合作。因此，一个良性的企业团队对企业流程再造影响巨大，而塑造一个良性企业团队本身存在着巨大的困难。

（4）企业流程再造理论体系并不成熟，相关方法体系也不健全，分析工具不得力，这都为企业流程再造造成许多困难。

（5）中国外部市场环境也为企业流程再造造成多种困难，诸如政府干预、股民的认识、参股企业的意识等。

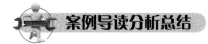

本 章 小 结

　　本章介绍了管理理论新的发展中管理创新、人本管理及流程再造的内容。管理创新具有系统性、有效性、风险性、破坏性和动态性特征，内容包括了管理观念创新、组织创新、管理方法创新、管理模式创新及管理制度创新。人本管理的含义、特征、基本要素。人本管理的五个层次包括情感沟通管理，员工参与管理，员工自主管理，人力资源开发管理及组织文化管理。人本管理的实施过程包括了制订人本管理实施战略，清除人本管理实施障碍及执行人本管理战略和评估人本管理战略几个过程。流程再造是指由组织过程重新出发，从根本思考每一个活动的价值贡献，然后运用现代的资讯科技，将人力及工作过程彻底改变及重新架构组织内各关系。

案例导读分析总结

　　通过案例导读中的例子我们可以看出，促使通用电气公司迅猛发展的管理新模式的核心是战略创新。韦尔奇带领通用团队首先从战略创新做起，不断地在变化的环境中完成了产品创新、制度创新和用人创新。在用人的过程中韦尔奇积极引入提高质量计划，把发放优先认股权作为奖励措施的核心内容，正是这种模式促使通用电气公司得到了迅猛发展。在提高产品质量和企业质量管理能力方面，韦尔奇积极进行管理创新。为了实施"六西格玛计划"，他带领团队进行大量投资，包括训练几万名员工掌握充满着各种数据的、严格的质量管理技术。这项提高质量的创新计划在提高生产率和利润方面取得了惊人的成功。通用创新管理的成功提示现代企业在面对复杂的外部环境时，唯有不断创新才能取得持续的竞争生命力。

复习与思考题

　　（1）简述管理创新的内涵及管理创新的特点。

　　（2）管理创新的内容包含什么？

　　（3）浅议管理创新的基本过程。

　　（4）人本管理与过去的管理模式有何不同？

　　（5）人本管理的五个层次是什么？

　　（6）人本管理在实施过程中会遇到哪些障碍？如何清除这些障碍？

　　（7）人本管理在企业中怎么展开？

　　（8）是否在任何组织中采用人本管理方式都能带来高绩效？

　　（9）流程再造的定义及特性是什么？

　　（10）企业流程再造过程中包含哪几个阶段？

　　（11）企业流程再造的结果体现在哪些变化上？

　　（12）企业流程再造存在的困难有哪些？

本章案例分析与讨论

深得人心的福利

上海贝尔始终把员工看成公司的宝贵资产、公司未来的生命线，并以拥有一支高素质的员工队伍而自豪。公司每年召开的董事会，都有相当多的时间用于专题讨论与员工切身相关的问题，如员工培训计划、奖金分配方案、工资调整和其他福利政策等，而且每年董事会用于讨论此类事项的时间不断增加。上海贝尔的决策者日益深刻地认识到，人力资源正日益成为高科技企业在市场竞争中的胜负关键。只有抓住员工这条主线，其他战略部署才成为有纲之目。因此，企业的福利政策应该与其总体的竞争策略保持一致。随着企业竞争策略的变化，相应的福利政策也应该随之调整。

当然，意识到人在企业经营中的重要性并不困难。难的是如何在企业的日常经营中贯彻以人为本的经营方略。上海贝尔在这方面做了一些卓有成效的探索，自然也体现在公司的福利政策上。公司管理层为了塑造以人为本的理念，在实际中致力于以下几项工作：

1. 创造国际化发展空间

据上海贝尔有限公司总裁谢贝尔（Gunther Strobel）先生介绍，上海贝尔在经营初期为当时的外部环境所限，公司福利更多地承袭了计划经济体系下的大锅饭形式。随着公司的发展和中国市场体系日益与国际接轨，上海贝尔在企业福利管理方面日趋成熟。其中重要的一条就是真正做到了福利跟随战略，使上海贝尔的福利管理摆脱了原先企业不得已而为之的被动窘境，公司主动设计出别具特色的福利政策，来营建自身的竞争优势。为了让员工真正融入国际化的社会、把握国际企业的运作方式，上海贝尔的各类技术开发人员、营销人员都有机会前往上海贝尔设在欧洲的培训基地和开发中心接受多种培训，也有相当人数的员工能获机会在海外的研发中心工作，少数有管理潜质的员工还被公司派往海外的名牌大学深造。如果一个企业能提供各种条件，使员工的知识技能始终保持在国际前沿水平，还有什么比这更能打动员工的心。

2. 力推自我完善

谢贝尔认为，公司的福利政策应该是公司整体竞争战略的一个有机组成部分。吸引人才，激励人才，为员工提供一个自我发展、自我实现的优良环境，是公司福利的目的。同时，各类人才，尤其是高科技领域的人才，在专业和管理的知识和技能方面，自我更新和自我提升的需求日涨月高，这也是很自然的事。"在我们的整个福利架构中，培训是重中之重，我们在此可谓是不遗余力。"谢贝尔感叹道。从企业长期发展的远景规划，以及对员工的长期承诺出发，上海贝尔形成了一整套完善的员工培训体系。上海贝尔尽管不时从外部招聘一些企业急需的人才，但主要的人才来源是高等院校毕业的本科生和研究生。他们进入上海贝尔后，必须经历为期一个月的入职培训，随后紧接着是为期数月的上岗培训；转为正式员工后，根据不同的工作需要，对员工还会进行在职培训，包括专业技能和管理专项培训。

此外，上海贝尔还鼓励员工接受继续教育，如 MBA 教育和博士、硕士学历教育，并为员工负担学习费用。各种各样的培训项目，新近还成立的上海贝尔大学不但提高了公司对各类专业人士的吸引力，也极大地提高了在职员工的工作满意度和对公司的忠诚度。

3. 强调日常绩效

"我们致力于营造一个有良性竞争氛围的上海贝尔大家庭。努力使员工能分享公司的成功，但同时也努力使我们的福利政策能激励员工奋力争先。"谢贝尔说道。福利作为一种长期投资，管理上难就难在如何客观衡量其效果。在根据企业的经营策略制订福利政策的同时，必须使福利政策能促使员工去争取更好的业绩。否则，福利就会演变成平均主义的大锅饭，不但起不到激励员工的作用，反而会助长不思进取、坐享其成的消极工作习惯。

在上海贝尔，员工所享有的福利和工作业绩密切相连。不同部门有不同的业绩评估体系，员工定期的绩效评估结果决定他所得奖金的多少。为了鼓励团队合作精神，员工个人的奖金还和其所在的团队业绩挂钩。在其他福利待遇方面，上海贝尔也是在兼顾公平的前提下，以员工所做出的业绩贡献为主，尽力拉大档次差距。其意在激励广大员工力争上游，从体制上杜绝在中国为害甚烈的福利平均主义的弊端。

"我们为管理骨干配备了公务用车。我们的福利政策是，你会得到你应有的部分。但一切需要你去努力争取，一切取决于你对公司的贡献。"谢贝尔说道："上海贝尔要在市场上有竞争力，在公司内部也不能排除良性的竞争。竞争是个绝妙的东西，它使所有人得益。自然，我们的福利政策必须遵循这一规律。"

4. 培育融洽的关系

"卓有成效的企业福利需要和员工达成良性的沟通。"谢贝尔一语惊人。要真正获得员工的心，公司首先要了解员工的所思所想、他们内心的需求。从某种程度上来说，员工的心是"驿动的心"。员工的需求也随着人力资源市场情况的涨落和自身条件的改变在不断变化。所以，公司在探求员工的内心需求时，切忌采用静态的观点和手段，必须依从一种动态的观念。上海贝尔的福利政策始终设法去贴切反应员工变动的需求。上海贝尔公司员工队伍的年龄结构平均仅为 28 岁。大部分员工正值成家立业之年，购房置业是他们生活中的首选事项。在上海房价高涨的情况下，上海贝尔及时推出了无息购房贷款的福利项目，给员工们在购房时助一臂之力。而且在员工工作满规定期限后，此项贷款可以减半偿还。如此一来，既替年青员工解了燃眉之急，也使为企业服务多年的资深员工得到回报，同时也从无形中加深了员工和公司之间长期的心灵契约。

当公司了解到部分员工通过其他手段已经解决了住房，有意于消费升级，购置私家轿车时，上海贝尔又为这部分员工推出购车的无息专项贷款。公司如此善解人意，员工当然投桃报李，对公司的忠诚度得以大幅提升。很多中国企业在福利方面只做不说。只有当员工触及具体问题时，他才可能从同事或人事部门获得一些支离破碎的有关公司福利方面的信息。如此在福利方面缺乏沟通，首先使在职员工对公司福利政策含糊不清，即使有体贴入微的政策在位，员工对公司的忠诚度也会成问题；其次是内部员工况且如此，局外人肯定更是如坠雾中，公司对外部人才的吸引力将大受影响。

在上海贝尔，和员工的沟通是公司福利工作的一个重要组成部分，详尽的文字资料和各种活动使员工对公司的各项福利耳熟能详，同时公司也鼓励员工在亲朋好友间宣传上海贝尔良好的福利待遇。公司在各类场合也是尽力详尽地介绍公司的福利计划，使各界人士对上海贝尔优厚的福利待遇有一个充分的了解，以增强公司对外部人才的吸引力。

与此同时，上海贝尔还计划在员工福利的设立方面加以创新，改变以前员工无权决定自己福利的状况，给员工一定选择的余地，参与到自身福利的设计中来，如将购房和购车专项贷款额度累加合一，员工可以自由选择是用于购车还是购房；在交通方面，员工可以自由选择领取津贴，自己解决上下班交通问题；也可以不领津贴，搭乘公司安排的交通车辆。一旦员工在某种程度上拥有对自己福利形式的发言权，则工作满意度和对公司的忠诚度都会得到提升。"上海贝尔一流的工作环境，其实也是员工们深感自豪的一种福利。作为上海贝尔大家庭的一员，在如此美轮美奂的条件下工作，我心足矣。"谢贝尔说，上海贝尔的工作环境，胜过他在欧洲工作时的环境。

资料来源：芮明杰. 管理学. 上海：上海财经大学出版社，2005.

讨论题

（1）请结合案例，论述上海贝尔的福利政策所体现的人本管理思想中主要的优点和不足，以及提出相应的改进建议。

（2）你认为上海贝尔的做法是否还有创新的可能，如何创新？

参 考 文 献

［1］理查德·L．达夫特．管理学．北京：机械工业出版社，2003．

［2］斯蒂芬·P．罗宾斯．管理学．4版．北京：中国人民大学出版社，1997．

［3］哈罗德·孔茨，海因茨·韦里克．管理学．10版．北京：经济科学出版社，1998．

［4］斯蒂芬·P．罗宾斯，玛丽．库尔特．管理学．7版．北京：中国人民大学出版社，2004．

［5］查尔斯W．L．希尔，史蒂文L．麦克沙恩，李维安，周建．管理学．北京：机械工业出版社，2009．

［6］王晓君．管理学．北京：中国人民大学出版社，2004．

［7］暴丽艳，林冬辉．管理学原理．2版．北京：清华大学出版社，2010．

［8］曾坤生．管理学．北京：清华大学出版社，2009．

［9］周三多．管理学．北京：高等教育出版社，2000．

［10］周三多．管理学．3版．北京：高等教育出版社，2010．

［11］王凤彬，李东．管理学．2版．北京：中国人民大学出版社，2003．

［12］戴淑芬．管理学教程．2版．北京：北京大学出版社，2005．

［13］陈建萍．企业管理学．北京：中国人民大学出版社，2004．

［14］周健临．管理学教程．上海：上海财经大学出版社，2001．

［15］黄雁芳，宋克勤．管理学教程案例集．上海：上海财经大学出版社，2001．

［16］田耘．管理学．北京：中国商务出版社，2010．

［17］李海峰，张莹．管理学——原理与实务．2版．北京：人民邮电出版社，2009．

［18］王慧彦，等．管理学原理．北京：清华大学出版社，北京交通大学出版社，2008．

［19］方振帮，等．管理学原理．北京：中国人民大学出版社，2008．

［20］芮明杰．管理学．上海：上海财经大学出版社，2005．

［21］关培兰，等．组织行为学．北京：中国人民大学出版社，2008．

［22］王俊柳，邓二林．管理学教程．北京：清华大学出版社，2003．

［23］程延江．管理学教程．哈尔滨：哈尔滨工业大学，2003．

［24］陈维政，余凯成，黄培伦．组织行为学高级教程．北京：高等教育出版社，2004．

［25］杨俊青，等．管理学通论．北京：经济科学出版社，2008．

［26］理查德·L．达夫特，多萝西·马西克．管理学原理．北京：机械工业出版社，2005．

［27］彼得·圣吉．第五项修炼——学习型组织的艺术与实务．上海：上海三联书店，1998．

［28］宋晶，郭凤霞．管理学原理．大连：东北财经大学出版社，2007．

［29］陈力华，邱羚，等．组织行为学．北京：清华大学出版社，2005．

［30］王慧彦，等．管理学原理．北京：清华大学出版社，北京交通大学出版社，2008．

［31］陈嘉莉，等．管理学原理与实务．北京：北京大学出版社，中国农业大学出版社，2008．

［32］王凯，等．管理学基础．北京：高等教育出版社，2000．

［33］吴维库．领导学．北京：高等教育出版社，2006．

［34］潘开灵，邓旭东．管理学．北京：科学出版社，2005．

［35］徐子健．管理学．北京：对外经济贸易大学出版社，2002．

［36］约瑟夫 M．普蒂，海茵茨•韦里奇，哈罗德•孔茨．管理学精要（亚洲篇）．北京：机械工业出版社，
      1999.

［37］章健．管理学．北京：经济科学出版社，2002.

［38］加雷思•琼斯，珍妮弗•乔治，查尔斯•希尔．当代管理学．2 版．北京：人民邮电出版社，2003.

［39］周三多，陈传明，鲁明泓．管理学——原理与方法．3 版．上海：复旦大学出版社，1999.

［40］吴照云．管理学．3 版．北京：经济管理出版社，2000.

［41］陈荣秋，马士华．生产与运作管理．北京：高等教育出版社，1999.

［42］赵继新．人本管理．北京：经济管理出版社，2008.

［43］杨俊青．管理学通论．北京：经济科学出版社，2008.

［44］储节旺，周绍森，谢阳群，郭春侠．知识管理概论．北京：清华大学出版社，北京交通大学出版社，
      2006.

［45］易凌峰，朱景琪．知识管理．上海：复旦大学出版社，2008.

［46］芮明杰．超越一流的智慧——现代企业管理的创新．上海：上海译文出版社，1994.

［47］陈嘉莉．管理学原理与实务．北京：北京大学出版社，中国农业大学出版社，2008.

学习网址及期刊推荐

中国企业联合网　http：//www.cec-ceda.org.cn/

管理理论和实践社区　http：//www.dobig.net/

经济观察报　http：//www.eobserver.com.cn/

项目管理者联盟　http：//www.mypm.net/

麦肯锡中国　http：//www.mckinsey.com.cn/

中华管理论坛　http：//www.vcmc.net/forum/

中华企管网　http：//wiseman.com.cn/

中国经理人网　http：//www.sino-manager.com/

《环球企业家》　http：//www.gemag.com.cn/

《中国经济时报》　http：//www.cet.com.cn/

《中国管理科学》　http：//www.zgglkx.com/CN

《管理评论》　http：//glpl.qikann.com/

《中国工业经济》　http：//cie.cass.cn/

《南开管理评论》　http：//www.nbronline.cn/

《管理世界》　http：//www.mwm.net.cn/

《世界经济》　http：//www.shijiejj.cn/

《管理科学学报》　http：//glkxxb.qikann.com/

《经济研究》　http：//www.erj.cn/cn/